개념과 역사,
근대 한국의 이중어사전 2

– 외국인들의 사전 편찬 사업으로 본 한국어의 근대 –

번역편

동아시아개념어총서 2

황호덕 · 이상현 역

"이 책은 2007년 정부(교육과학기술부)의 재원으로 한국연구재단 (구 학술진흥재단)의 지원을 받아 수행된 연구임(NRF-2007-361-AL0014)"

이 책은 개화기에서 식민지 시기에 이르는 기간에 서구인 선교사 및 일본인 식민자들의 주도로 출간된 총 10권의 한국어 관련 이중어사전에 수록된 편찬자 서문 전부와 사전 편찬 관련 주변 기록 및 편찬자들의 한국문화 관련 글들 중 일부를 가려 뽑아 한국어로 옮긴 것이다. 선별한 글들을 번역하며, 각 사료마다 그에 대한 간단한 소개글을 달았다.

　소명으로 완성한 일을 길지 않은 동안의 공부로 읽어 이해한다는 일은 생각처럼 쉬운 일이 아니었다. 애초부터 가능한 일도 아니었으리라 다시금 실감하게 된다. 수만 단어, 수백 페이지들을 쌓아간 후에 적은 길지 않은 소회들만을 읽고 번역하는 일만으로, 또 정리된 단어들을 추렴해 다시 정리하는 일만으로 그들이 겪었을 곤란과 역경, 사전 편찬 과정의 전모를 이해하기란 애초부터 무망한 일이었음을 잘 안다.

　게다가 그들의 소명이란 대개 신의 명령이었을 터이다. 더러는 집요하기 그지없는 식민자의 정열이기도 했을 터이다. 학문 그 자체에 대한 추구 또한 근력이 되었을 것이다. 당대를 산 수많은 한국인들의 절망과 희망이 묻어 있는 언어들, 믿음으로 이방에서의 나날의 고통을 이겨갔을 신앙의 사람들, 헌신적으로 종교적 지도자를 도왔을 한국인들의 땀들을 우리의 미미한 노력과 감히 견주어 보며, 고된 읽기와 문헌들에 대한 취사 선택, 번역 작업을 해나갈 수 있었다. 우리의 작업이란 그에 비하면 실로 티끌 같은 것이 아니겠는가. 그러나 읽는 이에 따라서는 이 티끌 같은 단서를 통해 근대 한국어의 변폭과 개념의 역사로 이어지는 하나의 길을 낼 수도 있을 것이다.

　번역과 자료 정리를 끝내며 우리가 마지막 순간 원했던 것은, 엉뚱하게도 그들 중 누군가로부터 이 편역서의 서문을 얻고 싶다는 속절없는 바램이었다. 작업에 지친 까닭만은 아니다. 번역된 글들은 당대의 언어 상황이나 개념으로의 역사의 많은 부분을 말해준다. 그들의 피와 땀과 시간과 공부가 짐작되지 않는 바도 아니다. 그러나 이런 조촐한 편역과 이미 완성된 사전을 들춰 가는 일만으로는 짐작할 수 없는 일들이 너무 많았다. 당대의 한국인들과 함께 호흡했고, 서로 배우고 익혔으나, 그들의 글을 번역한 우리의 편역서에 '한국어판 서문'은 줄 수 없는 사람들. 그들의 말을 조금이라도 더 듣고 싶었던 것이다.

그렇게 우리가 떠올린 얼굴들은 희기도 하고 누루기도 하다. 서양인 선교사들과 함께, 이 창대하고 끝없는 작업을 해나갔을 잊혀진 한문 교양인들의 이름을 하나씩 불러본다. 이름을 남길 수 없었던 사람들, 한 몸으로 두 개의 삶을 살고, 한 머리로 두 개의 믿음과 앎을 살았던 사람들. 아무리 신이 함께 지은 땅이라 한들, 한국인 조력자들이 없었던들 무엇으로 저 이방의 열정들이 이 거업(巨業)을 해낼 수 있었을 것인가.

그런 한편, 서문을 써 줄 그 누군가를 떠올리며, 거기에 일본인은 없음을 새삼 확인하는 심사는 복잡하다. '국어사전'은 있었으나 제 '국어'는 아니었고, 모어를 말한다 하나 말할 수 있는 것의 총량을 적은 사전 하나 없었던 시대의 사람들의 얼굴이 먼저 떠올랐기 때문이다. 그리고 제 말을 담은 사전을 만들었으되, '조선총독부'라는 지배의 기구 혹은 거대 저자 아래에 하나의 공문서로 남아 버린 한국인들, 그리고 여전히 (친일인명사전과 같은) 오명을 기록한 사전에 그 흔적을 남기고 있는 사람들의 얼굴도 떠나지 않는다. 떠올리기 싫은 얼굴을 자꾸 생각하게 되는 이 기분을 또렷이 응시하는 일이야말로 역사로 작업하는 사람의 책무일 것이리라.

이 모든 허허로운 공백과 허기를 달래며 소명과 공부와 우의의 흔적으로 존재했던 이중어사전들. 한국어사전은 아닌, 한국어를 담은 사전이나마 없었다면 또 무엇이 있어 한 시기의 삶이 담긴 말뭉치의 한켠이나마 만져볼 수 있었을 것인가. 언어가 사회적으로 실험되고 범용되고 최종적으로 정통성을 부여받는 과정의 끝에 사전이 있다. 그런 의미에서 이 이중어사전들은 이방의 열정이 만든 정통성이며, 따라서 근대 한국어의 역사 그 자체가 새겨진, 거대한 힘들이 오고간 흔적이기도 하다. 아니 무엇보다 '함께 믿느냐'를 떠나서, 어떤 끝간 데 없는 믿음이 해낸 과업들인 것이다.

번역을 이어가며 우리가 느낀 감정 중에는 어디를 향해야 할지 모를 분노도 있었다. 학문에서 언제나 문제는 정직해지는 것이다. 결코 이 사전들은 '체계가 없고, 계통이 없고, 원리 원칙이 없고, 저들의 필요에 의해서 만든' 그런 제멋대로의 것들이 아니었다. 우리가 생각했던 것은 이런 것이었다. 자신의 고통과 해내지 못했던 일들의 과오들을 이미 해낸 남의 위업이 지닌 크고 작은 결함들에 투사해서는 안 된다. 국어사전의 말뭉치는 하늘에서 떨어지거나, 한국인들이 십시일반해 준 것만은 아니다. 체계나, 계통이나, 원리나, 원칙이나, 제 나름의 필요를 만들어야 했던 것은 '그들'이 아니라 (감히 이런 표현이 가능하다면) '우리들'이었다. 문화는 때때로 아버지에서 아들에게로가 아니라 외삼촌에서 조카로, 또 이웃에서 이웃으로 전해지기도 한다. 문화의 상속이란 이런 사실을 받아들임으로써 처음으로 시작된다. 그걸 인정해야만 스스로의 역사와 삶을 비로소 대면할 수 있는 것이 아닌가. 이중어사전에 관한 흔치 않는 언급이나 연구를 보며 느낀 것은, 배운 것을 배웠다고 말하는 공부, 스스로의 '위업'이 거인 위에선 난장이의 오만이라는 사실의 자각이 얼마나 어려운가 하는 실감이었다. 설사 난장이 위에선 거인이라도 마찬가지일 터이다.

한 어학자가 자신이 편찬한『국어대사전』의 서문에서 쓴 고백은 차라리 드물고 신선한 경우였다. "사전 편찬처럼 힘들고 어려운 일은 다시 없을 것"이라고백하며 그는 이렇게 썼다. "우리 말의 첫 사전이 외국 사람의 손으로 이루어졌다는 것은 결코 명예로운 일이 못 된다. 그러나 '한글학회'에서『큰 사전』을 출판하여 낸 후로는, 여러 사람의 손으로 대소 여러 종류의 국어사전이 편찬되었으니, 비록 만시(晚時)의 탄(歎)은 없지 않다 하겠으나, 또한 다행한 일이라 아니할 수 없다." '만시의 탄.' 즉 너무 늦어 버린 일에 대한 인정, 그리고 이미 있었던 일에 대한 인정. 그리고 누군가가 걸어간 가시밭길을 되밟으며 알아낸 고난을 의미하는 이 '만시의 탄'이야말로 역사의 출발처럼도 보이고, 이 사람이 아직 안 늦은 증거처럼도 보였다. 그러나 이 거대한 기록들을 만시의 탄이라는 감정의 뒤안길에 남겨 놓아서는 안 되지 않을까.

우리의 선배들이 지녔을 망각의 심리와 과소 평가의 심정을 역사적 한계와 그 안에서의 좌절된 노력 속에서 온전히 이해해보려 노력하는 한에서, 우리는 이 이중어사전을 비롯한 한국학 관련 외국인들의 저술과의 정직한 대면을 한국 어문학계에 진심으로 촉구하고 싶어졌다. 왜냐하면 그들이 만든 편제와 그들이 구성했던 한국학의 도식들이 여전히 우리들의 삶과 공부에 적잖은 영향을 끼치고 있다 여겨지기 때문이다. 우리의 '자격'을 묻지 않아준다면, 이 책이 미약하나마 그러한 촉구의 가장 작은 목소리라 말하고 싶다.

아이러니컬하게도 한국어를 정리한 이들 외국인들의 작업을 다시 한국어로 정리하는 그런 일을, 우리는 몇 년 동안이나 반복했다. 이 일이야말로 그들의 노력에 대한 자그마한 경의의 표시, 미약하지만 비판적 상속이라 여겼기 때문이다. 그런 일의 한 자락이나마 끝내며, 이런 저런 상념에 잠기자니, 이 보잘 것 없는 두 사람의 경외의 염과 복잡한 심사를 지금 쓰고 있는 몇 줄의 글월로는 도저히 표현할 수 있을 성 싶지 않았다. 그래서 다시 마치 외국인 선교사들이 한국인 조사들의 지난 한 작업 위에서 썼던 서문처럼, 우리들의 작업에 대한 그들의 글을 받고 싶어진 것이다. 아니, 진심으로 그들로 하여금 조금이라도 더 말하도록 하고 싶어졌다.

그러나 우리에게 가능한 것은, 오직 그 경외와 만감만으로 편역자 서문을 대신하는 일이었다. 믿지 않는 자가 믿는 자의 일을 논할 수는 없을지 모른다. 그러나 그 믿음을 떠올리는 한에서, 앎을 개시하는 일은 가능할 것이다. 그런 의미에서 이 번역서와 자료들은 차라리 경외의 염의 한 흔적이자 새로운 앎의 계보 구성을 촉구하는 일종의 '요청'에 불과한 것일지 모른다.

『한국어의 근대와 이중어사전 2—개념과 역사, 외국인들의 사전 편찬으로 본 한국어의 변천』(번역편)을 발간하며, 많은 분들께 신세를 졌다. 성균관대학교 프랑스어문학과의 김희진 선생으로부터 필설로 다 말할 수 없는 도움을 받았다. 『한불ᄌᆞ뎐』이나 The Korea Bookman 소재 원고의 초역을 포함해, 우리들의 성긴 번역을 다듬어 보살펴준 부분을 일일이 헤아리기 어렵다. 아울러 번역편 뒤에는 선교사들이 영-한, 한-영 대역 관계에서 가장 고심했던 단어들의 목록과 함께, 우리와 우리의 '조사(助士)'들이라 할 성균관대학교 국어국문학과의 대학원생 동지들(박형진, 조은아, 전성규, 윤설희, 윤태희, 최은환)이 정리한 '영한이중어사전 5종의 공통표제어 및 대역 관계 변천표'를 실어 일목요연하게 시기별 한국어의 양상과 개념적 사유의 구조를 짐작할 수 있도록 했다. 누적총량 2만여 개의 영어 표제어들과 십만 여개에 달할 것으로 보이는 한국어 해제어들의 총수를 입력한 끝에 나온 결과이다. 아울러 편역자 두 사람의 전공 영역을 넘어서는 어학적 개념들에 대해서는 국립국어연구원의 이준환 박사의 자문을 얻었음을 여기에 적어 둔다. 머리 숙여 감사의 말씀을 올린다. 이 분들이 자신들의 이름으로 이 사전들에 대해 말할 수 있는 날이 곧 올 것이다. 물론 남은 과오들 모두는 우리들의 책임이다. 언급한 분들을 포함해 이 책을 읽는 모든 분들에게 이 책이 한국어의 역사와 개념의 역사를 묻는 유용한 도구가 될 수 있다면 더 할 나위 없겠다.

번역된 각 글의 성격과 내용 해제, 부록으로 묶은 자료들의 의미에 대해서는 개별 번역 및 자료의 초두에 소개글을 달았으니 이 부분을 보아주시기 바란다. 각 사전에 대한 보다 자세한 설명은 영인편의 해제와 『개념과 역사, 근대 한국의 이중어사전1 — 외국인들의 사전 편찬 사업으로 본 한국어의 근대』(연구편)을 참조해주시기 바란다. 이 번역편의 '소개'는 영인편의 '해제'를 간략화한 것이다. 반복이 있지만, 각 권의 독립성을 고려한 배치이니 양해해주시면 고맙겠다. 끝으로 이 책이 성균관대학교 동아시아학술원의 인문한국(HK)사업단의 '동아시아개념어총서' 기획의 일환으로 제출된 것임을 밝혀 감사와 보고의 인사로 갈음하고자 한다.

2012년 4월 14일

황호덕·이상현 拜誠

목차

일러두기

- 원문의 'Korea' 관련 어휘(Corea, Corée 등)는 특별히 'Chosun, Chosen, 朝鮮'으로 표기되어 있는 부분을 제외하고는 모두 '한국'으로 통일했다. 대한제국 성립과 한일병합 등을 기준으로 국명·민족명의 변화를 반영해 각각 '조선' '한국' '조선'으로 나누어 번역할 수도 있겠으나, 서양인 사전 편찬자들이『鮮英字典』(1925)의 경우를 제외하고는 일관되게『韓佛字典』(1880),『韓英字典』(Underwood 1880, Gale 1897, Gale 1911, Gale 1931),『英韓字典』(Underwood 1890, Scott 1891, Jones 1914) 식으로 '한(韓)'이라는 국명·민족명을 일관되게 사용하고 있음을 고려하였다. 애초에 'Korea=韓(國)'의 등가성이 정립되어 있었다고 판단했다. 따라서 'Korea' 관련 어휘는 한국, 한국인, 한국어로 통일하려 했다. 다만 명시적으로 조선으로 표기한 경우나, 단체 등의 고유명의 경우는 '조선'을 사용한 경우가 있다. (예)『朝鮮語辭典』, 朝鮮耶蘇敎書會 등.

- 각 논문의 원출처를 번역된 제목과 함께 제시하였다.

- 원저자가 제시한 주석과 편역자들이 제시한 주석은 각각 '1)[원주]' '녁역자주)'의 형태로 제시하였다. 다만 하나의 글에 역자주가 많은 경우는 '1)[역자주]'로 표시하였으며, 짧은 보충 설명의 경우는 [○○○: 역자]의 형태로 본문 중에 표시했다.

1부

이중어사전
해제·서문 및
관련 자료 번역

(1) 파리외방선교회 한국선교단, 『한불즈뎐韓佛字典』(1880)

- Les Missionnaires de Corée, de la Société des Missions Étrangères de Paris, 『한불즈뎐韓佛字典(Dictionnaire Coréen-Français)』, Yokohama: C. Lévy Imprimeur-Libraire, 1880.

【소개】

　　『한불즈뎐』은 1880년 파리외방선교회 한국선교단에서 편찬한 한불대역사전(韓佛對譯辭典)이다. 일본 요코하마(Yokohama) 인쇄소에서 인쇄하고 C. Lévy, Imprimeur-Libraire에서 발행하였다. 미하일 푸찔로(Mikhail Putsillo) 『노한사전』(1874)에 이어 두 번째로 나온 한국어 · 유럽어 대역사전이다. 다만 푸찔로의 것은 사전이라고 하기보다 대역어휘집에 가까우며 함경방언을 대상으로 하고 있는 데 비해, 『한불즈뎐』은 한글철자를 표제어로 삼고 발음을 병기하고 의미설명에 있어서도 불어 이외에 한자를 이용하는 모습을 보여, 사전으로서 망라성과 격식을 두루 갖추고 있다. 나아가 서울의 표준어를 기본으로 삼았다는 점에서 본격적인 이중어사전의 효시이다. 이후 서구인, 일본인의 이중어사전에 하나의 전범이 되고, 한국어 연구의 필수적인 서적이 되었다.

러시아 대장성이 1900년에 발행한 『한국지』에서는 "한국에 다년간에 걸쳐 선교활동을 하는 기간에 한국어 연구에 극히 귀중한 자료를 수집한 카톨릭 선교사들이 이 나라의 언어 연구에 많은 노력을 하였다는 데에는 이론의 여지가 없"다고 평가했으며, 『한불ᄌ뎐』 출판의 경위를 다음과 같이 밝혔다.

"다블뤼는 장기간 중국-한국-프랑스어사전의 편찬에 노력하였으며 다음에 신부 뿌르디에는 한국-중국-라틴어 사전을 편찬하였으며, 그런가 하면 신부 쁘띠니꼴라는 약 30,000개의 라틴어와 약 100,000개의 한국어의 어휘를 담은 라틴-한국어사전을 편찬하였다. 이외에도 공동저작으로 한국어문법이 편찬되었다. 그러나 불행하게 1866년 출판을 위해 이들 멋진 작품들이 거의 프랑스로 보내지기 바로 직전에 한국에서 또 다시 그리스도교인들에 대한 추적, 박해가 부활되어 이 기간에 선교사들이 편찬한 모든 작품이 한국의 관헌들에 의해 압수되어 불에 태워져 버렸다. 이후 이 사업에 고심을 한 사람은 주교이자 한국의 카톨릭 부사교인 리델이었다. 그리고 기타 다른 많은 선교사들이 지식이 있는 한국의 그리스도교인들의 도움을 받아 1880년 로코감에서 *Dictionnaire Coréen-Français*라는 제목으로 辭書, 문법 및 지리의 3부로 나누어져 있는 극히 귀중한 작품을 출판하였다. 이어 1881년에 바로 이들 선교사에 의해 역시 로코감에서 한국어 문법이 출간되었다."

『한국지』의 이런 진술은, 달레의 『천주교회사』(1874)에 기반한 것이다. 『한불ᄌ뎐』은 총 707쪽으로 된 1권의 서적이며, 다음과 같이 총 3부로 구성되어 있다.

Ⅰ. 어휘부(1. 한국 알파벳으로 쓴 단어 2. 발음 3. 해당 한문 4. 불어 번역어)
   - 서문(pp. i ‒ viii), 본문 pp. 1~615.

Ⅱ. 문법부(알파벳 순 대표 동사 어미 변화)

　- 서문(pp. ⅰ - ⅳ), 본문 pp.1-57.

Ⅲ. 지리부(도시, 산, 강 등의 명칭, 행정 구역 및 한국 지도)

　- 서문(pp. ⅰ - ⅱ), 본문 pp.1-21.

모두 707쪽으로 어휘부 623쪽, 문법부 61쪽, 지리부 23쪽이다. 표제어의 수는 어휘부 27,194개이며, 문법부와 지리부의 표제어를 포함하면 29,026개에 이른다. 우리는 각 부의 서문역할을 담당하는 글을 번역하여 수록했다. (1) '어휘부' 앞에 있는 『한불ㅈ뎐』의 활용법을 설명한 「서문」과 (2) "ㅎ다"와 "이다"의 활용표 '문법부'에 대한 의미설명을 하는 글, (3) 한국의 "지방(도), 도시, 강산"의 이름을 알파벳 순서로 배열하고 지리적 위치와 민사행정, 사법행정, 군사행정, 해상행정의 기능이 표시된 '지리부' 앞에 수록되어 있는 글이 그것이다.

▌ 참고문헌

고영근, 「19世紀 中葉의 불란서 宣敎師들의 韓國語硏究에 대하여」, 『국어국문학』 72 · 73.
　　　1976.

윤애선, 「지식베이스 구축을 위한 '한불자뎐' 〈어휘부〉의 미시구조 분석」, 『불어불문학
　　　연구』 78, 2009.

이병근, 「서양인 편찬의 개화기 한국어 대역사전과 근대화」, 『한국문화』, 2001.

이은령, 「19세기 이중어사전 『한불자뎐』(1880)과 『한영자뎐』(1911) 비교연구」, 『한국프랑
　　　스학논집』 72, 한국프랑스학회, 2010.

이지영, 「사전 편찬사의 관점에서 본 『韓佛字典』의 특징」, 『한국문화』 48, 2009.

황호덕, 「번역가의 왼손, 이중어사전의 통국가적 생산과 유통」, 『상허학보』 28, 2010.

小倉進平, 『增訂補注朝鮮語學史』, 東京: 刀江書院, 1964.

러시아 대장성, 한국정신문화연구원 역, 『국역 한국지』, 1984. (러시아 대장성, КОРЕИ,
　　　S-Peterburg, 1900.)

Dallet, C., 안응렬, 최석우 역, 『한국천주교회사』, 분도출판사, 1979. (*Historie De L'ÉGLIS*
　　　E De CORÉE, Paris: Librairie V. Palme, 1874.)

Rhodes, H. A., 『미국 북장로교 한국선교회사』 I, 최재건 역, 연세대 출판부, 2010. (*History*
　　　of The Korea Mission, Presbyterian Church U.S.A., 1933.)

『한국민족문화대백과사전』 (http://www.encykorea.com) "한불자뎐" 항목(필자: 고영근).

1) 어휘부 서문

- Les Missionnaires de Corée, de la Société des Missions Étrangères de Paris, "Préface", 『한불ᄌ뎐 韓佛字典(*Dictionnaire Coréen-Français*)』, Yokohama: C. Lévy Imprimeur-Libraire, 1880.

서문

불한자전 사용을 위한
일러두기

한국어 문자의 괴이한 생김새는 아마도 이 사전에서 가장 먼저 마주치게 되는 어려움일 텐데, 한국 외방에서 아직 미지의 것으로 남아있는 이 언어의 비밀을 알아내고 싶어하는 정신의 소유자들은 이에[이 괴이한 생김새를 보고서] 시작부터 낙담할 수도 있으리라. 독자여, 안심하라. 이런 첫 느낌은 이집트 상형문자, 중국문자, 한 마디로 표의문자 공부에 접근하려는 경우라면 이해될 수도 있을 것이나, 여기서는 전혀 경우가 다르다. 서둘러 밝히자면, 한국 문자는 알파벳식이며, 25개 글자만으로 구성된다. 한국 알파벳은 쉽게, 심지어 히브리어, 그리스어, 아랍어, 러시아어의 알파벳보다도 더 빨리 익힐 수 있다. 약간의 설명으로 한국어 체계의 간명함을 알 수 있을 것이다.

세로선 하나를 그으면(가장 기본이 되는 형태) 우리 유럽의 I와 꽤 비슷한 한국어 I가 된다: ㅣ.

이 세로선 오른쪽에 작은 가로선 하나를 그으면 한국어 A가 만들어진다: ㅏ. 가로선 하나를 더 그으면: ㅑ; YA라고 발음되는 글자가 된다.

작은 A, 앞으로 단음 부호(Ā)로 표시하게 될 글자는 우리의 쉼표를 뒤집어 놓은 모양에 지나지 않는다: ·.

이렇게 벌써 세 종류의 A를 알게 되었다: ㅏ, ㅑ, ·.

이제 다시 우리의 ㅣI를 가져다가, 오른쪽에 했던 것을 왼쪽에 해보자. 그 결과 얻은 ㅓ는 E에, ㅕ는 YE에 해당한다.

가로선 하나는(ㅡ) EU에 해당한다.

여기에 작은 세로선 하나를 얹으면(ㅗ) O가, 선 두 개를 얹으면(ㅛ) YO가 된다.

이 두 개의 모양들을 뒤집으면, 즉 작은 선들을 아래쪽에 놓으면, ㅜ OU와 ㅠ YOU다.

그리하여 우리는 한국어 알파벳을 구성하는 열한 개의 모음을 모두 보았다. 이것을 가능한 한 불어의 알파벳 모음 순서에 따라 간단히 다시 써 보면 다음과 같다:

ㅏ,	ㅑ,	·,	ㅓ,	ㅕ,	ㅡ,	ㅣ,	ㅗ,	ㅛ,	ㅜ,	ㅠ.
A,	YA,	Ā,	E,	YE,	EU,	I,	O,	YO,	OU,	YOU.

이런 기하학적 방식은 자음에도 적용되어 마찬가지로 쉽게 터득될 수 있다. 예를 들어, ㄱ과 같은 각(角)은 K가 되고, 같은 각이 반대 방향으로 놓이면(ㄴ) N에 해당한다, 등등. 그러나 독자들은 아래에 수록해 놓은 알파벳을 살펴보면서 직접 이런 점들을 고찰하게 될 것이며, 나아가 심화된 독해 강의를 위해서라면 한국어 문법 부분을 참고할 수 있을 것이다. 여기

서는 단지 한국어 글씨가 입문자들을 뒷걸음질치게 할 만한 성질의 것이 전혀 아님을 독자들에게 입증하고 싶었을 뿐이다.

본 사전에서 각각의 단락은 한국어 문자로 쓰여진 단어로 시작하여, 그 발음을 옮겨적기 한 작은 대문자가 뒤따라 제시된다. 왜 반대로 하지 않았는가, 말하자면 발음을 먼저 적고 그 다음에 한국 문자로 단어의 언표[言表, 에농세]를 배치하지 않았는가 의아하게 생각하며 이와 같은 다른 체계가 학습자들의 특성에 더 잘 부합할 것이라 주장할 수도 있을 것이다. 한국어 글자의 특별한 용이함에 관한 앞의 고찰들만으로도 충분히 이런 이의에 답하고 우리의 방식을 정당화시킬 수 있으리라 사료된다. 그럼에도 하나의 사실을 덧붙여 지적하고자 한다. 그리스어, 히브리어, 아랍어는 원어 텍스트로 학습되며, 그때 이 언어들 고유의 글자로 쓰인 단어를 먼저 제시하는 사전들이 사용된다. 한국어 학습에서도 바로 그러한 방식을 따른 것이다.

사실, 다른 방식으로 작성된 사전들이 있는데, 가령 유럽인용 일본어 사전이 그렇다. 그렇지만 일본어 텍스트로 학습하는 유럽인들은 얼마나 드문가! 일본인들조차도 책에서 중국 문자를 주로 쓰고, 자기들 글자인 가나(즉 48개 글자로 구성된 단순한 알파벳)를 사용하는 것은 중국 문자들의 발음을 밝히기 위해서이거나, 그들의 언어에 고유한 어미로 단어나 문장의 의미를 마무르기 위해서일 뿐이다. 게다가 그들의 초서체 글자는 제각각의 변덕에 따라 너무나 독특한 형태를 취하기에, 제 아무리 굳은 의지를 지니고 근면히 노력하는 외국인 학습자들조차도 기가 꺾이고 만다. 한국 글자는 그렇지 않아서 누구나 습득할 수 있다. 중국 문자가 더 높이 평가되기는 해도 이 나라의 상용 글자이며, 초서체 형태에서도 항상 고유의 단순성을 잃지 않아서, 한국어 알파벳을 배운 사람이면 누구나 유럽 문학 텍스트들만큼 쉽게 한국어 텍스트들을 자유로이 접할 수 있다.

우리의 계획에 착수하자마자, 본 체계를 채택하기에 이런 이유들은 충분히 결정적이어서, 다른 모든 체계들은 제쳐지게 되었다. 또한, 제시된 발음만을 참조하려는 사람들 역시 우리가 내놓은 순서를 따름으로써 마찬가지로 본 사전을 유익하게 사용할 수 있을 것이다.

단어들의 배치와 관련해서는 두 가지 방안이 있었다. 하나는 한 계열의 음절을 모두 다룬 후에 이어지는 음절로 넘어가는 것, 즉 음절순이다. 다른 하나는 단어를 이루고 있는 글자들의 차례에 기반하는 것, 즉 알파벳 순이다.

첫 번째 안은 중국어에서 유래한 단어들에 적합할 것으로 보였다. 중국어는 단음절(單音節)로 이루어지기 때문이다.

그럼에도, 우리는 알파벳순을 택해야 한다고 생각했다. 찾는 단어에 더 빨리, 더 확실하게 닿을 수 있기 때문이다. "거리 KE-RI"와 "걸이 KER-I", "심요 SIM-YO"와 "시묘 SI-MYO"처럼 동음이의로 인해 음절을 구분하기가 힘들 때는 특히 그렇다. 또한 알파벳순 배치엔 유럽 사전들의 방식과 비슷하다는 이점이 있어서, 본 작업이 대상으로 하는 사람들이 좀 더 쉽게 이 책을 사용할 수 있을 것이다.

다음은 한국어 알파벳을 이 사전에서 채택한 순서를 따라 적은 것이다.

아,	야,	·,	어,	여,	으,	이,	오,	요,	우,	유,
A,	YA,	Ā,	E,	YE,	EU,	I,	O,	YO,	OU,	YOU.

ㅎ,	ㄱ,	ㅋ,	ㅁ,	ㄴ,	ㅇ,	ㅂ,	ㅍ,	ㄹ,	ㅅ,	ㄷ,	ㅌ,	ㅈ,	ㅊ,
H,	K,	HK,	M,	N,	NG,	P,	HP,	R(L),	S(T),	T,	HT,	TJ,	TCH.

위에서 볼 수 있듯이, 일단 모음과 자음을 구분한 후에는, 독자들이 알

고 있는 알파벳의 순서를 최대한 따랐다.

한국 글자에서, 기호 "ㅇ"에는 두 가지 쓰임새가 있다:

1° 모음 아래에, 즉 한 음절의 마지막에 위치할 때에는, NG의 소리를 지니며 알파벳에서의 차례를 따른다.

2° 모음 앞에, 한 음절의 처음에 놓일 때에는 알파벳 순서에 영향을 주지 않는다. 이때 그것은 무음 기호로서, 뒤에 놓인 모음을 장식해줄 뿐이며, 따라서 유럽 문자로 발음을 밝힌 내용에서도 고려되지 않는다.

YA, YE, EU, YO, OU, YOU 등을 표시한 문자 기호들은 각각 하나의 한국어 문자에 대응하므로, 유럽 알파벳에서는 이 기호들이 두세 개의 철자로 분해될 수 밖에 없었지만, 한국어 문자를 기입하면서 적용한 알파벳 순서에서는 그대로[하나의 문자처럼] 고려되어야 한다.

ㄹ은 단어 첫 부분에 놓이면 ㄴ으로 발음되어 때때로 ㄹ인지 ㄴ인지 알기 힘들다. 이런 이유에서 ㄹ로 시작하는 모든 단어들을, ㄴ으로 쓰인 것처럼 취급하여 ㄴ항목에 끼워넣었다.

단어 본체부에서 ㄹ은, 문법 부분에 설명된 발음상 조화의 이유들로 인해 음절 첫 부분에서는 R로, 음절 마지막에서는 L로 나타나지만, 알파벳 상의 순서를 그대로 유지한다.

ㅅ은 이와 같지 않다. 이 자음은 음절 끝에서 ㄷ으로 취급되며, 이 경우 알파벳 순서를 ㄷ에 맞추는 것이 자연스럽다. 이런 규칙에 따라, 가령 "화독" 다음에 "홧홧ㅎ다"가 놓이는 것이 기이하지 않을 것이다.

시작 음운으로 쓰인 ㅅ은 종종 ㄱ, ㅂ, ㄷ과 같은 몇몇 자음들 앞에 쓰여, 그 자음들을 대신하여 반복을 표시한다. 따라서, 이때의 ㅅ은 알파벳상의 순서 역시 그 자음들에게서 차용한다. 달리 말하자면, 알파벳 순서에 아무런 영향을 미치지 않고 ㄱ, ㅂ, ㄷ, ㅈ의 순서에 좌우된다.

단어 첫 부분에서 ㄴ과 ㄹ은 자주 혼동되어 본 사전에서는 둘을 같은 항목(ㄴ)에 배치했음을 위에서 밝혔다. 덧붙여 지적해두어야 할 것은, 단어 첫 부분에 쓰인 이 글자들은 종종 생략되기도 하며, 이런 경향이 특정 지방들에서 두드러진다는 점이다. 그 결과 같은 단어가 어떤 때는 ㄴ으로, 어떤 때는 ㄹ로, 어떤 때는 이 두 자음에 뒤따르는 모음으로 시작된다. 이런 경우, ㄴ이나 ㄹ로 시작되는 단어를 찾을 수 없을 때에는 모음으로 시작하는 단어를 찾아볼 수 있을 것이며, 그 반대도 마찬가지이다. 가령, 일종의 보넷(*bonnet*)을 뜻하는 단어 "니염"은 "이염"으로 쓰여지기도 한다. 이마(*front*)를 뜻하는 단어 "니마"는 "이마"로 쓰여지기도 한다.

마찬가지로, 댜, 뎌, 됴, 듀는 쟈, 져, 죠, 쥬 또는 자, 저, 조, 주로 발음되므로, 우선적으로 찾아본 단어가 없을 때에는 방식을 달리하여 찾아보아야 한다.

또한 밝혀두어야 할 것은, ㅡ는 때로는 ㅜ와("브르다 PEU-RĀ-TA", "부르다 POU-RĀ- TA"), 때로는 ·와("업슨 EP-SEUN", "업슨 EP-SĀN") 같은 것으로 취급된다는 것이다.

음절을 형성하기 위해, 한국 글자들은 기호 ㅇ를 포함하여 둘, 셋, 넷, 다섯씩 그룹으로 모이며, 그 양상은 모음의 형태에 따라 좌우된다. 위에서 보았듯이, 수직 모음(ㅏ, ㅑ, ㅓ, ㅕ, ㅣ)과 수평 모음(ㅗ, ㅛ, ㅜ, ㅠ, ㅡ, ·)이 있다.

수직 모음들은 모음앞 ㅇ나 첫 자음들의 오른쪽에, 같은 높이에 쓰여진다. 예를 들어, 이(I), 러(RE), 가(KA), 마(MA). 수평 모음들은 언제나 아래에 놓인다. 예를 들어, 고(KO), 교(KYO), 부(POU), 모(MO), 오(O), 스(SĀ).

둘 혹은 셋의 모음이 결합하여 하나의 이중 모음을 형성하면, 두 번째 모음은 첫 번째 모음의 오른쪽에 쓰이고, 세 번째 모음은 두 번째 모음의 오른쪽에 쓰인다. 예를 들어, 와(OA), 궈(KOUE), 괴(KOI), 웨(OUEI), 왜(OAI).

끝 자음들은 언제나, 같은 음절에 속해 있는 모음 혹은 이중 모음 아래에 놓인다. 예를 들어, 십(SIP), 즁(TJYOUNG), 국(KOUK), 웬(OUEIN), 놈(NOM).

이렇게 형성된 음절들이 차례로 놓여 사전에서 보는 것과 같은 단어들을 만들어 낸다.

위에서 밝힌 바와 같이 이 책에서는 먼저 한국어로 쓰인 단어를 제시한 후, 그 소리를 거의 가깝게 표현하는 유럽 글자들로 발음을 제시한다. 거의라고 말하는 것은, 불어에는 있지 않은 미묘한 음소들이 한국어에 있기 때문이다.[1] 그 다음에 단어의 번역이 다양한 의미와 함께 제시된다.

단어들은 순수한 한국어이거나 한국화된 중국어이다. 후자는 중국어에서 한국어로 건너온 단어들로서, 중국어의 발음과 약간 비슷한 한국어 발음을 지니며, 별표(*)로 표시되어 있다. 발음 뒤에 소리 및 의미상으로 상응하는 중국 글자들이 제시되어 있다.

순수한 한국어 단어 뒤에 쓰여 있는, 따라서 별표(*)로 표시되어 있지 않은 중국 글자들은 이 단어의 번역이며, 그 발음을 가리키지는 않는다.

몇몇 순한국어 어미들이 한자-한국어 단어들에 덧붙여지기도 하는데, 동사일 때 특히 그렇다. 이 경우, 중국 글자들은 시작 부분의 한자-한국어 음절에만 대응한다. 따라서 "이샹ᄒ다", "이샹이녁이다"에서, "異常" 두 글자는 첫 두 음절인 "이샹"에만 발음상으로 관련된다.

자의적(字意的)인 번역이 괄호 안에 이탤릭으로 표시되어 통상적인 번역 앞에 제시되기도 한다.

---

1) [원주] 발음 규칙은 한국어 문법 부분(XI 페이지 이하)에 상세하게 설명되어 있으며, 간략한 요약이 서문 마지막에 있는 표에 제시되어 있다.

"ᄒᆞ다"를 비롯한 몇몇 동사들은 명사와 결합하여, 그러한 결합으로부터 의미가 유래하는 동사를 형성할 때가 많다. 이 합성어는 두 부분으로 쉽게 분리되므로, 명사를 번역하는 것으로 만족하고 거기에 동사의 의미를 덧붙이는 것은 학습자의 몫으로 남겨둔 경우도 있다. 예를 들어, "힝신"(명사)과 "ᄒᆞ다"(동사)로 합성된 단어 "힝신ᄒᆞ다"를 찾아보자. 사전에서는 전자의 의미, "행위"(oeuvre) "활동"(action) "행실"(conduite)만을 제시한다. 학습자는 다음과 같은 방식으로 나머지를 메워야 할 것이다: "행위를 하다"(faire une action) "어떠한 행실을 보이다"(tenir telle conduite) "어떠하게 처신하다"(avoir telle tenue) 등.

발음을 보여주는 유럽어 본문에서 글자 위에 있는 줄표(-)는 "âme" "même"에서처럼 장음절을 가리키며, 연결 줄표는 한 단어의 음절을 서로 구분하기 위한 것이다 : "HĀ-TA" "SA-RĀM IL-TA".

자음으로 끝나는 모든 명사들은 그것들의 주격 형태가 명시되어 있다. 그 다음부터는, 문법 부분에 상술된 규칙들을 참고하면, 어미 변화는 별로 어렵지 않다. 가령, "밥 PAP, riz"을 예로 들어보자. 사전에서는 그 발음을 명시한 후 -I를 붙이는데, 이는 이 단어가 주격으로 쓰일 때 "밥이 PAP-I"가 된다는 것을 의미한다. "이 I"로 된 주격과 어근의 마지막 글자 "ㅂ P"를 알고 있다면, "밥 PAP"이 제1형 어미 변화 규칙을 따르며, "사름 SA-RĀM"과 같은 계열체[파라디귐]에 속한다는 것을 알 수 있다. 마찬가지로, 주격 형태가 "-SI"로 되어 있는 "옷 OT, habit"은 "갓 KAT"(제3형 어미 변화)과 같이 어미가 변화된다는 것을 알게 될 것이다.

동사에는 기본형에 덧붙여 과거형(동사적 과거 분사)과 형용사적 분사형(관계적[修飾形] 과거 분사)가 표시되어 있는데, 이 둘을 알고 있으면 갖가지 법 및 갖가지 시제로 동사를 쉽게 변화시킬 수 있다. 이런 사항들이

약술적으로 제시되는 방식을 두 가지 예를 통해 설명해 보겠다. 예를 들어,

믄지다 MĀN-TJI-TA, -TJYE, -TJIN.

사전에서 볼 수 있는 것과 같은 이 서식을, 명시화하여 표현하면 다음과 같다 :

믄지다 MAN-TJI-TA (기본형), 믄져 MAN-TJYE (동사적 과거 분사), 믄진 MĀN-TJIN (관계적[修飾形] 과거 분사).

짧은 서식 또 하나를 들면:

망녕스럽다 MANG-NYENG-SEU-REP-TA, -RE-OUE, -RE-ON.

이에 해당하는 명시화된 서식은:

망녕스럽다 MANG-NYENG-SEU-REP-TA (기본형), 망녕스러워 MANG-NYENG-SEU-RE- OUE (동사적 과거 분사), 망녕스러온 MANG-NYENG-SEU-RE-ON (관계적[修飾形] 과거 분사).

몇몇 (소수의) 단어들이 상이한 철자법으로 반복되어 있음을 볼 수 있는데, 이들은 실제로 두 방식 모두로 쓸 수 있는 단어들이다. 관용으로 그렇게 쓰이기 때문이거나, 지방에 따라 그 발음이 달라지기 때문이다.

몇몇 속담들, 그 대부분이 중국어로서 한국에서 가장 많이 쓰이는 속담들 역시 본 사전에서 볼 수 있다.

동물계(포유류, 조류, 어류, 곤충류), 식물계, 광물계에서 유래된 다수의 명사들에 대해서는, 일반적인 번역, 일종의 묘사만 제시되어 있다. 엄밀한 분류를 행하여, 다양한 카테고리에 속하는 이 존재들 및 사물들에게 매번 학술 용어를 적용시키기가 힘들었다는 점을 납득할 것이다. 특히 이들이 미처 탐사되지 않은 나라에 흩어져 있음을 감안하면 더욱 그렇다. 이와 같은 결함은 차차(또한 필요에 따라서는, 이 사전의 개정판에서) 보완될 것이다.

동사들에는 많은 수의 어미가 붙을 수 있다. 가령, "ᄒᆞ고 HĀ-KO", "ᄒᆞ며

HĀ-MYE", "흐니 HĀ-NI", "홀거시니 HĀL-KE-SI-NI", "흐ㄴ니라 HĀ-NĀ-NI-RA", "홀지니라 HĀL-TJI-NI-RA" 등등. 문법 부분에서 이에 대해 길게 다룬다. 그러나 이런 어미들을 마주쳤을 때 당황할 수 있음을 감안하여, 이 사전에 부록을 넣으면 유용할 것이라 판단했다. 이 부록에는 모든 어미가 알파벳 순서로 제시되어 있으며, 가장 흔히 사용되는 동사 "흐다 HĀ-TA"의 계열체[파라디금]에 의거하여 그 다양한 의미가 제시되어 있다.

동사 "일다 IL-TA, -이다(être)"는 특히 실사(實辭) 뒤에 붙어 자주 쓰이기 때문에, 또한 몇몇 특이한 변화형을 보이기 때문에, 편의를 위해 몇몇 주요 어미를 명시한다. "흐다 HĀ-TA"와 동일한 방식으로, 그것에 뒤따라 제시되어 있으며, 각각의 어미 변화형들이 그에 대응하는 "흐다 HĀ-TA"의 변화형들을 참조할 수 있게 하여 필요한 설명을 보완할 수 있게 하였다.

두 번째 부록으로 덧붙이는 것은, 지방, 도시, 강, 산 등 명칭의 알파벳순 목록으로서, 그 지리상 위치(위도와 경도), 민사상·사법상·군사상·해양상 행정구역 소속을 밝혀두었다. 여기에 한국 왕국의 지도를 곁들인다.

본 사전의 제목에 표시된 "한(韓) HAN"이라는 단어는 역사 연보에서 자주 쓰여, "삼한[2] SAM-HAN"이라는 이름으로써 고대에 한국 반도를 분할(分轄)하고 있었던 세 정부를 가리킨다. 서력 6세기 말경, 이 세 정부 중 하나가 다른 두 정부에 대해 패권을 쥐고 이들을 병합했다. 이 나라는 "고려 KO-RYE"라 불리웠으며, 여기에서 "코레"라는 이름이 유래한다. 14세기에 현 왕조의 창건자가 "한양 HAN-YANG (Sye-oul[3])"에 수도를 세우고, 여덟 개 지방을 오늘날 볼 수 있는 바와 같은 구분으로 나누었다. 현지인들은 이 왕조를 "됴션 TYO-SYEN"이라 칭하며, 유럽인들에게는 "코레"로 알려져

---

2) [원주] 본 사전에서 해당 단어를 참조할 것.
3) [원주] "Sye-oul (Séoul)"은 수도를 뜻한다.

있다. 이와 같은 다양한 명칭들이, 역사적 명칭들과 함께, 사전 본문에 제시되어 있다. 두 번째 부록은 그중 특히 현재의 한국 지리를 다룬 것이다.

한국 알파벳, 사전에 적용한 순서에 따라

각각의 발음

본 사전에서 적용한 옮겨적기 방식

모음 앞 기호 "ㅇ"는 음절 첫 부분에서는 소리가 나지 않는다.			
순서 번호	모음	발음	옮겨적기
1º 2º	아 야	A. IA, 하나의 음으로 발음됨. — S가 앞에 올 때는 A로 발음됨 : 예를 들어, "샤"는 "SA"로 읽힘.	A. YA.
3º 4º 5º 6º 7º 8º 9º 10º 11º	으 어 어 여 으 이 오 요 우 유	Ā, EU, A. O 단음, O와 묶음 E의 중간. IO, 하나의 음으로 발음됨. IA 참조 — 셔 SO. EU. I. O. IO, 하나의 음으로 발음됨, IA 참조 — 쇼 SO. OU. IOU, 하나의 음으로 발음됨, IA 참조 — 슈 SOU.	Ā. E. YE. EU. I. O. YO. OU. YOU.
	자음		
12º 13º 13º bis 14º 15º 16º 17º	ㅎ ㄱ ㅅ ㅋ ㅁ ㄴ ㅇ	H, 언제나 유성음. K, A음 앞에서 G로 발음될 때도 있음. K 격음, 즉 더 딱딱하고 날카로운 소리. K 유성음. M, 때때로 B. N, 때때로 L. NG · GN, (비음 기호), g는 발음되지 않음. — 유성 모음 앞에서는 gn.	H. K. KK. HK. M. N. NG.
18º 18º bis 19º 20º 21º 21º bis 22º 22º bis 23º 24º 24º bis 25º	ㅂ ㅽ ㅍ ㄹ ㅅ ㅆ ㄷ ㅼ ㅌ ㅈ ㅉ ㅊ	P. P 격음. P 유성음. R, L, N. (XIV 페이지 한국어 문법 참조) S, (음절 끝에서는 T): Z로 발음되는 경우는 없음. S 격음. T. ye, yo, you 앞에서는 TJ로 발음됨. T 격음. T 유성음. TJ, DJ. TJ 격음. TCH.	P. PP. HP. R, L (*). S, T (**). SS. T. TT. HT. TJ. TTJ. TCH.
(*) 음절 처음에 놓일 때는 R, 음절 끝에 놓일 때는 L. (**) 음절 처음에 놓일 때는 S, 음절 끝에 놓일 때는 T.			

기호 및 약어

* 　　　중국어에서 유래한 단어를 가리킴.

- 　　　발음 부분에서, 모음 위에 줄표가 있을 때, 그 모음이 포함되어 있는 음절을 길게 발음함.

　　　　연결 줄표는 한 단어의 음절을 분리하는 데 쓰임.

‖ 　　　마침표보다 강한 구분 기호. 다른 뜻을 나타냄.

= 　　　한국어 텍스트가 반복됨을 표시.

— 　　　제시된 발음이 반복됨을 표시.

Ablat.	탈격(奪格)
Abrév.	약어
Accus.	대격(對格)
c. a. d.	즉
Capit.	수도
Conjug.	동사변화
Dat.	여격(與格)
Déclin.	어미변화
En agr.	결합되어 쓰임
Esp.	종류
Génit.	속격(屬格)
gour.	행정 관할

h.	시간
Hon. *ou* Honor.	존대어
Indic.	직설법
Inj.	욕
Instrum.	도구격(助格)
Interf.	감탄사
Litt.	자의(字意)적으로
Locat.	위격(位格)
m. à m.	축어(逐語)적으로
M. chr.	기독교 단어
Nég.	부정
Nomin.	주격
Opp.	반대말
p. ê.	아마도
Popul.	흔히 쓰이는 말
Provinc.	지방어
qq.	어떤, 어떤이.
St. épist.	서한체
Subst.	실사(實辭)
Superst.	미신
Syn.	유의어
V.	참조
v. a. *ou* v. act	타동사
v. g.	예를 들어
v. n. ou v. neut.	자동사
vulg.	속칭

2) 문법부 서문

- Les Missionnaires de Corée, de la Société des Missions Étrangères de Paris, "Premier Appendice", 『한불ᄌ뎐韓佛字典(*Dictionnaire Coréen-Français*)』, Yokohama: C. Lévy Imprimeur-Libraire, 1880.

첫 번째 부록

알파벳 순 어형 변화

설명의 글

알파벳 순서에 따른 동사 어형 변화표에서, 우리는 동사 ᄒ다hă-ta, faire 를 이용했다. 어근인 ᄒhă를 없애고 어미만 제시할 수도 있었다. 그러나 이런 삭제는 머릿속으로 간단히 해볼 수 있다. 게다가 어근과 분리된 동사 어미가 정확하지 않은 경우도 있다. 어떤 때에는, 예를 들어 많은 다른 형태를 형성하는 근원이 되는 동사 과거분사의 경우, 그 어미의 첫음절이 언제나 동일하지는 않고 주로 어간의 마지막 글자에 따라 변화하기 때문 이다. 그렇기 때문에 어간을 제외하고 어미만으로 동사변화표를 만들면 불명확한 점이 생기고 활용이 난처해진다. 그러한 불편을 피하기 위해 우리는 예시 동사의 규칙적이고 정확한 변화를 제시했고, 예시로는 동사 ᄒ다hă-ta를 들었는데, 가장 많이 사용되는 동사이기 때문에 많은 동사

중 특별히 이를 선택했다. 이 동사의 어미가 다양한 경우에 활용됨에 따라 변화를 겪게 되는 경우, 우리는 거기서 발생하는 규칙들을 명시했다.

> 다른 동사들의 경우, 사전에 나와 있는 그 원형, 과거형(동사 과거 분사), 형용사형 분사(과거 관계 분사)를 안다면 이 동사변화표를 참고해 각 어미에 결부되는 의미를 추론할 수 있다. 실제로, 우리가 왓더면oat-te-myen의 의미를 알아본다고 가정해 보자. 사전을 찾으면 오다o-ta, (와)oa, (온)on, venir 라고 나와 있다. 왓더면oat-te-myen은 오다o-ta, venir라는 동사의 과거인 와oa, étant venu에서 파생되었음이 확실하다. ᄒᆞ다hă-ta의 과거는 ᄒᆞ여hă-ye이므로, 부록 에서 ᄒᆞ엿더면hă-yet-te-myen을 찾아 읽으면, "Si j'avais fait, si tu avais fait[내가 했다면, 당신이 했다면]"등이라 나와 있다. 그러므로 왓더면oat-te-myen의 의미 는 "Si j'étais venu, si tu étais venu[내가 왔다면, 당신이 왔다면]"가 된다. 다른 어미도 같은 식으로 하면 된다.

각 어미 뒤에는 모든 동사에 맞춰 어미를 형성하는 방법을 명시하여, 이 규칙을 잘 알면 어렵지 않게 어떤 한국어 동사든 변화시킬 수 있게 하였다.

예를 들어 ᄒᆞ겟다hă-keit-ta라는 형태를 따르는 여러 동사의 미래형을 형성하고 싶다면, 부록에서 거기 해당하는 어미를 찾는다. 그러면 다음과 같이 설명되어 있다.

> "미래형은 동사원형에서 다ta를 겟다kiet-ta로, 타hta를 켓다hkeit-ta로 변화 시켜 만든다. 모음으로 끝나며 원형에 ㄹ이 들어가 있지 않지만 과거형에는 ㄹ이 들어간 동사는 미래형에도 ㄹ이 붙는다. 예: 문두다măn-tă-ta, 문두러măn-tă-re[4], 문둘겟다măn-tăl-keit-ta. ㅅ으로 끝나는 동사는 미래형에 ㄹ이 붙지

않는다. 예: 듯다teut-ta, 드러teu-re, 듯겟다teut-keit-ta / 싯다sit-ta, 시러si-re, 싯겟다sit-keit-ta."

이 규칙을 동사 쓰다sseu-ta, 노타no-hta, 도다to-ta 등에 적용시키면 다음과 같다.

쓰다sseu-ta	....	쓰겟다sseu-keit-ta.
노타no-hta	....	노켓다no-hkeit-ta.
도다to-ta(도라to-ra)	....	돌겟다tol-keit-ta.

이 외에도 동일하다.

만일 ㅎ겟느냐hă-keit-nă-nya라는 형태를 따라 미래 의문형을 만들고 싶다면, 해당 어미를 찾으면 되고, 그러면 그것이 앞서 언급했던 ㅎ겟다hă-keit-ta를 바탕으로 형성된다는 점을 알게 된다. 바꿀 부분은 다ta를 느냐nă-nya로 대체하는 것뿐이다. 처음 나오는 동사에 같은 변화를 가하면 그 동사의 미래 의문형을 얻게 된다. 앞서 들었던 예에 적용시키면 다음과 같다.

쓰겟다sseu-keit-ta	....	쓰겟느냐sseu-keit-nă-nya.
노켓다no-hkeit-ta	....	노켓느냐no-hkeit-nă-nya.
돌겟다tol-keit-ta	....	돌겟느냐tol-keit-nă-nya.

대부분의 어미에는 어떤 변화를 가해야 하는지 그 방식을 굳이 밝히지

---

4) [원주] 자음 ㄹ은 음절 끝에서는 l로, 음절 처음에서는 r로 나타낸다는 점을 잊지 말 것.

않고 형성의 근원만 표시했다. 그런 경우에는 단지 보기만 해도 파악할
수 있기 때문이다.

예를 들어, 설명이 다음과 같다면

홀까 hăl-kka ....
홀hăl에서 형성됨

이는 곧 홀까hăl-kka를 형성하려면 미래 분사 홀hăl에 까kka를 붙이면
된다는 뜻이다.

마찬가지로

ㅎ리로다hă-ri-ro-ta.....................
홀hăl에서 형성됨

이는 명확하게 홀hăl의 리을 리로다ri-ro-ta로 바꾸면 된다는, 혹은 같은
의미지만 ㄹ을 빼고 리로다ri-ro-ta를 붙이면 된다는 뜻이다.

수동형 ㅎ이다hă-i-ta, 사역형 ㅎ이다hă-i-ta 혹은 ㅎ게ㅎ다hă-kei-hă-ta,
존칭어 ㅎ시다hă-si-ta 등도 역시 ㅎ다hă-ta처럼 변화하는 동사가 된다. 우
리가 가장 많이 사용되는 몇몇 어미(원형, 과거형 등)와 그 형성 방식만을
제시한 것은 그런 이유에서다. 다른 어미들은 능동형 동사 ㅎ다hă-ta의
해당 형태와 똑같이 형성되기 때문이다.

위 규칙은 동사 일다il-ta에도 동일하게 적용된다. 이 동사는 몇 가지
특수성을 보이며, 서문에서 말했듯 그 주요 형태에 있어서는 동사 ㅎ다hă-
ta를 따르는 방식으로 발달했다.

지금까지 설명한 방식에 포함된 규칙들은 800개 이상의 동사 변화 형태를 주의 깊게 검토한 결과를 바탕으로 한다. 따라서 그 정확성은 상당히 믿을 만하다.

기호와 약어

« » 정확한 언어와는 차이가 있는 글자 그대로의 번역은 로마자로
인용부호 안에 삽입했다.

이 첫 번째 부록에서 사용한 약어는 길고 상세한 설명의 수고를 덜어주
며 충분히 이해하기 쉬울 것으로 보인다. 이해를 돕기 위해서는 12쪽의
발췌문을 예시로 드는 것으로 족할 것이다.

ᄒᆞ엿더ᄂᆞ뇨hă-yet-te-nyo. Avais-je fait? Avais-tu fait? Avait-il fait? Avions-nous fait?
Aviez-vous fait? Avaient-ils fait?

Interrog. (dans les livres). Supér. à l'infér., d'un égal ou d'un infér.

Plus-que-parfait, pour les 3 pers. sing. et plur.

S.f. de ᄒᆞ여hă-ye.

이 문단 두 번째 부분의 의미는 다음과 같다.

Interrogation (usitée dans les livres). Langage du supérieur à l'inférieur, en
parlant d'un égal ou d'un inféreur.

Plus-que-parfait, pour les trois personnes du singulier et du pluriel.

Se forme de ᄒᆞ여hă-ye.

[의문문(문어에서 사용). 높은 사람이 낮은 사람을 상대로, 자신과 동등하거
나 낮은 사람을 언급하며 말할 때의 어법. 3인칭 단수와 복수의 대과거 ᄒᆞ여hă-
ye에서 형성됨.]

3) 지리부 서문

- Les Missionnaires de Corée, de la Société des Missions Étrangères de Paris, "Second Appendice", 『한불ㅈ뎐韓佛字典(*Dictionnaire Coréen-Français*)』, Yokohama: C. Lévy Imprimeur-Libraire, 1880.

두 번째 부록

▬▬

한국 지리 사전

▬▬

설명의 글

지리 사전에는 군과 민간 행정의 다양한 분과에서 사용되는 관직명이 종종 언급되므로, 여기서 그 용어목록과 각 관직에 따르는 계급 서열에 대한 설명, 혹은 우리 유럽식 제도 내에서의 해당 호칭을 제시하고자 한다.

문관 관직

감ㅅ, Kam-să. 監司. 도의 장관.

류슈, Ryou-syou. 留守. 중심 도시의 성곽 요새를 관할하는 장관.

경력, Kyeng-ryek. 經歷. 류슈Ryou-syou가 거하는 도시의 고관.

판관, Hpan-koan. 判官. 지방 장관의 보좌관 혹은 대리인. 감ᄉ Kam-să
(도지사)나 류슈Ryou-syou가 거하는 중심 도시의 행정관.

부윤, Pou-youn. 府尹. 경쥬Kyeng-tjyou와 의쥬Eui-tjyou의 장관.

셔윤, Sye-youn. 庶尹. 평양Hpyeng-yang 감ᄉ Kam-să(도지사)의 보좌관.

대부ᄉ, Tai-pou-să, 大府使 목ᄉ Mok-să 앞에 오는 고관.

목ᄉ, Mok-să. 牧使 2품 고관.

부ᄉ, Pou-să. 府使 3품 고관.

군슈, Koun-syou. 郡守. 4품 고관.

현령, Hyen-ryeung. 縣令. 5품 고관.

현감, Hyen-kam. 縣監. 6품 고관.

방어ᄉ, Pang-e-să. 防禦使 고관(션천Syen-tchyen 부ᄉ Pou-să의 칭호)

무관 관직

대쟝, Tai-tjyang. 大將. 장군(총칭적인 칭호)

병ᄉ, Pyeng-să. 兵使 각 도나 반(半)되경상좌도/경상우도, 함경남도/
함경북도처럼 둘로 나뉜 경우-역쥐의 총사령관.

슈ᄉ, Syou-să. 水使 해군 사령관(제독).

영쟝, Yeng-tjyang. 營將. 형사 재판관 역할을 하는 대령.

즁군, Tjyoung-koun. 中軍. 대위.

감목관, Kam-mok-koan. 監牧官. 중위.

별쟝, Pyel-tjyang. 別將. 소위.

우편 업무

찰방, Tchal-pang. 察訪. 역참의 책임자.

역, Yek. 驛站. 파발마가 머무는 정거장 혹은 중계소.

서울을 기준으로 하여 고을의 거리를 나타내는 데 쓰인 법적인 여정 단위 ly(리ri)는 대략 1리외(lieue)*의 10분의 1에 해당한다.

문단 끝에 위치한 줄표로 분리된 두 개의 숫자는 순서대로 위도와 경도를 나타낸다. 이는 지도상에서 관련 있는 지점들을 쉽게 찾아볼 수 있도록 하기 위함이다.

---

* [역자주] 프랑스의 옛 거리 단위로 약 4km

기호와 약어

* 별표는 표시된 단어가 지도에 기재되어 있지 않음을 나타낸다.

° ················ Degré 도

′ ················ Minute 분

N. ··············· Nord 북

S. ··············· Sud 남

E. ··············· Est 동

O. ··············· Ouest 서

Arrond. ········ Arrondissement 면*

Cant. ··········· Canton 리**

Cap. ··········· Capitale 수도

Mont. ··········· Montagne 산

Prov. ··········· Province 도

Riv. ············· Rivière 강

---

* [역자주] 프랑스의 행정구역 명칭을 임의로 당시 한국의 행정구역에 적용시킨 부분 이다. 『한불ㅈ뎐』(1880)의 "면(面)" 표제어가 "visage; face; façade figure, arrondissement (subdivision du district; - se devise en 리 Ri, canton etc. 동ᄂᆡ Tong-năi, village."로 풀이되고 있다.

** [역자주] 『한불ㅈ뎐』(1880)의 "리(里)" 표제어가 "réunion de plusieurs 4 ou 5 villages formant un canton. (4, 5 ou 10리 Ri, cantons, font un 면Myen, arrondissement)"이라고 풀이되고 있다. 이 점을 감안한다면, '면'과 '리'를 지칭하고 있음을 알 수 있다.

(2) H. G. 언더우드, 『韓英字典한영ㅈ뎐』(1890)

- H. G. Underwood, 『韓英字典한영ㅈ전(*A Concise Dictionary of the Korean Language*)』,
  Yokohama: Kelly & Walsh; London: Trübner & Co., 1890.

【소개】

　『韓英字典한영ㅈ뎐』은 언더우드가 1890년에 발행한 최초의 한영사전과
영한사전이다. 요코하마의 Kelly & Walsh출판사에서 나오고 같은 곳의 세이
시분샤(Seishi Bunsha)에서 인쇄되었다. 포켓판과 학생판이라는 2가지 형태
로 출판되었다. 포켓판은 한영사전과 영한사전이 각각 독립되어 출판된 형
태이다. 우리의 자료집에 영인한 것은 학생판(Student Edition)이며, 이는 포
켓판 2권을 합본한 것이다. 러시아 대장성의 『한국지』(1900)는 "1883년 이후
한국에 들어온" 개신교 "선교사들도 한국어 연구사업에 적지 않은 공적을
세웠"다고 높이 평가하며, 당시 대표적인 업적으로 스콧과 함께, 언더우드의
문법서와 사전을 들었다.

　『韓英字典한영ㅈ뎐』(1890) 학생판의 서두는 영문서문("Preface"(pp. i - v)),
한글서문(「언문ㅊ례」, 「받침ㅊ례」, 「글ㅈ교뎌법」(pp. vi-vii)), 약어풀이
("abbreviations"(pp.viii- x))로, 1부는 한영사전(pp.1-189)과 부록(「수(Numerals)」
(pp.190-193), 「돈(Money)」(pp.194-195), 「날들 Days and Months」(pp.195-196),
정오표("Errata", p.197), 2부는 영한사전(pp.1-293), 정오표("Errata", p.295)로 각
각 구성되어 있다. 게일의 도움을 받았다고 되어 있는 제1부 한영사전의
표제어 총수는 약 4,910개이며 『韓佛字典』(1880)이 가장 중요한 참조 문헌이
되었다. 헐버트의 도움을 받은 2부 영한사전의 표제어 수는 약 6,702개로
추정된다.

　우리의 번역편에서는 작업의 경위와 목표, 철자법과 같이 작업 중에 만났

던 어려움들, 참조사전 및 사전 편찬을 도왔던 한국인 조력자들을 알 수
있는 『韓英字典한영ㅈ뎐』의 서문을 번역하여 수록했다.

▌참고문헌

고영근, 「西洋人의 韓國語文法研究」, 『韓國語文論叢: 又村 姜馥樹博士回甲紀念論文集』,
        형설출판사, 1976.
배수열, 「19세기 말엽의 국어연구—언더우드의 「한영자뎐」을 중심으로」, 경남대학교 석
        사학위논문, 1986.
이상현, 「언더우드의 이중어사전 간행과 한국어의 재편과정」, 『동방학지』 151, 2010.
황호덕·이상현, 「번역과 정통성, 제국의 언어들과 근대 한국어」, 『아세아연구』 145, 2011.

러시아 대장성, 한국정신문화연구원 역, 『국역 한국지』, 1984. (러시아 대장성, КОРЕИ,
            S-Peterburg, 1900.)
이만열, 옥성득 편역, 『언더우드 자료집』 I-V, 국학자료원, 2005-2010.
Rhodes, H. A., 『미국 북장로교 한국선교회사』 I, 최재건 역, 연세대 출판부, 2010. (History
            of The Korea Mission, Presbyterian Church U.S.A., 1933.)
小倉進平, 『增訂補注 朝鮮語學史』, 東京: 刀江書院, 1964.

『한국민족문화대백과사전』(http://www.encykorea.com) "한영영한자전" 항목(필자: 고영근).

1) 언더우드, 『韓英字典한영즈뎐』(1890) 서문(Preface)

- H. G. Underwood, "Preface", 『韓英字典한영즈뎐(*A Concise Dictionary of the Korean Language*)』, Yokohama: The Fukuin Printing CO., L'T., 1890.

영어로 된 한국어사전이 부재하는 현 상황에서, 이런 작업이 반드시 이루어져야 함은 명백하다. 지금으로부터 거의 5년 전, 한국에 체류한 지 몇 달 정도 밖에 안 되었던 저자가 한국어 단어와 그에 해당하는 영어 단어들을 수집하고 체계적으로 정리하는 작업을 시작한 것은 이런 사실을 절실하게 깨달았기 때문이었다. 다른 업무들도 처리해야 하는 처지였기에 이 작업을 위하여 할애할 수 있는 시간은 극히 적었고, 사실 연이어 6개월 동안이나 작업에 전혀 손도 대지 못한 채 방치할 수밖에 없던 때도 종종 있었다. 작업의 대부분은 다른 업무로부터 자유로워져 이 일을 진행할 시간이 나는 여름휴가 기간에 이루어졌다. 그 결과 작년 여름 초까지 고작 한국어와 영어 각각 만 개 정도의 단어만을 그 동의어와 더불어 분류하고 정리할 수 있었다.

이 무렵 저자는 즉각적인 활용에 대비할 수 있도록 작고 간결한 포켓판 사전, 한국어에서 가장 유용한 단어들을 가능한 한 모두 포함하는 사전을 제작해 달라는 제안과 강력한 권유를 받았다.

이 작업을 하며 제임스 S. 게일 씨와 호머 B. 헐버트 교수의 도움을 받아가며, 이미 풀이가 끝난 단어들 중 가장 사용 빈도가 높은 단어들만을 선별하고 정리하며, 아직 미완성된 더 큰 사전에 그때까지 수록되지 않았던 단어들을 추가하는 일로부터 시작되었다.

작업에 착수하면서 목표로 삼았던 것은 가장 흔히 사용되는 단어들을 모두 수록하는 동시에 그 분량 면에서 포켓용 사전이라는 한도를 넘지 않도록 하는 것이었다. 저자가 느끼기에는 반드시 수록해야 할 것 같았으나, 어쩔 수 없이 더 큰 사전의 지면을 위해 남겨둘 수밖에 없던 단어도 많았다. 일정한 선에서 엄격한 기준을 적용하지 않는다면 작업의 우선적인 목표에서 벗어날 것임에 틀림없었기 때문이다.

제1부인 한영(韓英)부는 게일 씨의 도움을, 제2부 영한(英韓)부는 육영공원(the Royal Korean University)의 헐버트 교수의 도움을 받았다. 작업하면서 마주친 가장 큰 어려움 중 하나는 한글의 철자법이 매우 혼란스러운 상태라는 점이었다. 한글의 철자는 순전히 발음에 의거하는데, 바로 그런 점에서 사람마다 "자기만의 규칙"을 따르고 있었다. 이런 규칙이 '메디아인과 페르시아인의 법'처럼 절대로 바꿀 수 없는 완고한 법칙은 결코 아니지만, 어떤 기준을 찾으려 노력하는 이들은 거의 극복 불가능한 수준의 어려움에 빠지게 된다. 앞서 말한 것처럼 두 사람이 상이한 철자법을 쓰면서 각자 '자기' 방식이 옳은 것이라 주장하는 한편, 그러면서도 다른 철자법도 허용 가능한 것이라 인정하기 때문이다. 그러나 『전운옥편(全韻玉篇)』에 나오는 철자에 대해서는 모든 이가 허용 가능하다고 여기고, 대부분은 이것이 '올바른' 철자법이라 여기며, 이것이 정확하고 유일한 철자법이라 간주하는 이들도 많은 수에 달한다. 따라서 이를 '기준'으로 삼는 것이 최선이라는 생각이 들었기에, 이 사전에 수록된 철자법은 가능한 한 전운옥편을 기준으로 삼았다. '옥편'에서 찾을 수 없는 많은 단어들의 경우는 파생어를 통해 올바른 철자법이 무엇일지를 확인하기 위해 노력을 기울였다. 면밀한 조사의 결과, 순수 한국어로 여겨 왔던 단어들이 사실은 한자에서 파생되었다는 점이 많은 사례에서 밝혀졌기에, 이런 단어는 그에 맞는 철자로 수록했다. 모든 단어는 『한불ᄌ뎐』의 해당 단어와 철저한 비교를 거쳤으며, 믿을 만한 철자법 기준이 없는 단어는 모두 『한불ᄌ뎐』

에 부합하게 표기했다.

자모의 순서에 대해서도 역시, 앞서 언급한 『한불ㅈㆍ뎐』의 방식을 따르는 것이 최선이라 간주하였다. 한국식 순서로 변경하는 것이 여러모로 더 나으리라 생각하였으나, 아직은 영어를 공부하는 한국인의 수가 매우 적고 한국어를 배우는 영어 사용 학생들이 『한불ㅈㆍ뎐』에서 사용된 순서에 매우 익숙해 있는 터인지라 지금 변경하기에는 시기가 적절치 않다고 여겼다.

그 용례는 다음과 같다.

아, 야, ㅇ 어, 여, 으, 이, 오, 요, 우, 유

ㅎ, ㄱ, ㅋ, ㅁ, ㄴ, ㅇ, ㅂ, ㅎ, ㄹ, ㅅ, ㄷ, ㅌ ㅈ , ㅊ

주 - 단어 초두에 오는 ㄴ과 ㄹ은 소리가 같고 구별하기 쉽지 않기 때문에, ㄴ과 ㄹ로 시작되는 단어들은 하나의 동일한 문자처럼 함께 배치하였음.

한글 자모의 수는 고작 25개에 불과하고 이는 누구나 하루면 배울 수 있기 때문에 음역은 싣지 않았다. 불필요할 뿐만 아니라, 대부분의 경우 음역은 도움보다는 방해가 된다는 점이 입증되었기 때문이다. 한글 자모는 배우기 쉽고, 각 문자가 나타내는 다양한 소리들은 쉽게 익힐 수 있다. 표기법이 아닌 소리에 따라 단어를 로마자로 표기한다면 많은 경우 도움이 되겠으나 학생들 스스로 발음을 익히는 편이 훨씬 더 낫다.

단어의 정의 면에서는 지나치게 포괄적이지 않고 너무 협소하지도 않은 정확함을 달성하기 위해 대단한 주의를 기울였다. 한자에서 파생된 단어는 윌리엄스의 『중국어 음절 사전』*에 수록된 해당 용어와 철저하게 비교하였고, 순수 한국어 어원을 지닌 단어는 그 대부분을 비판적으로 검토하고 동원할 수 있는 모든 방식으로 시험하는 과정을 거쳐 혹시라도

미묘한 의미나 용법을 놓치지 않도록 했다. 처음에는 한국인 교사로부터 가장 간결한 정의를 얻으려고 시도하였으나, 이 시도 이후 이런 작업을 거쳐야 할 필요성이 명백해졌다.

프랑스 선교사들의 업적인 훌륭한 사전에 대하여, 비록 철자법과 정의라는 면에서 저자와 의견을 달리하는 지점도 많았으나, 저자는 특히 한영(韓英)부의 편찬에 있어 이 사전의 도움을 받았음을 기쁜 마음으로 밝히는 바이다.

또한 송순용(宋淳容) 씨의 언문 활용에 대한 철저한 지식과 세심한 작업에 감사를 드린다. 이런 도움이 없었다면 이 사전은 지금과 같은 수준의 정확성을 지닌 작업에 이르지 못했을 것이다.

다루기에 편리하도록, 또 본서의 기본 이념에 부합하도록 이 책은 두 권으로 발행한다. 그러나 아직 다른 영한사전이 없다는 점을 감안하여 '학생판'을 동시에 발행한다. 두 판의 유일한 차이점은 학생판은 여백을 넉넉히 두었으며 한 권이고, 포켓판은 여백이 없으며 두 권으로 되어 있다는 점이다.**

---

* [역자주] S. W. Williams, *A Syllabic dictionary of the Chinese language: arranged according to the Wu-fang yuen yin, with the prouncition of the characters as heard in Peking, Canton, Amoy, and Shanghai*, Shanghai: American Presbyterian Mission Press, 1874.

** [역자주] 언더우드의 사전(1880)은 같은 해 두 가지 형태로 간행되었다. 하나는 포켓판(pocket-edition)으로서 2권으로 되어 있다. 첫째 권(Vol. Ⅰ)은 A Korean-English, 둘째 권(Vol. Ⅱ)은 An English-Korean로 각각 독립되어 있다. 포켓판의 이름은 *A Concise Dictionary of the Korean Language(Pocket-edition in two volumes)*이다. 다른 하나는 학생판(student edition)인데 앞의 포켓판 2권을 합본한 것이다. 이름은 내지의 꼭대기에 '韓英字典', 다음에 한글로 '한영ㅈ뎐'으로 나와 있고, 그 밑에 *A Concise-Dictionary of the Korean Language in two parts Korean-English & English-Korean*이라 되어 있다. 헐버트(H. B. Hulbert)와 게일(J. S. Gale)의 도움으로 편찬되었음이 밝혀져 있다. 포켓판과의 차이점은 한영부에는 Part Ⅰ, A Korean-English

이 책이 도움이 되고 그간의 요구를 충족하기를 희망하며, 이제 겸손한
자세로 한국의 학생들에게 바치는 바이다.

한국 서울

1889년 11월

H.G.U.

Dictionary, 영한부에는 Part Ⅱ, An English-Korean Dictionary로 되어 있는 점이 다르
고 나머지의 내용과 차례는 같다. 학생판은 B6판으로 서문을 비롯한 서두부가
X면, 제1부는 196면, 제2부는 294면이다. (『한국민족문화대백과사전』 "한영영한자
전(韓英英韓字典)"항목 참조 (필자: 고영근).)

(3) J. 스콧, *English-Corean Dictionary*(1891)

- J. Scott, *English-Corean dictionary: being a vocabulary of Corean colloquial words in common use*, Corea: Church of England Mission Press, 1891.

【소개】

English-Corean dictionary: being a vocabulary of Corean colloquial words in common use(1891)는 1881년에서 1891년 사이 제물포에 주재하였던 영국 부영사로, 아스톤(W. G. Aston)과 함께 한국에 와서 1892년까지 머물었던 제임스 스콧(James Scott)이 1891년에 발행한 영한사전이다. 1890년 한국에 입국한 영국 성공회가 1891년 4월 13일 영국 해군으로 부터 기증받은 현대식 인쇄기를 설치하여 각종 서신과 선교문서를 인쇄한 바 있는데, 이 사전 역시 성공회인쇄소 (church of England Mission press)에서 출판되었다. 당시에 나온 다른 책과는 달리 각 장마다 얇은 간지가 끼여 있는 것이 특징이며, 언더우드의 『한영ㅈ뎐』(1890)에 이어 나온 두 번째의 영한사전이다.

러시아 대장성에서 발행한 『한국지』를 보면, 스콧의 문법서 그리고 언더우드의 문법서, 사전과 함께 스콧의 사전을 당시 가장 대표적인 서구의 한국 어학적 성과로 평가했다. 게일의 한영사전 초판(1897)에서는 참조를 분명히 명시했지만, 존스의 영한사전(1914)에서는 이 사전을 참조했다고 말하지 않았다. 후일 『英鮮字典』(1925)에 수록된 원한경의 서문에서 이 사전이 잊혀져 간 것으로 이야기되는 모습을 보면, 언더우드의 사전(1890)에 비해 그 영향력은 그리 크지 않았던 것으로 추정된다.

언더우드의 사전과 비교해볼 때, 훨씬 더 많은 영어 표제어에 대하여 한국어로 풀이하고 있는 반면, 언더우드의 사전과 달리 품사적인 측면에서 대등한 대역관계를 제시하지 않고 있다는 점과 표제어의 다의적 의미를 보다 많이 풀이하려고 한 지향점이 특징적이다. 스콧 사전의 구성을 보면, 사전 편찬의 어려움과 방법이 기술된 서문과 당시의 한국어 논문이라고 볼 수 있는 서설("Preface", "Introduction", pp. i - x x vi), 본문인 영한사전(pp.1-345), 부록("Numerals", p.346, "The Corean Alphabet", p.347) 으로 구성되어 있다. 본문에 수록된 영어표제어 수는 10,601개로 추정된다.

우리의 번역편은 이 중 스콧의 서문과 서설을 번역하여 수록했다. 스콧의 서설은 모리스 쿠랑이 『한국서지』의 서설(1894)에서 한글의 기원 문제와 관련하여 스콧이 "한국의 사신들이 北京의 궁정에서 범어에 능통한 중국인을 만나 얘기를 나눈 데서 자모의 첫 개념이 형성되었"다 주장한 사실을 '근거가 없는 주장'으로 평가한 것에서 알 수 있듯이, 오늘날의 관점에서 보자면 많은 문제점이 보이는 논저이다. 하지만 스콧의 서설은 아스톤, 로니, 사토우 등의 인물들의 저술과 함께 『한국서지』서설이 참조한 대표적인 서구인 초기 한국어학적 성과물로 충분한 자료적 가치를 지니고 있고 당시로서는 한글의 기원과 특징에 관한 매우 자세한 논의들을 포함하고 있었다. 우리의 번역편에 수록된 게일의 한영이중어사전 서설("Introduction")에서도, 스콧의 한글기원론에 대한 비판을 볼 수 있다.

▌ 참고문헌

김봉희, 『한국개화기 서적문화연구』, 이화여대 출판부, 1995.

金敏洙, 河東館, 高永根 공편, 『歷代韓國文法大系』, 塔出版社, 1979.

이상현, 「언더우드의 이중어사전 간행과 한국어의 재편과정」, 『동방학지』 151, 2010.

황호덕·이상현, 「번역과 정통성, 제국의 언어들과 근대 한국어」, 『아세아연구』 145, 2011.

러시아 대장성, 『국역 한국지』, 한국정신문화연구원 역, 1984. (러시아 대장성, КОРЕИ, S-Peterburg, 1900.)

Rhodes, H. A., 『미국 북장로교 한국선교회사』 I, 최재건 역, 연세대 출판부, 2010. (*History of The Korea Mission, Presbyterian Church U.S.A.*, 1933.)

Courant, M., 『韓國書誌 - 修訂飜譯版』, 李姬載 역, 一潮閣, 1997. (*Bibliographie Coréenene*, 3tomes, 1894-1896, 1901, Supplément, 1901.)

小倉進平, 『增訂補注 朝鮮語學史』, 東京: 刀江書院, 1964.

『한국민족문화대백과사전』 (http://www.encykorea.com) "영한자전" 항목(필자: 고영근).

1) J. 스콧, *English-Corean Dictionary* (1891) 서문(Preface)

- J. Scott, "Preface", *English-Corean Dictionary: being a vocabulary of Corean colloquial words in common use*, Corea: Church of England Mission Press, 1891.

한국어를 배우려는 학생들에게 이 책을 내놓으며 나는 과감히 "사전"이라는 제목을 붙였지만, 가장 온건한 비평가들조차 아직 조악하고 불완전한 이 작업에 "사전"이라는 제목은 지나치게 거창하다는 비판을 제기할 만하다. 나는 그런 비판이 정당하다고 기꺼이 인정한다. 사실 내가 염두에 두었던 것은 "개요" 사전 정도의 제목이었으며 이 사전이 목적하는 바에 정확하게 부합하는 것도 그런 제목이다. 그러나 "개요"라는 말이 지닌 투박한 어감 때문에, 그리고 간결함을 위해 나는 "사전"이라는 더 짧은 제목을 택하게 되었다.

동양 언어들에 대해 다소간 아는 바가 있기에, 나는 내가 한국어 공부를 해 온 몇 년이라는 기간만으로는 정식 의미의 "사전"을 집필하기에 턱없이 부족하다는 점을 잘 안다. 사전이라는 이름에 걸맞은 사전은 마땅히 막대한 노력과 연구의 성과여야 하며, 개인적 관찰을 통해 수집한 자료들을 바탕으로 차근차근 집필되어야만 실질적 가치를 지닐 수 있다. 나는 일부에서 사용하는 체계, 즉 현지 교육자에게 몇 가지 질문을 하고 이를 바탕으로 일련의 단어를 취합한 뒤 그 옆에 외국어의 해당 단어를 배치하는 체계를 신뢰하지는 않는다. 각 단어의 정확성은 실제 경험을 통해 시험되어야 하며, 이 시험을 통과하고 다양한 문맥에 적용해 보았을 때 그 적합성을 확인받은 용어만이 사전에 수록되어야 한다. 이런 체계는 발달 단계에 도달하는 데만도 여러 해가 걸릴 것이 명백해 보이며, 본서가 표방하는 바는 앞서 말했던 일정한 절차에 기초한 편집물(compliation)일 뿐이다.

이 결과물이 나보다 더 유능한 다른 이들이 체계를 수립하는 데 기반이
되기를 바라는 바이다. 이 어려운 언어를 공부하는 데에는 도움 될 만한
것이 극히 적으므로, 아무리 작은 도움이라 해도 도움이 될 수 있다면
유용하리라 여긴다. 그리고 본서가 그 소임을 다하여 보다 정확하고 완전
한 사전에 그 자리를 내어준다면 저자 본인이 누구보다 더 기쁠 것이다.
요컨대 나는 한국어를 배우는 학생들이 내가 그리하였듯, 이 사전을 자신
의 관찰 결과를 기록할 수 있는 공책으로 생각하고, 또 그렇게 여겨 주기를
바란다. 머잖아 이 책의 규모를 확장하고 오류를 수정할 수 있도록 말이다.
확장과 오류 수정을 위해 별도의 정오표 발행 계획을 세워 두었으며, 한국
어를 공부하는 동료들의 선의에 이 작업을 맡기는 바이다.

심사숙고 끝에 한국어 단어의 음역은 수록하지 않기로 결정했다. 음역
을 추가하면 책의 분량이 상당히 늘어나게 될 것인데, 이 책을 활용할
독자라면 한글 자모에 대한 지식을 갖추고 있을 거라 예상했기 때문이다.
게다가 한글 자모는 몇 시간이면 배울 수 있다.

마지막으로 이 책의 출판을 위해 인쇄기[인쇄소]를 자유롭게 사용할 수
있도록 해 주신 영국 국교회 한국 선교단의 코프(Corfe) 주교님의 은혜에
감사드린다. 이 책은 선교단 이름으로 발행하는 첫 번째 책이지만, 결코
마지막 책이 되지 않기를 바란다. 또한 직접 조판과 인쇄를 담당한 선교단
동료 B. J. 피크(Peake) 씨와 이에 도움을 준 와이어스(Wyers) 씨에게도
깊은 감사를 드린다. 많은 시간과 노고를 요하는 이 작업을, 두 분은 너그
러운 태도로 기꺼이 맡아 주셨다.

1891년 8월, 서울에서.

2) 스콧, *English-Corean Dictionary*(1891) 서설(Introduction)

- J. Scott, "Introduction", *English-Corean Dictionary: being a vocabulary of Corean colloquial words in common use*, Corea: Church of England Mission Press, 1891.

한국 현지의 문헌은 어느 것을 막론하고 한국어와 한글 자모의 역사와 기원에 대해서 침묵으로 일관하고 있다. 아주 어린 시절부터 중국 문학과 철학 연구에만 몰두해 온 탓에 한국의 학자는 제 모국 문자를 경멸하고 무시하기에 이르렀다. 한국어의 문법을 체계적으로 정리하거나 어휘 사전을 편찬하려는 시도는 단 한 번도 없었다. 한글은 여성과 어린이, 무지한 대중이 사용하는 것이라 격하되었다. 교육은 중국 고전에 대한 연구에만 한정되어 있고, 공직에 오르고 명예를 얻으려면 한문으로 글월을 작성하는 공식 시험을 거쳐야만 한다. 관리와 학자들은 말은 한국어로 하지만 서신 교환과 업무에 있어서는 오직 한문만을 사용한다. 그러나 한국 고유어에는 시제와 조건, 종속과 대등 관계를 나타내는 명확하고 독특한 표현이 존재하는데, 이는 상당한 사유와 노고를 거친 뒤에야 중국어로부터 발달해 나온 것임에 틀림없다. 한문 어법은 고전에 대한 정확한 인용과 언급을 중시하기에 극히 어려운데, 보수적인 사고를 지닌 한국 학생들은 이 어려움 자체에 몹시 매혹되었고, 그 결과 여러 해에 걸친 힘든 학습으로 얻은 자신의 한문 구사 능력에 긍지를 느낀 나머지 중국식 사유와 문화를 고수하게 되었음이 분명하다. 이는 한국 문학과 정치에서 한문의 영향력이 계속해서 최고의 권위를 차지하는 결과를 불러왔다.

본디 거칠고 여기저기 흩어져 살던 부족들인 한국인은 중국 북동부에서 뛰어난 문명과 최초로 접하게 되었다. 상호 교류를 위한 문자적 의사소통 수단이 없었기 때문에, 이들은 차차 중국 문명의 영향력에 굴복해 중국어를 받아들였다. 한자라는 표의 문자의 본래적 요소와 어음(語音)을 고스란히 수입해온 것이다. 그리고 이따금 중국에 사절단을 파견하고 불교 승려들이 오고간 경우를 제외하면 외부와의 교류를 단절해 온 덕택에, 한국 학생과 학자들은 구어로는 그 어법과 구조가 완전히 다른 고유어 (vernacular)를 사용하면서도 초기의 스승들에게 전수받은 처음 그대로의 중국 표의 문자의 어음을 대대로 전수해 내려갈 수 있었다. 전체적인 상황을 신중하게 검토해 보면, 현재 한국인들이 중국 문자를 발음하는 방식이 중국 언어와 문학의 태초 발원지인 산동(山東) 지방에서 원래 발음하던 방식을 매우 충실하게 따르고 있다는 것이 분명해진다. 중국의 많은 방언들 중에서 중국학자들이 어말에 자음이 오는 초기 중국어와 가장 유사하다고 간주하는 것은 광동어이다. 그리고 이 점에서 광동어와 한국어는 실로 놀라울 정도의 유사성과 동일성을 보인다. 많은 세월이 흘렀고 공간적 단절이 있음에도 동일한 어버이를 가진 자식들임을 증명하고도 남을 정도이다. 지난 세기 말 편찬된 옥편(玉篇, 중국어와 한국어사전)을 보면, 중국 문자의 어음이 언문 즉 한글로 표기된 것을 볼 수 있으나, 그 의미와 설명은 모두 한자로 표기되어 있다. 한자의 음역 부분에는 어말 자음인 k, l, m, n, ng, p가 나타난다. 그러나 오늘날 중국어 구어에서 사용되는 것과 같은 성조는 없다. 장모음이나 단모음의 형태로 강세가 있는 모음이 존재하기는 하지만, 극히 드문 조합에서만 발생하기 때문에 불규칙 현상으로 간주할 수밖에 없다. 한국어와 광동어를 비교했을 때, 언어학자에게 있어 대단히 중요한 두 가지 특징이 있다. 중국어의 한국어식 발음에서는 음절말(音節末)에 오는 자음 t가 사라지는 현상, 그리고 이 치음(齒音) t가 규칙적으로 음절말 자음 l로 대체되는 현상이다. 이 두 특징은 기나긴 연구와 조사의 전망을 열어 주는 것이라 할 수 있다. 순수 한국어에서 유래한 단어에서는 음절말의 t가 일관성 있게 나타나므로, 중국어의 한국어 발음에서 음절말음(音節末音) t가 부재하는 현상은 한국인의 발성 기관에 어떤 특이점이나 결함이 있어서 발생하는 것은 아니다. 분명한 추론은, 최초에 한국인에게 전수되었던 한자에는 종성 치음이 없었고, 그 결과 한국어의 중국어 어휘에서도 종성 치음 발음이 부재하게 되었다는 것이다.

7세기 말, 신라 시대의 유명한 승려이자 학자인 설총(薛聰)이 이두(吏讀) 표기법을 창안했다. 이두란 일본의 가나처럼 훈이나 음가를 자의적으로 선택한 한자들을 이용해 교착과 굴절의 조사와 어미, 한국 고유어의 소리를 한자로 나타내는 표기법이다. 총 150개에 달하는 이 표의 문자들은 한자어에서의 실제 용법이나 의미와는 전혀 무관하게 한국어 음을 나타내는 부호로써만 사용된다. 이보다 더 불편하고 어려운 체계는 거의 상상할 수 없을 것이다. 그러나 중국의 정치 형태와 문학이 한국의 조정과 백성들에게 지대한 영향을 행사하기 때문에, 한국어의 문어와 구어 상의 필요를 모두 만족시킬 수 있는 한글(an alphabet equal=알파벳에 대응되는 것: 역자)이 있음에도 불구하고 하급 관리들과 고전 한문에 능통할 만큼 교육 수준이 높지 않은 이들은 여전히 이두 표기법에 의지하고 있다. 한글의 근원이나 유래에 대해 한국 역사학자들로부터 알아낼 수 있는 결정적인 사실은 없으나, 전통적으로는 명나라 때 남경의 영락제 황궁에 파견되었던 한국 사절단이 도입한 것이라 보고 있다. 남경에서 사절단은 산스크리트어에 정통한 불교 승려와 중국 학자들과 접촉하게 되었다. 이런 방면에 관심이 있는 골동품 수집가라면, 몇 백 년 전에 제작되었으며 산스크리트어, 중국어, 한국어가 나란히 세로로 적혀 있는 불교 경전 발췌문, 부적, 주문 등을 일부 오래된 사찰에서 찾아볼 수 있는데, 이것도 그들의 노고와 연구가 남긴 결과 중 하나이다.

정부 원조 하에 발행된 왕조의 공식 기록인 국조보감(國朝寶鑑)에서는 한글 창제일을 서기 1447년으로 기록하고 있으며, 이를 조선 제4대 왕의 업적이라 적고 있다. 그러나 누가 창안했든 간에 한글의 규칙성과 완전함은 일찍부터 인정을 받았으며, 왕령으로 반포되어 특히 중국어 발음을 신속하고 정확하게 표현할 방도를 찾고 있던 한국 학자들에게 그 장점을 재확인시켜 주었다. 150년이 지나 한글은 최종 수정과 정리를 거쳐 현대의 형태에 이르렀고, 중국 고전 문헌을 해석하고 한글로 한자음과과 한자의 의미를 제시하는 한국어 주석서들이 집필되었다. 이런 책들은 현재까지도 한국인들의 기초 한문 공부에 이용되고 있다.

현재 한글 자모는 총 25자이며 11개의 모음과 14개의 자음으로 구성되어 있다. 그러나 자음은 단어나 음절 내의 위치에 따라 두 가지 의미를 지닐 수 있다. 초성의 ㅇ은 묵음 혹은 개모음 앞에서 자음을 대신하는 대용 자음이지만, 종성에서는 항상 ng로 발음된다. ㄹ은 초성에서는 r소리가 나지만 종성에서는 l소리가 난다. ㅅ은 초성에서는 s소리가 나지만 종성에서는 t소리가 난다. 따라서 이는 공식 기록에 나온 것과 동일한 숫자인 28자가 된다.

자음

우선 자음을 살펴보면, 네 개의 거센 폐쇄음(sharp check)[1] k, p, t, ch와 각각에 해당하는 유기음[aspirate=有氣音, 영어에서는 '기식음(氣息音)'이

---

[1] [역자주] 뚜렷한/선명한 폐쇄음으로 옮길 수도 있으며, 저지음(沮止音)을 이르는 것으로 보임

라 불림: 역재 k', p', t', ch', 세 개의 비음 n, m, ng, 유기음 부호(spritus asper) 혹은 유기음 h, 무기음 부호(spritus lenis) 혹은 묵음 초성[ㅇ을 가리킴: 역재, 치찰음 s, 두 개의 전동음인 r과 l을 나타내는 자음 하나가 있다. 치음의 경우는 초성이냐 종성이냐에 따라 두 가지 다른 방식으로 적는다 는 점을 주목해야 한다.

그러나 거센 폐쇄음 중 두 개는 특정한 음운 변동을 겪는다. 단어나 음절 초성에 나오는 k 소리는 흔히 연음화(軟音化)되어 세게 발음하는 g 소리와 실질적 구분이 어려워진다. '간다'(I go)는 kanta보다 ganta에 가까 우며, '길'(road)은 kil이라기보다 gil에 가깝다. 이런 변동을 규정하는 규칙은 없으며, 한국인의 귀로는 거센 폐쇄음 k 소리와 평탄한 폐쇄음(flat check) g 소리의 차이를 분간할 수 없는 것으로 보인다. 두 소리는 실제로는 구분 되지만, 이 구분은 한국인이 말할 때 무의식적으로 발생하는 것으로 한국 인들 스스로는 인지하지 못한다. 학생이 매번 거센 폐쇄음 발음을 내어도 상대방이 이해를 하는 데에는 지장이 없을 것이다.

거센 폐쇄음 혹은 치음 t는 모음 i, ye, yo, you앞에서 church의 구개음 ch와 똑같이 발음된다. 규칙은 다음과 같다. 단어의 어원인 중국어가 원래 치음 t로 시작하는 경우, 한국인들은 글로 쓸 때는 똑같은 철자 t를 유지하 지만, 읽을 때는 항상 치음 t를 구개음 ch로 발음한다. 심지어 그 어원이 순수 한국어인 몇몇 단어에서도—적어도 지금까지 알려진 바로는—yo 앞 에 오는 t는 ch로 발음된다. '됴타(is good)'는 chyot'a, '됴희(paper)'는 chyoheui 로 읽힌다. 그러나 중국 언어와 문학이 최초로 한국에 도입된 경로인, 중 국과 인접한 한국 북서부 지방에서는 치음이 구개음으로 변하는 현상이 아직 뚜렷하게 일어나지는 않았다는 점을 관찰할 수 있다.

모음 ye와 yei앞에 위치한 유기 폐쇄음 t'도 이에 상응하는 변화를 겪어,

유기 구개음 ch'로 변한다. 한자 天(heaven)을 읽을 때, 한국인은 언제나 이를 t'yen이 아니라 ch'yen으로 발음할 것이다. '體面(self respect)'은 ch'yei-myen으로 발음되지, 결코 t'yei-myen이라 발음되지 않는다.

k, p, t, ch는 거센 폐쇄음이라는 원칙적 용법 이외에도 단어나 음절 첫머리에서 강한 강조나 강세를 두어 발음되는 경우가 있다. 그 결과 네 개의 새로운 소리가 발달해 나오는데, 여기에는 '중복된'(reduplicated) 거센 폐쇄음이라는 이름이 정확히 들어맞는다. 그리고 이 '중복'이라는 용어는 한국인들이 이들 자음을 쓰는 방식을 지칭하는 데에도 사용할 수 있다. 한국인은 이 새로운 소리를 표현하기 위해 추가적인 문자를 고안해 내는 대신, 대단히 독특하게도 보통의 거센 폐쇄음을 기본으로 삼되 발음이 강해지는 경우 그 점을 나타내기 위해 초성 자음 k, p, t, ch를 겹쳐 쓴다. 예를 들어 '근'은 거센 폐쇄음이라는 원칙적 용법에 따라 일반적으로 발음하면 keun(a catty)이 된다. 그러나 숨을 들이쉬었다가 모음 소리가 무시되어 거의 들리지 않을 정도로 초성 자음을 강조해 발음하면, 이는 중복 거센 폐쇄음인 끈kkeun(a string)이 된다. 비슷한 예로 벼pye(paddy)와 뼈 ppye(bones), 달tál(moon)과 딸ttál(daughter), 자다chada(I sleep)와 짜다chchada (I plait)가 있다.

이 네 개 거센 폐쇄음의 중복 외에, 초성에 오는 치찰음 s도 이와 유사하게 발음이 강해진다. 이 발음을 할 때는 혀끝을 말아 올려 치근(root of the teeth, 현재 치조(齒槽)라 불리는 부분: 역자) 위쪽 입천장에 강하게 누르고, 숨을 참았다가 거세고 빠르게 내뿜으며 날카로운 쉿 소리를 낸다. 사다sata(I buy)와 싸다ssata(I build)를 비교해 보자. '사다'는 보통 마찰음이지만, '싸다'는 짧고 날카로우며 강한 발음이 난다. 강세가 모두 초성 자음에 집중되는 것이다. 거센 폐쇄음이자 치찰음인 이 자음이 중복된 형태에 한국인들은 '된시옷'toin siot이라는 이름을 붙였는데, 이 이름은 매우 의미심장하며 발음의 성질과 특징을 명확하게 나타낸다. '된'은 '빡빡한' 혹은 '팽팽한'을 나타내는 '되다'의 형용사 형태[관형사형: 역재]이며, 이런 의미와 연관하여 이 초성 치찰음 혹은 거센 폐쇄음의 소리가 빡빡하고 팽팽히 긴장된다는 특징을 가리킨다. 시옷은 초성 치찰음을 부르는 한국식 이름이고, 간결함을 위해 일반적으로 거센 폐쇄음을 중복하는 대신 음절 앞에 나온다. 소수의 책에서는 p가 이런 중복을 나타내는 사례도 찾을 수 있다.[2]

이 점에 있어서 유의해야 할 사항이 있다. s도 p도 자음으로서의 고유한 규칙 소리로 사용될 수는 없다는 점이다. 이들은 단지 초성 자음이 중복됨을 표시할 뿐이다. 초성의 중복 거센 폐쇄음 혹은 치찰음 뒤에 이어지는 모음이나 이중 모음의 경우, 그 발음은 반드시 짧아진다. 호흡과 강세가 모두 초성 자음에 집중되기 때문에 발성 기관에 모음을 길게 발음할 시간이나 여유가 없어지는 것이다. ttarita(I beat)와 tarita(I lead)를 비교해 보라.

유기음화된 거센 폐쇄음에서 유기음의 음가는 정확하게, k, p, t, ch 이후 강하게 숨을 내뱉으며 발음하는 유기음으로, 즉 k+h, t+h 등의 발음이 된다. 이들 자음을 발음할 때는 완전한 접촉이 일어난다. 숨을 일단 들이쉰 다음, 접촉이 해제되자마자 들리도록 강하게 터뜨리는 것이다. 한국어에서는 거센 폐쇄음이 유기음과 결합될 때 변동이나 연음화가 일어나지 않는다. p'는 결코 f소리가 나는 ph가 되지 않으며, t'가 영어의 bath, bathe처럼 무성음th 혹은 유성음th로 변하는 일도 없다. 한국어의 유기음은 유기

---

2) [역자주] 'ᄡ'으로 표기되는 것들이 이에 해당하는 예일 것이다.

음화되지 않은 보통의 폐쇄음 위에 발음 구별 부호(-)를 두어 표시하므로, 나는 원래 형태와의 유사성을 유지하는 것이 낫다고 생각해 유기음을 kh, ph 등의 형태 대신 k', p', t' 등으로 음역했다. 또한 이들 유기음화된 폐쇄음을 발음할 때 유기음은 항상 자음 뒤에 나오기 때문에, hk, hp, ht, hch와 같은 형태는 오해의 소지가 너무 커 채택할 수 없었다.

특히 최근 들어 교육 수준이 낮은 한국인들 사이에서 그러한데, 모음 ye, yei, i, you앞에 나오는 유기음 h는 치찰음으로 변화하는 경향을 보인다. 그러나 변동되고 평음화된 치찰음이라 일반적으로 pleasure에서 s(sh)발음과 근접한 발음이 된다. 혀바닥hye-patak(the tongue)이 shye-patak으로 소리나고, 흉년hyoung-nyen이 shyoung-nyen으로 소리나는 경우가 그렇다.

자음 ㅅ에는 단어 혹은 음절 내 위치에 따라 두 가지 용법이 있다. 모음 앞에 나오는 초성일 때는 언제나 치찰음 s이지만, 모음 뒤, 정확히 표현하자면 모음 아래에 표기되어 종성으로 쓰일 때는 언제나 치음 t이다. 따라서 솟(caldron)은 sot으로 발음된다. 그러나 어형 변화가 일어나는 경우, 자음 ㅅ이 지닌 치찰음의 힘이 스스로를 다시금 드러내려 하지만 위치상 종성에 머물러 있기 때문에, 일반적으로 ㅅ은 다음 음절의 첫소리가 된다. 따라서 겻ket(a thing)이 주격 혹은 다른 격으로 어형 변화를 겪을 때 거시 kési가 된다. 종성일 때, 다음 단어나 음절의 초성 s 앞에 놓이면 ㅅ은 음운 변동을 겪어 항상 s로 발음된다. 자음 ㄷ은 완전한 치음이지만 초성으로 쓰일 때만 그렇다. tat(anchor)은 한국어로 '닷'이라 쓰인다. 자음 앞에 오는 ㄷ과 자음 뒤의 ㅅ이 둘 다 t로 발음되는 것이다.

두 개의 전동음 r과 l은 한국어에서 둘 다 자음 ㄹ로 표시된다. 일반적으로, ㄹ이 단어나 음절 처음에 오면 r로 소리 나며 음절 마지막에 오면 l로 소리 난다고 보면 무방하다. 그러나 이 종성 l은 영어의 l발음과 정확히 일치하지는 않는다. 한국어에서 l은 보다 부드럽고 크게 진동한다. 이런 표현이 허용된다면 '유음'(liquid)이라 불러도 좋을 것이다. 이 차이를 인식하려면 한국인의 발음으로 물moul(water), 불poul(fire)등의 소리를 들어보아야 한다.

이처럼 한국인들이 전동음을 연음화하는 경향으로 인해, 한자에서 유래한 단어의 발음에는 흥미로운 결과가 나타나게 되었다. 한국인들은 한자 파생어를 음역할 때에는 중국어 원형에서 l을 나타내는 초성 ㄹ을 유지하지만, 읽을 때에는 순수 한국어 단어의 첫머리에 오는 규칙적인 소리대로 r로 읽지 않고 뚜렷한 n으로 발음한다. 來日lái-il(광동어로 coming day)에서 온 '릭일'은 언제나 nái-il(tomorrow)로 발음된다. 그리고 중국어 원형의 초성 l이 n으로 발음되는 경향이 너무나 강한 나머지 오늘날에는 일상적 용법에서 많은 단어가 ㄹ(l) 대신 ㄴ(n)으로 표기된다. 議論(to consult)에서 온 '의논'이 eui-ron-hàta 대신 eui-non-hàta로 쓰이는 것이 그 예이다. 게다가 한자 파생어 중 l 다음에 i가 나오는 단어에서는 초성 자음의 발음이 묵음화되고, 개음절의 명확한 n으로 발음되는 대신 한국어 발음에서 강세가 모음에 오면서 중국어의 li가 한국어에서는 그냥 i로 발음되거나, 아주 희미한 비음만이 앞에 남는다. 따라서 利(profit)는 쓰기는 '리'로 쓰지만 읽기는 ri가 아닌 i로 읽으며, 李(a family surname)는 '니'라 쓰지만 일반적으로 ni/ngi로 읽는다. 마찬가지로 한국어의 파생어에 와서 중국어 원형이 '례' 혹은 흔히 쓰듯 '녀'나 '녜'로 바뀌면 초성 자음의 소리는 탈락된다. 禮貌(courtesy)에서 온 '례모'가 yei-mo로, 連(consecutive)에서 온 '년'이 yen으로 발음되는 경우가 이에 해당한다. 순수 한국어 유래 단어에서 모음 i나 yei앞에 오는 초성 자음 n은 일반적으로 묵음이 되거나 아주 희미하게 감지할 수 있을 정도로만 발음된다. 니불ni-poul(a blanket)은 보통 i-poul/

*ngi-poul*로 발음되며, 넷적nyeit-chek(ancient)은 n소리가 완전히 탈락되어 yeit-chek으로 발음되는 경우가 더 많다.

모음 ㅇ에는 두 가지 용법이 있다. 종성의 ㅇ는 항상 비음인 ng가 되지만, 모음 앞에서 단어나 음절을 시작하는 위치에 놓일 때는 언제나 묵음이다. 방(a room)은 pang이지만 알(an egg)은 al이다. 자음과 모음을 표의 혹은 음절 형태로 묶어서 나타내는 대칭적인 쓰기 체계 때문에, 한국어에서는 모음이 초성 자음을 동반하지 않고 혼자 표기될 수 없다. 이런 점으로 인해 초성으로 발음되는 자음이 없는 경우 ㅇ이 모음 앞에 붙지만 언제나 묵음이 된다. 이 ㅇ은 그 효과와 용법이 우리의 영(zero)과 동일하다. 자음 ㅎ이 정확하게 유기음 부호에 상응하므로, ㅇ는 개음 역할을 하며 초성 모음을 나타내는 무기음 부호[3]라 부르면 매우 적절할 것 같다. 이 두 호흡법[4] 사이에는 긴밀한 연합이 있는데, 한글에서는 두 자음이 각 소리를 형상화하는 형태를 띠고 있어 조음법상의 이런 연합을 명확하게 나타낸다. 한국인은 유럽에서 하는 방식처럼 왼쪽부터 오른쪽으로 향하며 가로로 문자를 나란히 늘어놓으며 글을 쓰는 것이 아니라, 중국을 모방하여 오른쪽 꼭대기부터 시작해 세로로 행렬로 글을 쓴다. 각 단어는 그것을 구성하는 음절 단위로 쪼개지는데, 음절을 이루는 최소 단위는 모음이나 이중모음 하나와 자음 하나이다. 그리고 묵음 혹은 '대용 자음'이라 부를 수 있는 ㅇ는 모음과 결합하는 다른 초성 자음이 없을 때 사용된다. 따라서 kakera(go)는 ka-ke-ra, '가거라'로 쓰지만 aoro(together)는 a-o-ro, '아오로'로 쓴다. 하나의 표의 문자 형태로 묶일 수 있는 자모음의 수는 최대가 자음

---

3) [역자주] 초성이 없이 시작하는 모음을 나타내는 머릿글자로서의 'ㅇ'을 설명하는 듯 하다.
4) [역자주] 유기음 부호는 거센 숨, 무기음 부호는 부드러운 숨을 나타낸다.

세 개와 모음 혹은 이중 모음 하나까지이다. 보통 '초성'이라 불리는 자음 하나, 그 뒤에 나오는 모음, 그리고 '종성'이라 불리는 종결 자음 하나로 구성되는 것이 일반적이다. 발(the foo)이라는 단어를 보면 세 문자가 하나로 묶여 있다. 모음 앞에 초성 자음이 나오고, 종성이 모음 바로 아래 위치하는 방식으로 말이다. 닭tálk(a fowl)이라는 단어에서는 초성 t는 모음 앞에 있는 반면, 두 개의 종성은 하나로 결합되어 모음 바로 아래에 놓인다. 모음 a, ya, e, ye, i와 결합할 때는 모음 앞에 오는 초성 자음이 모음 왼쪽에 놓이지만, 다른 모음과 결합할 때는 초성 자음이 모음 위에 놓이는 것이 규칙이다. 종성 자음(들)은 예외 없이 모음이나 이중 모음 바로 아래에 위치한다. 열네 개의 자음 모두 단어나 음절 첫머리에 올 수 있지만 한 번에 하나 이상의 자음이 오는 법은 없다. 그러므로 중복 자음은 문자 하나로 간주한다. 자음이 중복되어도 소리는 하나로 나며 발성 기관의 노력도 한 차례이기 때문이다. 종성으로는 자음 일곱 개, 즉 p, n, m, p, ng, l, t와 세 개의 이중자음 lk, lm, lp가 사용된다. 중복 자음에서 l의 음가는 영어 l의 음가와 대단히 유사하여, 모음 소리를 길게 연장하면 거의 무음에 유사해진다.

이 일곱 개 종성 자음에서는 특정 음운 변동이 일어나며, 한국어를 배우는 학생이라면 이 점을 유념해 두어야 한다. 전적으로 발성 기관에만 의존한다는 음운 변동의 원칙에 충실하게, 한국인들은 발음의 수월함과 자유만을 추구해 왔으며, 그 결과 이들 종성 자음도 변동을 겪는다. n이나 m앞에서, 그 선행 단어나 음절의 종성 k는 비음 ng로, 종성 p는 m으로, 종성 t는 n으로 변한다.

    sak mal(hired horse), sang mal.   chyak nan(playful), chyang nan.

pap meke(I eat rice), pam meke.	chap nom(idler), cham nom.
pit nata(I shine), pin nata	mot meke(I cannot eat), mon meke.

그러나 종성 치음의 뒤에 오는 단어나 음절이 치찰음으로 시작되면, 치음은 언제나 치찰음 소리를 되찾는다. pit ssatta(dear)가 pis ssata로 발음되는 경우가 그것이다.

종성 m의 바로 뒤에 음절 첫소리로 k가 뒤따르면, m은 ng소리에 가까워진다. cham-keu-ta(I think)는 마치 chang-keu-ta처럼 발음되며, syem-ki-ta(I serve)는 syeng-ki-ta로 발음된다.

비음 n이 초성에서든 종성에서든 한국어의 전동음과 병치되는 경우, 이는 언제나 발음의 부드러움을 위해 l로 변한다. 살니다(I save life)sal-ni-ta는 sallita로, 견라도(한국의 남서쪽 지방)chyen-ra-do는 chyellato로, 난리(war) nan-ri는 nalli로 변한다. 마찬가지로, 중국어에서는 sinlo, 일본 역사에서는 shinra라 기록하는[5] 10세기까지 한반도 남부를 점령했던 옛 국가의 이름 新羅는 한국어로 신라sinra라 음역하지만 발음은 언제나 silla로 난다. 『은자의 나라 한국』의 저재윌리엄 E. 그리피스: 역재에게 한국어의 음운 변동 규칙에 대한 지식이 있었다면, 그는 9세기 아랍 지리학자가 사용한 'Sila'라는 표현을 "Shinra의 잘못된 형태"라 설명하지 않았을 것이다. 그 반대로 'Sila'는 한국인들이 '신라'를 발음하는 방식을 대단히 정확하게 재현한 표기이다. 이는 일찍이 신라가 이슬람교도들과 교류한 바 있음을 보여 주는 증거라 하겠다.

---

5) [역자주] 실제로 일본사에서 '新羅'는 대부분 shiragi(しらぎ)로 발음되며, 종종 shinra(しんら)로도 불린다.

모음

모음 소리의 음가와 발음에 대한 논의에 들어가기에 앞서, 우선 모음을 표기할 기준으로 삼을 음역(transliteration) 체계를 고려해 보아야 한다. 이런 면에서 자음은 비교적 다루기 쉽다. 유기음, 구개음, 치음, 비음, 치찰음 등은 모두 다소간 차이는 있다 해도 대부분의 언어에서 비슷하기 때문이다. 그러나 모음의 경우는 그 쓰임이나 음가에 있어 차이가 매우 크다. 내가 개인적인 생각이나 바람을 실행시킬 수 있는 처지였다면, 분명히 나로서는 이탈리아어의 모음 소리에 대응하는 음역 체계를 택했을 테지만, 나보다 앞선 작업으로 프랑스 선교회의 한국 문법서와 사전이 있었기에—노고의 결실로서 정확하고 박식한 걸작이다—다른 고려 사항들은 제쳐두더라도 프랑스 선교회의 모음 전사 체계를 고수하는 것이 현명하다고 생각했다. 어떤 것이든 새로운 체계를 도입한다면 학생의 혼란과 난처함만 불러올 것이고, 불필요한 수고도 늘어날 것이다. 모음 '어'를 나타내기 위해 문자 e를, '우'를 나타내기 위해 ou를 사용한다는 점에 대해서는 타당한 이의 제기가 있을 수 있다. '어'에는 ŏ가, '우'에는 u가 보다 적절한 표기일 것이다. 그러나 이중 모음 형태라는 측면에서 이 음역 체계를 신중하게 연구해 본다면, 편견 없는 학생이라면 분명 이보다 이의가 덜 제기될 체계도 없다고 확신하게 되리라 생각한다. 한글의 단순성과 형태적 동일성 덕분에, 학습자는 음역의 목적으로 아무리 신중하게 선택한 것이라 해도 모음 소리의 근사치만을 표현할 수 있는 상징 체계가 주는 우연한 도움 없이도 어쨌든 곧잘 해 나갈 수 있게 될 것이다.

자음과 결합하여 음절이나 단어에서 차지하는 위치별로 모음을 살펴보자면, 언제나 자음 오른쪽에 수직으로 놓이는 다섯 개의 모음 '아, 야, 어,

여, 이가 있고, 언제나 자음 바로 아래에 수평으로 놓이는 여섯 개의 모음 '오, 요, 우, 유, 으, ᄋᆞ'가 있다. 앞서 ㅇ과 관련해 ㅇ은 초성에서 언제나 묵음이라고 설명한 바와 같이, 한국어의 모음은 결코 단독으로는 쓰일 수 없다. 매 음절에서 모음은 그 왼쪽이나 바로 위에서 초성 자음의 지지를 받아야 한다. 한국 학자들은 이런 음절 표기법으로부터 '받침patch'im'이라 는 용어를 만들었는데, 받침이란 '지지물'(supports)을 뜻한다. 그러나 단독 으로 나타나든 결합하여 나타나든 모음을 가리키는 고유 명칭은 없다. 모 음은 초성 자음과 결합하는 형태를 제외하고는 결코 사용되거나 말해지는 일이 없다. 따라서 한국인들이 일반적으로 알고 배우는 한글은 실질적으로 대략 154개 소리로 이루어진 음절 문자표라 할 수 있다. 한국인들은 자신의 고유 문자를 언문en-moun이라 부르는데, 이 말은 자음과 모음을 모두 포함 하며 '속된 글'이라는 의미의 한자어 諺文(en-moun)에서 유래했다. 이는 한문을 뜻하는 眞書(chin-sye), 즉 '참된 글'이라는 용어와 대비된다.

　세 개의 주요 모음 아, 오, 우의 음가는 분명하고 열려 있으며 명확하다. '아'는 man의 a에 해당하며―폐음절(閉音節)에처럼 다소 짧은 소리가 난다 ―father의 a와 같은 개구도가 넓은(broad) a가 아니다. '오'는 soft의 모음 o에 해당하며, bone의 o처럼 길게 발음하지 않는다. '우'는 youth의 ou처럼 발음하는데, pool의 oo보다는 pull의 u소리에 가깝다. 즉 장모음이 아니라 단모음에 근접한 소리이다. 이 세 개의 모음은 보통 단모음으로 간주하지 만, 많은 단어에서 뚜렷하게 길게 늘여 발음되기도 한다. 밤pam은 일반적 인 닫힌 단모음으로 읽으면 night이라는 뜻이지만, 모음 a의 발음을 영어 단어 palm에서처럼 길게 늘여 발음하면 chestnut이라는 뜻이다. 마찬가지 로 골kol은 valley를 의미하지만 kól은 district를 의미하며, 눈noun은 the eye를, noún은 snow를 의미한다. 돈ton(money)에서 모음 '오'는 길게 늘여 발음해 tone과 비슷하게 읽지만 돈피ton-p'i(sable skins)에서 '오'는 일반적인 짧은 발음이 난다. 그러나 kól(district)과 흔히 고을ko-eul 등으로 쓰이는 한두 개 한국어 단어로 유추해 보건대, a, o, ou가 이처럼 장모음으로 발음되는 것은 원래 있던 eu같은 모음이 탈락한 흔적이라는 데에 거의 의심의 여지가 없다. 이런 생략에는 한국식 글쓰기 방식―위에서 아래로 쓰는 세로쓰기―이 일조했을 것이다.

모음 아, 오, 우는 비교적 설명이 수월한 반면, 모음 '어'는 설명하기가 상당히 어렵다. 어떤 단일 음역 체계로도 '어'를 제대로 결정하거나 정의할 수 없다. '어'의 소리는 단어마다 다양하게 나며, 심지어 한국어 철자가 동일한 단어에서도 그렇지만, 일반적으로는 그것이 장모음이냐 단모음이냐에 따라 변경된다고 말할 수 있다. 한국인이 모음 '어'를 발음할 때, 입술과 이는 약간 열린 상태를 유지하고 혀는 안쪽으로 끌어당겨져 치근(현재 치조(齒槽)라 불리는 부분: 역자] 쪽으로 말려 올라가며 숨은 후두에 모았다가 구강과 비강을 동시에 통과하도록 재빠르게 배출한다. 소리는 err, herd, verge, sir, bird, absurd 등의 단어에서 들리는 "중성" 모음의 소리와 가장 가까우며, 단모음 o와 단모음 u의 사이 범위에 있다. 폐음절(閉音節)에서는 ŏ에 근접하지만 조금 길게 발음할 때는 ú에 더 가깝다. 이 차이는 널니다(I extend)와 '널판(a plank)'에서 '널'의 발음상 차이에 명확하게 드러난다. '널리다'에서 '어'는 짧고 그 소리의 원형은 ŏ라 할 수 있는 반면, '널판'의 '어'는 더 길고 ú와 가까워진다. '업다(I carry on the back)'와 '업다(I have not)', '벌(punishment)'과 '벌(bee)'이 이와 유사한 예다. '벗(a friend)'에서 '어'는 더욱 길어져 마치 모음 하나가 아니라 둘이 포함되기라도 한 듯 '버엇'이라 발음된다. '먼디(distant)'의 '어' 역시 같은 예다. 그러나 이중모음 조합인 '에'와 '예'는 영어의 e와 같은 용법을 보여 주며, 각각 get과

yet에서의 단모음 소리에 해당하지만, 때때로 상당히 길게 발음되는 경우가 있다. 한국어 '몃(how many)'은 영어 단어 met과 정확히 같은 소리이다.

네 개의 연합 모음 '야, 여, 요, 유'는 '아, 어, 오, 우'에서 파생되며, 여기서 추가된 획은 본래의 모음 앞에 y소리가 추가됨을 나타낸다. 영어 단어 am과 yam은 한국어 '암'과 '얌'의 발음을 확실히 보여 주며, on(영어의 전치사)과 yon(형용사)은 한국어 '온'과 '욘'과 정확히 일치한다. 영어의 두 대명사 who와 you는 그 소리가 한국어의 '후'와 '유'와 똑같다. '여'의 경우는 음역에 있어 그 원형인 '어'와 유사한 어려움이 발생한다. e와 ye는 단지 상징으로만 받아들여야 하는데, 현재의 상황에서 발음 구별 부호의 사용을 피하기 위해서는 아마 가장 나은 기호일 것이다. 이중 모음과 결합 형태에서의 문자 e는 그 음절 표기법과 음가 모두가 한국어의 발음과 가장 근접하다.

'아, 어, 오, 우'와 '야, 여, 요, 유'를 구분하게 해 주는 이 y소리는 보통 이들 이중 모음에서 나타나지만, 많은 단어에서, 특히 초성 s나 ch뒤에서는 y가 지닌 독립적 소리로서의 음가가 소실된다. 이때 y소리는 그것이 붙게 되는 뒤에 오는 모음 안으로 병합되어 모음을 길게 만든다. 현재의 왕조 이름을 한국어로 쓰면 죠션Chyo Syen이 되지만, 여기서 y는 단지 모음 소리를 길게 늘려 주는 역할을 할 뿐이다. 따라서 『은자의 나라 한국』의 저자는 평소의 신중하고 박학한 태도를 발휘하여 이를 Chó-Sen이라는 두 단어로 매우 올바르게 음역해 냈다.[6]

닫힌 단어나 음절에서, 즉 바로 뒤에 자음이 따라 나오는 경우, 모음 '이'는 영어 단어 kin, chin, pin 등에 나오는 i소리와 일치한다. 그러나 뒤에

---

6) [역자주] 이 발음은 '조선'에 대한 일본어 발음(ちょうせん)과 일치한다는 점에서 논쟁의 여지가 있다.

자음이 오지 않는 개음절(開音節) 속에서는 더 길게 연장되어 ravine의 i소리에 가까워진다.

나머지 두 개의 모음 '으'와 'ᄋ'는 흔히 서로를 대체하여 사용되는데, 특히 대격(조사)과 대립(oppositive case) 보조사'차이보조사'라고도 불림: 역재에서 그렇다. 각각 eul 혹은 úl, eun 또는 ún으로 쓸 수 있다. 이 두 소리가 동일하다는 것이 아니라, 한국어 글쓰기에서 긴 가로획 대신 축약된 점 형태를 사용한 것이다. 모음 ᄋ는 sat에서처럼 짧고 강세를 받는 á라 정의할 수 있다. 물mál(horse)과 말mal(speech)을 비교해 보자. 이 차이를 가장 잘 드러내는 예가 영어의 hat과 독일어의 er hat의 a소리이다. 쉽게 예상할 수 있는 일이지만, 교육 수준이 낮은 한국인들은 이 점에 있어 한글이 지닌 정밀성만큼 섬세하지 못하며 글쓰기에서 두 개의 a소리를 혼동하는 일이 잦다.

영어에는 모음 '으'에 정확히 대응하는 소리가 없지만, 프랑스어의 eu가 '으'를 상당히 근접하게 표현한다고 할 수 있다. 다만 한국어의 모음 '으'가 다소 짧고 뚜렷하게 소리난다.

이중 모음

지금까지 서술한 문자만으로는 표현할 수 없는 음운을 나타내기 위해 한국인들은 이중 모음 결합을 능숙하게 이용해 왔다. 이런 방식으로 다음과 같은 열두 개의 별개 형태와 소리가 발전해 나왔다.

애 ai	외 oi	와 oa
이 ái	위 oui	왜 oai
에 ei	위 youi	워 oue
예 yei	의 eui	웨 ouei

ai와 ái는 발음이 동일하며, 대체로 main의 ai에 해당한다. 때때로 분명한 차이가 드러날 수 있는데 이는 발음할 때 들어가는 강세 때문이다. 한국어 소리를 지배하는 원칙에 따르면, ai는 길고 강세가 오는 이중 모음, ái는 그보다 짧고 강세가 다소 덜한 이중 모음이라 간주할 수 있다. '대신 taisin(minister, 大臣)'과 '디신táisin(on behalf of, 代身)'을 비교해 보라. 이중 모음 ei는 앞서 설명하였듯 보통 met, set등의 단어에 있는 강세를 받은 짧은 é에 해당하는데, 때에 따라 뚜렷이 길게 발음되어 거의 eight의 ei에 근접한 소리가 나기도 한다. 그러나 한국어의 ai와 ei는 개별적 발음을 지닌 서로 구분되는 모음이다. ai를 발음할 때는 목소리가 후두로부터 평탄하게 앞으로 향해 열린 입을 통해 나오지만, ei를 발음할 때는 입을 거쳐 나오는 것이 아니라 후두에서 위쪽으로 솟아 비강을 통해 배출된다. '내(I)' 와 '네(thou)'의 발음을 비교해 보라.

'예'는 ei앞에 y음이 붙은 것이다. 음가는 yet, yes 등의 ye와 일치한다. 그러나 일부 단어에서는 길게 발음되어 yea와 비슷한 소리가 난다.

이중 모음 '외'의 원칙적 발음은 boil, boy등의 단어에 있는 해당 형태 oi 혹은 oy의 발음을 참고하면 가장 잘 알 수 있으며, '괴롭다(arduous, '괴롭다'를 뜻함: 역재' 등 많은 단어에서 이중 모음 '외'는 영어의 oi발음과 거의 똑같다. 그러나 유념할 점이 있다. 한국어 이중 모음의 음가나 장단(長短) 은 대게 영어 이중 모음보다 짧으며, 그 결과 한국어 이중 모음은 독일어의

ö(oe)에 매우 가까워진다는 점이다. 이는 특히 단음절 단어에서 두드러지게 나타난다. '뫼moi/mö(a hill)'와 '뫼시다moisita/moysita(I serve)', '뵈poi/pö(linen)'와 '뵈옵다poiopta/poyopta(I visit)'의 발음을 비교해 보라. '쇠(iron)'와 '죄(crime)'는 언제나 sö와 chö로 발음되며, '되다(I become)'는 toita로도, töta로도 발음될 수 있다.

프랑스어의 oui는 철자로도 소리로도 정확히 한국어의 '위'를 나타낸다. 자음을 동반하지 않고 단어나 음절 첫머리에 올 때, '위'는 영어의 we와 같은 발음, 즉 짧고 강세 없는 u와 긴 e의 발음이 난다. 그러나 '위' 앞에 자음이 동반될 경우에는 뚜렷한 w발음이 사라지고, 두 개의 모음 u와 i는 결합되어 독일어의 ü와 거의 구분할 수 없는 이중 모음 소리를 낸다. 그리고 일부 단어에서는 u 소리마저 사라지는데, 특히 '위'가 초성 p 다음에 오는 경우가 그렇다. 예를 들어 '뷔(a broom)'와 '뷘(empty)'은 마치 pi와 pin처럼 발음되며, 여기서 i는 fatigue의 i와 동일한 음가를 지닌다.

이중 모음 '위'는 앞에 y소리가 붙어 있지만 이는 단지 발음을 길게 하는 역할을 할 뿐이다. 이는 한자에서 비롯된 소수 한국어 단어에서만 일어나며, 언제나 유기음화된 구개음 ch'다음에 나온다. 醉에서 온 '취ᄒ다ch'youi-hata/ch'oúi-hata(drunk)'가 그 예이다. 取에서 파생된 한국어는 모두 이중 모음 '위'를 사용해 음역한다.

이중 모음 '의'는 단번에 발음하는 모음 eu뒤에 짧은 i소리가 이어지는 것이라 정의할 수 있다. eu는 묵음에 가까운 반면 i소리는 언제나 명확하고 개방되게 난다. 이 이중 모음은 프랑스어 lui의 ui발음과 매우 흡사하다. 그러나 발음되는 자음 뒤에 놓이는 경우에는 모음 eu가 사라지는 경향이 있어, 짧은 i소리만 남는다. 싀긔seui-keui(jealousy)는 한국인들이 통상 발음하는 바에 따르면 síkí라 음역되어야 한다. 긔호keui-ho(a flag)는 ki-ho라 발음되며, 띄(a belt)는 언제나 tti라 발음된다.

나머지 네 개의 이중 모음인 '와, 왜, 워, 웨'에서는 영어의 w와 같은 소리가 나지만, w소리와 결합하는 모음이 각기 다르다. '와'와 '왜'는 o소리와, '워'와 '웨'는 ou와 결합하는 것이다. 영어의 w는 모음 앞에 나올 때 음성학적으로 짧은 u와 같아지는데, 한국어의 '와, 왜'와 '워, 웨'에서 o와 ou가 지니는 음가와 장단은 이와 거의 똑같다.

와 oa, úa, wa(wagon의 wa처럼)	왜 oai, úai, wai(way의 wa처럼)
워 oue, úú, wó, wú (won의 wo처럼)	웨 ouei, úé, we(well의 we처럼)

oai는 한자어 倭(Japanese)를 음역하는 경우를 제외하면 그리 자주 찾아볼 수 없다. ouei는 사실상 why와 what을 의미하는 의문사 '웨'와 '웬'에만 한정되어 쓰인다.

한국어 문법의 주요 특징[7]

동사

한국어 문법에서 보이는 한국어의 가장 놀라운 특징은 교착과 굴절이 매우 복잡하고 많으며, 이에 따라 동사가 변형되어 시제, 법, 조건, 종속,

---

7) [역자주] 「한국어 문법의 주요 특징」 장부터는 음역에 대응하는 한글 표기가 제시되어 있지 않다. 따라서 ""안에 표시된 한글은 모두 역자들이 이 사전의 표기법을 고려해 병기한 것이다. 예) '업다epta(I have not)', '됴타chyot'a(good)'

대등, 의문, 관직 서열 등을—한 마디로 사유와 행동의 변화무쌍한 색조 모두를—나타낸다는 점이다. 심지어 구두법조차 교착을 나타내는 분사에 의해 표시되며, 이 교착을 나타내는 분사는 화자의 생각이 이어질 때 그 안에서 끊어지는 지점들을 나타내고 글쓰기에서는 문장의 종결을 나타낸다. 한국어 동사가 취할 수 있는 형태와 다양한 의미들을 모두 집어넣어 완전한 어형 변화표를 작성한다면 그것만으로도 족히 책 한 권은 나올 것이다. 이베리아 반도의 초기 언어 중 최후까지 명맥을 유지하는 언어인 바스크어는 동사 형태의 다양성을 보여 주는 모델로 찬사를 받거나 남용되는 대상이었는데, 어떤 면에서 한국어는 어휘 수는 제한되어 있으나 셀 수 없이 다양한 동사 변화를 통해 사고와 행동의 모든 세세한 차이점을 명확하게 표현하는 전형적인 언어로 바스크어에 필적할 만하다.

동사 변화는 두 가지 범주로 나눌 수 있다. (1) 원래의 의미는 오래 전에 사라지고, 동사 자체의 일부로 결합되고 통합된 모습으로만 남아 있는 굴절이나 교착. (2) 엄밀한 의미의 교착 어형, 즉 고유한 독립 개념을 담고 있으며 접미사로 추가되어 행동의 새로운 양태를 표현하면서 한국어 어휘의 부족함을 해소하는 역할을 하는 단어들. 현재, 과거, 미래 시제에서 굴절 어미는 모두 규칙적이고 단순하다. 그리고 이런 규칙성은 한국어 구어체(colloquial)에서 매우 중요한 기능을 담당하는 분사의 형성에서도 찾을 수 있다. 이는 (1) 발음의 편의에 따라 언제나 a혹은 e로 끝나는 완료 분사, (2) 현재형은 an, 미래형은 l, 과거형은 n으로 끝나는 세 개의 형용 혹은 관계 분사로 구성된다.

완료 분사는 그 평소 의미로 쓰이는 이외에도 의미와 용법상에서 가장 넓은 범위에 걸쳐 사용된다. 완료 분사에서 종성의 a나 e를(동사 어근이 l로 끝나는 경우에는 na나 ne를) 제거하면 굴절이나 교착 변화의 기본이

되는 단어 어근을 얻게 된다. 이런 면에서 가장 중요한 용법으로, 분사는 관용적인 구어체에서 명령형으로 자주 사용되며, 긍정형과 의문형 모두의 형태로 현재와 과거 시제를 대체해 사용된다. 요컨대 완료 분사는 동사의 굴절에서 항상 반복해 쓰이는 형태이고, 대화 속에서는 거의 모든 요건에 맞게 사용되며 언제나 명확하고 손쉽게 이해된다.

완료 분사에서 보이는 동사 어근과 관련해 명심해야 할 점은 한국어에서 동사 어근은 다양한 굴절과 교착 어미가 붙는 기초형 역할을 할 뿐이며 독립적인 단어로 개념을 표현하거나 전달하는 것이 아니라는 점이다. 언어의 발달 초기 단계에서 어근이 나타내는 바가 무엇이었든, 한국어는 매우 일찍이 고급 수준의 문법 구성과 굴절 체계를 구축했던 것이 분명하며, 그리하여 어근이 독립적인 이름이나 개념을 형성했던 흔적은 전혀 남아 있지 않다. 그러나 이런 견해는 순수 한국어에서 유래한 동사 어근에만 적용된다. 한자에서 파생된 동사에서는 어근이 변형을 겪지 않은 채 개별적으로 쓰일 수 있으며 고유한 개념을 전달할 수 있다. 동사 변형이 이처럼 풍부하게, 아니 과도하게 일어나는 이유 중 하나는 한국 정치 조직과 사회가 화자들 간 공식적 지위의 동등함, 우월함, 열등함을 표현함에 있어 카스트 제도와 같은 계급을 유지한다는 데 있다. 예의와 정중함에 대한 한국식 관점을 충족시키려면 적어도 세 가지 동사 활용 방식이 필요하다. 모든 계급 구분에는 그 계급만의 고유한 동사 활용 형식(들)이 있어, 화자들의 관계를 나타낸다. 심지어 존칭어(honorifics)—앞서 말한 동사 변화 방식을 가리킨다—체계 안에 경의를 표하는 용법으로만 쓰는 특정 단어가 정해져 있기까지 할 정도이다. 나아가 한국인들은 자신의 정중함을 특별히 강조하고 싶은 특정 상황에서는 평소에 사용하는 알기 쉬운 구어체를 사용하는 것이 부적절하다고 여긴다. 그리하여 대화에 한문에서 유래한 단어와 문장을 섞어 사용한다. 지식과 문학적 소양을 과시하고 싶어 안달이 난 현학자들이 노예근성처럼 좇아 하는 관습이다.

능동태와 수동태 대신, 한국어에는 사역의 의미를 나타내며 따라서 '사역 구조'라 불리는 편리한 단어 구성 체계가 있다. 직설법 현재형의 어미 ta앞에 모음 소리 i를(유기음화되어 '히'소리가 나거나 발음의 편의를 위해 다른 소리로 변화하는 것이 일반적이다) 삽입하는 구조이다. 이런 방식을 통해 능동 동사가 수동 동사로 변할 수 있으며, 그 반대도 성립한다. 동사의 의미만 변화하므로, 동사 활용 형태는 그대로 유지되고 독립적인 단어로 취급된다. 따라서 '막다makta(I hinder)'는 '막히다makhita(I cause to hinder, I am hindered)'가 되며, '죽다choukta(I die)'는 '죽이다choukita(I cause to die, I kill)'가 된다. 일단은 이 정도가 한국어에 널리 퍼진 일반적 원칙이지만, 결합된 능동의 의미가 발생해 한국어 어휘의 표현성을 증대시켜 주는 경우도 많은 단어에서 찾아볼 수 있다. 그 결과 '먹다mekta(I eat)'는 '먹이다mekita(I cause to eat, I feed)'가 되고, '트다'áta(I ride)'는 '트히다'áhita (I cause to ride, I mount)'가 된다. 이런 '사역' 형태를 취하는 동사의 대부분은 어근이 l로 끝나며, 부드러운 발음을 위해 어근 뒤와 어미 ta사이에 ni가 삽입되어야 한다. 그리하여 '살다salta (I live)'는 sal-nita가 되고 발음은 '살리다sallita(I cause to live, I save life)'로 나며, '몰다molta (I drive)'는 mol-nita가 되고 발음은 '몰니다mollita(I am driven)'로 난다.

'흐다háta(I do, say, make, etc.)'라는 동사는 한국어 전체를 지배하다시피 하는 동사이다. '흐다'는 조동사로도 쓰이고 독립 단어로도 쓰이며, 거의 모든 표현이나 문장에 들어간다. 한자에서 파생된 동사나 다른 단어 뒤에 '흐다'를 접미사로 붙이면 한국어의 고유한 굴절과 교착 변화가 모두 가능하다. '흐다' 동사의 다양한 형태와 결합을 모두 숙지했다면, 한국어에 완전히 정통한 것이라 보아도 무리가 아니다. 그러나 한국어의 관용 어구와 문장 구조는 너무도 다양하고 상이하기 때문에 유럽 학생들에게는 상세한 지식 수준에 도달하는 것만 해도 실질적으로 불가능한 과제일 것이다.

영어 동사 "to be"의 기능을 나타내는 한국어 단어는 두 개이며, 각각 고유한 의미와 용법이 있다. '잇다itta'(어근은 it)는 소유하고 있다는 의미에서 '존재'를 표현하며, "have"에 해당한다. '있다'의 규칙 부정형은 '업다epta(I have not)'이다. '잇다itta(어근은 i 혹은 il)'에는 지시적 기능이 있으며, 3인칭에서 그것이 서술하는 명사의 접미사 혹은 교착 어미로만 사용된다. 이런 구분은 의문문과 다른 동사 변화에도 동일하게 적용된다. 따라서 '칼 잇다k'al itta', 즉 'knife is'는 '내게 칼이 있다(I have a knife)' 정도의 의미이다. 그러나 '칼 일다k'al ilta'는 똑같이 'knife is'이지만 '이것은 (다른 물건이나 도구가 아니라) 칼이다'(It is a knife)라는 뜻이다. 요약하자면 itta는 "there is", ilta는 "it is"라 정의할 수 있겠다.[8)]

형용사

다른 언어에서 그렇듯 한국어에서는 명사가 명사 앞에 놓여 그 용도를 수식 혹은 한정하는 형용사로 사용될 수 있다. 그러나 한국어에서 엄밀한 의미의 형용사는 그 의미나 형태에서는 정확히 동사에 해당하는데, 따라서 시간과 조건 등에 따라 규칙적인 변화를 한다. 진정한 형용사 형태는 형용 혹은 관계 분사에서만 접할 수 있다. 그러므로 '됴타chyot'a'에는 단순

---

8) [역자주] '칼 일다k'al ilta'는 '칼이다k'al ita' 오식으로 보인다. 즉 "it is"에 대응하는 한국어의 음역은 '이다ita'가 아닐까 싶다.

히 "good"의 의미뿐 아니라 동사적 의미인 "to be"도 포함되며, 따라서 '됴타'는 모든 인칭의 단수와 복수에서 "I am good, thou art good" 등을 의미할 수 있다. 이는 과거를 비롯한 다른 시제에서도 마찬가지이다. 분사 '됴흔 chyoheun'은 의미와 용법 모두 형용사 "good"에 해당하기 때문에 명사나 이름 앞에 위치해 그 의미를 수식하거나 한정할 수 있다. 그러나 미래에 대한 언급이 내포될 때에는 n이 아닌 l로 끝나는 분사가 형용사로 사용된다. 그리하여 "about-to-be-good intention makes," "it will probably be good"의 의미를 나타낼 경우는 '됴흘 듯 ᄒ다'chyoheul tteut háta의 형태가 된다.

일반적으로 형용사가 점하는 위치를 차지한다는 점 이외에도, 한국어의 동사는 영어에서라면 자연스레 명사가 들어갈 자리처럼 보이는 위치에 자주 쓰인다는 특징이 있다. 특히 주관적이나 추상적인 관념이 아닌 실제 구체적인 대상을 언급할 경우에 그렇다. 한국인의 사고방식으로는 이루어진 행위만을 고려하고 그 행위의 주체나 결과적인 행동은 고려하지 않는 것이 원칙인 듯하다. 한국어에서는 이름이나 명사 "prisoner"를 말하지 않고 "caught"에 해당하는 동사 '잡히다chaphita(I am caught)'만을 사용한다. 이 규칙은 한국어의 어휘 전체에 널리 퍼져 있으며, 이를 가장 잘 설명해 주는 것이 한국어에서 지시 동사 "to be"의 독특한 용법, 즉 의문문에 대한 대답에서 언제나 명사와 대명사 뒤에 붙는 용법일 것이다. 의문문에 대한 대답은 그냥 "man"이 아니라 언제나 "man-is"가 된다.

한국어의 동사는 굴절을 통해 시제, 법, 조건, 그 외 여러 다양한 행위를 표현하지만, 동사 변화 형태 중 수의 구분을 나타내는 것은 전혀 없다. 하나의 굴절 형태가 단수와 복수, 1인칭, 2인칭, 3인칭을 모두 의미한다. 따라서 한국어에서는 대명사가 동사와 결합하는 일이 결코 없다. 대명사는 독립된 단어로서 동사와 분리되어 있으며, 주어로 쓰였든 목적어로 쓰였든

변함없이 술어보다 앞에 위치한다. 가장 먼저 주어이고 그 다음으로 목적
어가 이어지는 순서이며, 술어는 항상 마지막에 위치해 문장을 종결한다.

대명사

엄밀한 의미의 대명사는 1인칭과 2인칭뿐이다. 1인칭 주격 대명사(I)는
'나na' 또는 '내nai', 2인칭 주격 대명사(thou)는 '너ne' 또는 '네nei'인데, 이들
은 명사처럼 격에 따라 규칙 변화를 한다. 하지만 명사와 달리 복수에
해당하는 개별 형태가 있다는 점이 독특하다. 1인칭 복수 대명사 '우리ouri
(we)', 2인칭 복수 대명사 '너희neheui(you)'가 그것인데, 격 어미와 어형
변화는 단수와 동일하다.

3인칭의 경우는 주어든 목적어든 명사나 이름을 매번 반복해 주어야
하며 그 앞에 지시대명사가 붙는다. 지시대명사는 용법상 세 가지가 있다.
1. '이'i는 그 자리에 있거나 볼 수 있는 사람이나 사물을 가리킨다(this).
2. '져'chye는 조금 멀리 떨어져 있지만 볼 수 있는 것을 가리킨다(that).
3. '그'keu는 눈 앞에는 없지만 앞서 언급한 적 있는 것을 가리킨다(that).

의문대명사로는 사람을 가리키는 뉘noui와 누구nouoku, 사물을 가리키
는 무엇mouet이 있다. 이들은 명사처럼 격에 따라 규칙 어형 변화를 한다.
의문형용대명사로는 무삼moussám, 어떤etten, 어나ená가 있는데, 이들은
굴절을 겪지 않으며 언제나 명사 앞에 나와 명사를 수식한다.

한국어에는 관계대명사가 없지만, 많은 분사 형태가 이런 면에 있어서의
명백한 부족함을 충분히 보완해 준다. 앞서 언급했던 세 개의 형용 혹은
관계 분사가 분사적으로 쓰여 관계 문법 구문을 제공하며, 이 외에도 여러

개의 다른 분사 형태가 사용되어 관계를 표현한다. 이 중 가장 중요한 것은 미완료 혹은 과거 시제의 의미를 지니는 '던'ten으로 끝나는 분사와, '더라' tera로 끝나는 과거와 미완료 시제에 '-ㄴ'n이 붙어 형성되는 분사이다. 다음 예를 보면 이런 문법 구문의 원칙을 확실히 이해할 수 있을 것이다.

The man that came yesterday has returned:

  [어제 온(온단) 사름 도로갓소: 역재]

  echei   on(ottan)   sarám   tórokasso.

  yesterday   came   man   returned.

Don't repeat what I said:

  [내 ᄒ던(ᄒ더란) 말 다시 ᄒ지 마라: 역재]

  nai   háten(háteran)   mal   tasi   háchi   mara.

  I   said   speech   again   to say   avoid

I can not believe what he says:

  [그 사름 ᄒᄂ 말 내 몯 믿어: 역재]

  keu   sarám   hanán   mal   nai   mot mite.

  that   man   saying   speech   I   not believe.

The road I take to-morrow is bad:

  [내 ᄅᆡ일 갈 길이 험ᄒ다: 역재]

  nai   nái-il   kal   kiri   hemháta

  I   to-morrow   about-to-go   road   dangerous-is

명사

명사 어형 변화의 주요한 특징은 서로 다른 개념에 대한 격 관계를 표현하는 교착 체계라는 점에 있다. 일반적으로 어근은 불변이며, 변화하더라도 발음의 편의를 충족시키기 위해서만 변할 뿐이다. 그러나 이런 격 교착 형태는 더 이상 독립적 의미를 지닌 개별 단어가 아니게 된다. 현재 사용되고 이해되는 바에 따르면, 이들은 격에 따라 굴절을 나타내는 접미사에 불과하며, 몇몇 예에서는 특정 장소 부사를 수식하는 교착 분사로 나타나기도 한다.

특별히 주목해야 할 두 가지 주요 격 교착은 조격(造格, Instrumental)과 위치격 어미이다. 조격은 언제나 로ro로 끝나며, 앞에 l소리가 나올 때는 노no로 변동된다. 엄밀한 의미에서 '로'는 조격으로서 by나 with 등을 의미하지만, 그 밖에 for처럼 목적을 나타내거나 through처럼 방향을 나타내는 데에도 쓰인다. 목적과 장소 개념은 조격으로서의 용법에 의존하는 것이며 거기서 자연스레 파생해 나온 것이다. 장소를 나타내는 교착 형태는 두 가지가 있다. (1) '에ei'는 어떤 장소 안의(in) 정지 상태 혹은 향하는 방향(towards)을 의미한다. (2) '에셔eisye'는 어떤 곳으로부터의(from) 방향을 표현한다. 전자의 접미사 '에'는 진정한 위치격 어미이며, 후자인 '에셔'는 탈격(奪格)이라 서술할 수 있다. 이 탈격 형태는 가끔 순수한 위치격의 의미를 갖지만, 한국인들은 이를 '에ei(위치격 어미)'와 '이셔issye(완료분사)'의 모순이라 설명한다.

소유격은 어근에 '의eui'가 덧붙어 형성된다. 대격은 발음상의 조화에 따라 '을eul'이나 '올ŭl'의 형태로 끝나는 반면, 여격은 언제나 '게kei'로 끝난다. 주격은 자음으로 끝나는 단어 뒤에서는 '이i'로 끝나며, 이 '이'소리는 발음상의 조화에 따라 유기음화되거나 다른 음운 변동을 겪기도 한다.

그러나 주격이 모음으로 끝나는 열린음절 어근 뒤에 올 때는 '가ka'가 되고, 유기음화된 단어의 경우 '히hi'가 된다. 격 관계를 나타내기 위해 사용되는 이 형식적 요소들은 한국어 글쓰기에는 매우 규칙적으로 등장한다. 그러나 구어체에서는 거추장스러운 것이라 여겨지며, 될 수 있으면 이런 격 어미를 사용하지 않으려는 경향이 뚜렷하다. 이런 경향은 특히 주격, 소유격, 대격에서 두드러지며 보통은 이들 어미를 사용하는 대신 어근만을 사용한다. 위치격과 조격 어미는 구어체에서도 규칙적으로 보존된다. 그러나 여격의 경우, 어근만을 사용해도 대략의 의미는 통하지만, 정확함과 명료함을 추구하는 한국인들은 여격을 반드시 붙이려고 유의한다. 존칭어에서 여격은 생략될 수 없다.

이들 격 어미 이외에도 한국어에는 '은eun'이나 '난nán'으로 끝나며 "동격"의 의미를 지니는 독특한 고유의 형태가 있다. 이들은 영어의 전치사구 "as for", "with reference to" 등에 해당하는 용법을 보인다. 이 접미사는 구어체와 문어체를 통틀어 한국어 전반에 매우 자주 등장하며, 주격 어미가 오는 것이 자연스러운 자리를 차지하여 명사에 붙는 경우도 있다. 동격 '은'이나 '난'은 강조와 대비를 표시하는 개념으로 보이며, 이런 목적으로 주격 외의 다른 격 어미의 뒤나 구어의 다른 부분 뒤에 붙는 사례도 발견된다. 그러나 '은' 혹은 '난'은 독립적 의미가 없는 순수한 교착 어미이고, 이를 격 어미에 포함시킨 것은 단지 언급과 설명의 용이함을 위해서이다.

위에서 설명한 격 변화는 명사 어형 변화의 주요 특징일 뿐이다. 이들은 한국어의 음운 변동을 지배하는 법칙에 따라 앞선 형태의 끝소리가 자음이냐 모음이냐에 따라서 다양한 변동을 겪는다. 자음의 경우는 발음의 용이함을 위해, 모음의 경우는 조화로운 어울림을 위해서 변동한다.

대명사의 어형 변화에서도 이와 똑같은 격 어미가 발견된다. 다만 대명사의 경우는 여러 개의 모음 소리가 이어지는 것을 막기 위해 소유격 어미 '의eui'가 '이i'로 축약된다는 점이 다르다. 그 결과 '나의na-dui'와 '너의ne-eui'가 아니라 '내nai'와 '네nei'가 각각 my/mine, thy/thine을 뜻하는 소유격으로 쓰인다. 발음과 소리의 유려함을 위해서는 이런 음운 변동이 필요한데, 모음으로 끝나며 어형 변화에서 유기음화가 일어나지 않는 명사에서는 어근과 소유격 접미사의 모음 소리에서 생략과 단축이 일어나고 그 결과 뚜렷한 이중 모음이 탄생하는 현상이 빈번하다. 그 예로, 구어체의 관용적 표현에서는 올바른 소유격 어형 변화인 '소의 젓so-eui chyet(cow's milk)'대신 '쇠 젓'soi chyet이 규칙적으로 나타난다. 이중 모음 '의eui'를 언급하며 이미 설명했지만, '의' 소리는 계속 '이i'로 변해 간다. 이 '이'가 어근의 마지막 모음 뒤에 오면서 음운 변동은 더욱 심화되고, 두 모음은 연합되어 이중 모음이 된다. '소의'so-eui가 '쇠'soi(sö)로 변하는 것이다.[9]

굴절 어미는 단수와 복수 모두 동일하게 적용된다. 한국어 명사에는 수의 구분이 없으며, 당연히 그에 따르는 굴절도 없다. 그러나 한때는 한국어에도 복수 개념을 전달하는 교착 변화가 있었다는 증거가 있다. 이 증거는 접미사 '들teul'의 사용에서 엿볼 수 있는데, 오늘날 '들'은 명사나 대명사에 붙어 정해지지 않은 숫자를 표시할 뿐이다. 따라서 "두 사름 왓다 tou sarám oatta(Two men have come)"에는 '들'이 없지만, "사름들 왓다sarám teul oatta(men — an indefinite number — have come)"에는 '들'이 사용된다. 이 접미사 '들teul'은 언제나 어근 뒤에 붙고, 그 결과 형성되는 복합 형태는 일반 명사처럼 모든 격 변화를 겪는다.

한국어에는 성(性)에 따른 굴절이 없고, 특별히 성 구분을 표시해야 할

---

9) [역자주] 국어음운론에서 'ㅚ'는 이중모음이 아니라 단모음으로 분류된다. 따라서 정확한 예라고 보기는 어렵다.

때는 독립적인 이름으로 대상을 지칭하거나 '암am(female)', '슈/숫syout(male)' 등의 접두사에 의지하는 수밖에 없다.

한국어에 엄밀한 의미의 관사는 없다. 그러나 지시대명사가 형용사로 사용되어 정관사와 유사한 용법을 보이고, 수사 '흔hán(one)'은 그 의미와 용법이 영어의 부정 관사와 완전히 같다.

한국인과 한국어는 어떤 민족과 어족에 속하는가?

한국어가 어떤 어족 혹은 어파에 속하느냐는 문제는 제기하기는 쉽지만 답하기 어려운 문제이다. 언어학에서는 한국어가 남방 우랄알타이 어족의 한 언어군에 속하며 인도 데칸 지역의 드라비아 어족과 밀접한 연관이 있다고 보는데, 이는 확실히 증명된 사실이라기보다 하나의 주장에 가깝다. 그러나 문법 구조상의 특정 부분이 서로 유사하다는 것만으로는 어떤 언어의 어족이나 어파(語派)를 결정하는 근거가 될 수 없으며, 특히 어원학상 근원의 동일함이 전혀 보이지 않는 경우는 더욱 그렇다. 그리고 한국어에 대한 우리의 지식은 현재 정확히 이 정도의 위치에 머물러 있다.

일본어와 한국어는 그 문법과 관용 어법 구조가 대단히 유사하기에, 언뜻 보아서는 두 언어가 공통의 기초에서 유래한 것이라 여기기 쉽다. 뿐만 아니라 두 언어 단어들의 음절화(syllabation)—자음 소리의 특정 차이를 생략하면서, 모음이 규칙적인 연속적 순서에 따라 자음에 의해 선행되거나 자음으로 종결되는 구조—역시 매우 유사하여, 두 언어 사이에 놀랄 만큼 닮은 점이 많다는 사실은 충분히 인정할 수 있다. 그러나 이것만으로는 한국어가 어떤 어족 혹은 어파에 속하는지 결정하기에 불충분하다.

민족학적으로는 이는 아득히 먼 선사 시대 즈음 그 유래에 어떤 연관이 있었을 가능성을 나타내는 것일 수 있지만, 지금껏 행해진 두 언어의 단어들의 어원에 대한 연구에서는 근원의 동일함이나 닮음이 전혀 드러나지 않았다. 물론 우연한 유사점은 있지만, 이처럼 소리와 의미의 유사성이 우연히 부합하는 예는 한국어와 영어의 관계에서도 찾아볼 수 있다. 한국어 단어 mani가 영어 단어 many와 소리는 거의 흡사하고 의미는 완전히 같다는 예가 그렇다. 게다가 일본어는 순수한 단일 교착어로 간주할 수 있는 반면, 한국어의 특징은 교착과 굴절을 둘 다 지녔다는 점이다. 그뿐만 아니라 한국과 일본 모두 중국어의 영향권에 속해 있었고, 선진 중국 문학과 문명에서 많은 것을 빌려 왔다는 점을 제외하면, 역사적으로 두 언어가 혼합이나 결합을 겪었다는 증거는 전혀 없다.

민족적 차원에서 한국인은 단일 혈통이라 하기 어렵다. 다양한 인종이 섞여 있는데, 그 중 두 부류가 지배적이다. 키가 크고 생김새의 윤곽이 뚜렷한 만주족과 체격과 인상에 독특한 특징이 있는 일본계이다. 한민족의 발상지는 송화강 상류의 골짜기이며, 이 점에 대해서는 역사와 전승의 내용이 일치한다. 그 후 이들은 남쪽으로 퍼져 나와 점차 한반도를 점령하였고, 한반도의 원주민들은 한민족에게 정복과 동화를 당하거나 쓰시마 해협 너머의 일본으로 쫓겨났다.

한편 중국어와 한국어 사이의 연관에 대해서는 근거가 보다 확실하다. 중국어의 단어와 용어를 지속적으로 수입하고 발전시켜 왔다는 사실은 역사적 증거를 통해 확인할 수 있는데, 이는 크게 세 시기로 나눌 수 있다. 한국과 중국 학자들 모두, 기원전 11세기경 중국 문학과 문명이 중국 북동부 지방—현재의 산둥(山東) 지방—에서 한국에 최초로 도입된 것은 기자(箕子)의 업적이라는 점에 의견을 같이한다. 중국 문학과 철학이 한국에 전파된 두 번째 시기는 불교 신앙이 보급되었던 서기 4세기경이었다. 불교라는 새로운 종교의 열성적 신자가 된 이들은 포교 활동을 위해 중국에 도움과 협력을 청했다. 중국어로 번역된 불교 경전과 전례서가 도입되었고, 중국 고전을 입수하여 연구하려는 노력에는 새로이 박차가 가해졌다. 세 번째 시기는 서기 8세기 말 송나라 시대의 문예 부흥과 시기를 같이한다고 볼 수 있다. 한국 학자와 조정 관리들은 중국으로 가는 순례길에 자주 올랐고, 한반도의 역사에서 학문적 역량과 교육, 예술과 문학이 이처럼 찬란하게 꽃피었던 시기는 달리 없었다.

선사 시대부터 이처럼 중국의 사상과 정치 제도와 관련을 맺어왔기에, 한국어는 자연스레 중국의 문학적·정치적 영향을 받게 되었으며, 그 영향력은 오늘날 한국어 속에 중국에서 유래한 어휘가 족히 반을 차지할 정도에 이른다. 본래 지니고 있던 어휘가 단순한 원시 부족의 수준에나 어울리는 극히 제한된 수였기 때문에, 보다 수준 높은 문명으로 발달해 나가는 과정에서 새로운 명칭과 개념이 필요하게 되자 한국인들은 중국어의 어휘에 의지했다. 한자어는 한국어 속에 굳어져 제거할 수 없는 요소로 자리잡았으나, 그럼에도 관용어적이고 문법적인 한국어 구문의 독자적 특성들은 변치 않고 유지되고 있다. 문어에서든 구어에서든 이 두 언어는 서로 정반대의 특질을 보여 주며, 그 근원에서는 어떠한 동일성도 발견할 수 없다.

(4) J. S. 게일, 한영이중어사전(1897, 1911, 1931)

- J. S. Gale, 『韓英字典한영ᄌᆞ뎐(*A Korean-English Dictionary*)』, Yokohama: The Fukuin Printing CO., L'T., 1897.
- J. S. Gale, 『韓英字典(*A Korean-English Dictionary*)』, Yokohama: The Fukuin Printing CO., L'T., 1911.
- J. S. Gale, 『韓英大字典(*The Unabridged Korean-English Dictionary*)』, 京城: 朝鮮耶蘇教書會, 1931.

【소개】

　　1897-1931년 사이 게일(J.S. Gale)은 3편의 한영사전을 간행하였다. 그가 이처럼 이중어사전의 발행에 전담할 수 있었던 이유는, 그가 당시 『韓佛字典』을 참조하여 대형사전을 작업할 수 있는 어학적 능력(불어)을 지닌 선교사였기 때문이다. 1897년 게일이 편찬한 『한영ᄌᆞ뎐』은 프랑스외방 선교사들의 『한불ᄌᆞ뎐』(1880), 언더우드의 『한영ᄌᆞ뎐』(1890)에 이어 나온 세 번째 '한국어-서양어' 대역사전이며 '한국어-영어' 대역사전으로는 두 번째로 나온 것이다.

　　『한불ᄌᆞ뎐』을 중요한 참조사전으로 삼았음에도 불구하고 그 분량과 체제에 있어서는 『한불ᄌᆞ뎐』을 능가한다. 게일의 사전들은 이후 모든 한영이중어사전류의 가장 중요한 참조 저본이 되었으며, 한국어사전(단일어사전)이 부재한 시기 한국어사전 그 자체의 역할을 담당하기도 했다. 오구라 신페이는 게일의 3판본 『韓英大字典』(1931)이 "현재까지 시중에 유통되는 조선어사전 중, 가장 잘 정비되어 있을 뿐 아니라 신용할만한 것"으로 이야기된다고 말했다.

　　1911년, 1931년에 간행된 그의 사전은 단순한 증보판이 아니라 책의 형태와 편찬 방식을 달리하는 형태로 간행되었으며, 그런 의미에서 제2판과 제3

판은 전면 증보개정판이라고 말할 수 있다. 각 사전의 서지사항과 편저자들이 제시한 표제어 항목수(증감 양상), 사전의 구성체제가 지닌 특징을 간략히 정리해보면 다음과 같다.

	서지사항	본문부분의 항목수 (증감)	구성체제
초판	韓英字典한영ㅈ뎐 (*A Korean-English Dictionary*), Yokohama: Kelly&Walsh 1897	35,000	• **서두부분(pp. I -Ⅷ)** - 「서문」("Preface", pp. I -Ⅲ) - 「서설」("Introduction", pp.Ⅳ-Ⅶ. 한글 로마자 표기및 구결표 포함) - 「기호 및 약호 등에 대한 설명」("Explanations of Marks, Contractions Etc.", p.Ⅷ) • **본문부분(어휘부, pp.1-1096)** - 1부(한영사전(Korean-English Dictionary, pp.1-836))와 2부(중영사전(Chines-English, pp.837-1096))로 구성 - 알파벳 표음 순으로 항목배열 - 한자어와 고유어를 *표기로 구분 • **부록부분(pp.1-64)** - 일본, 중국, 조선 순으로 역대왕조연표를 서기로 환산하여 제시(pp.1-15) - 이십사절기("The Solar Terms", pp.15-16), 십이지, 십간, 십진법 ("The Twelve Branches or Hours", "The Ten Celestial Stems", "The Decimal System", p.16) 육십갑자(pp.17-18) - 부수별 한자, 한자음(pp.19-64)
제2판	韓英字典 (*A Korean-English Dictionary*), (인쇄)Yokohama: The Fukuin Printing CO., L'T.	50,000 (1판+15,000) -인명,지명 10,000 항목 추가	• **서두부분(pp. I -XⅡ)** - 「머리말」("Forward",p. I), - 「초판본 서문」("Preface To First Edition". pp.Ⅲ-Ⅴ), - 「서설」("Introduction", pp.Ⅵ-Ⅹ. 한글발음법 및

서지사항		본문부분의 항목수 (증감)	구성체제
	(출판)Korean Religious Tract Society 1911		구결표 포함), - 「기호 및 약어 풀이」 ("Explantions of Marks, Contractions Etc.", pp. XI-XII) • **본문부분(어휘부, pp.1-1154)** - 1부(한영사전(Korean-English Dictionary)를 먼저 출간한 후, **2부를 별권으로 출판**(1914) - **한글 자모 순**으로 항목배열 - 한자어와 고유어를 *표기로 구분 • **부록부분 :** - 「諸國年代表」(pp.1115-1143) : 초판과 달리 연대왕조가 한 면에 중국(지나), 한국(죠선), 일본의 순서로 배치됨. - 육십갑자("The Sixty Year Cycle", pp.1144-1145) - 「백년력에 대한 해제」(Explanation of the Hundred Year Carendar [Carendar의 오기로 추정: 역자, p.1146), 「백년력」 ("One Hundred Year Calendar", p.1147-1154)
제3판	韓英大字典 (*The Unabridged Korean-English Dictionary*), 京城: 朝鮮耶蘇教書會 1931	82,000 (2판+35,000) -인명,지명 10,000 항목 삭제 * 이노우에의 영일사전, 총독부 발간 사전 및 당시의 출판물로부터 35,000어 추가 * 1927년까지 게일이 수집한 75000단어에 7000단어가 추가되어 발행됨	•**서두부분**(pp. i-x viii) - 사전 편찬자의 「머리말」("Forward"p. iii) - 게일의 「3판 서문」("Preface to The Third Edition", p. v) - 게일의 「2판 서문」("Preface to The Second Edition", p. vii) - 게일의 「1판 서문」("Preface to The First Edition", pp. ix-xi) - 「서설」("Introduction" pp. x iii-x vii, 한글발음법 및 구결표 포함) - 「기호 및 약호 등에 대한 설명」("Explanations of Marks,

서지사항	본문부분의 항목수 (증감)	구성체제
		Contractions Etc.", p. Xⅷ) ●**본문부분(pp.1-1763)** - 2부(중영사전(Chines-English)가 사라짐 - 한글 자모 순으로 항목배열 - 한자어와 고유어를 미구분 ●**부록부분(pp.1764-1781)** - 「한국의 왕들과 왕조」("Dynasties and Kings of Korea", pp.1765-1766), 한글자모 순으로 된 왕들의 이름("Names of Kings in Korean Alphabetical Orders", pp.1767-1768) : 전대의 사전과 달리 중국, 일본 역대왕조표가 사라짐 - 1850-1951에 해당되는 육십갑자 年名("Names of the Years 1850-1951. A.D.", p.1769), 「십이지」("The Twelve Hours of the Far-Eastern Day 십이지 十二支":, p.1770), 「육십갑자」("The sixty Year Cycle", pp.1771-1772) - 「백년력에 대한 해제」("Explanation of the Hundred Year Calendar", p.1773), 「백년련」("One Hundred Year Calendar", pp.1774-1781)

초판(1897)은 요코하마 Kelly&Walsh출판사에서 제2판(1911)은 요코하마 후쿠인(福音)출판사에서 인쇄했다. 재판본은 한국의 조선야소교서회(朝鮮耶蘇敎書會)의 전신(前身)인 한국성교서회(韓國聖敎書會, The Korean Religious Tract Society)에서 출판했다. 마지막 제3판(1931)은 한국의 조선야소교서회

(朝鮮耶蘇敎書會)에서 인쇄되어 출판했다. 제3판은 본래 1927년 출판하기로 예정되어 있었으나, 1923년 관동대지진으로 인하여 사전의 재고가 일실(逸失)되고 게일이 영국으로 귀국함으로 말미암아 피터스에 의해 1931년에 출판된 것이다. 현재 초판본의 표제어 수는 33,537개로, 제2판은 48,623개로 밝혀졌으며, 제3판본 경우는 구체적으로 집계되지는 못했지만 약 82,000개로 추정된다. 사전들의 구성체제의 변화와 함께 이런 한국어 어휘의 증감양상은 19세기 말에서 20세기 초에 이르는 기간의 한국어의 급격한 변동을 잘 말해주는 중요한 표지이며 단서이다. 또한 게일이 사전을 출판하는 과정 속에서 참조한 중일, 영일 사전류는 근대 한국어 형성과정과 그 통국가적인(transnational) 맥락을 잘 보여주는 징표이기도 하다.

우리의 번역편에서는 (1) 사전 편찬 과정 및 참조사전, 게일을 도와주었던 한국인 조사(助士)들, 표제어 수의 증감 양상을 시사해주는 각 사전에 수록된 「서문」들, (2) 초판부터 제3판까지 계속 수록된 게일의 한국어에 대한 인식을 잘 말해주는 「서설」("Introduction"), (3) 게일이 한영이중어사전 제3판을 만드는 과정을 엿볼 수 있는 연례 보고서를 번역하여 수록했다. 「서설」("Introduction")에는 초판본부터 자일즈(H. A. Giles)의 언문관과 스콧(James Scott)의 한글기원론에 대한 게일의 비판이 보인다. 재판 부분에서 자일즈의 논의에 관한 상당한 분량이 삭제되었는데, 그 삭제 분량 속에서 큰 의미를 발견할 정도는 아니며 그 주요한 논지는 남아있다. 또한 제3판에 수록된 「서설」이 게일이 수정 보완한 최종 원고란 점을 감안하여 이를 엄선하여 번역했음을 밝힌다.

■ 참고문헌

金敏洙, 河東館, 高永根 공편, 『歷代韓國文法大系』, 塔出版社, 1979.

윤애선, 「LEXml을 이용한 한영자전(1911)의 지식베이스 설계」, 『한국프랑스학논집』 72, 2011.

이상현, 「근대 조선어·조선문학의 혼종적 기원」, 『사이間SAI』 8, 2010.

이영희, 「게일의 『한영자전』 연구」, 대구카톨릭대학교 대학원, 2001.

이은령, 「19세기 이중어사전 『한불자전』(1880)과 『한영자전』(1911) 비교연구」, 『한국프랑스학논집』 72, 한국프랑스학회, 2010.

황호덕·이상현, 「번역과 정통성, 제국의 언어들과 근대 한국어」, 『아세아연구』 145, 2011.

황호덕, 「번역가의 왼손, 이중어사전의 통국가적 생산과 유통」, 『상허학보』 28, 2010.

Rhodes, H. A., 『미국 북장로교 한국선교회사』 I, 최재건 역, 연세대 출판부, 2010. (*History of The Korea Mission, Presbyterian Church U.S.A.*, 1933.)

小倉進平, 『增訂補注 朝鮮語學史』, 東京: 刀江書院, 1964.

『한국민족문화대백과사전』 (http://www.encykorea.com.) "한영자전" 항목 (필자: 고영근).

1) 게일, 『韓英字典한영ᄌ뎐』(1897) 서문(Preface)

  - J. S. Gale, "Preface", 『韓英字典한영ᄌ뎐(*A Korean-English Dictionary*)』,
    Yokohama: Kelly&Walh, 1897.

현재의 한국어 연구 단계에서, 사전을 만드는 일은 기나긴 좌절의 연속
이다. 구어에 대한 기록이 없어서 단어를 수집하려 하자마자, 더 노력을
기울여 보려는 어떤 의욕도 사그라지게 된다. 일본인 학자들도 이와 비슷
한 어려움을 겪어 왔고 수년간의 연구와 준비 끝에 완벽한 사전을 지난해
(1896년)에 출간하였으나, 일상적인 한국어 단어 상당수가 빠져 있는 것이
확인된다. 이를 보더라도 이 작업이 얼마나 방대한 일인지가 증명된다.*
이와 같은 결함은 편찬자 측의 공부가 부족했기 때문이 아니라, 단어 수집
에 어려움이 있기 때문이다. 심지어 극히 간단한 단어조차도 이를 알려주
는 무언가가 없으면 찾을 수가 없는 상황이었다.

사전을 준비하는 작업과정에서, 프랑스 신부들이 편찬한 단어 목록이
작업의 기반이 되었다. 사전을 준비하는 6년 동안, 수천 개 이상의 단어를
유용한 자료들에서 뽑아 추가하였다. 그런데도 이 사전이 완전한 것이라
고는 주장할 수 없는데, 한국어의 현 단계에서 완전함을 기하는 것은 불가
능한 것이라 하겠다.

저자는 사전 편찬 업무를 할 수 있는 현지인이 아직 한 사람도 없었다는
사실에서 또 다른 좌절을 느꼈다. 교육 수준이 높은 모든 한국인들이 알고
있는 유일한 바는 적절한 문맥에서 단어를 잘 사용하는 일이다. 그런데

---

  * [역자주] 해당 시기 나온 일본인 발간 어휘집, 사전류로는 李鳳雲·境益太郎, 『單語
    連語 日話朝雋』, 京城: 漢城新報社, 1895; 弓場重榮·內藤健, 『實地應用 朝鮮語語
    學書』, 京城: 哲學書院, 1896가 있다. 일본인들의 한국관련 문헌 목록으로는 다음
    서적이 참고할 만 하다. 櫻井義之, 『朝鮮研究文献誌-明治大正編』, 龍渓書舍,
    1979.

단어만을 따로 **빼내어** 독립적으로 취하고 다른 용어를 이용하여 정의하게 될 때 그 상황과 필요가 그들의 사고방식에서는 완전히 낯선 것이 되고 만다. '하나의 뜻풀이'에 이르는 유일한 길은 수도 서울의 신뢰할 만한 화자들이 구사할 법한 양상들이 드러나는 문장들과 비교해 보는 일이었다. 이것이 이 작업을 수행하는 데에 기준이 되어 왔다. 물론 여기서도 단어 수집상의 동일한 어려움이 발견된다. 왜냐하면 생각할 수 있는 모든 용법들로부터 제기되는 실마리를 어떻게 취급할 것인가 하는 문제가 남게 되기 때문이다. 수천 개에 이르는 단어들을 풀이함에 있어, 그 중요성의 여부에 따라 타당한 한계 내에서 작업을 수행키 위해 처리 시간을 면밀히 배분해야만 했다. 왜냐하면 한없는 시간을 들인다 해도 불완전하거나 불충분하게 점검한 부분들이 여전히 남을 것이기 때문이다.

또 다른 좌절은 구어로 발음되는 소리와 책자 형태의 철자법 사이에 차이가 있다는 것이었다. 구어(colloquial)를 따르는 식으로 사전을 만들자고 말하기는 매우 쉽지만, 이런 방향으로 갈지라도 셀 수 없는 난관들이 존재한다. 옥편이 한자음을 고정시켜 오긴 했으나, 모든 경우에 있어 옥편의 한자음이 구어의 한자음(현실 한자음)과 일치하는 것은 아니다. 이미 일상적인 용법으로 쓰이고 있는(형태나 표기를 반영한) 고유어(venacular) 책자 형태들도 있다. 이런 점과 여타의 상황들은 우리가 판단하고 싶지 않지만 판단해야 하는 문제들을 제공해주었다. 실제로, 될 수 있는 대로 극단적인 서적 형태들이나 구어를 문자 그대로 옮기는 방식을 지양하기 위해, 양자 사이의 중도(中途)를 취하였다.

이 사전에 가장 관심을 지닐 법한 사람들의 요구에 따라, 『한불ᄌ뎐』이 따른 바의 알파벳 순서를 따랐다. 그 순서는 다음과 같다.

ㅏa, ㅑya, ㅇa, 어ŏ 또는 ŏ, ㅕyu 또는 yŏ, 으eu, 이i, 오o, 요yo, 우u, 유yu, ㅎh, ㄱk 또는 g, ㅋk', ㅁm, ㄴn, ㅇng, ㅂp 또는 b, ㅍp', ㄹl 또는 r, ㅅs 또는 t, ㄷt 또는 d, ㅌt', ㅈch 또는 j, ㅊch'.

한 두가지 미세한 차이가 있음을 알아차릴 수 있을 것이다. 『한불ㅈ던』에서 ㅅ, ㄷ, ㄴ, ㄹ 등은 경우에 따라 하나의 문자로 취급되고 있으며, 따라서 바로 옆에 나란히 제시되어 나타난다. 본 사전 작업에서는 이들을 철저히 분리했으며, 제시된 목록 순서는 문자의 음의 변동에 관계없이 엄격히 고정시켜 제시하였다.

나는 여기서 『한불ㅈ던』과 더불어 언더우드 박사(H. G. Underwood.)와 스콧(J. Scott.)씨의 노작들의 도움을 받은 것을 밝힐 수 있어 기쁘다. 자일스(Giles)의 중국어사전(Chinese Dictionary)** 에서 얻은 간결한 정의들은 중국에 있는 학생들에게 도움이 되는 만큼 한국 학생들에게도 큰 도움이 된다.

다른 무엇보다도 도쿄에 주재하고 있는 신부인 T. M. 맥네어 박사가 해 준 귀중한 제안과 교정으로 축적된 성과 덕택에 이 사전의 형식상의 장점이 생겨났다. 이미 그는 많은 시간을 빼앗겼음에도 불구하고 작업 과정 내내 성직자로서 문서 선교의 일환으로서 신뢰할만한 읽기와 도움으로 자원 봉사를 해 주었다.

당신이 동양의 매력과 부조리에 대한 연상을 통해 기억하는 이들, 그러나 당신의 신뢰와 존경을 받을만한 사람들, 그러니까 누구나 절친한 친구

** H. A. Giles, *A Chinese-English dictionary*, London: Bernard Quaritch; Shanghai: Kelly and Walsh, 1892. 게일은 자일즈의 사전에서 한자 단위뿐 아니라, 한자어의 용례들도 당대의 한국에서 쓰일 경우 되도록 모두 가져오고 있다.

와 헤어질 때 경험하는 아쉬움 없이는 떠올릴 수 없는 나와 교제해왔던 한국인들의 이름들을 언급해야겠다. 정동명(鄭東鳴), 양시영(梁時英), 이창직(李昌稙), 이득수(李得秀), 이겸래(李謙來), 양의종(梁宜鍾), 조종갑(趙鍾甲), 신면휴(申冕休).

한국어를 공부하려는 동료 학생들에게 도움이 될 수 있는 무언가를 제공하고자 하는 저자의 바람이 얼마나 실현될 수 있을지는 지켜볼 일이다. 본 사전에 많은 결함이 있음을 알고 있다. 신경을 써서 교정을 했음에도 불구하고 한국어가 잘 알려지지 않은 언어인 관계로 인쇄상의 오류가 있을 것이며, 그로 인해 불가피하게 실망을 줄 수도 있다고 본다. 그러한 흠결에도 불구하고, 저자는 처한 상황과 자신의 권한이 허용하는 수단 내에서 성심과 최선의 노력을 다해 이 책을 내놓는 바이다.

제임스 게일

1897년 1월 21일 요코하마

2) 게일, 『韓英字典』(1911) 머리말(Forward)

- J. S. Gale, "Forward", 『韓英字典(*A Korean-English Dictionary*)』, Yokohama: The Fukuin
  Printing CO., L'T., 1911.

본 제2판 사전에서 수록된 단어의 배열 순서는 초판의 순서와 다르다. 초판은 영어 알파벳을 기준으로 하였으나 이번 판에서는 한글 자모순을 기준으로 하여 제시했다.

자음: ㄱ ㄴ ㄷ ㄹ ㅁ ㅂ ㅅ ㅣ ㅇ ㅈ ㅊ ㅋ ㅌ ㅍ ㅎ
모음: ㅏ ㅑ ㅓ ㅕ ㅗ ㅛ ㅜ ㅠ ㅡ ㅣ ·ㅘ ㅝ

많은 신어들이 추가되었는데, 가능한 최근 출간된 책에서 가져왔다. 지명은 몇 년 전 영국공관에서 마련한 원칙에 따라 표기하였다. 각 지역의 위치는 대략적으로만 표시하였다.

J. S. 게일

1911년 5월 3일 서울

3) 게일, 『韓英大字典』(1931) 서문(Preface)

- J. S. Gale, "Preface", 『韓英大字典(The Unabridged Korean-English Dictionary)』, 京城: 朝鮮耶蘇敎書會, 1931.

이 책은 『한영ᄌ뎐(韓英字典)』의 제3판이다. 약 35,000단어를 수록하여 1896년에 출판된 이 책의 초판은, 한국어와 한국문학 분야의 영예로운 개척자들인 프랑스 신부들의 훌륭한 업적에 바탕을 두고 있었다. 1911년에 출간된 제2판은 총 50,000단어로 구성되었는데 초판보다 약 1,500단어가 추가되었다. 이번 제3판에서는 이노우에의 방대한 작업, 조선총독부의 『朝鮮語辭典』, 최근 출판물들로부터 35,000개 이상의 새로운 단어를 뽑아 추가하였다.* 그러나 이번 판에서 약 10,000개에 이르는 인명과 지명은 삭제하였다. 인명과 지명의 중요성이 이차적이어서 사전에 담기가 부담스러운 면이 있었기 때문이다. 따라서 이번 판에는 기존에 싣지 않았던 35,000단어를 포함 총 75,000단어가 포함되어 있다.

작업이 출판을 할 수 있는 범위를 넘어서까지 확대되었던 까닭에 예문을 추가로 담을 수는 없었다. 많은 경우 흔히 관용적으로 사용되는 명사들은 그 뒤의 괄호 안에 어울려 쓰이는 동사를 표시하기도 하였다. 때로는 동사 뒤에 어울리는 명사를 표기하기도 하였다. 유의어와 반의어도 상당량 추가하였다.

이번 사전에서 시간과 조력이 허용되는 한 가장 새로운 단어들이 포함될 수 있도록 노력하였다. 시모다의 사전까지도 철저히 조사하여 활용하

---

* [역자주] '이노우에의 방대한 작업'은 다음의 사전들을 지칭하는 것으로 추측된다. 井上十吉, 『新譯和英辭典』, 東京: 三省堂, 1909; 井上十吉, 『英和中辭典』, 東京: 至誠堂, 1917; 井上十吉, 『井上和英大辭典』, 東京: 至誠堂 1921; 井上十吉, 『井上英和中辭典』, 東京: 井上辭典刊行會, 1928.

였으며, 많은 도움을 받았다. 시모다와 현재의 작업이 있기까지 그동안 우리에게 많은 도움을 주신 다른 모든 분들께 감사드린다.

본 사전의 준비와 관련하여 가장 큰 영예는 마땅히 한국인 학자 이원모 님, 이창식 님, 이교승 님께 있다. 그들의 숙련된 도움이 없었다면, 결코 아무런 일도 달성할 수 없었을 것이다.

J. S. 게일

1927년 4월 28일 서울

4) 게일, 『韓英大字典』(1931) 머리말(Foreward)

- "Foreward", 『韓英大字典(*The Unabridged Korean-English Dictionary*)』, 京城: 朝鮮耶蘇敎書會, 1931.

요코하마에 보관되어 있던 게일 박사의 한영자전 인쇄본과 활판이 1923년의 대지진으로 인한 화재로 크게 훼손된 후, 새로운 원고의 마련할 필요가 생겼다. 게일 박사는 3년 이상 새로운 원고 작업에 매달렸으나 아쉽게도 은퇴하여 원고 완성을 보기 전에 한국을 완전히 떠나게 되었다.

당시 사전 판권 소유자였던 장로교선교공의회(Council of Presbyterian Missions)는 출판 비용과 판매 가격을 낮추려고 사전 편찬 기금과 판권을 조선야소교서회(朝鮮耶蘇敎書會)에 넘겨주었다.

조선야소교서회(朝鮮耶蘇敎書會)의 요청으로, 미국 장로교의 한국선교부는 알렉산더 A. 피터스 목사가 원고의 최종 편집과 출판을 위한 인쇄 준비를 할 수 있도록 하였다. 이에 피터스 목사는 자신의 부인과 게일 박사의 조사(助士)인 이원모의 도움을 받았다.

편집 과정에서 일부 부정확한 부분을 교정하였고 새로운 단어들을 많이 추가하였다. 이번 사전은 제2판보다 표제어 수가 약 절반 정도 늘었고, 대략 82,000개의 뜻풀이를 포함하고 있다.

출판용 원고와 교정쇄 준비에 이르기까지 꼬박 3년이 걸릴 만큼 매우 지난한 작업이었다. 읽기와 대조, 교정을 여러 번 되풀이했음에도 불구하고, 많은 실수들을 보지 못하고 지나쳐 버렸을 것이다. 여기에 대해서는 널리 이해해 주시기를 바라마지 않는다.

한국어를 공부하는 학생들이 오랫동안 바라던 요구에 부응할 수 있기를 희망하며, 이 사전을 이제 세상에 내놓는 바이다.

1930년 12월 30일

5) 게일 한영이중어사전(1897~1931) 서설(Introduction)

  - J. S. Gale, "Introduction", 『韓英大字典(*The Unabridged Korean-English Dictionary*)』,
    京城: 朝鮮耶蘇敎書會, 1931.

만일 언어가 쓰인 단어나 분절된 음성이라는 수단에 의해 사고들을 표현하는 것이라 규정된다면, 일본어처럼 한국어에도 구어, 서적 형태(한글 문어: 역자) 그리고 문자라는 세 가지 언어가 있는데, 여기서 서적 형태란 한국 본래의 서기 방식(native script), [한글: 역재으로 쓰인 것을 뜻하고, 문자란 한문으로 된 것을 의미한다.

한국어가 다른 동아시아 언어 중 어떤 언어와 동류인지는 여전히 추측의 문제일 뿐이다. 그것은 교착어적 특징을 보이며, 이 점에서 일본어와 닮은 부분이 있다. 그러나 종종 한국어의 기원으로 제시되는 증거들이란 사실 매우 모호한 것들이다.

구어의 경우. 구어란 문학이나 다른 어떤 종류의 문어 형태도 갖지 못한 언어이다. 한글 구어는 오직 소리로만 전해져 온 유물(antiquity)이며, 이런 특징이 이 언어의 현재적 불확실성을 말해 준다. 지방별 차이들은 다른 부분들은 표준으로 간주되는 말인 서울말에서 멀어질수록 그 거리만큼이나 다양한 발음상의 변이들을 보여준다.

한국어 구어의 어순은 중국어와는 큰 차이가 있으며, 그런 만큼 사실 모든 문어에 의한 의사소통은 이곳 사람들의 말(speech)로 번역되어야 한다. 들어서 이해할 수 있기 전까지, 어순에 의해 나열된 문자들은 눈으로 볼 때는 정확하지만 귀로 들으면 정확하지 않은 것이다. 이어지는 문장들은 이 사실을 잘 보여준다. "*We cover ourselves with grass-clothes, as a protection against the rai.*(우리는 비를 피하려 우비를 입는다.)" 이 문장이 중국어에서는 "*We cover with grass-clothes ourselves, as a protection against the rain.* (우리는 비로부터의 보호장구로서 우비를 입는다.)"이 된다. 반면 이를 한국어 구어로 쓰면 "*Rain for protection against with grass-clothes ourselves we cover.* (비를 막기 위해 우비를 우리는 입었다.)"가 된다. 일반적으로 구어체의 순서는 우선 한정어(수식어) 다음에 주어가 나오고 부사나 부사절이 나오는데, 이는 종종 목적어와 자유롭게 호환된다. 반면 동사는 문장의 마지막에 온다.

서적 언어[한국어 문어: 역재의 경우. 문장의 순서에 있어, 서적 형태 언어는 구어와 유사하지만 훨씬 많은 한자(어) 형태가 섞여 있고 어조사(*ojosa*) 혹은 수식어에 의해 방해를 받는다. 이런 어조사나 수식어는 별다른 의미 없이 사소한 울림를 주기 위해 첨가되며, 사고의 내용을 표현하기보다는 그 표현 양식을 강조하기 위해서 쓰인다. 이런 층위의 문학은 주로 경서에 대한 언해나 효, 인륜에 관련된 몇몇 책들로 제한되어 있다.

자일스(H. A. Giles)의 중국어 사전 서문인 「문헌학적 고찰(Philoligical Essay)」에는 한국의 자국 문자 표기에 대해 언급한 다음과 같은 진술이 발견된다. "교육받은 한국인들은 자신들이 언문(*Unmun*) 혹은 '속문(vulgar script)', [諺文: 역재이라 부르는 그들의 문자를 알고 있다는 사실을 알리기를 꺼려 한다. 그러나 가장 무식한 남녀들조차 읽을 수 있는 이 문자를 가장 유식한 지식인들이 읽을 수 있으리라는 것에는 의심의 여지가 없다. 특히 어떤 유럽인이라도 한 시간 내에 그 읽는 법을 익힐 수 있으리라 생각한다. 각종 역사를 비롯해 한국어로 된 매우 좋은 작품들이 얼마간 있기는 하지만, 이 언문의 문학적 가능성을 긍정적으로 이야기하기에는 이른 감이 있다. 한국어의 큰 결점은 각 단어가 시작하고 끝나는 곳을 나타내는 어떤 표시도 없이, 분리된 단음절들을 쭉 이어서 쓴다는 점이다. 또한 마침표나 대문자, 하이픈, 인용 부호, 기타 부호도 전혀 없는 상태이다."*

이 진술은 오해의 소지가 있다. 중국어(한문)는 영어가 영국만큼이나 아메리카 대륙과 연관되어 있듯, 중국 자체만큼이나 한국의 문어와 깊은 관련을 가진다. 한문은 실상 토착(native) 문어이며, 언문(vulgar script)이나 여타의 중국 작문들이 생성되기 전부터 수세기 동안 존재했고, 이 형태 그대로 출판되어 왔다. 한국어 문어에 많은 결점이 있다는 사실에는 의심의 여지가 없으나, 언급 중 하나는 사실에 배치된다. 비록 분리된 단음절로 적기는 하나, 한글 문어에는 구두점, 대문자, 인용 부호 그리고 다른 부호와 같은 역할을 하는 격조사, 종결 어미, 접속사, 단락 부호, 특정 단어들에 대한 띄어쓰기 등이 존재한다.

또한 논자는 언문에 대한 기원과 저자에 관해, 전혀 갈피를 잡지 못하고 있다. 그가 말하고 있는 설총은 고대 신라의 승려이며, 언문은 1446년 그러니까 마지막 왕조[조선왕조: 역재에 이르기까지 창제되지 못했다. 산스크리트어의 영향을 받아 형성되었을 것이라는 그의 결론 역시 허황된 것이다. 언문의 기원에 대한 역사적 기록들로부터는 어떤 결정적 증거도 찾기 어렵다. 혹자는 고대 중국의 전서(篆書, seal characters)와 마찬가지로 지식인들의 글쓰기를 모델로 삼았다고 말하기도 한다. 스콧(J. Scott) 씨가 자신이 쓴 『영한사전』의 「서설」에서 앞서의 사실[중국전서 기원설: 역재을 언급한 것은 오직 『국조보감(國朝寶鑑)』의 기록과 관련해서다. 여기에는 다음과 같이 기록되어 있다. "임금이(세종이) 중국 고대의 전서를 따라 초성, 중성, 종성으로 나누어 언문 28 글자를 만들었다."** 이어지는 기술

---

* [역자주] 해당 내용은 다음을 참조. H. A. Giles, "Philoligical Essay", A Chinese-English dictionary, London: Bernard Quaritch; Shanghai: Kelly and Walsh, 1892, p.xx.

** [역자주] 御製諺文二十八字 字倣古篆 分爲初中終聲 (『國朝寶鑑』 7, 「世宗朝三」 28 年(丙寅, 1446).

양상을 보면 형태나 소리는 철저하게 유교 철학에 따랐으며 불교에 관해서는 한마디의 언급도 없다.

한자는 가장 오랜 고대 중국부터 한국과 긴밀한 관계를 맺었던 것처럼 보인다. 한자는 아주 이른 시기에 국가의 문어가 되어 현재까지도 지속적으로 중요한 위치를 차지하고 있는데, 여전히 문어 의사소통에 있어 유일한 공식적인 수단이다. '문리(*mulli*, 文理)'라는 고전적 문체가 바로 그것이다. 한자의 원래음들은 잘 유지된 반면, 한국인들은 성조를 잃어버렸다. 비록 중국인이 平이란 문자로 주로 표현하는 톤이 한국에서는 단음으로, 상성, 거성, 입성은 장음으로 특성화된 요소들이 남아 있기는 하지만 말이다.

한국인들이 한문을 읽을 때, 그들은 그 의미에 따라 이곳저곳에 고유어 접사와 종결어미를 표시하는 '토'를 넣는다. 이런 적절한 삽입은 독자가 원문의 생각을 이해하도록 돕는 구실을 한다. 한문을 읽는 기술을 익히는 데는 많은 노력과 공부가 뒤따라야한다. 그래서 고대의 학자들은 아래와 같은 접사와 종결어미를 통해 하나의 시스템을 구성하였다. 이는 원문을 따라 적힌 문자들을 통해 표현되었다. 후에 이것들은 일본 가나의 같은 경우처럼 약호화되어, 현재와 같이 그 유용성이 사라질 때까지 사용되었다.

諺文 대조 일람표*

"A Table of the Native Script (*Unmun*) With Equivalents"

아 a	사 sa	바 pa, *ba	마 ma	라 la	다 ta, *da	나 na	가 ka, *ga	ㄱ k, *g
야 ya	샤 sa	뱌 pya, bya	먀 mya	랴 lya	댜 tya, dya	냐 nya	갸 kya, gya	ㄴ n, l
어 ö, ü	서 sö, sü	버 pö, pü, bö, bü	머 mö, mü	러 lö, lü	더 tö, tü, dö, dü	너 nö, nü	거 kö, kü, gö, gü	ㄷ t, d
여 yö, yü	셔 sö, sü	벼 pyö, pyü, byö, byü	며 myö, myü	려 lyö, lyü	뎌 työ, tyü, dyö, dyü	녀 nyö, nyü	겨 kyö, gyü, gyü, gyü	ㄹ l, n, r
오 o	소 so	보 po, bo	모 mo	로 lo	도 to, do	노 no	고 ko, go	ㅁ m
요 yo	쇼 so	뵤 pyo, byo	묘 myo	료 lyo	됴 tyo, dyo	뇨 nyo	교 kyo, gyo	ㅂ p, b
우 u	수 su	부 pu, bu	무 mu	루 lu	두 tu, du	누 nu	구 ku, gu	ㅅ s, t
유 yu	슈 su	뷰 pyu, byu	뮤 myu	류 lyu	듀 tyu, dyu	뉴 nyu	규 kyu, gyu	ㅈ ch, j
으 eu	스 seu	브 peu, beu	므 meu	르 leu	드 teu, deu	느 neu	그 keu, geu	ㅇ ng
이 i	시 si	비 pi, bi	미 mi	리 li	디 ti, di, chi, ji	니 ni	기 ki, gi	ㅎ h
ᄋᆞ a	ᄉᆞ sa	ᄇᆞ pa, ba	ᄆᆞ ma	ᄅᆞ la	ᄃᆞ ta, da	ᄂᆞ na	ᄀᆞ ka, ga	

콰 kwa	과 kwa	하 ha	파 p'a	타 t'a	캬 k'a	차 ch'a	자 cha, *ja
퀴 k'wö, k'wü	궈 k'wö, k'wü	햐 hya	퍄 p'ya	탸 t'ya	캬 k'ya	챠 ch'a	쟈 cha, ja

---

* 이하 도표의 영어 발음 표기들은 원문의 표기를 있는 그대로 옮긴 것이다. 게일은 표기에 따른 한글 발음의 규칙성을 반영하면서도, 현실적으로 단모음과 이중모음의 현실음이 같은 사정 등을 반영하여 위 표를 작성했던 것으로 추론된다. 다만 "겨"에 대한 "kyö, gyü, gyö, gyü"란 영문 표기는 "kyö, kyü, gyö, gyü"의 오기로 보인다.

			gwö, gwü												
퇘	t'wa	다	twa, dwa	허	hö, hü	퍼	p'ö, p'ü	터	t'ö, t'ü	커	k'ö, k'ü	처	ch'ö, ch'ü	저	chö, chü, jö, jü
화	hwa	솨	swa	혀	hyö, hyü	펴	p'yö, p'yü	텨	t'yö, t'yü	켜	k'yö, k'yü	쳐	ch'ö, ch'ü	져	chö, chü, jö, jü
훠	hwö, hwü	쉬	swö, swü	호	ho	포	p'o	토	t'o	코	k'o	초	ch'o	조	cho, jo
ㅅㄱ	g	와	wa	효	hyo	표	p'yo	툐	t'yo	쿄	k'yo	쵸	ch'o	죠	cho, jo
ㅅㄷ	d	위	wö, wü	후	hu	푸	p'u	투	t'u	쿠	k'u	추	ch'u	주	chu, ju
ㅅㅂ	b	좌	chwa, jwa	휴	hyu	퓨	p'yu	튜	t'yu	큐	k'yu	츄	ch'u	쥬	chu, ju
ㅆ	s	줘	chwö, chwü, jwö, jwü	흐	heu	프	p'eu	트	t'eu	크	k'eu	츠	ch'eu	즈	cheu, jeu
ㅆ	j, tj	촤	ch'wa	히	hi	피	p'i	티	t'i	키	k'i	치	ch'i	지	chi, ji
		춰	ch'wö, ch'wü	ㅎ	ha	포	p'a	톼	t'a	ㅋ	k'a	츠	ch'a	즈	ch'a, ja

* 음절의 초두(begining), 단어 내(the body of word)에서 생기는 k, t, p 그리고 ch 발음은 한국어에서 g, d, b, 그리고 j로 종종 변화된다.

접사와 종결 어미 일람표

A Table of Connectives and Endings

아	牙	牙	을	乙	乙	히	屍	屍	며	於	朩	리	里	里	딕	代	弋
야	也	也	이	是	乀	호	乎	乎	면	面	丁	로	奴	又	더	加	加
이	厓	厓	이	伊	伊	가	可	可	나	那	尹	샤	舍	舍	명	丁	丁
어	亽	亽	인	印	印	거	巨	可	ㄴ	那	伊	샤	士	士	든	等	朩
언	言	言	엇	叱	叱	고	古	巨	니	尼	匕	셔	西	西	도	斗	卜
여	余	余	오	五	五	괴	巨	口	노	奴	又	시	寸	寸	도	刀	刀
여	亦	亦	와	臥	臥	커	果	巨	라	羅	尸	신	申	申	져	底	底
의	矣	厶	온	昷	昷	코	鼻	果	러	戾	厼	소	小	小			
은	隱	尸	ㅎ	爲	丶	마	馬	鼻	리	日	日	다	多	夕			
								馬									

위에서 언급한 7세기 말을 살았던 신라의 승려 설총은, 서리 계층이 활용하는 이두(Nit'u)라는 또 다른 (서기)체계를 창안했다. 이는 여전히 관아(*yamen*)에서 많이 쓰이고 있다.

Examples: ——

이고	… … … …	是遣
이되	… … … …	是矣
ᄒ온바	… … … …	爲乎所
이오며	… … … …	爲乎㫆
ᄒ샹온바	… … … …	爲白乎所

기호, 약자 등에 대한 풀이*

Explanations of Marks, Contractions Etc.

(1) 단어(표제어) 다음에 오는 "l" 기호는 첫 음절 소리가 긴 경우를, "s"는 짧은 경우를 지칭한다.

(2) "*See*"는 동의어나 활용에 있어 관련어를 가리킨다. "*Also*"는 같은 단어의 이(異)표기를 가리킨다. "*Opp.*"는 반의어나 대조적인 단어를 가리킨다.

(3) (Prov.)은 방언을 나타낸다.

(Comps.)는 오직 작문 혹은 서적형태로 활용되는 단어를 나타낸다.

(Respect.)는 단어가 공손한 표현인 것을 나타낸다.

(Hon.)는 단어가 경어로 활용되는 것을 나타낸다.

(Low.)는 단어가 아랫사람의 말 혹은 아랫사람에게 하는 말을 나타낸다.

(4) 정의 이후 괄호 안의 단어는 문제의 그 단어[표제어: 역자]와 보통 함께 활용되는 단어를 나타낸다.**

---

* [역자주] 이는 『韓英大字典』(1931)에 수록된 것이다. 『韓英字典』1897년판에는 고유어가 아닌 한자어를 지칭하는 *(asterisk), 단어추가를 나타내는 (Ad.), 글자가 중복되는 경우를 나타내는 데 쓰인 (R.), 자동사와 타동사를 구분하는 (v.i.)와 (v.t.)가 추가적으로 쓰였다. 재판본(1911)에서는 이 중 고유어가 아닌 한자어를 지칭하는 *(asterisk)를 제외한 나머지 기호는 모두 사라졌다. 하지만 그렇다고 실제 사전의 본문 속에서 이 기호가 사라진 것은 아니다. 본문의 일러두기 이외에도 게일의 한영이중어사전에 많은 기호와 약호가 존재하기 때문이다. 이 점에 대해서는 이은령의 논문(이은령, 「19세기 이중어사전 『한불자전』(1880)과 『한영자전』(1911) 비교연구」, 『한국프랑스학논집』 72, 한국프랑스학회, 2010)과 윤애선의 논문(「LEXml을 이용한 한영자전(1911)의 지식베이스 설계」, 『한국프랑스학논집』 72, 2011)을 참조할 것.

** [역자주] 원문은 "A Word in brackets after a definition shows that it is one ordinarily

(5) (B.O.)은 『詩傳』(혹은 Book of Odes)에서 인용한 것이다.

(B.H.)는 『書經』(혹은 Book of History)에서 인용한 것이다.

(A.)는 『論語』(혹은 Analects)에서 인용한 것이다.

(M.)은 『孟子』(혹은 Mencius)에서 인용한 것이다.

(C.C.)는 『周易』(혹은 Cannon of Changes)에서 인용한 것이다.

(D.M.)은 『中庸』(혹은 Doctrine of the Mean)에서 인용한 것이다.

---

used with the one in question"이라 되어 있다. 윤애선은 이를 "정의문에 뒤에 사용
된 ( )는 표제어와 결합되는 어휘를 제시한다"로 해석하고 다음과 같은 사례를
제시했다. (「LEXml을 이용한 한영자전(1911)의 지식베이스 설계」, 『한국프랑스학
논집』 72, 2011. pp.362-365) 그 중 대표적인 것만을 제시해보면, 다음과 같다. 첫째,
체언과 용언 간 연어관계를 드러낼 때 활용된다. "몸 s. 身 (*신) The body; the person;
the form. See. 몸똥아리. The gums. (니몸). The menses. (ᄒᆞ다). A commission;
an order. (밧다)"에서 "몸'-ᄒᆞ다", "비 s 腹 (*복) The abdomen; the stomach. (부르다)
(곱흐다). See. 비썩기"에서 "비'-부르다"를 예로 들 수 있다. 때로는 복합어와 같이
표제어의 결합관계를 제공하기도 하며 중의성을 낳기도 한다. 일례로 첫 번째
예시에서 "'몸'-(니몸)"을 들 수 있다.

6) 게일의 한영자전 편찬 보고서(1926.9)

- J. S. Gale, "Korean-English Dictionary Reports", 1926.9. (*Gale, James Scarth Papers* Box.10. (캐나다 토론토대 토마스 피셔희귀본 장서실 소장)

게일의 한영자전 편찬 보고서(1926.9) 원문

Korean-English Dictionary Report
(Sep.1926)

To the Presbyterian Council,

It will no doubtless be known to the members of the Council that the stock on hand of the Second Edition of the Korean-English Dictionary was all lost in the earthquake at Yokohama when the Fukuin Company disappeared forever with its efficient and kindly manager Mr. Muraoka. At once the question arose , That about a book to take the place of that which was gone. A photograph copy of the present work was considered but to this I for one was very much opposed. New words have come in by the thousands, yes tens of thousands and some effort must be made to include these in any new edition if it was still to serve its purpose. While convinced that such a revision should be made I was very loath to undertake it. The wear on the eye-sight alone that the two editions of the past cost seemed to me to make a refusal obligatory. However as time passed and no one else could be found (I tried Mr. Pieters and others) I decided to undertake it and do my best.

The work required first the deleafing of two dictionaries, dividing each page into two parts and pasting each half on a sheet of notepaper large enough in its margin to take all the new words added. This made in all 2226 pages.

The next step was to take two of Inouye's Japanese English Dictionaries, deleaf one of them and cutout the words to be added and to add the words that these suggested. This part of the task took about six months to complete

After it was done the new Korean-Japanese Dictionary prepared by the government was gone through and in this work now going on we have reached 748 out of 985 pages. The meanings in English accompany all words from Inouye dictionary but not those from the Korean-Japanese. These I am at work on now.

Along with this the pages have to be gone over again and again to see that the order, the definitions, the lettering, Korean, Chinese and English are complete and correct.

Judging from the number of words added in the first hundred pages it will mean the addition of about 50,000 words to the original 50,000.

I have three men employed two of whom worked on the Second Edition. Two of them give half time only and one about three quarters, their salaries being 90 yen, 60 yen, 60 yen.

Thus the work has gone forward since December last. Printing can be begun at any time now as 600 pages are ready and more will follow much faster than the printers can take them. Any suggestions, directions or wishes will be gladly received.

Kindly see that the committee is filled up two members at least in Seoul.

Respectfully submitted

J. S. Gale

장로교 위원회 귀중

위원회에 다음과 같은 사실을 알려드려야 함이 분명해 보입니다. 요코하마에서 발생한 지진으로 후쿠인(福音, Fukuin)사가 완전히 사라지고 유능하고 친절한 관리자 무라오카 씨를 잃게 됨에 따라, 한영사전 제2판[1911]에 간행된 것을 가리킴: 역재의 재고도 모두 소실되고 말았습니다. 따라서 즉각, 사라진 책을 대체할 만한 책을 내야 한다는 문제가 발생했습니다. 현재 작업의 복사본을 고려해 보았으나 이 안은 저부터가 크게 반대하는 바입니다. 수천, 수만 개의 신어가 생겨났고, 사전이 제 목적을 제대로 달성하려면 신판을 내어 이 신어들을 수록하려는 노력이 있어야 합니다. 그런 개정 작업이 이루어져야 한다는 확신은 있었지만, 그 일을 떠맡기란 제게 정말 내키지 않는 일이었습니다. 지난 두 판의 사전 작업으로 시력이 저하되었다는 사실 하나만으로도 거절을 표하는 것이 당연해 보였습니다. 그러나 시간이 지나가고 누구 다른 사람을 찾을 수가 없었으므로(피이터스(Pieters) 씨와 다른 이들의 의사를 타진해 보았습니다) 저는 제가 이 일을 맡아 최선을 다해야겠다고 결심했습니다.

작업의 첫 단계는 우선 두 사전을 뜯어, 각 페이지를 두 부분으로 나누고 추가되는 신어를 모두 넣을 수 있을 만큼 여백이 넉넉한 큰 종이에 각 부분을 붙이는 일이었습니다. 이는 모두 2,226쪽이었습니다.

다음 단계는 이노우에의 일영사전 두 부를 준비하고 한 부를 뜯어 추가할 단어들을 잘라낸 뒤 거기 실린 단어들을 추가하는 일이었습니다.* 이

---

* [역자주] 게일의 서문과 당시 일영사전의 출판현황을 감안했을 때 井上十吉, 『井上和英大辭典』, 東京: 至誠堂, 1921으로 추정된다. 게일의 서문에서 이 사전의 표제는 "Inoue's *Comprehensive Japanes-English Dictionary*"으로 제시되어 있다. 1910년대 중반부터 1920년대까지 당시로서는 가장 많이 읽힌 베스트셀러 사전이었다. (小島

부분을 완료하는 데에는 약 6개월이 걸렸습니다.

이를 마친 뒤에는 정부[총독부: 역재]에서 발행한 『朝鮮語辭典』(1920)을 검토했는데, 현재 진행 중인 이 작업은 993쪽 중 745쪽까지 진척되었습니다. 이노우에 사전에서 가져온 단어에는 영어 의미를 모두 달았지만 『朝鮮語辭典』의 단어는 아직 달지 못했습니다. 이 부분은 현재 제가 작업하고 있습니다.

이와 더불어 순서와 정의, 식자, 한국어와 한자와 영어 부분이 완전하고 정확하게 되었는지 확인하기 위해 작업물을 다시 한 번 검토해야 합니다.

처음 100페이지에 추가된 어휘수로 추산하건대, 처음 50,000단어에 약 30,000단어가 추가 증보될 예정입니다.

제가 고용한 직원은 세 명이며 그 중 둘은 제2판 때 일했던 이들입니다. 직원 두 명은 반일(半日)만 근무하며 한 명은 하루 중 4분의 3정도 시간을 근무합니다. 이들의 봉급은 90엔, 60엔, 60엔입니다.

작업은 이와 같은 식으로 작년 12월부터 진행되어 왔습니다. 400쪽이 준비 완료되었고 남은 분량도 인쇄기가 소화하는 속도보다 더 빨리 완료될 예정이므로, 이제 언제든지 인쇄를 시작할 수 있습니다. 제안, 지시, 요청사항이 있다면 어떤 것이든 기쁘게 받겠습니다.

서울에 있는 멤버 중 적어도 두 명이 편찬위원회에 충원되도록 해 주시길 바랍니다.

존경을 담아 제출함

J. S. 게일

義郎, 『英語辭書の変遷—英・米・日を併せ見て』, 研究社, 1999. 참조.)

(5) G. H. 존스, 『英韓字典영한ㅈ뎐』(1914)

- G. H. Jones, 『英韓字典영한ㅈ뎐(*An English-Korean Dictionary*)』, Tokyo, Japan: Kyo Bun Kwan, 1914.

【소개】

『英韓字典영한ㅈ뎐(*An English-Korean Dictionary*)』는 1914년 존스(George Heber Jones)가 발행한 언더우드, 스콧의 사전 이후 출판된 세 번째 영한사전이다. 표지를 보면, 일본 도쿄의 교분관(敎文館, Kyo Bun Kwan)에서 출판했고, 판매를 조선야소교서회의 전신(前身)이라고 할 수 있는 한국선교서회(Korean Religious Tract Society)가 담당한 것을 알 수 있다. 존스의 사전은 서문("Preface", pp. I-IV), 본문 어휘부("An English-Korean Dictionary", pp.1-212), 부록으로 한국어 대역어 색인(pp.213-391)으로 구성되어 있다.

존스는 서문에서 교육 현장을 위하여 이 사전을 발간했음을 명시했다. 그는 "영어로 된 학술, 철학, 종교, 법률, 교육 그리고 보다 일상적인 몇몇 용어에 한국어 또는 한자 유래의 한국어(Sinico-Korean) 대응어를 제시하려 시도"했다 이로 말미암아 그의 사전은 '新漢語', '新文明語', '新製漢語'(일본), '新詞(중국), 신생한자어(한국) 등이라 명명된 "근대 외래한자어"들을 다수 수록했다는 특징을 보여준다. 존스의 서문을 보면 이 새로운 한국어 대역어들이 사회적으로 정통성을 획득하지는 않았음을 알 수 있으며, 그가 이런 어휘들을 수록한 작업이 일종의 '실험적'인 것이었음을 알 수 있다. 우리의 번역편에서는 당시 한국어의 급격한 변모 양상, 사전의 발행 목적과 취지, 한국어와 서구어의 관계가 등가 관계로 전환되고 있었음을 잘 말해주는 존스의「서문」("Preface")과 *Korea Mission Field*에 게재된 존스의 사전에 대한 게일의 논평을 번역하여 수록했다.

■ 참고문헌

이상현, 「근대 조선어·조선문학의 혼종적 기원」, 『사이間SAI』 8, 2010.

이상현, 「언더우드의 이중어사전 간행과 한국어의 재편과정」, 『동방학지』 151, 2010.

김종서, 『서양인의 한국종교연구』, 서울대학교 출판부, 2006.

황호덕·이상현, 「번역과 정통성, 제국의 언어들과 근대 한국어」, 『아세아연구』 145, 2011.

Gale, J. S., "English-Korean Dictionary by George H. Jones", *Korea Mission Field*, 1915.3.

Rhodes, H. A., 『미국 북장로교 한국선교회사』 I, 최재건 역, 연세대 출판부, 2010. (*History of The Korea Mission, Presbyterian Church U.S.A.*, 1933.)

Underwood, H. H., "A Partial Bibliography of Occidental Literature on Korea", *Transactions of the Korea Branch of the Royal Asiatic Society* 20, seoul: Korea, 1931.

小倉進平, 『增訂補注 朝鮮語學史』, 東京: 刀江書院, 1964.

1) G. H. 존스, 『英韓字典영한ᄌ뎐』(1914) 서문(Prface)

- G. H. Jones, "Preface", 『英韓字典영한ᄌ뎐(*An English-Korean Dictionary)*』, Tokyo, Japan: Kyo Bun Kwan, 1914.

지난 15년간 한국어는 그 어휘 자체가 변형되었다고 할 만큼 주목할 만한 변화를 겪어 왔다. 그 나름의 철학적 이론과 이상을 지녔던 옛 문명은 새로운 언어와 더불어 들어온 새로운 사상과 제도에 자리를 내주고 있다. 한국어에 이런 새로움을 도입한 최초의 커다란 힘은 기독교였으며, 기독교는 한국인의 사상적 삶에 고귀한 종교적 이상을 담은 다채롭고 놀랄만한 용어들을 들여왔다. 기독교 신앙에 뒤이어 근대 교육이 온갖 분야의 과학을 이끌고 들어왔으며, 이에 따라 이들 과학의 각 분야에 해당하는 용어가 한국어에 이식되어야 했다. 정부 개혁으로 인한 대규모의 변화 역시 그 중요성이 덜하다 할 수 없다. 10년 전의 한국어에는 공맹 시절의 오래되고 고결한 생활양식을 기준으로 한 칭호와 용어가 가득했으며, 요원한 과거 속의 어느 높은 인물이 되살아나 돌아왔다 해도 그는 그리 어렵지 않게 현대인들과 소통할 수 있었을 것이다. 한국이 그토록 오래된 전통에 젖어 있었던 까닭이다. 그러나 오늘날에는 이런 용어의 대부분이 문학적 혹은 정치적 기념물로서의 경우를 제외하면 아무런 가치를 지니고 있지 못하다. 그런 용어가 차지하던 자리에 보다 새롭고 효율적인 조직이 수립되었고, 각 부문이 그 고유의 이름을 지니게 되었기 때문이다. 이는 한국어의 새로운 구성 요소를 의미한다. 따라서 왕실을 중심으로 하는 근엄한 부문에서뿐 아니라 행정, 사법, 재무 등 정부의 모든 조직에서 새로운 방언이 압도적으로 사용되고 있다. 상업 분야와 사회생활에서도 마찬가지의 추세이다. 모두가 이 변화를 알아차리고는 있는데, 이런 변화는 오래된 언어 형태가 소멸하고 새로운 언어 형태가 부상하게 됨을 의미한다.

이처럼 독자적인 한국어가 풍성해지는 과정은 여전히 진행 중이다. 사실 이제 시작이라고 말할 수 있다. 도처에 학교들이 설립되고 있으며, 현대적 사상의 다양한 전문 용어에 해당하는 등가어를 문의하는 교사와 학생들이 늘어났기 때문이다. 이 작업은 이런 필요를 충족시키기 위한 첫걸음을 내딛으려는 시도이다. 등가어를 제시하기 위해 중국과 일본에서 쓰이는 용어들을 자유로이 이용하였으며, 거기서 쓰인 용어가 한국 학자도 이해할 수 있는 경우 그 용어를 사용하였다. 중국과 일본에서 수행된 작업들은 한국에서의 작업에 커다란 도움이 되었다. 오늘의 한국은 이웃 나라들이 맺은 학술적 결실들을 향유할 수 있게 된 셈이다.

서양 학자들의 한국어에 대한 연구를 시작한 것이 매우 최근 들어서였다는 점을 고려할 때, 사전 편찬 분야에서는 매우 고무적인 출발이 이루어졌다고 할 수 있다. 이런 종류의 작업 목록 중에서 그 중요성이 가장 크고 역사가 오래된 것은 프랑스 신부들의 『한불즈뎐(*Dictionnaire Coréen-Français*)』이다. 우리 모두는 그들이 한국어에서 이룩한 선도적인 업적에 큰 신세를 지고 있다. 그러나 모든 한국어사전 중 가장 두드러지는 작품은 제임스 S. 게일 박사의 것이다. 그의 『한영즈뎐』은 노고를 아끼지 않은 철저한 학문적 성과가 현저히 드러나는 기념비적 업적이다. 이 사전은 한국어 쪽의 전체 기반을 완전히 장악하고 있어, 사용하면 사용할수록 그 정확성과 가치에 대한 우리의 신뢰감은 커져만 가게 된다. 지금 내놓는 사전은 그 반대의 관점에서 한국어에 접근한다. 우리는 영어로 된 학술, 철학, 종교, 법률, 교육 그리고 보다 일상적인 몇몇 용어에 한국어 또는 한자 유래의 한국어 (Sinico-Korean) 대응어를 제시하려 시도했기 때문이다. 의학, 화학 관련 학문 등의 분야는 유명한 W. B. 스크래톤(Scranton) 박사가 이런 분야를

다루는 사전을 편찬하고 있어 제외하였으며, 그의 작업을 관심 있게 기다
리고 있다.

우리는 게일 박사의 사전에서 얻은 헤아릴 수 없는 도움에 대하여 그에
게 깊은 감사의 말을 전하고 싶다. 그리고 두 사전(존슨의 사전과 게일의
사전: 역자)이 한 사전은 한국어의 측면을, 다른 한 사전은 영어의 측면을
맡는 형태로 서로가 깊이 관련된다는 점을 밝힐 수 있어 기쁘다. 새로운
판의 『한영ㅈ뎐』을 볼 수 있게 되기 전에 필자의 작업이 출판되어야 했던
점이 매우 유감스러울 따름이다.

영어를 한국어로 번역하는 데 있어, 무엇보다도 지속적으로 곤란함을
안겼던 두 가지 문제가 있다. 하나는 형용사와 관련된 것이다. 한글 화법
에서 형용사는 독립적인 단어가 아니라 주로 하나의 자동사로 표현되곤
한다. 명사 수식에는 이 동사의 분사 형태가 사용되며, 분사는 과거, 현재,
미래시제로 표현될 수 있다. 최근에는 외국에서 두 가지 새로운 형태가 도
입되었는데, 하나는 "관한"(concerning)이라는 의미의 접미사 샹(上, sang)이
고 다른 하나는 "주제"라는 의미의 접미사 뎍(的, chuck)이다. 우리는 이
세 가지 형태를 모두 사용하면서 형용사 형태 중 가장 널리 적용 가능한
흔(han)으로 끝나는 분사 형태를 우선시하였다.

두 번째 어려움은 동사적 명사(verbal noun)였다. 빈도수가 적은 한자
유래 한국어의 경우는 한자를 제시할 수 있었지만, "truth"처럼 더 흔한
단어에는 홈(ham)으로 끝나는 동사 어미를 사용해야 했다. 최상급의 한국
어 구사자가 보기에 이는 전적으로 용인 가능한 구어 표현은 아니다.

현 사전의 목적은 명백히 시험을 위한 것이다. 이 사전은 일상 회화를
위한 것이라기보다는 수업용이나 학생용으로 쓰일 의도로 제작되었다.
우리는 국문(Kukmun)으로 정의를 작성하기보다는 영어 용어에 대한 등가

어를 찾는 데 치중했다. 우선 영어 단어가 나오고, 그 뒤에 국문이 나오며 그 다음에 한자가 오는 순서이다. 경우에 따라서는 한국어와 영어 두 언어 양쪽으로 상세한 용례를 수록하기도 했다. 영어 단어에 부차적인 의미들이 있을 경우, 일부는 한국어로 뜻을 달았지만 당초 원했던 만큼 광범위하게 실을 수는 없었다. 사전에 사용된 단어 중 다수는 새롭고 생소한 것이다. 이를 사용함에 있어 어려움이 있으리라 생각하지만, 우리는 그런 어려움이 용어 자체로부터 기인한 것이라기보다는 그 용어가 담고 있는 개념(idea)의 생경함에서 비롯된 것이기를 바라는 바이다. 많은 용어의 배후에 담긴 개념들이 아직 일반 한국인에게는 굉장히 낯설며 일부 학자 계층에게만 알려진 수준이라는 점을 유념해야 한다. 이 사전의 불완전한 점에 대해서는 편찬자가 그 누구보다 더 잘 알고 있다. 오류에 대한 비판과 제안은 기꺼이 받아들이고자 한다.

저자와 더불어 이 작업에 성실히 임해 주신 한국인 조력자들에게 특별한 감사의 말씀을 남겨야 하리라. S. Hyen[玄楯: 정동제일교회감리교목사, 상해임정요인: 역재] 목사님은 본 저작이 성공적으로 발행되기까지 가장 큰 도움을 주셨다. 오세광(吳世光) 님은 본 연구 과정 내내 헤아릴 수 없는 수고를 해 주셨다. 송기용(宋綺用) 님은 사전의 국문 부분을 검토해주셨으며, 현재 중요 지역의 행정관으로 정부 관리가 되신 이익채(李益采) 님은 연구 초기에 소중한 재정적 도움을 주셨다.

2) G. H. 존스 영한사전에 대한 J. S. 게일의 리뷰

- J. S. Gale, "English-Korean Dictionary by George H. Jones", *Korea Mission Field*, 1915.3.

한국 선교사 단체에서 조지 히버 존스(George Heber Jones) 박사를 잃게 된 것은 오래 전부터 아쉽게 여겨져 온 일이다. 한민족의 언어와 역사, 영혼(soul)에 대한 그의 지식은 이례적이라 할 정도로 탁월하며 높이 살만한 것이었기 때문이다. 그의 이름으로 편찬된 사전을 우리는 더없이 기쁜 마음으로 받아드는 바이다. 한국을 떠나기 전 그는 친절하게도 미리 준비되어 있던 작업 일부를 내게 보여 주었고, 이후 나는 사전이 출간되기만을 손꼽아 기다려 왔다.

마침내 우리는 이 사전을 손에 넣게 되었다. 도쿄(東京)의 교분관(敎文館, Kyo Bun Kwan)에서 발행된 사전은 형태 또한 깔끔하고 맞춤하다. 활자는 선명하고, 활판 인쇄는 우수하며, 글자도 크다. 모든 표제어마다 한국어의 의미를 뚜렷하게 드러내기 위해 단어 옆에 괄호를 치고 한자를 병기하였다. 한국어의 전환기라는 오늘의 곤경과 난국을 충족시켜주는 최신 사전을 제공하고자 하는 저자의 소망은 충실하게 달성되었으며, 학생들은 이 책을 상비함으로써 지속적으로 큰 도움을 받을 수 있을 것이다. 이런 일이 다름 아닌 우리의 일이라는 점에서, 이 사전은 존스 박사와 우리를 여전히 하나로 결합시켜 준다. 앞으로도 우리가 그의 수고와 조력을 얻을 수 있으리라는 희망을 안겨 주기에, 이는 존스 박사가 세운 가장 고마운 공헌이라 할 수 있다.

사전에 쓰인 한국어 단어는 책 뒤에 색인으로 정리되어 있어, 숫자를 이용해 사전 본문에서 찾아볼 수 있다. 색인을 통해 원하는 단어를 쉽게 찾을 수 있을 것이다. 짧은 색인에서는 별로 필요하지 않겠지만, 무(moo),

부(poo), 고(ko), 그(keui) 등의 음절로 시작하는 보다 긴 단어에 대한 색인
에서는 그 편리함이 여실히 드러날 것이다.

(6) 朝鮮總督府, 『朝鮮語辭典』(1920)

【소개】

　『朝鮮語辭典』은 조선총독부에서 1920년에 발행한 한일 이중어사전이다. 이 책은 서두부분과 본문부분 즉, 어휘부(「朝鮮語辭典」, pp.1-983)로 구성되어 있으며, 서두 부분에는 「凡例」(pp.1-3), 「諺文索引」(pp.1-4), 「漢字索引」(pp.1-15), 「漢字音索引」(pp.1-15)이, 어휘부(pp.1-983)에는 한자어 40,734어, 고유어 17,178어, 이두 727어로 총 58,639어가 수록되어 있다. 1920년 3월에 1,000부가 먼저 인쇄되어 필요한 기관에 배부되었고, 일반인에게 발매하기 위하여 1920년 12월에 발행할 때는 인쇄자의 의뢰에 의해 오다 간지로(小田幹治郞)의 「朝鮮語辭典 編纂의 經過」를 붙어 출판되었다.

　일찍이 안자산, 오구라 신페이(小倉進平)는『朝鮮語辭典』의 내용적인 측면, 즉 수록어휘들을 고평하지는 않았다. 그 이유는『조선어사전』편찬과 관련된 공문서(「朝鮮語辭典編纂事務終了報告」)에서 말한 다음과 같은 편찬 동기 때문이다.

　"예부터 조선에는 옥편이라는 것이 극히 간이한 한자자전이 존재하는 것 외에 시세[時世]에 맞는 사전을 찾을 수 없었다. 바야흐로 국어[일본어: 역재가 나날이 조선 안에 보급되어 서울과 시골[都鄙]을 불문하고 국어[일본어: 역재를 해독하지 못하는 자가 드물기에 이르렀다. 점점 조선어[鮮語]는 휴폐[休廢] 상태가 되어감에 오늘날 정확하게 전거로 삼을 만한 사전을 편찬해두지 않아 앞으로 문서를 읽기가 아주 불편을 느끼게 될 뿐만 아니라, 내지인[재조일본인: 역재으로서 조선어를 가르치려는 자의 고통이 다대했다."

『조선어사전』은 1920년에 출판된 사전임에도 불구하고, 게일의 『韓英字典』(1911), 존스의 영한사전(1914)보다도 신어들이 누락되어있다. 그 까닭은, 이처럼 사전의 지향점이, 소멸되는 과거 조선의 문학어, 즉 조선의 과거 문헌에 대한 해독과 관련되었기 때문이다. 또한 이 사전의 편찬 작업에 참여한 조선의 지식인들이 한학적 소양을 지닌 인물들이었으며, 이에 따라 어휘 채집의 경로가 주로 한적(漢籍) 중심이었기 때문이다. 즉 이런 어휘 수록양상은 20세기 한국의 한글운동이나 1920년대 이후 크게 증폭된 신조어의 등장과 같은 흐름과는 동떨어져 있었다.

그럼에도 안자산, 오구라 신페이 모두 총독부 주관으로 이루어진 사전 편찬 작업에 동원된 인력, 시간, 비용과 같은 거대한 규모는 인정할 수밖에 없었다. 『朝鮮語辭典』은 언더우드·원한경의 『英鮮字典』(1925), 게일의 『韓英大字典』(1931), 나아가 최초의 국어사전이라 일컬어지는 문세영의 『朝鮮語辭典』(1938)까지 중요한 참조사전으로 존재하게 된다. 즉, 한문고전에 배치된 어휘들이 조선의 근대문어 속에 재배치되는 양상을 탐구할 중요한 의미를 지닌 사전이다. 또한 초기의 편찬계획이 '조선어표제어-조선어에 의한 풀이-일본어 대역'이라는 형식이었다는 점을 주목할 필요가 있다.

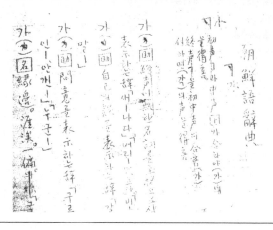

　　마지막으로 오구라 신페이가『朝鮮語辭典』을 어디까지나 조선인의 저술로 분류했던 사정, 조선인이 이 작업에 실제로 참여했다는 실상을 보면, 여전히 탐구되어야 할 가치가 남겨져 있음을 잘 말해준다.

　　우리의 번역편에서는 사전 편찬의 경위를 잘 정리한 오다 간지로(小田幹治郞)의 「朝鮮語辭典 編纂의 經過」, 사전활용을 위한 일러두기의 성격을 지닌 「범례」, 마지막으로 사전 편찬의 과정을 세세히 보여주는 사전 편찬 관련 공문서 중 몇 편의 자료를 번역하여 제시하였다.

▌참고문헌

안자산, 「辭書의 類」, 『啓明』 8. 1925.5.
이병근, 『한국어사전의 역사와 방향』, 태학사, 2000.
황호덕, 「번역가의 왼손, 이중어사전의 통국가적 생산과 유통」, 『상허학보』 28, 2010.
황호덕·이상현, 「번역과 정통성, 제국의 언어들과 근대 한국어」, 『아세아연구』 145, 2011.

小倉進平, 『增訂補注 朝鮮語學史』, 東京: 刀江書院, 1964.
高橋亨, 「朝鮮文學硏究-朝鮮の小說」, 『日本文學講座』 15, 京城: 新潮社, 1932.
矢野謙一, 「朝鮮總督府 朝鮮語辭典編纂の經緯」, 『韓』 104, 1986.11.
森田芳夫, 『韓国における国語·国史教育』, 原書房, 1987.
安田敏郎, 『「言語」の構築』, 三元社, 1999.

1) 조선어사전 편찬의 경위*

- 오다 간지로(小田幹治郎), 「朝鮮語辭典 編纂의 經過」, 『朝鮮語辭典』, 朝鮮總督府,
  1920.12.1.(印刷), 1920.12.5.(發行)

이 사전의 편찬에 착수한 것이 메이지 44년[1911년: 이하 서력 표시는
역재 4월이었으니, 바야흐로 병합의 다음 해가 된다. 당시 조선총독부에는
취조국(取調局)이라는 소속 관서가 있어, 이시즈카 에이죠(石塚英藏) 씨가
장관으로 있었는데 조선의 제도 구관(舊慣)을 조사하기 위해 학식있는 조
선인을 택하여 위원이라는 이름[名義]으로 사무를 담임토록 하였다. 그 와
중에 박이양(朴彛陽), 현은(玄檃), 송영대(宋榮大), 김돈희(金敦熙) 네 명
[氏]이 조선어사전 편찬을 담임하게 되었는데, 시오카와 이치타로(鹽川一
太郎)가 주임이 되어 우선 어사(語辭)의 수집에 착수하였던 것이다.

어사의 수집은 서적 및 기타의 문서에 나오는 것과 오직 일상적으로
통용되는 것으로 나누되 분담을 정해 진행하는 것으로 하였다. 다음 해
4월에 관제가 바뀌면서 취조국을 폐지하게 된 결과, 그 사무를 참사관실로
옮기고 위원을 촉탁이라는 이름으로 고쳤다. 수석참사관 아키야마 마사노
스케(秋山雅之介)의 밑에서 내가 주임이 되어, 다이쇼 2년[1913년] 3월까지
약 8만어를 수집하였는데, 어사의 수집은 일단 이것으로 종결을 고하는
것으로 하고, 4월부터 어사의 해설을 시작하였다.

어사의 해설은 마찬가지로 촉탁이 분담하고, 우선 조선문으로 쓴 후

---

* [역자주] 『조선어사전』은 1920년 3월에 1,000부가 먼저 인쇄되어 필요한 기관에
  배부되었고, 일반인에게 발매하기 위하여 1920년 12월에 발행할 때는 인쇄자의
  의뢰에 의해 오다 간지로(小田幹治郎)의 「朝鮮語辭典 編纂의 經過」를 첨가해 출
  간되었다. 경위와 성격에 관해서는 영인편의 해제와 다음 논문을 참조할 것. 이병
  근, 「朝鮮總督府編 ≪朝鮮語辭典≫의 編纂目的과 그 經緯」, 『震檀學報』 제59호,
  진단학회, 1985(이병근, 『한국어사전의 역사와 방향』, 태학사, 2000)

이를 방문(邦文)[일문: 역재으로 옮겨 적는 것으로 하였으나 특별한 어사에 관해서는 해설이 여하간 적절하지 못한 대목에 마음이 쓰여 그 해 6월에 특별어에 대한 해설을 심사하기 위한 위원을 두기로 하였다. 박물은 모리 다메죠(森爲三) 씨, 산수는 사사키 겐고(佐々木憲護) 씨, 천문지리는 니시자와 유시치(西澤勇志智) 씨, 생리의학은 가미오카 고이치(神岡一亨) 씨, 법령은 내가 담임하게 되었다. 동시에 보통어의 해설을 심사하기 위해 고쿠분 쇼타로(國分象太郞) 씨와 어윤적(魚允迪) 씨를 위원으로 삼았고, 편찬의 형식과 해설의 문례(文例)를 심사하기 위해 오구라 신페이(小倉進平) 씨를 위원으로 삼았다. 이 심사는 약 2년으로 종료하였고, 전체의 해설이 일단 완결(結了)되었기에, 다이쇼 4년[1915년] 7월부터 사토 시게하루(佐藤重治) 씨가 해설문의 수정을 담임하는 한편으로 어사를 카드에 기입하여 배열의 순서를 정해 원고본(稿本)을 만들어 다이쇼 6년[1917년] 12월에는 하여튼 일단의 완결을 고하게 되었다. 더하여 전체에 걸쳐 어사의 가감(加除)과 해설의 정정을 한 위에 인쇄에 붙이기로 하였기에, 다이쇼 7년[1918년] 1월에 16명의 심사위원을 두어 다음 해 3월까지 심사를 끝내었다. 이때의 수석참사관은 오쓰카 쓰네사부로(大塚常三郞) 씨였으며, 위원은 신조 준테이(新庄順貞), 스야마 다케지로(陶山武二郞), 다카시마 고하치(高島五八), 시미즈 미쓰오(淸水三男), 오구라 신페이(小倉進平), 현헌(玄櫶), 이완응(李完應), 어윤적(魚允迪), 정병주(鄭內朝), 이한목(金漢睦), 정만조(鄭萬朝), 현은(玄檃), 박종렬(朴宗烈), 윤희구(尹喜求), 한영원(韓永源) 제씨와 나였다. 그리하여 다이쇼 8년[1919년] 4월부터 인쇄 준비에 들어가, 10월에 인쇄를 시작하고 9년[1920년] 3월에 일단락을 짓게 되었다.

이 사전의 편찬에 있어서는 위와 같이 통틀어 10년이 소비되었으며 그 사이에 수많은 난관과 조우하였다. 그 경과의 흔적을 생각하면 새삼스레

이 작업이 용이하지 않았음을 떠올리게 된다. 조선에서 있어 사전의 편찬은 처음의 일로, 우선 어사를 수집하는 일부터 곤란을 느꼈다. 조선어는 문자상으로 구별해볼 때, 언문으로 적는 것과 한자로 적는 것, 한자와 언문으로 적는 것이 있으며, 한자로 적는 어사에는 한자 발음 그대로 말이 되는 것과 이두라 칭하는 재래의 말에 한자를 맞춰 넣은 것이 있다. 이를 언문어(諺文語) · 한자어(漢字語) · 이두(吏讀)의 세 종류로 나누되, 한자와 언문으로 적는 어사는 언문어로서 취급하기로 하였다. 그 과정에서 한자어와 이두의 수집은 온갖 조선의 도서 · 기록 외 여타의 문서 · 금석문의 유문(遺文) 등을 섭렵하기로 하였으나, 다행히 한국정부로부터 인계를 받은 십수만 책의 도서 · 기록이 있어, 이를 조사국에서 정리하기로 했다. 조사국을 폐지한 후에는 참사관실로 옮겨 내가 정리를 담임하였는데, 제도 · 구관 조사는 한국정부 때부터 내가 담임하여 다수의 문서를 모아 둔 바 있고, 금석문의 수집 역시 담임하게 되었기에 재료에 관해서는 더없이 좋은 형편이었다. 어사의 수집을 위해 사용한 도서 · 기록의 수는 수만권을 상회하였으며, 문서의 수도 수천을 넘었다. 그러나 이는 재료가 갖추어져 있고 이를 한데 모아둔 것이기도 하기에 결국 시간과 노력의 문제였다 하겠으나, 거기서 한 가지 큰 곤란을 느낀 것은 한자로 쓴 어사 속에서 조선어와 그렇지 않은 것을 구별(甄別)할 필요가 있는데다 그것이 이두인가 아닌가를 나누어 볼 필요 또한 있었다는 점이다. 적잖이 신경을 썼으며, 담임자 중에 이 방면에 정통한 사람이 있어 여하튼 해결이 가능했다. 그에 반하여 언문어의 수집은 얼마간 참고할 만한 서적도 있기는 했지만, 대부분은 기억에 기댈 수밖에 없었기에 자못 불안한 마음이 있었다. 세상이란 게 그럭저럭 잘도 되어 있는 것인지라, 역사가 갖추어져 있지 않은 나라에는 구비(口碑)가 전해지고 있는 것과 마찬가지로 사전을 지니고 있지 못한 조선인은 생각 밖으로 언어에 대한 기억과 식별 능력이 있어 이 역시도 대강 큰 결함(遺漏) 없는 결과를 얻게 되었다. 그러자 어사의 해설 면에서 다시금 곤란과 조우하게 되었다. 이는 어사의 의의(意義)를 나타냄에 있어 종합 및 요약하여 쓴다는 게 아무리해도 생각처럼 되지 않아, 한 터럭을 붙잡으면 그 전모에 이르지 못할 염려도 있는가 하면, 뜻에는 다다랐으나 붓은 따르지 못하는 감도 있었다. 이 일에는 거의 실망하다시피 한 형편이었고 이를 다시금 방문(邦文)[일문: 역재으로 적을 경우에 적절한 의미역[意譯]을 하는 일이 곤란하여, 처음 원고가 완성되었을 때는 사업을 멈추고 싶다 생각했을 정도였다. 수정에 수정을 거쳐 대략 안심할 수 있는 정도에 가까운 형태가 만들어졌다. 다만 특별어의 해설만은 위원들에 의뢰한다 할 때, 무엇보다 대강의 변통은 전부 일단락되었기에 다행스러웠다. 그 다음은 문장의 수정이 될 터인데, 이것이 또한 일대 사업이었다. 조선어도 알고 조선의 사물도 알고, 게다가 방문(邦文)에 능숙한 사람이라면 비교적 용이하다 하겠으나, 이런 사람을 구하는 일은 어렵다. 또한 품사의 구분, 어법의 교정 등은 주로 오구라 신페이(小倉進平) 씨의 노력에 의해 완결되었다.

마지막으로 또한, 인쇄에 있어서는 도판의 재료를 모으는 일에 여간 아닌 수고가 들었던 점과 한자 활자를 대부분 새로 만든 점은 지엽적인 일이기는 하지만 사업의 완성에 적잖은 번거로움을 끼쳤다.

그 밖에, 처음부터 끝까지 사무를 담임하며 방문 해설 및 기타 업무에 종사한 분은 니시무라 고지(西村洪治), 다키구치 료조(瀧口亮造), 가네코 마사기요(金子正潔) 제씨(諸氏)였으며, 가와가미 류이치로(河上立一朗), 스즈키 신타로(鈴木信太郎) 두 사람(氏)도 한 때 편찬에 관계하였다.

나로서는 이 사전이 완전한 것인지 아닌지는 차치해두고, 일반에 많은 참고가 될 것이라 믿음과 동시에, 언어는 사회 사물의 반영이고, 말을 비추어 그 사물을 알 수 있음에, 말을 안다는 것이 더없이 중요함을 느끼게된다.

총독부에서는 1천부를 인쇄하여 필요한 방면으로 배부하였으나, 도저히 일반의 수요에 응할 수 없었기에 특별히 인쇄자에게 실비에 가까운 대가로 발매하는 일을 허하였다. 나는 단지 직무로서 이 사업을 맡았던 것이나, 인쇄자가 발매하는 일에 즈음에, 의뢰에 따라 그 경과의 개요를 적어두는 바이다.

다이쇼 9년 12월 1일

오다 간지로(小田幹治郞)

단어수 58,639(한자어 40,734 개, 언문어 17,178 개, 이두 727개), 그림 474개.

표지의 뒷 거죽의 모양은 조선을 나타낸다는 의미로 신라·고구려·백제 삼국 및 고려와 조선의 적당한 모양을 채용하여, 여기에 가야의 모양을 더한 것으로, 노모리 겐(野守健)의 묘사이다. 책등과 권두의 제자(題字)는 김돈희(金敦熙) 씨의 휘호이다.

2) 조선총독부, 『조선어사전』(1920) 범례

- 朝鮮總督府, 「凡例」, 『朝鮮語辭典』, 朝鮮總督府, 1920.

一 본서는 조선어에 방문(邦文) [일문: 역재으로 간략한 해설을 붙인
   것이다.

一 어사(語辭)의 종류는 언문어(諺文語)·한자어 및 이두 세 종류로, 대
   략 모두 넣고자 했으나, 지명은 특별한 경우 외에는 제외하였고,
   또한 방어(邦語)를 습용(襲用)한 최근의 법령어 및 관직명은 대체로
   싣지 않았다.

一 언문(諺文)은, 한자음을 뺀 나머지 것 외, 모든 댜·쟈는 자, 뎌·져는
   저, 툐·쵸는 조, 듀·쥬는 주, 디는 지, 랴·챠는 차, 려·쳐는 처,
   료·쵸는 초, 류·츄는 추, 티는 치, 샤는 사, 셔는 서, 쇼는 소, 슈는
   수라하고, 중성 ' · ' 는 ' ㅏ '라고 하였다.

一 어사의 배열은 언문의 순서에 따르되, 중성 ' · ' 는 중성 ' ㅏ ' 다음에
   배열하였다. 예를 들어, 간 다음에 ᄀᆞᆫ을, 개 다음에 ᄀᆡ를, 대 다음에
   ᄃᆡ를, 사 다음에 ᄉᆞ를 넣은 식으로 하였다.

一 한자어 중 두자(頭字)가 음이 같은 것은 획수가 적은 것을 먼저 넣고
   많은 것을 뒤로 넣었다.

一 복합어는 모두 수어(首語) 밑에 배열하였다. 예를 들어, 교방고(敎坊
   鼓)·교방사(敎坊司)와 같은 부류는 교방(敎坊)의 조목 아래에, 나
   무가래·나무ㅅ결·나무ㅅ군·나무못과 같은 부류는 나무의 조목
   아래에, 셈나다·셈드다와 같은 부류는 셈의 조목 아래에 넣었다.

一 이두는 자음(字音)으로 찾을 수 있도록 편의상 한자어 속에 삽입하였다.

一 언문과 한자를 합쳐서 하나의 단어를 이루는 것은 모두 언문어로

싣고, 그 한자를 괄호 속에 표시하였다. 예를 들어, 로숑(老松)나무 · 성마(生馬)삿기 · 쟝가(丈家)드다 라고 함과 같다.

一 한 단어로 여러 의미(數義)를 나타내는 어사는 ㊀㊁㊂ 기호를 사용하여 해설하였다.

一 해설 중 적절한 용어가 없는 것은 조선 재래의 숙자(熟字)를 사용하였다. 따라서 그 숙자에 대해서는 별도로 찾아보고 의의(意義)를 알아봄을 요한다.

一 동의어(同義語)는 가장 평이한 어사로 해설을 달고 그 말미에 동의어를 적었다.

一 해설로 실체를 알기 어려운 것은 되도록 그림을 삽입하였다.

一 한자의 한 글자가 의의(意義)를 가지는 경우라 할지라도, 보통어사로 사용되지 않는 것은 생략하였다. 예를 들어, 鸛(황새) · 鷚(종달새) · 鳩(비둘기) · 蟆(장다리) · 貛(너구리)과 같다.

一 통상적으로 쓰이는 한자음은 속음(俗音)이라 할지라도 이를 취하였다. 예를 들어, 墨(믁)은 묵, 覇(파)는 패, 槐(회)는 괴라고 함과 같다.

一 잉어 · 농어 · 숭어와 같은 것은 鯉魚 · 鱸魚 · 秀魚가 와음(訛音), [잘못 전해진 음: 역재된 것이 확실하나, 그 와전(轉訛)의 정도가 심하여 굳어져 버린 경우는 그 발음 그대로 적고, 굳이 링어 · 통어 · 슝어라고 하지 않았다.

一 색인은 언문 · 한자획(漢字畫) · 한자음 세 종류를 마련하였다. 단, 언문어와 한자어 및 이두를 불문하고 모두 언문색인으로 찾을 수 있다.

(一) 언문 색인법

언문어는 두음(頭音)으로 찾는다. 예를 들어, 「가마귀」는 「가」자로 「나븨」는 「나」자로 찾음과 같다.

까치·쌈·싸리와 같이 된시옷이 있는 어사는 「가」·「담」·「사」자의 부(部)에서 찾는 것으로 하였다.

한자어는 두음의 발음을 나타내는 언문으로 찾는다. 예를 들어 「加冠」은 두음 「加」의 발음을 나타내는 언문 「가」로, 「當故」는 두음 「當」의 발음을 나타내는 「당」으로 찾음과 같다.

이두 역시 한자어와 동일한 방법으로 찾는다. 예를 들어, 「僞有等以」는 자음을 나타내는 「위유등이」의 두음 「위」로, 「去等」은 발음을 나타내는 언문 「거등」의 두음 「거」로 찾음과 같다.

(二) 한자획 색인법

한자어는 언문색인으로 찾는 방법 외에, 두음의 획수를 세어 한자획 색인으로도 찾을 수 있다. 예를 들어, 「加冠」은 두음 「加」의 획수가 5임으로 5획 부에서 찾을 수 있고, 「當故」는 두음 「當」의 획수가 13임으로 13획 부에서 찾을 수 있는 식이다.

이두 또한 이 색인으로 한자어와 동일한 방법으로 찾을 수 있다. 예를 들어, 「是遣」은 두음 「是」의 획수가 9임으로 9획 부에서 찾을 수 있고, 「不喩」는 두음 「不」의 획수가 4임으로 4획 부에서 찾을 수 있음과 같다.

(三) 한자음 색인법

한자어는 언문 색인·한자획 색인으로 찾는 방법 외, 한자음 색인으로 두음의 쪽수로 어사를 찾을 수 있다. 예들 들어, 「加冠」(가관)이라는 단어를 찾고자 할 때, 먼저 이 색인의 「가」부의 「加」자의 쪽수를 찾으면 「加冠」을 찾을 수 있음과 같다.

一 본서에서 이용하는 기호는 왼쪽과 같다.

名 …………………………………………………	명사
代 …………………………………………………	대명사
活 …………………………………………………	활용어
副 …………………………………………………	부사
接 …………………………………………………	접속사
助 …………………………………………………	조사
感 …………………………………………………	감동사
接頭 ………………………………………………	접두어
接尾 ………………………………………………	접미어
句 …………………………………………………	성구
[動] ………………………………………………	동물
[植] ………………………………………………	식물
[鑛] ………………………………………………	광물
[醫] ………………………………………………	의학
[藥] ………………………………………………	약학

3) 「조선어사전 편찬사무」 관련 공문서*

　- 『서류철4(書類綴4, 奎 22004)』 중 일부, 서울대학교 규장각 소장.*

朝鮮語辞典編纂事務①

　조선어사전 편찬사무

　조선어사전 편찬사무는 메이지 44년[1911년: 이하 서력 표시는 역재 4월 총독부 취조국(取調局)에서 개시했다. 이어 45년 4월 참사관실(參事官室) 관할로 옮겨져, 다이쇼 6년[1917년] 12월부로 초고(총어수 6만 8천여어)를 완성하여 보고했다.

　그리하여 또한 일단 초고 심사를 마치는 것을 최선의 방법으로 삼아, 본 부(本府) 및 소속관서의 직원 중 조선어에 정통한 내지인 및 국어에 통하고 학식 있는 조선인을 골라서 16명의 심사위원을 임명했다. 이미 완성된 원고를 분할하여 160책(총 쪽수 4,983장/한 책 31장)을 심사했다. 3월 초부터 앞에 쓴 위원의 회람에 부쳐 (一) 어사의 가감(加除) (二) 어사의 ●●[정정(訂正): 역재 ** (三) 해설의 수정 (四) 품사의 정정 (五) 활용의 수정 등의 범위 속에서 심사를 하여 86책을 끝냈다.

　그리하여 위원의 심사를 마친 원고는 정리의 이유로 정서(淨書)했다.

---

　* [역자주] 서류철 중 일부만 번역하였다. 나머지 부분은 고증을 거쳐 다음 작업을 통해 진행하려 한다.

　** [역자주] '●●'은 원문에서 보이지 않는 글자이며, ( ) 안의 글자나, '조선에는'과 같은 표현은 원문에서 삭제 표시가 있는 글자들임.

朝鮮語辞典編纂事務②(記録日: 大正七年十二月二十日)

조선어사전 편찬사무

조선어사전초고는 다이쇼 6년[1917년: 역재 12월 완성을 보고했음에도 일단 초고 심사를 마치는 것을 최선의 방법으로 삼아, 본 부(本府) 및 소속 관서의 직원 중 조선에 정통한 내지인 및 국어에 통하고 학식 있는 조선인을 골라서 16명의 심사위원을 임명했다. 이미 완성된 고본(稿本)을 분할하여 150책(총 쪽수 4,983장/한 책 31장)을 심사했다. 다이쇼 7년[1918년] 2월부터 앞에 쓴 위원의 회람에 부쳐 (一) 어사의 가감(加除) (二) 어사의 정정 (三)의 수정 (四) 품사의 정정 (五) 활용의 수정 등의 범위 안에서 심사를 하여 96책을 마쳤다. 그리하여 이 중 오다(小田)사무관의 교열을 마친 것 50책 오구라(小倉) 위원의 수정을 마친 것 33책을 순차로 초고의 정서(淨書)를 행하였다.

朝鮮語辞典編纂事務③(大正七年十一月부터~大正八年五月上旬까지)
(記録日: 大正八年五月二十日) 〔〈〉은 교정글자〕

다이쇼 7년[1918년: 역재 2월부터 심사위원의 회람에 부쳐 160책(총 쪽수 4,983장 한 책 31장)의 조선어사전 초고의 (一) 어사의 가감 (二) 어사의 정정 (三) 해설의 수정 (四) 품사의 수정 (五) 활용의 수정 등의 범위 내에서 66책의 심사를 마쳤다. 그리하여 오다(小田)사무관의 검열을 거친 것 12 〈4〉책, 오구라(小倉) 위원의 수정을 마친 것 118책을 순차로 이를 정서에 착수하여 이미 65책을 마쳤다.

朝鮮語辭典審査方法 (大正7년[1918년: 역재 **1월 8일)**

1. 원고본의 준비

(1) 기왕에 완성된 원고본을 분할하여 약 160책(총쪽수 4,983장, 1책 31여
   장)으로 하며, 여기에 번호를 붙인다.
(2) 앞서 심사를 완료한 전문어에는 자색(紫色)의 둥근 도장을 날인하여,
   이를 구별한다.
(3) 표지의 뒷면에 아래와 같은 양식에 의거해 표지를 첨부한다.

심사표			
위원명	심사종료인[審査濟印]	심사종료연월일	비고
심사 완료 후 귀하의 이름 아래에 심사완료인을 칸 내에 날인하여 주시기 바랍니다.			

비고란에는 위원이 부전(附箋), [주해한 것: 역재한 수를 표시하며, 또한
이를 원본에 옮겨 적을 것을 분명히 하기 위해 담당재[係員]로 하여금 날인
토록 할 것.

2. 심사의 분담

위원은 네 조로 하여 심사를 분담토록 할 것.

원고본의 41까지 제1조
新庄順貞 金漢睦 鄭丙朝 小倉進平 魚允迪 小田幹治郎 玄櫶

동 41부터 80까지
陶山武二郎 朴宗烈 鄭萬朝 小倉進平 魚允迪 小田幹治郎 玄櫶

동 81부터 120까지
高島五八 玄櫶 尹喜求 小倉進平 魚允迪 小田幹治郎 玄櫶

동 121부터 180까지
淸永三男 李完應 韓永源 小倉進平 魚允迪 小田幹治郎 玄櫶

3. 원고본의 회람

⑴ 원고본은 각 위원의 단임(担任) 부분에 따라 순차적으로 이를 회람토
   록할 것.
⑵ 위원의 의견은 부전지(附箋紙)에 기록하여 첨부할 것. (부전지에는
   날인 또는 이름을 적도록 할 것) (원고본의 회람은 다음달초까지 개
   시하며, 1부만을 담당하는 위원에 대해서는 대략 매주 1책, 전부를

담임하는 위원에 대해서는 대략 매주 4책의 비율로 배당한다)

4. 심사의 범위

심사는 대략 다음의 범위 안에서 이를 행하도록 할 것. 단 전문어는
이 범위 밖으로 하며, 위원별로 특별히 의견이 있을 시에는 임의로 이를
부기토록 할 것.
　(1) 어사의 가감加除
　(2) 어사의 정정
　(3) 어사의 수정
　(4) 품사의 정정
　(5) 활용의 수정

5. 원고본의 정리(整理)

위원은 심사를 마친 원고본은 주임에게 이를 정리하게 하며, 위원들의
협의에 붙일 필요가 있을 시에는 위원회를 열어 이를 결정한다.

朝鮮語辞典編纂事務終了報告①

조선어사전 편찬사무 종료보고

예부터 조선에는 옥편이라는 것이 극히 간이한 한자자전이 존재하는 것 외에 시세(時世)에 맞는 사전을 찾을 수 없었다. 바야흐로 국어가 나날이 조선 내[鮮內]에 보급되어 서울과 시골[都鄙]을 불문하고 국어를 해독하지 못하는 자가 드물기에 이르렀다. 점점 조선어[鮮語]는 휴폐(休廢) 상태가 되어감에 오늘날 정확하게 전거로 삼을 만한 사전을 편찬해두지 않아 앞으로 문서를 읽기가 아주 불편을 느끼게 될 뿐만 아니라, 내지인으로서 조선어를 가르치려는 자의 고통이 다대했다. ●여[因りて](그런 이유로)로 추측됨: 역재 ●●국[취조국으로 추측됨: 역재에서는 메이지 44년[1911년: 이하 서력 표시는 역재] 4월 시오카와(塩川) 사무관 주재 하에 속하는 1인 조선인 촉탁 3인 고용원[雇員] [3] ⟨2⟩ 명으로 조선어사전 편찬을 계획하고, 먼저 어사의 수집에 착수하여 글자 수 약 4만 단어를 구했다. 다음으로 45년[1912년] 4월 참사관실로 이관된 후 오다(小田)사무관 주재 하에 3인, 조선인 촉탁 3인, 고용인 3인으로 계속하여 어사의 수집에 종사했다. 조선인 촉탁 3인을 중심으로 이에 해당하는 언문서(諺文書) 한문서(漢文書) 및 언문한문혼용서 혹은 어사를 수집할 만한 것은 일절 이를 정사(精査)⟨수록(收錄)⟩했다. 그 주된 ⟨참고서⟩로 이용한 것을 들어보면 왼쪽과 같다.

進宴儀軌, 樂學軌範, 淸選考, 禮記,
譯語類解, 喪禮備要, 四禮便覽, 奎章全韻,
國朝文獻錄, 佩文韻府, 兩銓便攷, 銀臺條例,

刑法大典, 六典條例, 陰崖日記, 靑坡劇談,

五山說林草藁, 海東樂府, 己卯錄補遺, 稗官雜記,

丙辰丁巳錄, 諛聞瑣錄, 師友名行錄, 慵齋叢話,

韓英字典, 康熙字典, 雉岳山, 春香傳,

靑邱�書, 雅言覺非, 老乞大, 朴通事,

蒙語類解, 捷解新語, 龍飛御天歌, 華城儀軌,

國朝寶鑑, 牧民心書, 文獻備考, 大東韻玉,

武藝圖譜, 兵學指南, 芝峯類說, 山林經濟,

太平歌, 日本語學音編, 儒胥必知, 濟衆新編,

東醫寶鑑, 字典釋要, 東國輿地勝覽, 註解明律,

大典會通, 字典註釋, 筆苑雜記, 秋江冷話,

海東野言, 數學正宗, 吏文輯覽, 本草綱目,

三才圖會, 朝鮮水産誌, 四書奎璧, 無寃錄,

法規類編, 韓語通, 韓佛字典, 交隣須知

또한 이를 보충하기 위하여, 서적 이외의 통용어(通用語)로서 이미 내외인의 손으로 만들어진 조선어(朝鮮語)에 관한 서적도 대조하여, 조금도 남거나 빠지는 것(遺漏)이 없도록 기하였다. 1년을 소비하여 약 8만 단어를 찾고 더욱이 정밀한 심의를 한 후 순수한 조선어 68,500여 단어를 골라, 이를 영인(英人) 「게일」저 한영자전에 비교하면, 실로 2만여 단어가 많았고, 이를 가지고 바로 조선어 전부를 망라했다고 단언할 수 없음은 물론이라고 하더라도 어사의 수집에 대해서는 매우 유루가 없도록 하였다. 그리하여 다이쇼 2년[1913년] 4월 어사의 해설에 착수하여, 위에 적은 조선인 촉탁이 여러 서적을 참고하여 숙의(熟議)와 토구(討究)를 한 후, 진의(眞義)를 천명(闡明)하기에 힘썼다. 또한 이것의 방문 대역에 대해서는 조선어에 통하는 내지인이 시종 조선인 촉탁과 함께 숙의를 거쳐 실수가 없도록 기했다. 그러나 특종 전문어에 대해서는 왕왕 보통학자의 이해를 구하지 않을 수 없었다. 이[특종 전문어: 역재는 특히 전문 학식을 가지고 또한 조선에 행해지는 술어(術語)의 의의를 이해하여 골라낼 수 있는 있는 소양 있는 자에게 심사를 맡길 필요가 있었다. 그리하여 다이쇼 2년[1913년] 6월 특별어심사위원을 설치하고, 이것의 심사가 맡겨 〈매주 한 회 회의를 열어 제반 협의하여 전문어〉 4,600백여 단어를 마쳤다. 지금 그 위원을 들자면 왼쪽과 같다.

위원장	아키야마(秋山) 참사관
법률에 관한 어사심사	오다(小田) 사무관
생리의학에 관한 어사심사	가미오카(神岡) 의관
천문이화(天文理化)에 관한 어사심사	니사자와(西澤) 교유
산수에 관한 어사심사	사사키(佐々木) 교유
박물에 관한 어사심사	모리(森) 교유
선문(鮮文)해설과 함께 방문대역 심사	고쿠분(國分) 촉탁
선문(鮮文)해설과 함께 방문대역 심사	어(魚) 촉탁
편찬형식과 함께 문예 심사	오구라(小倉) 교유***

***[역자주] 각 면면들의 이름은 다음과 같다. 아키야마 마사노스케(秋山雅之介 참사관분실 참사관), 오다 간지로(小田幹治郎, 참사관분실 사무관), 가미오카 고이치(神岡一亨, 조선총독부 醫官), 니사자와 유시치(西澤勇志智, 女子高等普通學校 敎諭), 사사키 겐고(佐々木憲護, 경성중학교 敎諭), 모리 다메죠(森爲三, 경성고등보통학교 敎諭), 고쿠분 쇼타로(國分象太郎, 참사관분실 촉탁), 어윤적(魚允迪, 참사관분실 촉탁), 오구라 신페이(小倉進平, 경성고등보통학교 敎諭).

다음으로 보통어의 방문 번역에 대해서는 다수의 사람들의 손으로 이루어졌기 때문에 문체를 통일할 필요가 있었다. 다이쇼 4년[1915년] 7월부터 내지인 촉탁 1인을 초빙하여 이를 담당시켰다. 이렇게 하여 심사를 거친 어사는 「카드」에 기입하고 위원회결정의 형식에 배열하여 순차로 정서하여 〈원고를 갱신하여 4면에 되었고〉 다이쇼 6년[1917년] 12월 끝났음을 보고했다.

조선 특유의 것으로, 해설만으로 이해하기 어려운 것은 그림을 넣었는데 천여 단어를 골랐다.

위원회결정의 형식

사전의 형식에 대해서는 재래의 내외 사전을 참고하여 가장 바르고 질서있는[正則한] 또한 편리한 것을 선택하지 않을 수 없었다. 그리하여 예부터의 {방어} 사전은 가나(仮名)순으로 하여 한자어는 그 머리글자를 가나순으로 하여 같은 음의 글자는 총획순으로 배열하고 동일 머리글자를 가지는 것을 한 곳에 모으는 방법을 취하는 식의 두 종류 있었다. 앞의 방법은 『言海』, 『言葉の泉』, 『辭林』〈『韓英字典』, 『韓佛字典』〉 등을 따른 것이고, 뒤의 방법은 『新式辭典』을 따른 것이다.

방어 및 조선어와 같은 가나와 함께 한자를 병용하는 것은 가장 편리한 배열법이 되도록 하였다. 그리하여 본 사전도 언문어는 〈언자(諺字)〉순으로 배열하여 동일한 머리글자를 가지는 어사는 한 곳에 모았다. 그런 이유로 언문어는 언문색인으로 이를 찾아낼 수 있고, 한자어는 총획색인으로 찾아낼 수 있으며, 언문을 해석하고자 하는 자라 하더라도 소재를 명확하

게 하는 〈것〉이 가능하다. 그 점에 있어서 조선어사전의 배열법으로서는
가장 적당하다고 생각한다.

　　사전인쇄 46배판 56호결 3판 20행 15자결
　　그림 사진 삽입 일천부(部) 약 8천도(圖)

8. 朝鮮語辞典編纂事務終了報告②

조선어사전 편찬사무 종료보고

　예부터 [조선에는 옥편어라는 것어 극히 간이한 한자자전어 존재하는
것 와에 서세(時世)에 맞는 사전을 찾을 수 없었다] 〈사전류가 부족하여
옥편·자전·석요(釋要) 등의 서적이 있다고 하더라도, 특히 이것들은 단
순히 한자의 해석에 머물고 간이하고 평범하고 비근하여 거의 『강희자전
(康熙字典)』의 생략에 지나지 않고, 조선어사전으로서는 하나도 찾을 수
없다. 이는 한자를 존숭하여 모어(母語)를 경시한 관리전도(冠履顚倒)[본
말전도, 원문에는 "履冠顚倒"로 표기: 역자]. 그 아님을 깨우침에는 이로
말미암을 수밖에 없다.〉 바야흐로 국어가 나날이 [13도] 조선내[鮮內]에
보급되어 서울과 시골[都鄙]을 불문하고 [노인과 아이 할 것 없이 거의]
국어를 해독하지 못하는 자가 [드물거에 이르렀다. 점점가 되어감에]
〈많아〉, [조]선어[鮮語]는 [휴폐(休廢) 상태] 〈폐멸(廢滅)되어 가는 상태를
나타냈다.〉 오늘날〈이 되어서〉 정확(冚確, 〈精〉確[하게]하고 ●당(●當)
한 전거로 삼을 〈만한〉 사전을 편[찬해두자 않아] 〈찬해두지 않으면〉……

(7) J. S. 게일 『三千字典』(1924)

- J. S. Gale, 『三千字典(*Present Day English-Korean: Three thousand words*)』, 京城: 朝鮮
耶穌敎書會, 1924.

【소개】

　　『三千字典』은 언더우드, 스콧, 존스의 사전 이후 게일(J. S. Gale)이 편찬한
네 번째 영한사전이라고 말할 수 있다. 한글 제명은 『三千字典』이며, 영문
제명은 "*Present day English-Korean: three thousand words*"로 1924년 경성(京城)
조선야소교서회에서 발행하였다. 사전은 게일의 소개글("Introductory Note")
과 "영어 표제어에 대한 한글 풀이(한자)"로 제시되어 있는 본문 부분(어휘부)
로 구성되어 있으며, 총 77쪽으로 3,226개의 영어표제어를 담고 있다.

　　게일이 과거 발행했던 사전들과 달리 영문제명으로 '사전(Dictionary)'란 제명
을 부여하지 않은 점, 소개글에서 "사전을 목적으로" 발간하지 않았다는 진술
속에서 알 수 있듯이, 이 책은 사전이라기보다는 일종의 어휘 목록집이었기
때문이다. 게일은 『三千字典』을 통해 "한국어의 일부가 되어 있는 새롭고
보다 근대적인 용어에 대한 지식을 얻는 데 도움을 주고자" 했다. 게일의
이런 발간 목적에는 3·1운동 이후 재편된 한국의 공론장, 근대 신문잡지가
생산하는 번역어들이 서구인들에게 있어서도 곤경의 대상이었음을 잘 보여
준다. 새로운 개정 증보판의 발간 이전에, 변화하는 언어 현실에 대응해야했
던 사정이 얼마간 짐작된다고 하겠다.

　　『三千字典』의 출판은 게일의 『韓英字典』(1911) 이후, 영한사전만 3종 출
간된 흐름과 긴밀히 관련되어 있다. 1910년대부터 잠재되어 있었던 문제였
던 것이며, 1920년대에 본격화된 새로운 언어 현실, 즉 한국어 근대 매체의

폭증과 한국인 주도의 담론 지형에 서구인 선교사들이 긴밀히 대응할 수밖에 없는 상황이 된 것이다. 한국어로 표현된 새로운 문명을 영어로 재현해야 할 필요성, 영어 표제어와 등가 교환할 수 있는 한국어 대역어의 필요성이 긴급한 문제로 제기되었던 것이다. 또한 근대 잡지에 산포되어 있는 한국어, 즉 중국 및 일본으로부터 이입된 근대 외래한자어를 그들의 사전 속에 포괄하려는 노력, 즉 '이입된 신조어들을 영어 문맥 안에 고정하려는 외국인들의 노력'이 일련의 개정 증보 과정과 영한사전 출판으로 나타나게 된 셈이다.

그 대표적인 사례가 *Korea Bookman*에서 연재된 언어정리사업 및 한국어 근대 잡지에 대한 논평이라 하겠으며, 게일의 『韓英字典』, 원한경의 『英鮮字典』(1925)의 출판 역시 이런 흐름의 연장 선상에 있었다. 『三千字典』 속 대역 관계는 과거 언더우드 사전의 개정 간행 즉, 『英鮮字典』에 영향을 큰 끼친다.

우리의 책에서는 『三千字典』의 성격에 관해 말해주는 게일의 서문을 번역하여 제시한다.

■ 참고문헌

이상현, 「근대 조선어 · 조선문학의 혼종적 기원」, 『사이間SAI』 8, 2010.
이상현, 「언더우드의 이중어사전 간행과 한국어의 재편과정」, 『동방학지』 151, 2010.
황호덕 · 이상현, 「번역과 정통성, 제국의 언어들과 근대 한국어」, 『아세아연구』 145, 2011.
Underwood, H. H., "A Partial Bibliography of Occidental Literature on Korea", *Transactions of the Korea Branch of the Royal Asiatic Society* 20, Seoul: Korea, 1931.

1) 게일, 『三千字典』(1924) 소개글(Introductory Note)

- J. S. Gale, "Introductory Note", 『三千字典(*Present Day English-Korean: Three thousand words*)』,
京城: 朝鮮耶蘇敎書會, 1924.

소개글

이 3,000 단어 목록의 목적은 사전을 만들기 위함이 아니라, 단지 오늘날 한국어의 일부가 되어 있는 새롭고 보다 근대적인 용어에 대한 지식을 얻는 데 도움을 주고자 함에 있다. 영어에 대응하는 한국어 등가어를 모두 제시하는 것이 아니라, 가장 유용하다고 여겨지는 것들만을 제시하였다. 한국어 단어들에 수반되는 풀이된 설명이 없으므로, 학생들은 각 경우별로 영어가 어떤 뜻을 전달하려 하는지 그 특정 의미를 찾아보아야 할 것이다.*

J.S.G.

---

* [역자주] 영어와 한국어를 일대일 대응 관계 속에 제시하고 있어, 개별 영어 단어에 대한 한국어로 된 설명이나 다의적 맥락이 제시되어 있지 않다는 뜻.

(8) H. H. 언더우드, 『英鮮字典』(1925)

- H. G. Underwood & H. H. Underwood, 『英鮮字典(An English-Korean Dictionary)』, 京城: 朝鮮耶蘇敎書會, 1925.

【소개】

　『英鮮字典』은 원한경(元漢慶, H. H. Underwood)이 1925년 발행했으며, 언더우드, 스콧, 존스 그리고 게일 『三千字典』의 계보를 이으며 출판된 다섯 번째의 영한사전이다. 포켓용 소형사전이란 언더우드 영한사전의 형식을 계승했으며, 264쪽이었던 H. G. 언더우드(元杜尤) 사전에 비해 그 분량이 724쪽으로 늘어난 점이 잘 보여주듯이, 영어표제어와 한국어 대역어를 대폭 확대한 것이라고 말할 수 있다. 본래 요코하마 후쿠인(福音) 출판사에서 1923년경 발행을 준비했으나 관동대지진으로 인해, 작업이 지연되어 경성(京城) 조선야소교서회(朝鮮耶蘇敎書會)에서 출판되었다. 이 책은 1925년 4월 10일 미국 뉴욕에서 작성한 원한경의 「서문」("Preface", pp.1-5)과 본문인 어휘부("An English-Korean Dictionary", pp.1-723), 부록 부분("Appendix", pp. 1-18)으로 구성되어 있으며, 13,820개의 영어표제어를 한국어로 풀이했다.

　표지를 보면, 원한경이 그의 부친 언더우드와 자신을 저자로 명시했다. 이 사전에 대한 기획과 밑 작업이 이미 그의 부친 H. G. 언더우드에 의해 이루어져 있었고, 원한경은 부친의 유지와 계획에 의거하여 사전을 발행했기 때문이다. 또한 한국어의 급격한 변동으로 말미암아 초기 언더우드가 기획했던 책에 비해 많은 수정 보완이 이루어졌기 때문에, E. W. 쿤즈 목사(E. W. Koons)와 오성근을 개정, 간행한 저자로 병기했다.

　원한경의 회고에 따르면, 그의 부친이 출판했던 영한사전에 비해 큰 파급력은 없었던 것으로 보인다. 하지만 기존의 영한사전들을 집성했으며, 이런 미비한 파급력 자체가 서구의 근대와 학술을 조선어로 번역·재현하던 서구어가 처했던 역할 축소, 변모된 한국의 담론적 지형도를 잘 알려주는 표지이다.

무엇보다도 과거와 달리 어휘를 채집하는 소박한 차원에서는 포착할 수 없었던 이 시기의 한국어의 전체상, 즉 1920년대 3·1운동 이후 공론장에서의 급격한 한국어의 변동을 잘 보여주는 사전이란 의미를 지니고 있다. 우리의 번역편에는 『英鮮字典』이 출판되던 사정, 참조된 전대의 사전과 외국어사전을 잘 말해주는 원한경이 작성한 『英鮮字典』의 「서문」("Preface")과 *Korea Bookman* 소재 기사 한 편을 번역하여 수록했다.

▌참고문헌

이상현, 「언더우드의 이중어사전 간행과 한국어의 재편과정」, 『동방학지』 151, 2010.
황호덕·이상현, 「번역과 정통성, 제국의 언어들과 근대 한국어」, 『아세아연구』 145, 2011.
서정민 편역, 『한국과 언더우드』, 한국기독교사연구소, 2004.
이만열, 옥성득 편역, 『언더우드 자료집』 I-V, 국학자료원, 2005-2010.
Rhodes, H. A., 『미국 북장로교 한국선교회사』 I, 최재건 역, 연세대 출판부, 2010. (*History of The Korea Mission, Presbyterian Church U.S.A.*, 1933.)

1) H. H. 언더우드, 『英鮮字典』(1925) 서문(Preface)

- H. H. Underwood, "Preface", 『英鮮字典(An English-Korean Dictionary)』, 京城 朝鮮耶蘇教書會, 1925.

1885년 봄, H. G. 언더우드 목사는 한국에 왔다. 그리고 1890년에는 한국어사전과 한국어 문법서를 출판하였다. 사전은 영한부와 한영부를 모두 수록한 포켓용 사전이었으며, 그 후 여러 해 동안 유일하고 유효한 한국어사전으로 남아 있었다. 그 사전이 출판되던 시점에서 이미 언더우드 박사는 다른 이들과 협력하여 보다 야심찬 작업에 착수할 생각을 갖고 있었다. 그에게 맡겨진 출판 업무 때문에 이는 여러 해 동안 불가능했지만, 1910년 그는 대사전 편찬 계획에 다시 착수했으며 예비 작업을 위해 유능한 한국인 편집진을 조직했다. 소형 사전은 절판된 지 오래였고, 게일 박사의 대형 한영사전이 한영사전의 필요성을 훌륭히 충족시켜 오고 있었으나 이 소형 영한사전을 대체할 만한 책은 전혀 나온 바가 없었다. 일단 대사전이 준비되기에 훨씬 앞서서 소형 사전의 개정판을 계획하는 일이 최선이라 여겨졌다. 그리하여 1911년경 여러 기고자들은 새로운 포켓판 영한사전에 수록할 어휘 선별 목록을 만들고 그 시범 초안을 작성하라는 지시를 받게 된다. 언더우드 박사에게 이 기획은 여전히 가장 중요한 관심사로 남아 있었으나, 다른 직무나 번역작업도 처리해야 했기에 일의 진행은 불가피하게 지연되었다. 1916년 언더우드 박사가 사망했을 때까지도, 해야 할 작업 중 일부 가공 안 된 초고만이 겨우 마련되어 있었을 따름이었다. 몇몇 페이지는 언더우드 박사 본인이 검토하고 승인했으며, 이 초고의 많은 페이지에서 그가 직접 남긴 수정사항과 설명을 찾을 수 있었다.

1917년 한국에 돌아왔을 때, 나는 많은 망설임 끝에 이미 시작된 이 일을 마무리하려는 노력에 착수하였다. 여러 다른 일들이 거듭 작업을 방해하였고, 선교 사역(使役)에 매진하느라 작업의 완수를 위해 낼 수 있는 여가는 기껏해야 매일 아침 식사 전 몇 시간뿐이었으며, 전혀 시간을 낼 수 없을 때도 있었다. 가능한 한 주로 언더우드 박사가 작성한 원안과 범위를 따르려 했고, 변경을 가할 때는 우리가 살아가는 시대와 이 사전을 사용하게 될 독자들의 필요성을 신중히 고려해 본 다음에야 손을 댔다.

마침내 1923년 봄, 한국인 수석 조사(助士)가 일을 시작한 지 딱 10년이 지나, 마지막 단어가 마무리되고 원고가 완성되었다. 정확성을 잃지 않는 한도 내에서 가능한 한 신속하게 사본 제작을 진행했으며 이를 후쿠인(福音) 출판사에서 인쇄하기 위해 오성근(Oh, Seung Kun) 씨의 일본행이 결정되었다. 나는 오성근 씨를 일본에 남겨두고 7월에 미국으로 돌아왔다. 초가을이면 기나긴 여정의 끝을 볼 수 있으리라는 벅찬 기대를 안고서였다. 8월 15일, 오성근 씨는 편지를 보내 9월 10일이면 사전이 인쇄와 장정, 포장을 마쳐 판매와 배송 준비가 완료될 거라고 알려 왔다. 다들 아시는 일이겠지만 9월 1일 끔찍한 지진이 일어났다. 건물에 있던 195명 중 69명이 목숨을 잃었으나, 출판사 3층에서 일하던 오성근 씨는 기적적으로 목숨을 건졌다.

천만다행으로 원본은 한국에 있었지만, 사본 제작을 비롯해 출판에 이르기까지의 모든 준비와 그로 인한 지연을 다시 반복해야만 했다. E. W. 쿤즈(Koons) 목사는 이 일과 다른 일들의 총감독을 맡아 주셨을 뿐 아니라 교정 및 수정과 검토라는 어렵고 지루한 작업에 많은 시간을 할애해 주셨다. 완성된 사전을 유용하다고 여기실 모든 분들께서는 그분 덕택에 이 사전의 출판이 적어도 3년은 앞당겨질 수 있었음을 알아주시기를 바라며, 많은 오류를 제거해 주신 데 대해서도 진정한 감사의 말씀을 올린다. 또한

J. S. 게일 박사께도 감사드린다. 게일 박사는 새로운 저작인 『三千字典』을 통해 본 사전의 원고에 없던 백 개 이상의 단어를 가져올 수 있도록 허락해 주셨다.(해당 단어는 별표*로 표시하였다.)

『오사카마이니치신문(大阪每日新聞)』의 영어 신어 5,000목록에서 참조한 단어 몇 백 개도 추가되었으며, │로 표시하였다.

이처럼 단어를 추가한 것 이외에도, 다음의 두 책 모두가 단어의 정의를 확장하고 개선하는 데 많이 활용되었다. 정의에는 영국 영사관의 고(故) 제임스 스콧(James Scott) 씨가 편찬한, 지금은 몹시 희귀해진 선구자격 영한사전도 많이 사용되었다. 『산세이도 사전』의 훌륭한 정의도 가능한 한 많이 이용했으며, 한자로 된 정의의 대부분은 『산세이도 사전』과 『중국 상업 사전』에서 따 왔다.[1] 단어를 추가하고 정의를 확장한 결과, 총 쪽수는 일본에서 인쇄했던 대로의 560쪽이 아닌 728쪽이 되었다.

장기간이든 단기간이든 사전 제작에 시간을 쏟아 준 한국인 조사(助士)들의 충실하고 학구적인 노고 역시 그냥 지나칠 수 없다. 그들이 없었다면 사전 편찬은 불가능했을 것이다. 특별히 언급해야 할 분으로 최경희 씨, 오세광 씨, 그리고 누구보다도 지난 12년이라는 세월 동안 사전을 완성하기 위해 많은 숙고와 관심을 기울여 온 오성근 씨가 있다. 앞서 말했듯 오성근 씨는 요코하마에서 하마터면 목숨을 잃을 뻔 했으며 장시간에 걸친 지루한 논의와 그보다 더 지루한 서기 일에 시달려야 했다. 작업에 있어 그는 보다 현대적인 이해가 가미된 동양 고전에 대한 오래된 학식,

---

1) [역자주] 여기서 "산세이도 사전"은 石川林四郎가 편찬한 『(袖珍)コンサイス和英辭典(Sanseido's concise Japanese-English dictionary)』(東京: 三省堂, 大正 13, 1924)를 지칭하는 것으로 보인다. 중국 상업 사전은 원문에서는 The Chinese Commercial dictionary라고 제시되어 있는데, 그 구체적인 실상이 무엇인지는 아직 발견하지 못했다.

그리고 모든 사회계층에서 사용되는 문어와 구어에 대한 폭넓은 지식을 선사했다. 이런 지식과 인내력, 그리고 무엇보다도 그런 작업에 필요한 정확하고 엄격한 요구사항을 제대로 파악하고 있었다는 점에서, 그의 공로는 무한히 값진 것이었다.

책의 표제에 나의 이름이 들어가 있고 또, 이것이 적절한 일이기는 하나, 이 사전이 최초 저자H. G. 언더우드: 역재가 완성할 수 있었을 결과물에는 한참 못 미칠 것임에 틀림없다 하겠다. 이 책의 계획, 의도, 이상, 시작은 모두 그의 것이며 그의 덕택으로 추진되어 완성을 보게 되었다. 이는 그가 한국을 위해 했던 많은 일들 중 하나에 불과하다. 이 일이 그가 지향했던 하나님 왕국이 하시는 일에 도움이 되고, 자신의 뛰어난 학식과 어울리지 않음에도 불구하고 그가 일생을 바쳤던 인간 형제애의 실현에 도움이 될 수 있다면, 사전의 준비에 이바지했던 모든 이들은 그간 쏟았던 시간, 노고, 금전이 아무것도 아니라 여길 것이다.

호레이스 호턴 언더우드
미국 뉴욕
1925년 4월 10일

2) H. H. 언더우드의 『英鮮字典』(1925) 편찬 관련 기록(1922.6.)

- H. H. Underwood, "An English-Korean Dictionary", *The Korea Bookman* Ⅲ-2, 1922.6.

언더우드(H. G. Underwood, 元杜尤) 박사는 1885년에 한국에 도착했고 1890년 6,000여 단어로 이루어진 영한-한영사전을 출판했다. 그 밖에도 그는 대형 사전 편찬을 기획하였으며 일부 작업을 진행하기도 했다. 다른 저작들을 출간하느라 이 작업은 아주 드문드문, 매우 일관성 없이 이어질 수밖에 없었다. 세월이 흘러 첫 번째 사전은 절판되었고 사전에 대한 수요가 몹시 컸기에, 언더우드 박사는 애초부터 포켓판 영한사전의 개정·확장판을 내놓기로 결정했다. 이 작업이 상당 부분 진행되었을 때 언더우드 박사는 미국으로 떠났으며 그곳에서 사망하여 이 일은 중단되었다. 한국으로 돌아온 뒤 필재H. H. Underwood=원한경: 역재는 이 작업을 이어나갈 만한 시간을 내려 노력했다. 언더우드 박사가 거느렸던 편집인단을 유지하기란 불가능했고, 나 또한 동시에 여러 가지 일을 할 만한 여력은 되지 않았다. 그렇기에 작업은 매우 더디게 진척되었다. 현재 A, B, C, D, G, H, I, J, K, L, M, N과 내 기억이 정확하다면 O까지의 최종 교정쇄가 인쇄 준비 완료되었고, 현재 교정 작업 중인 RE까지의 거의 모든 여타의 항목들의 제2차, 제3차 교정쇄가 검토되었다. 필자로서는 올해 여름까지, 아니면 아무리 늦어도 어학당이 개교하기 전인 가을까지는 교정을 마칠 수 있기를 바라는 바이다. 그 다음에는 그저 신속히 인쇄하는 일만 남게 된다.

포켓판 사전임이 분명한 만큼, 완성된 사전은 결코 거창한 것은 못 될 것이다. 사전에 수록될 단어는 15,000여 단어이고 약 750쪽의 아주 얇은 종이에 인쇄될 예정이다. 어휘의 정의가 어색하게 내려진 항목이 있을 수 있겠으나, 한국어가 현재 급격한 유동의 시기를 겪고 있기 때문이라 감안해 주시길 빈다. 작업에는 대여섯 가지의 일어와 중어 사전, 중국과 일본의 신어 목록, 최고의 학식을 갖춘 분들의 조언과 의견을 참조하였으며, 제시된 단어와 의미 중 여러분에게 적합한 것을 찾으실 수 있으리라 믿고 또 소망하는 바이다.

한국어 철자법이라는 면에서, 우리는 새로 유행하는 다양한 언문 철자와 표기법 중에는 믿고 따를 만큼 체계적인 것이 없다고 여겼고, 그래서 『朝鮮語辭典』(朝鮮總督府, 1920)의 철자를 주로 따랐다. 이는 구식 옥편의 철자와 그다지 다른 것이 아니다.

2부

J. S. 게일의
한국학 관련
주요 논문

제2부 J. S. 게일의 한국학 관련 주요 논문

【소개】

1. 게일의 「한국문학」("Korean Literature", *The Christian Movement in Japan, Korea, and Formosa,*, Kobe, 1923)은 그가 '한국문학'을 주제로 쓴 다음의 여러 글들 중 하나이다. 비교적 논지가 명확하고 자세할뿐더러 문장 역시 뛰어난 글이라 판단해 완역하였다. 이 글 외에도 게일은 다음과 같은 한국문학문화론을 쓴 적이 있다.

① "A Few Words on Literature", *The Korean Repository* Ⅲ, 1895.

② "Korean Literature(1) - How to approach it", *the Korea Magazine* 1917. July.

③ "Korean Literature(2) - Why Read Korean Literature?", *The Korea Magazine*, 1917. August.

④ "Korean Literature", *the Korea Magazine* 1918. July.

⑤ "Korean Literature", *Open Court*, Chicago, 1918.

⑥ "Fiction", *the Korea Bookman*, 1923. March.

①의 글에서 게일은 『易經』, 시조 작품 속에서 동양적 미학의 단초를 발견했지만, 아직 서구문학과 대등한 체계로서의 한국의 문학을 기술하지

는 못하고 있었다. 게일이 본격적으로 한국문학론을 발표하기 시작한 시점
은 『옥중화』 영역본을 연재하기 이전 시기로, 한국문학에 대한 연구방법론
과 연구목적을 거론한 ②와 ③의 글 역시 이 시기의 문학론들이다. 이 시기
의 글부터도 게일은 한국문학의 정수가 한문 고전에 있음을 명확히 언급하
고 있었다. 게일이 생각했던 한문 고전이란 역사기술, 필기, 야담, 한시의
영역을 두루 포괄하고 있었다. 또한 ③의 글부터 "말:글=외면:내면"이라는
게일 특유의 문학론이 분명해지기 시작하였다. 한국의 근대에 대해 매우
비판적이었던 게일의 관점이 분명해진 것은 ④의 글부터였다. 하지만 ④의
글에 이르기까지 게일의 가장 큰 관심은 한국문학 속에 반영된 한국인의
종교적 마음이었지, 한국문학 그 자체는 아니었다. ⑤의 글에 이르기까지
게일은 문학 개념을 한국의 근대문학, 고소설과 같은 협의의 범주가 아니라,
여전히 보다 넓은 의미의 글쓰기 전반으로 이해하고 있었던 것으로 보인다.
⑥의 글에 이르러서야 비로소 소설이라는 개별 장르 및 근대문학과 고소설
이 함께 거론되기 시작한다.

　우리가 「한국문학」(1923)을 게일의 대표적인 한국문학론으로 택해 번역
한 까닭은 ①에서 ⑥에 이르는 게일의 한국 고전에 대한 인식과 이를 기반
으로 개진해온 그의 일관적인 사유가 총체적으로 잘 드러난 글이기 때문이
다. 말이 아닌 글의 세계를 통해 한국인의 마음을 읽어나갈 수 있다는 그의
신념. 비(非)유대-비기독교 종교 전통 속에도 계시의 흔적과 진리의 파편이
있어 기독교가 이를 끌어안으며 완성한다는 성취론(fulfillment theory)적 입
장에서, 한문 문헌 속에서 재현된 조선인들의 天/造物/神 등의 관념을 서구
의 신(God)개념과 대조하며 한국인들의 마음 속에 내재한 유일신 관념을
찾으려 했던 모습. 한국의 '근대' 문학에 대하여 비판적 시각으로 일관했
던 그의 지향들이 잘 드러나 있다. 이와 유사한 인식을 보여준 게일의 주요
글들, 그가 번역한 한국문헌 원문 등을 주석으로 제시하였다.

2. 지속적으로 개정·증보되었던 한영사전을 제외하고, 게일 한국학 단행본의 출판 양상을 정리해보면 그의 마지막 업적은 한국에 대한 역사 서술 (*A History of the Korean People*, 1927)이었다고 할 수 있다. 물론 이 역사 서술은 랑케 이후의 근대 역사학에 부응하는 '객관적 사실로서의 역사'라기 보다는 게일이 애독했던 『대동야승(大東野乘)』이 보여주는 이야기체 역사 라고 말할 수 있다. 즉 한편으로는 문학연구의 한 자락이면서, 또 한편으로 는 한국인 마음의 역사를 제시하려고 한 시도였다 하겠다. 협의의 개념에서 의 문학 연구로는 포괄할 수 없는 지점을, 이 저술이 지향했던 점만은 분명 하다. 그것은 한국의 민족성을 역사 기록을 통해 구성해보고자 한 게일의 오랜 시도의 결과이기도 하였다.

번역편에서 엄선한 2편의 글, 「한국이 상실한 것들」(J. S. Gale, "What Korea Has Lost", *The Christian movement in Japan Korea and Formosa*, Kobe, 1926)과 「구미인이 본 조선의 장래─나는 전도를 낙관한다」("歐美人の見たる朝鮮の 將來─余は前途を樂觀する" 1-4, 『朝鮮思想通信』 787-790, 1928)는 한국의 민족성 즉, 한국인의 마음(정신)의 역사를 제공하려는 그의 마지막 시도와 겹쳐진 저술이다. 두 편의 글을 자세히 살펴보면 「한국이 상실한 것들」(1926) 이 「구미인이 본 조선의 장래─나는 전도를 낙관한다」(1928)의 "한국멸망 의 일곱 가지 원인"에 요약되어 수록됨을 알 수 있다. 이는 근대에 들어와, 한국이 상실한 과거의 민족성을 뜻했는데, 한국인은 민족성 때문에 망한 것이 아니라 잃지 말아야할 민족성의 특징들을 잃어버린 데에서 망국을 겪게 된 것이라 보았다.

흥미로운 사실은 「구미인이 본 조선의 장래─나는 전도를 낙관한다」가 현재 영인본 자료로는 확인할 수 없지만, 목록상으로는 보이는 『新民』 9호 (1926.1)에 게재된 글이 일본어로 번역된 글이었다는 점이다. 원본이 유실된 문헌일 수도 있지만, 『조선사상통신』이라는 매체의 특성상, 혹 검열되거나 압수되었던 글을 번역한 것일지도 모르겠다. 영어에서 한국어로 다시 일본어로 옮겨가는 그의 문헌의 출처들 자체가 한국의 언어상황, 특히 학술문어의 변화 추이를 보여주는 사례일 수 있겠다.

■ 참고문헌

이상현, 「제국들의 조선학, 정전의 통국가적 구성과 유통」, 『한국근대문학연구』 18, 2008.
이상현, 「근대 조선어·조선문학의 혼종적 기원」, 『사이間SAI』 8, 2010.
황호덕, 「漢文脈의 근대와 순수언어의 꿈-한국 근대 개념어 연구의 과제」, 『한국근대문학연구』 16, 2007.
황호덕, 「번역가의 원손, 이중어사전의 통국가적 생산과 유통」, 『상허학보』 28, 2010.
황호덕·이상현, 「번역과 정통성, 제국의 언어들과 근대 한국어」, 『아세아연구』 145, 2011.

Rutt, R., *James Scarth Gale and his History of Korean People*, Seoul: the Royal Asiatic Society, 1972.

(1) J. S. 게일, 「한국문학」(1923)

- J. S. Gale, "Korean Literature", *The Christian Movement in Japan, Korea, and Formosa*, Kobe, 1923.

제임스 S. 게일

문학, 마음으로 가는 열쇠

로마인의 격언에 나오듯 "Verba volant, scripta manent" 즉, "말해진 것은 사라지지만, 적혀진 것은 남는다." 우리는 여기에서 더 나아가 다음과 같은 말을 덧붙일 수 있을 것이다. 말해진 것은 외면을 건드릴 뿐이지만, 적혀진 것은 심정을 드러낸다. 동양에서 이 말은 얼마나 진실된 것인가! 만약 당신이 어떤 이의 말만을 들었다면, 당신은 결코 그를 진실로 알고 있는 것이 아니다. 내면의 생각이란 오직 아무도 옆에서 볼 수 없을 때에만 기록된다. 공개된 자리에서라면, 그는 그것이 무엇이 되었건 간에 그 자리에서 요구되는 격식(form)에 맞춰 말하는 법이다. 하지만 말에 있어서는, 즉 '살아있는 소리(*viva voce*)'로는 마음 속에 있는 내면의 비밀은 절대로 발설되지 않는다. 우리가 그의 어깨 너머를 훔쳐보고 있다는 사실을 그가 꿈에도 눈치채지 못할 그런 순간, 즉 그를 어떤 부지불식의 상태로 만들어야 하는 것이다. 그가 쓴 것을 읽을 때에야 비로소 우리는 그를 진실되게 알 수 있는데, 왜냐하면 문학은 실로 모든 중요한 장소를 내면생활의 사진 기록처럼 점유하고 있기 때문이다. 그것이야말로 실로 한 민족을 이해하고, 한국의 영혼을 이해하고, 그리고 한국의 마음의 내밀한 방으로 이르는 열쇠이다. 오직 한국인의 문학을 관통하며 서성일 때에야 그가 누구인지,

그가 무엇을 생각하는지, 그가 무엇이 되기를 염원하는지를 발견해낼 수 있을 것이다.[1]

신에 대한 관념

예컨대 한국인들에게 신에 대한 관념은 어떤 것이었을까? 당신이 보통 사람에게 이런 질문을 한다면, 그는 아마 푸른 하늘을 가르킬 것이며, 그걸로 끝일 것이다. 당연히 당신은 스스로의 결론을 극히 잘못된 방향으로 이끌게 될 것이다. 다른 주제와 마찬가지로 이를 알 수 있는 단 한 가지의 방법은 한국의 서적을 참조하는 것이다. 앞서의 질문에 대한 답변에 있어, '천(天, heaven)'에 관한 문장은 후술과 같이 나타나는데, 이것들은 날짜와 함께 다음과 같이 언급된다.

22	A.D.	신께서 (신령스러운) 구름을 보내어 그 사람들을 풀려나게 하시고 그 탈출을 도우시더라
196	A.D.	신께서 부귀와 귀천을 당신의 손안에 쥐고 계심이라.
750	A.D.	신께서 이 날의 운명을 뒤바꾸는 비를 내리사 당신의 선택을 드러내심이라.
982	A.D.	신께서 성심으로 당신께 바쳐진 한 영혼을 거두심이라.
1146	A.D.	신께서 당신의 뜻으로 백성을 경고하기 위해 고난을 내리심이라.
1200	A.D.	신께서 생명을 주시고, 또한 그 생명을 거두심이라.

---

1) [역자주] "말:글=외면:내면"이란 그의 인식은 「한국문학—왜 한국문학을 읽어야 하는가」("Korean Literature(2) - Why Read Korea Literature?", *The Korea Magazine* 1917.8)에서도 드러난다.

1352 A.D. 신은 공경과 이타심[勤民]으로써 섬겨짐이라.

1375 A.D. 신은 멀리 계시지 아니하며, 항상 가까이 계심이라.

1389 A.D. 신은 진실로 호의를 받을만한 이에게 보답하심이라.

1600 A.D. 신은 모든 종류의 난관을 통해서 의로운 이를 도우심이라.

1649 A.D. 신은 만인에게 선하시며, 모두를 사랑하심이라.

1700 A.D. 신은 저 푸른 하늘에 있는 것이 아니나니, 다만 마음에 거하시는
             성령이시라.2)

독자들이 이렇게 산재되어 있는 사고들을 모아 간다면, 바로 거기서
한국인들의 시각이 드러나게 될 것인데, 신의 관념에 관한 한국인들의
참된 개념은 우리들의 그것과도 상당히 유사하다. 영적인 무한함, 그 존재

---

2) [역자주] 위의 구절들은 「한국인의 신관」("The Korean's view of God", *The Korea
   Mission Field*, 1916.3)과 「한국문학」("The Korean Literature", *the Korea Magazine*,
   1918.6)에서도 제시된 바 있다. 제임스 게일이 번역한 원문들을 추적 가능한 범위
   내에서나마 추정해보면 다음과 같다.
   22년 扶餘人旣失其王 氣力折 而猶不自屈 圍數重 王以糧盡士饑 憂懼不知所爲 乃乞
   靈於天 忽大霧……(『三國史記』卷第十四, 「高句麗本紀」第二 "大武神王 五年")
   196년 ……以琴自隨 凡喜怒悲歡不平之事 皆以琴宣之 歲將暮 里粟 其妻聞杵聲曰
   人皆有粟之 我獨無焉 何以卒歲 先生仰天嘆曰 夫死生有命 富貴在天 其來也不可
   拒 其往也不可追 汝何傷乎……(『三國史記』卷第四十八 列傳 第八 「百結先生」)
   750년 ……及宣德薨 無子 群臣議後 欲立王之族子周元 周元宅於京北二十里 會大
   雨 閼川水漲 周元不得渡 或曰 卽人君大位 固非人謀 今日暴雨 天其或者不欲立周
   元乎 今上大等敬信 前王之弟 德望素高 有人君之體……(『三國史記』卷第十 「新羅
   本紀」第十 "元聖王"(서기 785년))
   982년 ……願聖上除別例祈祭 常存恭己責躬之心以格上天則 災害自去 福祿自來
   矣……(『高麗史』卷第九十三, 列傳 第六 「崔承老」)
   1200년 造物旣生之 造物又暴奪(『東國李相國集』卷第五, 古律詩 四十四首 「悼小女」)
   1352년 (任賢去邪)夙夜孜孜小心翼翼 常以敬天勤民爲務則 可以答上天立君之意
   (可以勝祖考付托之重 可以慰臣民期望之心而盈成之業可永保矣)……『高麗史』卷
   第百十二, 列傳 第二十五 「朴宜中」)
   1375년 『高麗史』卷第百十八, 列傳 第三十一 「趙浚」

의 영원불멸성, 지혜, 권능, 거룩함, 정의, 선하심과 진리가 바로 그것이다.

문학적 바탕

　몇 세기를 거쳐 한국의 인도-중국 문명은 헤아릴 수 없이 많은 양의 광범위한 문헌을 축적해왔다. 프랑스의 모리스 쿠랑 교수는 이에 대해 누구보다도 철저한 조사를 행해왔는데, 그의 서지 목록은 다음과 같은 것들을 포함한다. 교육관련 서적, 어학서, 중국어 · 만주어 · 몽고어 · 산스크리트어 관련 어학서적, 『역경』과 같은 철학적 고전을 비롯한 유학 경전들, 시집과 소설류, 예법과 풍습 · 제례 · 궁중전례 · 어장의(御葬儀)의 규범을 다룬 의범(儀範) 관계서, 복명 · 포고문 · 중국 관계서적 · 군서(軍書), 국사 · 윤리 관련 사서류 · 전기류 · 공문서류, 기예(技藝) 관련 서적, 수학 · 천문학 · 책력(冊曆) · 점복서적 · 병법서 · 의서 · 농서 · 악학(樂學) · 의장 및 도안 관련 서적, 도교 및 불교 관련 종교서적 등이다.3)

　이 목록을 읽으며 누군가는 한국 문명의 양식과 그것에 기여한 것들이 무엇인지를 추측할 수 있을 것이다. 한국은 몽고과 만주족에 의해 통치된 중국사와는 달리, 미개종족에 의해 침탈된 적이 한 번도 없었다. 그리하여 한국은 수 세기에 걸쳐 자신의 문명을 온전히 보존해왔다. 이런 문헌들을 보존하고, 지키고 또 이어가는 것이 이 나라에서는 가장 중요한 임무가 되어 왔다.

　어쨌든 한국은 셀 수 없이 썼음에도 불구하고, 결코 자본의 시장에서

---

　3) [역자주] 이는 모리스 쿠랑의 『한국서지』에 있는 분류항목 표제어들을 게일이 풀어서 설명한 것이다.

그들의 저작들을 거래하지는 않았다. 뿐더러 한국은 한국 자신에 관한 서적들이나 그에 관한 전문적 연구를 생산하지 않았다. 한국의 주된 관심은 중국 경전, 중국 역사, 중국 철학, 중국 시문에 맞추어져 있었다. 이런 것들이 사회적 신분과 관직을 위한 디딤돌이 되었기 때문이다.

고전 학습과 사회 통제

이른 새벽부터 깊은 밤까지 문인지식층의 자제들은 늘 학업에 힘썼으며, 천자문에서 주역에 이르는 기나긴 목록의 책들을 연마해 나갔다. 마치 캔터베리로 향하는 수많은 여정처럼, 2년에 한 번 젊은 자제뿐만 아니라 나이 든 사람들까지도 과거를 치르기 위해 한양으로 향하는 기나긴 대오의 역정(歷程)에 가담했다. 국왕 앞에서 붓을 쥐고 그 날의 과제(科題)—그것이 덕에 관한 것이든, 소나무에 관한 것이든, 그 무엇이 되었든—에 관해 써나가는 영광은 이 땅에서 가장 고귀한 것이었다. '과거'에 참여하여 가능하다면 급제에 이르려는 포부는 누대에 걸쳐 젊은이들을 사로잡았다. 그것은 그들의 삶을 뛰어난 고전적 사유로 충만하게 했으며, 저 유서 깊은 서원(Confucian school)의 유림이 되게 하였다. 일전에 한 한국인 동료가 필자에게 밝힌 소견처럼, "그것은 이단의 설과 그릇된 사도(邪道)를 금하는 영혼의 규율자(policeman)였다."

그 뿐만 아니라, 그것은 심지어 최하층의 계급에게까지도 그 영향을 미쳤다. 머슴, 혹은 일꾼들까지 마치 벼슬아치나 문인들과 마찬가지로 선비에 대한 그만의 이상들을 가지고 있어, 거시적 의미에서 한국은 예의지국으로 일컬어질 수 있었던 것이다. 따라서 마음에 새겨진 이와 같은 율법

은 당연히 장구한 세월동안 민족(race)이 유지되는 데에 커다란 역할을
했다. 그런 반면에 국가 통치라는 관점에서 볼 때, 한국은 실패했다. 지구
상의 고도로 문명화된 국가들 사이에서도, 자신이 놓였던 논박 불가능한
이상을 끝내 간직하였던 까닭이다.

어디로 가고 있는가

1894년 새로운 법률의 공표로 '과거'는 폐지되었고, 이로 인하여 널리
시행되던 고전 연구 또한 중단되었다. 하루 밤에 유교는 죽었고, 국가라는
배는 저 유서 깊은 닻의 사슬을 놓쳐버린 채 표류하였다. 28년 동안 한국은
운명의 바람이 불어오기나 한 듯이, 이 유서 깊은 정박지로부터의 거리를
넓혀왔다. 따라서 우리는 진실로, 오늘날 한국이 바다 멀리로 떠나왔다고
말할 수 있을 것이다. 오래된 것은 사라졌고, 새로운 것은 아직 도래하지
않았다. 일본적 관념들, 서구적 관념들, 신세계의 사상들이 그 존재가 명
확히 정의되지도 못한 채, 마치 무선전신들과 같이 허공에서 서로 충돌하
고 있는 것이다.

옛 것과 새 것

근대 문명이라는 미궁 속에서, 한국에 가장 의미 있는 모든 것들, 영혼
의 안식으로 인도하던 기호와 표식들이 온전히 씻겨져 사라졌다. 종교,
의식, 음악, 시, 역사들이 완전히 자취를 감췄다. 이것들은 한국인들이 나

중에라도 읽기 위해 구석으로 잠시 제쳐둔 것이 아니다. 이집트 상형문자는 점차로 쇠락의 길을 걸었지만, 이와 달리 한국의 고서는 중국 한자의 빗장들 뒤로 극히 효과적으로 봉인되고 감금되었다. 오늘날, 도쿄제국대학의 졸업생들은 그들의 선조가 남긴 것들, 그러니까 문학적 업적과 같은 특별한 유산들을 읽을 수 없다. 세상에 이런 일이 있을 수 있단 말인가? 한국의 문학적 과거, 한 위대하고 놀라운 과거는 이런 대격변에 의해, 오늘의 세대에게 사소한 흔적조차 남기지 못한 채 어디론가 파묻히고 말았다. 물론 오늘의 젊은 세대들은 이런 사실에 더없이 무지하며, 이런 상실 속에서조차 너무도 행복해 한다. 그들은 그들 세대의 잡지를 가지고 있는데, 거기다 철학 논문들에서 배운 지식으로 온갖 확신에 가득차 칸트와 쇼펜하우어에 대해 쓴다. 그들은 버트란드 럿셀의 슬하에 앉아 있기도 하고, 니체를 찬양하기도 한다. 이는 댕기머리를 하고 서양시를 쓰는 일이 될 것이다. 이는 영어로 된 속빈 시편을 쓰는 일일 터인데, 그 자체로 보기에도 딱한 노릇이다. 그들이 자국어로 쓴 시들은 옛 선조들의 얼굴을 창백하게 할 뿐이다. 나는 여기에 두 개의 작품을 제시하려 하는데, 하나는 오래 전 위대한 거장의 작품이고, 다른 하나는 오늘날 아마도 최고의 시인이라 거론되는 되는 사람의 작품 중 하나이다.[4]

The autumn's opening moon, when winter air break forth from out the deep!	시월엔 태양(太陽)이 방성(房星)에 닿아 순음주(純陰主)가 용사(用事)하니 양기(陽氣)
The master of the Thunder strikes his sounding drum;	또한 전혀 없는데 뇌공이 꽝하는 천둥 몰아쳐
The splitting heavens rip wide from pole to pole. Like glittering snakes of gold across the sky, thus	그 꽝음 하늘 가르는 듯하고 한밤에 전광(電光)은 금사마냥 번쩍여

---

4) [역자주] 李奎報, 「十月大雷電與風)」, 『東國李相國集』 12 ; 吳相淳, 「힘의 崇拜」, 『廢墟』 2, 京城: 新半島社, 1920. pp.89-90. 원문에는 영문으로 번역된 시만 게재되어 있으나, 해당 원문을 찾아 옮겼다.

go his bolts of thunder,
Till all the frightened hairs on every head stand-up.
The spouts of rain from off the silver eaves shoot waterfalls,
And hail like egg-stones falls with deadly aim,
The wind rips out by quivering root the trees that guard the court;
The whole house shakes its wings as thought to fly.
I was asleep when this befell, the third watch of the night,
Awakened from my dreams with all my wits at sea,
I could not sit or rest, but tossed me to and fro.
At last I knelt me down and joined my hands in prayer:
"We are accustomed to Thy might and power
"In spring the thunder, and in autumn frost;
"But such a sight as this, with nature off the beaten track,
"Makes mortals tremble and cold fear to palpitate.
"Our king's most dear desire is how to govern well,
"And Why it is that God should thunder thus beats me.
"In ancient days the Tiger King of Choo, and Yang of Eum,
"So acted that they changed the threatening hand of heaven to one of blessing,
"My humble prayer would have our gracious King bend earnest thought
"To make this most terrific stroke of Thine turn out a blessing,
"Not grinding death but just a gentle tickling on the skin that leaves one feeling better.

사람의 얼굴 환히 비추고
쏟아지는 폭우 은하수 기울인 듯
달걀만한 우박 맞으면 박살날 듯
폭풍은 뜰 앞의 큰 나무 뽑고
집도 흔들흔들 금방 날아갈 듯하네
내 마침 잠 들어 막 삼경인데
갑자기 깨어 흐릿한 정신으로
편히 앉지 못하고 일어나 방황타가
꿇어앉아 손 모으고 저 하늘 우러르네
하늘의 진노(震怒) 그 상도(常道) 있어
봄에 천둥 가을에 서리인데
이 진노 위배될 땐 결과 어찌 측량하랴
만인이 한 맘으로 무서워하며
임금의 정책 매우 급급하니
하늘의 경고 이보다 소상하랴
주 나라 무왕(武王)이나 은 나라 탕왕도
덕 닦아 이런 재변 해소시켰지
임금이여 형벌을 삼가 시행하소서
변괴가 있다 해도 큰 해는 없으리다

■■■■■■■
이만 물러나 몸 편히 지내려네.

이규보, 「시월에 큰 천둥우박 바람을 보고(十月大雷雹與風)」[5]

---

5) [역자주] 『東國李相國集』 12, "孟冬之月日在房. 純陰用事渾無陽. 雷公此時震皷鐺. 聲若劃裂天中央. 電火夜擊金蛇光. 人面尙可分毫芒. 雨脚縁雹傾銀潢. 雹如雞子中者傷. 風拔庭前大樹僵. 掀搖屋宇將飛揚. 我時方睡三更强. 忽然夢罷心茫茫. 不敢安坐起彷徨. 還跪拱手向彼蒼. 天公威怒固有常. 春以雷霆秋以霜. 此怒反時那易量. 萬人一心皆震惶. 吾皇求理甚遑遑. 天又譴告理莫詳. 古者周虎與殷湯. 修德解轉災爲祥. 願君更愼刑政張. 雖有變異僅如痒. ■■■■■■■行且去矣身還康"(■로 표시된 대목은 원문 자체에서 탈자된 부분.)

Cackle! cackle!	쏙기닥, 쏙기닥!
Does the sound mean pain?	産의 苦를 訴하느냐?
Cackle! cackle!	쏙기닥, 쏙기닥!
Or does it mean a joy?	生의 깃븜을자랑느냐?
Cackle! cackle!	쏙기닥, 쏙기닥!
My hand into the nest I reach,	홰우에달닌둥우리속에
I find an egg new laid ;	손을느어보앗더니
I take it out and go away.	고읍고깟듯한알한아집힌다
I here is life in the egg,	써닉여손우에들고
I think of its affinity with this life of mine.	알속에삼겨잇는生命과
I look and meditate upon its depth ;	사람의生과의因緣을想覺코
I stand like a road-post by the way,	凝視와沈黙의깁흔속에
The hen flies upon the roof	쟝승갓치서잇슬제
With an anxious look she gives a side glance at	집웅우에날어올나가
me—Mother of egg—creator	놀난듯한겻눈으로이상히
She threats me with contempt, the young	엿보는드시나를니려다보던
philosophier, me!	알의어미는,創造者는
Cackle! cackle!	어린哲學者의愚를嘲弄하는드시
	쏙기닥, 쏙기닥!
	쏙기닥, 쏙기닥!

오상순, 「힘의 숭배」 중에서

위의 두 인용은 얼마나 이들 작품이 시대적으로 멀리 떨어져 있는지를 잘 보여주고 있다.

근대소설

시에서 뿐 아니라 소설에 있어서도, 그 세계는 공히 바다에 떠 있는 것과 같다. 최근 종로에 있는 가장 큰 서포를 지나며 나는 베스트셀러 소설이 무엇인지 물었는데, 즉시 『천리원정(千里遠情)』이 건네졌다. 그것은 잘 채색된 겉표지를 지니고 있었는데, 해변에서 손수건을 흩날리고 있는 한 소녀에게 배 위의 한 남자가 왼손으로 모자를 흔들어대고 있었다.[6]

이들의 두 번의 만남은, 처음에는 평양의 대동강에서 이루어졌으며 그 후에는 서울 서대문 밖 홍제원에서 이루어졌다. 그들은 서로를 그리며 힘들게 살다가 마침내 결혼하여 금강산으로 여행을 떠난다. 그들이 울릉도(Dagalet)에 오름으로써 소설은 그 흥취를 더하는데, 혹 불어 닥친 바람이 그들을 집어삼켜 바다로 데려갔고 더 이상 그들에 대한 소식은 들을 수 없었다.

문학적인 관점에서 보아, 이 작품은 문학에는 전적으로 무지한 누군가에 의해 작성된 형편없는 작문이다. 『홍길동전』과 같은 옛 이야기는 잘 숙련된 저자의 손에 의해 잘 쓰여 졌지만 오늘날의 것은 그렇지 못하다. 주목할 만한 점은, 이 책[『천리원정』: 역재]이 처음부터 신혼여행에 이르기까지 철저히 서양적인 내용을 담고 있고, 또 최신의 것으로 행세하려 한다는 데 있다.[7] 기독교적 관점에서 볼 때, 우리 외국인들은 하고자 했던 데 비해 매우 적은 신자들만을 얻었으나, 반면 사회적으로나 지적으로는 온 한민족이 우리의 길[서구의 길: 역재]을 앞 다퉈 가고 있는 것이다.

---

6) [역자주] 시기적으로 보아, 『千里遠情: 最新式 悲劇小說』, 京城: 新明書林, 大正 7[1918](연세대 학술정보관 소장)이나 또는 王世昌, 『千里遠情, 全』, 京城: 京城書館, 大正11[1922](고려대학교 도서관 소장)이 아닐까 한다.

7) [역자주] 『천리원정』에 대한 기술은 게일의 다른 글 「소설」("Fiction", *The Korea Bookman*, 1923 March) 속에서도 등장한다. 다만 이 글 속에서는 이에 대비되는 고전작품으로 『별주부전』(토생전)이 제시되어 있다. 『홍길동전』이나 『별주부전』 모두 게일이 번역하였던 한국의 고전소설이다. 원고들은 미간행되었으나, 그 초고가 그의 아들 조지 게일에 의해 1987년 토론토 대학에 기증되어 보관 중이다.

작가를 찾아서

조선야소교서회는 지난 한 해 동안 본회의 작업에 대해 특별한 관심을 불러일으키도록 하였다. 그리고 시행자를 정확하게 선별하고, 본회의 계획을 수행키 위해 이들을 분과화하였다. 그 첫 번째 노력이 이미 나간 책에 대한 감사와 이 책의 잘잘못을 검토하는 일이 될 것이다. 본회의 주된 목적은 문학적 재능을 타고난 작가를 찾아 그들이 활동할 수 있도록 하는 일이 될 것이다. 물론 이런 질문이 있을 수 있다. 과연 어떻게 혼돈에 찬 오늘의 상황 한가운데서, 그런 작가가 나타나리라 기대할 수 있을 것인가? 우리의 노력이 일견 극히 부질없는 희망처럼 보일 수도 있다. 그러나 그들의 문학적 아버지가 지녔던 천성과 타고난 천재성에 의해 축복받게 될 누군가가 나타나, 앞으로 전진할 것이다. 그들을 발견하고 그들을 활동할 수 있게 하는 것이 조선야소교서회의 목적이 될 것이다.

오늘날의 갈등

어떤 근대 작가들은 새로운 작문법이 이미 발견되었으며 오래된 것은 철폐해야만 한다고 주장한다. 그들은 오래된 것의 부정적인 면만을 감지한다. 그러나 그들은 오래된 것과 새 것 사이의 갈등, 그리고 새로운 것의 수많은 다양성이 지닌 상호모순에 대해서는 망각한다. 과연 어떤 것이 실현을 보게 될지 누가 알겠는가? 현재까지도 옛 법이 홀로 건재한다. 어쨌든 새로운 것은 도래할 것이다. 아마 시간이 걸릴 것이고, 우리는 오직 인내심을 갖고, 새롭게 태어날 완전히 다른 문학의 시대를 위한 기준과 지표로서 우리를 남겨둠으로써만 앞으로 나아갈 수 있을 것이다.

(2) J. S. 게일, 「한국이 상실한 것들」(1926)

- J. S. Gale, "What Korea Has Lost", *The Christian movement in Japan Korea and Formosa*, Kobe, 1926.

J. S. 게일

지난 사반세기 동안 아시아는 지나온 천년의 변화보다도 훨씬 큰 예기치 않은 변화들을 겪어왔다. 어떤 이들은 이런 변화가 모두 긍정적이었다고 보는 반면, 어떤 이들은 단지 해악만이 있었을 뿐이라 치부한다. 그러나 그러한 변화들이 여기에 도래해 있고, 또한 여전히 머물러 있다.

한국의 몇 가지 사례를 살펴보며, 가능하다면 이런 변화들이 무엇인지 그리고 그것들이 의미하는 바는 무엇인지에 대해 규명해 보기로 하자.

우선, 한국의 영혼을 수 세기 동안 가득 채우고 있었던 장대한 이상들은 사라졌다. 역사상 어떤 민족(people)도 한국인들이 그랬던 것만큼 활동사진[역사의 파노라마를 비유한 말: 역재에 깊이 축복받은 이들은 없었다. 그들은 역사를 공부했고, 마음으로 암기했으며, 숙고하고, 이야기하고, 그리고 꿈꿨다. 기원전 300년부터 기원후 1000년까지 줄곧 뻗어있는 이 역사는 영화가 총이 아니라 책으로 존재해온 통치의 상징들, 이를테면 위대한 왕들과 성자들, 그리고 위대한 학자들을 필름으로 담아냈던 4,000년의 시간이었다. 왕들은 흠잡을 데 없는 성품을 지니고 있었는데, 한 왕은 황금시대를 열었으며, 노아의 대홍수를 막은 또 다른 왕은 이로써 세상을 구하였으며, 더불어 또 다른 왕은 스스로를 희생하며 애써 어린 자식의 울음을 뒤로 한 채, 국가를 일으켜 세웠다. 한국인들의 상상 속에서 수천년에 걸쳐 살아 있었던 문왕이나 무왕과 같은 왕들, 그리고 공자와 같은 성인들은 한국인들로 하여금 선의와 공덕에 살도록 이끌었다. 이런 고매한 이상을 위대하게 증명해낸 사례를, 우리는 세종의 삶에서 발견할 수 있다. 1420년부터 1450년까지 왕위를 지켰던 세종은 오늘날 우리가 쓰고 있는 표음문자를 발명해낸 장본인이다. 또한 구텐베르크 이전에 그의 선왕과 함께 [활판인쇄를 위한: 역자] 가동활자(可動活字)를 만들어 사용하였으며, 물시계를 통해 시각을 알리는 체계적인 공공편의를 만들어낸 장본인이기도 하다. 그는 한국의 위대한 지도자이자 성인이 되었는데, 그는 궁궐 벽에 걸려있는 성인들의 그림들 사이를 옮겨 다니며, 그의 마음 속에 자리한 『서경(書經)』으로부터의 메아리에 항상 귀를 기울였고, 그럼으로써 그의 영혼의 충만을 위한 종교적 심연을 만들어냈다. 실로 이와 같은 왕은 한번도 존재한 적이 없었다. 영국의 알프레드(Alfred)왕도 훌륭하였으나, 한국의 고도로 숙련되고 계몽된 세종대왕에 비한다면 일개 문맹의 농사꾼이었을 뿐이었다.

필자는 이 글의 분량을 늘리기 위해 이 부분을 확장할 수도 있지만, 이런 모든 이상들이 사라졌다는 한마디만으로도 충분하리라 여긴다. 왜냐하면 오늘날, 사람들은 그들의 가르침에 대한 숙고가 예전보다 훨씬 덜 반영된 책들조차 용납하려 들지 않기 때문이다. 4,000년 동안, 대지의 가장 고매한 가치 있는 것들과 함께 풍성함은 사라졌으며, 선인들과 성인들은 완전히 잊혀져 버렸다.

둘째, 종교가 백성들로부터 유리되어져 왔다. 그러나 선교사들이 여기에 있다. 그렇다, 우리가 지난 세대 동안 지켜왔던 강한 믿음은 종교의 영향력이 소멸해가고 있는 것과 마찬가지로 사라져 버렸다. 그러나 이제 진실로 묻건대, 한국이 종교를 가졌던 적이 있었던가? 과연, 참으로 그렇다. 『20세기 사전』의 정의(定議), 즉 "생활의 의식 속에서 당연한 의무로

여겨지는 초인적인 힘에 대한 승인과 헌신"이 타당하다고 인정되는 한에
서 말이다. 동양에는 수많은 위대한 종교적 영혼들이 존재해 왔다. 기원전
2,300년 황제는 천국으로 이끄는 삶에 대해 천사와 이야기를 나누기 위해
그의 왕좌를 버렸다. 오래된 철학자 불타(佛陀), 시대를 뛰어넘어 수많은
추종자를 낳았으며 신실한 고승들의 삶이 한국의 길가 옆에 세워진 비석
들에 기록되어 있다. 엘리자베스여왕 시대에 살았던 성인 율곡은, 옳은
것은 옳은 것이며 신은 신이라는 의견을 감히 굽히려 들지 않았다. 이율곡
은 말했다. "참으로 위대한 사람은 그의 쌓인 보화가 아니라 종교에 관해
서 염려한다. 지상의 부정한 예법으로 네 마음을 채우지 말 것이며, 천상
의 순수함으로 충만하게 하라. 너의 소명은 경서를 주의 깊게 공부하는
것이며, 너의 행동에 진정을 담아 바르고 진실된 방법으로 그것을 지속하
는 것이다. 이것을 너의 가장 참된 목적으로 삼아 너 자신의 이익을 위해서
는 단 한 순간도 생각하지 말라."

셰익스피어가 「윈저의 즐거운 아낙네들(*the Merry Wives of Windsor*)」을
쓰고 있던 해에 서울의 동문 밖에는 장대한 사당[동묘(東廟)를 이르는 듯
함: 역재]이 지어졌는데, 이는 A.D. 300년경을 살았던 중국인이기도 한 전
쟁신[관우(關羽)를 의미하는 듯함: 역재]을 기리기 위함이었다.* 이 전쟁신
이 시사하는 바는 무엇인가? 다음의 두 가지이다. 첫째, 그는 절대로 거짓
을 말하지 않았다. 둘째, 여자들은 그의 보호 아래에서 안전했다. 세 방향
으로 자라있는 수염을 지닌 굉장히 무시무시한 얼굴에도 불구하고, 그는
종교적인 사람이었고 천명(天命)에 따라 그의 삶을 바친 사람이었다. 따라

---

* [역자주] 동묘(東廟)는 중국의 장수인 관우(關羽)의 영을 모신 묘 가운데 하나로,
지금의 서울 종로구 숭인동에 있다. 임진왜란 때 관우의 혼이 때때로 나타나 조선
과 명나라 군을 도왔다 하여 명나라 신종 황제의 명에 따라 건립하여 1601(선조
34)년에 준공되었다. 단층 정자형(丁字形)의 기와지붕 집으로, 보물 제142호이다.

서 그는 수천 년 동안 장엄한 귀감으로 우뚝 서 있었다. 그러나 그 역시 사라졌고, 율곡의 말들도 침묵 속에 잠겼다. 그들의 이런 기억은 유폐되었고, 그들의 이름은 오늘의 세대에게는 결코 회자되지 않는다. 이처럼 종교는 삶의 활기찬 무대로부터 멀어져갔고, 오늘날 한국에서는 바르게 행하고, 말하고, 생각하는 어떠한 기준도 찾아볼 수 없게 되었다. 우리가 주시하고 있는 이 광경은 얼마나 황량한지!

셋째, 중국은 일찍이 몇 세기를 걸쳐 대대로 행해진 제사들을 통해 다스려지는 한국을 보며, "예의지방(禮儀之邦)"이라 일컬은 바 있다. 오륜(五倫)은 이를 한마디로 표현해 준다. 신하의 왕에 대한, 아들의 아버지에 대한, 아내의 남편에 대한, 형제 간의, 친구 간의 헌신이 그것이다. 해(year), 달(month), 일(day)의 순환과 함께 이런 것들을 꾸준히 행하는 일이 삶을 지배하는 예법들이 되었다. 자녀들이 그들의 부모에게 잠들기 전 절하고, 또한 아침엔 공경의 인사를 하는 조화로운 일치도 이에 포함되었다. 아버지, 어머니가 들고 날 때마다 모두는 (예를 갖춰) 일어났다. 이들의 생활은 사랑하는 부모에 대한 공손한 태도의 연속이었다. 이런 일들이 자녀들의 세계였다. 제삿날이 되면 그들 모두가 참여했다. 계절마다 망자를 기억하는 일에 참여하기 위해 먼 거리도 마다않고 여행하였다. 아들은 그의 헌신을 증명하기 위해 손가락를 깨물어 피를 내거나, 삼년이라는 긴 시간을 밤낮으로 어머니 묘소를 지키며 절하였다. 오늘날의 사람들은 아마 진정을 드러내기 위한 이런 잔혹한 방법들을 일소에 부칠지 모르나, 실제로 이전 세대에게 그것은 아름다운 일로 간주되었다. 하지만 그러한 일들이 좋든 나쁘든, 오늘날 그와 같은 것들은 모두 사라졌다. 한국에 2,000년 동안 알려져 왔던 국가적 의식, 사회적 의식, 그리고 종교 의식은 마치 그릇에 묻은 흔적을 깨끗이 지워낸 것처럼 이들의 삶으로부터 사라져갔다.

넷째, 음악과 예술은 마치 한 번도 존재한 적이 없었던 것처럼 되어 있다. 한국의 현 세대들은 그들의 선조들이 음악이라고 불렀던 것을 조화롭지 못한 소리들이라 비웃고 있으나, 한편 정작 외국 것의 모방이라 할 그들 자신의 시도들에 대해서는 망각하고 있다. 한국의 음악은 동양 음계의 다섯 음을 기본으로 한다. 그 내면세계에 들어갈 수 있을 만큼 충분히 인내심을 갖고 수련한 이들에게 있어서 그것은 누군가의 마음과 귀를 두드리는 심원한 매력으로 가득 차 있다. 문묘제례의 음악은 우리에게 이상하게 들리지만, 고대 종교의식의 가장 오래된 표현 중 하나이다. 하지만 오늘날, 현 세대는 그 음악을 꺼려 하는 듯 보이며, 심지어 짧은 민요를 부르는 것이 눈에 띨까 꺼려하기까지 한다. 그들의 민요마다 새로운 서양식 표현방법에서 발견되는 그 어떤 것보다도 무한히 우월한 매력을 지니고 있음에도 불구하고 말이다. 필자는 아직도 20년 전 어슴푸레한 저녁 어스름 사이로 실려오던 부드러운 음색의 목소리를 들을 수 있다. 그러나 이제 그 즐거웠던 부드러운 음색의 기억은 올드 그림즈(Old Grimes), 조지아 행진곡, 클레멘타인 따위를 연주하는 금관악기 아래 묻히고 말았다.

지난날에 한국의 위대한 예술가들에 의해 그려진 아름다운 그림들, 남녀, 초상화들은 이제 오늘과 같은 세상에서는 극히 보기 어렵게 되었다. 사실, 일본에서 현존하는 가장 오래된 그림, 그러니까 루비보다도 훨씬 값진 이 그림은 한국의 왕자에 의해 그려졌으며, 나라 근처에 있는 법륭사 있다. 이제 서울에서 매해 열리는 전시회에 방문하는 일은 실로 서글픈 여행이 되었는데, 한 때는 터치와 색채에 있어 대적할 나라가 없었던 이 땅이 이제 그런 모든 것들을 잃어버렸다는 사실을 확인해주는 듯한 인상을 받기 때문이다.

다섯째, 한국은 세계에서 가장 뛰어난 문학을 잃어버렸다. 우리는 중국

한 왕조나 혹은 초기 기독교 시대로 거슬러 올라가 뛰어난 한국 학문의
족적을 대면할 수 있다. 그러나 당시의 서적 중 어떠한 것도 남아 있지
않다. 다만 돌 위에, 기와 위에, 무덤 속에서, 그리고 중국의 고대 문학적
유산에서 한국의 역량의 사례들을 발견할 수 있을 따름이다. 문리(Wunli)
라고 불리는 그들이 필치, 경전들·서경·시경 양식의 유학서, 그리고 사
실상 가장 위대한 문학이 발견되는 모든 형식들은 1894년까지 한국의 학
자들에 의해 단련되었고 갖춰졌으며, 다른 문어보다 길게 사유를 기록할
수 있는 수단으로서 지속되어왔다. 기원전 2,000년의 어렴풋한 시기부터
현재 내가 경의를 표해 마지않는 친구들인 이, 조, 김씨(이제는 멀어져가
는 세대인)가 쓰는 것과 같은 고전 형식은 심지어 공자와 맹자의 탄생
시기에까지 소급될 만큼 오래되었다 여겨지는 것들이다. 그것은 한국뿐만
아니라 중국 사람들의 모든 문학에 걸쳐있으며 세계의 어떤 다른 지역의
것보다 훨씬 더 긴 시기와 훨씬 더 넓은 범위에 적용되는 문학 형식이다.
한국 학자들은 그것을 편안하게 읽어 내렸으며, 뿐더러 즐거움 속에서
읊조렸다. 오늘날, 이런 모든 것은 그들의 인식으로부터 사라졌으며 다시
는 되돌아오지 않고 있다. 예컨대, 서당 훈장인 아버지가 그의 옆에 축적
된 양의 연구를 놓고 앉아있는 동안, 아마도 제국대학의 학생일 터인 그의
아들은 그 자신의 삶을 구하기 위해서라도 그것을 읽을 수는 없을 것이다.
오늘날 한국의 상황이 이러할진대, 과거에 위대한 문학의 땅이었던 이곳
에서 사라진 그 흔적은 찾을 길이 없을 정도로 깨끗이 제거되었다. 우리가
시에서 볼 수 있는 서양을 모조하려는 무기력하고 절망적인 시도들은 그
들이 상실한 것이 얼마나 거대한 손실인지 입증해주고 있다.

여섯째, 여성의 세계는 법과 질서의 사라짐에 따라 전복되어왔다. 서양
의 위태로운 가르침, 오늘날의 유행들, 흐트러진 소설들, 그리고 활동사진

은 자신이 가진 최악의 것을 아시아에서 실현해왔다. 특별히 이것은 아시아의 인간관계에서 잘 드러난다. 이것은 유난히도 성(性)의 관계에서 나타난다. 여성들은 그들이 바란 대로 열린 장으로 진출하고 있다. "서구의 여성들도 그렇지 않나요?" 라고 그들은 묻는다. 전 영국 재무부 장관의 아내는 마치 그것이 고결하고 영감이 넘치는 생각인 것처럼 다음과 같이 쓰고 있다. "바람과 같은 자유, 사회주의자 아내는 단지 그녀의 남편과 아이들을 향한 본연의 사랑에 의해서만 맺어질 수 있다." 그리고 이혼은 "더욱 쉽게 성취되게 되리라." 또한 기질의 불일치는 "기왕의 관계를 완전히 해소하기 위해 길을 나서, 다른 결혼을 향해 진입하기 위한" 토대가 될 것이다(The Women Socialist, 61, 62). 무질서한 아시아라고 하나, 과연 우리에게서 무엇을 기대할 수 있을 것인가?

젊은 여성이 매일 술을 마시고, 그렇게 매일 밤 그녀가 보는 영화에서나 나올 법한 남녀 사이의 스캔들과 같은 가르침에 의해 그녀의 무결한 영혼은 아버지가 잘못되었다고 꾸짖었던 것, 공자가 하지 말라고 깨우쳤던 것, 그리고 찬송가가 가장 어두운 죄로써 제지했던 것들을 좇아 그 주위를 배회하고 있다. 지금 세대들은 여성을 위한 기사도를 거의 갖고 있지 않다. 오늘날의 정신은 차라리 그녀를 기다리기 위해 덫을 놓고, 거짓을 말하는 것이라 하는 편이 적절하다. 이런 것들이 한국이 가지고 있는 소위 20세기의 문명화라 일컬어지는 것들이다. 세계의 모든 선교의 노력에도 불구하고, 우리는 태평양으로부터 밀려오는 조류에 손을 들고 있는 마을 아이들과 같이 무력하다. 한국의 여성들에게는 어떠한 기준도 남겨져 있지 않으며, 그녀들의 유일한 문학적 즐거움의 원천은 근대적 사랑 이야기인 '연애소설'(Yon-ai So-sul)이다.

일곱째, 의복. 한국의 의복은 흥미롭다. 머리에 씌워져 있는 모자를 제

외하고 머리에서 발끝 까지 흰 색이라는 점에서 말이다. 그들이 말하길
흰 옷은 기자(1122 B.C.)와 함께 전해졌다 한다. 중국이 고려되는 한에서
(말해보자면), 동쪽 지역에 위치하고 있는 한국은 동양철학에 의거하면
실제로 푸른 계열이나 녹색 계열의 옷을 입어야 한다고 한다. 흰색 계열은
서구나 티벳, 타타르(Tatary)쪽에 적합하다. 흰색의 옷에서 푸른 계열의
옷으로 바꾸려는 여러 시도가 있었으나 이에 대한 응답은 언제나 다음과
같았다. "기자가 우리에게 흰색을 주었고, 그렇기 때문에 응당 흰색이어야
만 한다." 물론 의식이나, 국가 행사, 결혼, 공직과 같은 상황에서는 흰색
이외에도 다른 색조가 첨가되었다. 옷을 입는 방식만큼 색조의 다양함,
혹은 직물의 정교함의 완벽도를 잘 드러낼 수 있는 것은 없다. 필자는
고위 관직에 합당할 법한 차림새를 하고 있던 지방 관리자의 방문을 처음
으로 영접했을 때 얼마나 거칠고 세련되지 않은 느낌을 받았는지, 지금도
기억이 선연하다. 그는 마치 어떤 요정 세계에 살고 있는 것 같았다. 사람
들의 삶에 깊게 새겨진 사상이 담겨 있었을 뿐더러 모든 솔기마다 그것이
풍겨났던 고대의 의복은 사라졌다. 기자의 모자 대신에, 우리가 얻은 것은
중산모, 야구모자, 중절모, 밀집모자 따위들이다. 여름날의 마지막 장미,
노마(老馬)의 갈기 부스러기 같은 것이 된 것이다. 학생들의 경우 발끝에
는 외국 신발을 개조한 것들을 신는데, 거개가 검게 잘 닦여 있지 못하며,
종종 끈이 풀려 있거나 앞 축이 축 늘어진 위에 줄이 혼란스럽게 엉키고
설켜 있기도 하다. 과거 그곳, 그러니까 한국인의 발, 신발과 양말은 세계
에서 가장 단정하게 잘 정돈되어 있었다. 모자와 발뒤꿈치에 사이에 긴
두루마기가 있었다. 제국대학(Government University)의 한 학생이 근래
필자에게 두루마기에 대하여 어떻게 생각하는지 물어왔다. 필자는 매우
잘 어울릴 뿐더러 유용하다 여긴다고 말했다. 젊은이는 짐짓 공손한 미소

(condescending smile)를 지으며, "저는 두루마기가 매우 어리석은[원문의
folish는 foolish의 오기: 역재 물건이라고 생각합니다. 저는 두루마기와
싸워나갈 것입니다"라는 의견을 내었다.

의복에서 보이는 이 황량한 무질서는 오늘날 영혼에서 보이는 혼란을
드러내주는 것이다. 그것은 모든 규범들의 결핍, 세계에서 가장 오래된
것이자 비범한 것, 가장 영예롭던 것, 지구상의 다양한 종족들을 교정해주
던 문명, 그 모든 것의 상실이다.

오늘날 선교사들에게 맡겨진 과제는 한국에 맞지 않는 방법과 관습을
없애어 한국의 세계를 혼란스럽게 하는 것이 아니라, 그들의 외부가 아니라
마음 속 깊은 곳에 보이는 모든 교의를 일깨우는 기독교를 조심스럽고 조용
히 그들에게 전해주는 것이다. 고대의 사람들이 그들의 이상, 종교, 의식,
음악, 언어, 여성의 세계 그리고 심지어 의복까지도 상실한 장소, 이런 시기
에는 이런 것들만이 가치를 지닐 것이며, 희망을 줄 수 있으리라.

(3) J. S. 게일, 「구미인이 본 조선의 장래 −나는 전도를 낙관한다−」(1928)

- 奇一, 「歐美人の見たる朝鮮の將來─余は前途を樂觀する」 1-4, 『朝鮮思想通信』 787-790, 1928.

(英) 게일 박사

제가 영국에서 조선에 온지도 올해로 꼭 40년이 되었습니다. 그간 내가 보았던 조선! 생각해보면 그것은 실로 한편의 활동사진입니다. 이 40년간 나는 보면 볼수록 조선 그 자체가 심오하게 여겨져 흥미를 더해 가게 되었습니다. 조선의 전도는 도대체 어떻게 되어 갈런지……. 다시 말해 이 활동사진은 끝은 어떻게 전개되어 갈 것인지…….

동양의 희랍

조선은 실로 동양의 희랍이라고 말하고픈 나라로, 일찍이 고대 유사 이래 온갖 문화를 창조했으며 세계에서 으뜸가는 바가 있었습니다. 우선 문학의 측면에서 보자면 서양을 떠들썩하게 했던 셰익스피어는 지금으로부터 3백여 년 전, 조선으로 말하자면 임진란 이후의 인물이지만, 조선에는 이미 그보다도 1천여 년 전 신라 최고운의 문학이 당나라에 들어와 측천무후를 놀라게 하지 않았습니까. 고구려 광개토왕 비문과 같은 것은 그 웅도거업(雄圖巨業)은 접어두더라도, 단순히 문장 그것만 놓고 보더라도 천고의 걸작이며 게다가 그것은 실로 기원후 414년이라는 고대의 것에 속합니다. 그 사상, 그 문물제도에서 보아도 조선과 같이 발달한 곳은 없었습니다.

×

신라의 김유신 장군은 당에 빌어 군대를 끌어들여 백제를 토벌하고, 조선이 지나 세력 아래 놓이게 된 단서를 만든 인물로, 조선인 역사가는 그를 탐탁히 여기지 않습니다. 그러나 김장군은 일찍이 신라를 위해 삼국 통일을 기획하고, 천제(天祭)를 마련하여 하늘에 기원을 올렸습니다. 신의 존재를 발견했던 것은 서양의 어느 나라보다도 김유신이 먼저였다고 믿습니다.

조선의 삼성(三聖)

그리하여 저는 상술했던 김유신 장군과 이조의 세종대왕과 이율곡 선생 이 삼인을 조선의 3성(三聖)으로 여깁니다. 지나인이 고래부터 자랑으로 삼아온 요순우탕이 얼마나 위대한지는 모르겠으나, 조선의 역사[史實] 에서 나타나는 세종대왕의 덕행과 인정(仁政)은 그것에 뒤지지 않는다고 하겠습니다. 또 언문을 만들어내고 시계를 만들도록 한 것이나 기타 온갖 문물제도를 제정하여 인류의 행복을 꾀했던 것은, 일반에게 다 같이 숭배 받는 점입니다. 저는 연전에 여주를 지나던 때, 영릉에 참배하고 그 유덕 (遺德)을 감사하여 몇 번이고 하늘을 우러러 신성(神聖) 조선민족의 장래 를 축복하였습니다.

×

또 율곡선생에 이르면, 여기서 완전한 조선인을 구하여 얻어낸 기분이 듭니다. "規矩方圓之至也 聖人人倫之至也[규(規)와 구(矩)는 사각과 원을 만드는 극처가 되고, 성인은 인륜을 지키는 극처가 된다: 역재"고 말한 바와 같이, 율곡 선생은 실로 조선인으로서의 표본입니다. 전형입니다. 그것이 성결하다 하는 까닭은 그 문학도 그러하거니와, 벼슬살이를 하지 않더라도 차라리 일개의 사람다운 사람, 일세의 부귀공명과 속론(俗論)을 초월했던 사람, 투철한 식견과 개결(介潔)한 기개와 지조, 역경에 종순하는 달관, 견실하고 심원한 이상의 소유자였다는 점에 있습니다. 저는 항상 조선의 인사를 만날 때 혹은 크게 혹은 적게 이런 느낌을 갖습니다. 아아, 과거의 문화의 조선은 이렇게 찬연한 것이었구나. 그렇다면 근대의 조선은 어떠한가.(787호)

한국멸망의 일곱 가지 원인

"한국은 불행히도 멸망하였다" 그렇다면 무엇 때문에 멸망하였던가. 조선인 자신이 제 스스로 잃어버린 일곱 가지 원인이 있습니다.

1. 관념의 인물을 잃어버렸습니다.

상세히 말하자면 근대의 조선인은 상상에 일치하는 인물, 즉 대표적 조선인의 역사적으로 축적된 정신—조선혼이라고 말할 수 있을만한 것—을 잃어버렸다. 조선 역사상의 대인물, 을지문덕, 강감찬, 이순신과 같이 무공(武功)이 높은 인물들이나, 설총, 최고운, 김유신, 세종대왕, 이퇴계, 이율곡과 같은 문화의 창조자를 기억하는 조선인이 얼마나 될까요. 제가 몇 년전 여주의 영릉을 참배하던 때, 저와 동행했던 조선인 청년은 그

능이 무엇인지 알지 못했을 정도입니다. 하나를 보면 백을 알 수 있는
법입니다.

2. 도덕을 잃어버렸습니다.

천의(天意)를 무시하는 온갖 현상을 살펴보십시오. 심하게는 귀신에게
아첨하려 하는 무격(巫覡)의 유행이나, 천위(天威)를 빙자한 사기로 벌이
를 삼으려 드는 잡다한 종교의 창궐. 얼마나 조선인이 하늘과 배치된 채
나아가고 있는지를 알 수 있습니다. 저는 기독교도라는 고루한 견해에서
말하는 것이 아닙니다. 조선에도 일찍부터 기독교 이상으로 신을 발견하
고, 이해했던 사람이 많았었지 않습니까. 신을 믿는다고 하는 기독교도도
근래는 신을 팔아 하늘에 거역하고 있습니다.

3. 예의를 잃어버렸습니다.

아무리 자유평등의 세상이라고 해도, 예절까지 잃어 버릴 수야 있겠습
니까. 저는 근래, 그 유명하던 조선의 예법의 정수가 어디로 가버렸는지
알지 못합니다.

4. 음악을 잃어버렸습니다.

"簫簫九成 鳳凰來儀소소를 아홉 번 연주하니, 봉황새가 날아와 법도에
맞게 춤을 추다: 역재"*와 같이 실로 훌륭한 음악은 대체 어디로 가버렸습

---
* 『書經』 「益稷」

니까. 혹자는 "이는 고인이 백발삼천장(白髮三千丈)식으로 과장한 것이다. 진실로 무슨 음악이 있었겠는가"라고 말하지만, 그러나 저는 노랫소리가 들려오지 않는 곳에서조차 옛 음악의 에너지가 있었음을 믿어 의심치 않습니다. 근래 조선인의 가슴 속엔 어느 정도나 음악의 에너지가 숨어있는지 알 수 없습니다.

5. 문학을 잃어버렸습니다.

옛 서적을 잃어버린 것은 물론, 규장각 내부에 아직 다소가 남아 있다고는 해도, 그것을 독파해낼 수 있는 조선인 청년이 몇 사람이나 되겠습니까. 신흥문학에 이르러서는 아직 볼 만한 것이 없습니다.

6. 남녀의 분별을 잃어버렸습니다.

7. 의복을 잃어버렸습니다.

조선민족은 이처럼 일곱 가지 원인에 의하여 조선을 잃어버렸습니다. 조선을 망하게 했던 자는 5조약(보호조약) 7조약(일한협약)이 아니며, 또 이토 히로부미나 데라우치 마사타케도 아닙니다. 이 점은 이천만 조선민중이 아주 깊게 반성해보아야만 할 점입니다.(788호)

조선인은 일본화되는가?

조선인은 일본화되어 버릴 것인가, 하는 질문을 흔히 듣게 됩니다. 저는 결단코 조선인이 일본화되어 버리는 일은 없을 것이라 믿습니다. 무력으로써 희랍을 정복했던 로마가 반대로 희랍문명에 정복당했던 역사가 있습니다. 독립된 문화와 역사를 가진 민족이 그렇게 용이하게 망했던 예는 없습니다. 저는 이천만 조선인이 어떤 마술에 걸리더라도 돌연히 일본인화될 것이라고는 믿지 않습니다. 우리 영국의 실례를 보아도, 아일랜드인은 어디까지나 아일랜드인이며, 스코틀랜드인은 철저히 스코틀랜드인입니다. 이것을 일본인의 경우에 비추어 보면 더욱 분명해집니다. 일본인은 생래적으로 다른 인종과는 다른 성격과 정신을 가지고 있으며, 생래적인 일본인이 아니면 가질 수 없는 무언가를 가지고 있습니다.

×

누구든, 일본인화가 가능하다고 생각하는 자가 있다면 그것은 몹시 천박한 생각입니다. 서양인의 선교회가 경비를 조금이나마 보조해서 병원이나 교회나 학교를 경영하고, 영어를 한마디라도 말할 수 있도록 교육시켰다고 해서, 조선인이 서양인화되지는 않은 것과 마찬가지입니다. 고뇌에 싸인 조선인들은 이점에 대해서는 반드시 안심해도 좋습니다.

이 몸이 죽어 죽어 일백 번 고쳐 죽어 백골이 진토되어 넋이라도 있고 없고 님향한 일편 단심이야 변할 줄이 있으랴.

고려 말의 충신 정포은 선생이 남기고 간 이 시조도, 오늘날의 조선민족은 기억해야만 합니다. 그러나 저의 이런 말이 배일을 선동하는 의미로

오해되어서는 곤란합니다. 한 순간의 통쾌함을 부르짖기 위해 대세를 역행하는 무모함을 저는 받아들이지 않습니다. 조선은 조선으로서 여러 가지 아름다운 점을 가지고 있습니다. 일본은 일본대로 또 이런 저런 아름다운 점을 가지고 있습니다. 아무리 깎아내린다고 해도 일본은 동양을 지탱하고 있으며, 어떻게 해도 일소시킬 수 없을만한 힘을 가지고 있습니다. 견식이 있는 오늘날의 조선인사는 이 일본을 배척하고 독립한다는 불가능성을 충분히 깨달아 알고 있습니다. 그렇다면 조선인의 좌경적화(左傾赤化)! 그것이 중대한 의문인 것입니다.

조선인은 좌경화할 것인가

저는 조선의 위아래가 좌경적화하는 원인을 다양하게 양성해가고 있는 현상을 통해 보아도, 금후 이와 같은 운동이 점점 더 격해질 것이라고 믿고 있습니다. 때에 따라 일진일퇴는 있는 듯해도, 좌경적화의 기운이 완전히 사라져버리는 일은 없을 것입니다.(789호)

조선에서 자본주의의 폐해는 점점 격해져갈 운명을 가지고 있습니다. 경제는 발달되어야만 하지만 한편으로는 좌경적화가 적잖은 고민을 줍니다. 그러나 필경 조선이 러시아와 같이 완전히 좌경화되어버릴 것이라고는 생각하지 않습니다. 조선의 사회는 설령 지리멸렬에 이를지라도, 일시에 대혁명이 일어나거나 하는 일은 없었던 전통적 성질을 가지고 있다는 것이 그 제1의 이유입니다. 조선인은 제정 당시의 러시아와 같이, 그토록 무지폭학하지는 않다는 것이 그 제2의 이유입니다. 민지(民智)는 날로 트이고 사람은 날로 계발되어가기 때문입니다. 한 걸음 한 걸음 진보해가기 때문입니다. 이미 지나온 것은 다시는 본래 자리로 되돌아가지 않는 법입니다.

×

조선인의 도덕의 퇴폐가 오늘날보다 심할 수는 없다고 이야기합니다만, 아직 퇴폐해야할 것이 남아 있는 동안은, 앞으로 더욱 퇴폐해져 갈 것입니다. 생활의 곤란이 그 극에 빠져있다고는 하나, 생활이 향상되는 때까지는 더더욱 곤란해질 것입니다. 사회의 문란을 책(責)한다고 하나 어느 시대에도 완전히 통일되었다고 할 만한 시기는 없었습니다. 사상의 혼돈을 우려하지만, 역시 어느 사회에서도 그것이 정돈되었던 적은 없습니다. 오직, 퇴폐, 곤란, 문란, 혼돈 가운데서 하루하루 혁신이 있었고, 한 걸음 한 걸음 진보가 있었던 것입니다. 이렇게 현실로부터 현실로 추진해가는 것이 소위 세상인 것입니다. 요컨대 이것을 비교적 잘 성취하느냐 못하느냐는 오로지 조선인의 성실과 노력 여하에 달려있는 것입니다. 현대의 조선인은 현대를 위해서라기보다 더 행복한 사회가 되어야만 한다는 식으로 노력을 다해야 한다고 생각합니다. ―그 이상은 신의 섭리에 맡겨야 하겠지요― 저는 이 이상의 예언을 할 수 없습니다.

×

때는 지금으로부터 28년 전, 1900년의 정월이었습니다. 서양의 모든 신문 잡지의 신년호에는 당시의 일류명사의 세계의 장래에 대한 예언이 발표되었던 적이 있습니다. 그 다수는 도덕이 발달하면 전쟁이 사라질 것이다, 의술이 발달하면 병균은 정복될 것이다, 식량이 풍부하게 되면 인류의 쟁욕(爭慾)은 사라질 것이다, 하는 점에서 일치했습니다. 구미인은 그와 같이 안심하고 있었던 것 같습니다. 그러나 그로부터 사년 째에 대전쟁이 일어나고, 다음에는 유행성 감기가 창궐했으며, 그 다음에는 사상혼란, 계급투쟁이 맹렬해졌습니다. 대체 이 세상이라는 것은 어디까지 참인가.

하늘의 신이 하시는 일은 인류로서는 알 도리가 없는 것입니다. 그렇게 말해두어도 또 어떤 대변화가 일어날지도 알 수 없습니다. 세계의 역사라는 것은, 필경 고금에 걸쳐 수많은 변천을 거듭해온 겁회(劫灰)를 가리키는 것이겠지요. 대포의 나라나 군함의 나라라는 오늘날의 현상을 보아, 문필의 나라 조선은 몸소 다른 사명을 지니고 있는 것은 아닐까요.(790호)

3부

*The Korea Bookman*의
한영/영한 대역어
정리 작업

【소개】

*The Korea Bookman*은 기독교 문학에 대한 관심을 촉발시키고, 새로운 출판물들에 대한 정보를 제공하기 위해, 조선야소교서회(朝鮮耶蘇敎書會, The Christian Literature Society of Korea)에서 연 4회씩 발간한 출판 관련 영문 계간지이다. 1920년 2월(제1권 제1호)에서 1925년 6월(제4권 제6호)까지 총 22호를 출판했다. 제럴드 본위크(Gerald Bonwick(班禹巨))가 1920년 1월호부터 1921년 6월호까지 편집장을 맡았고, 이후 토마스 홉스(Thomas Hobbs(許曄))가 1921년 9월호부터 1923년 12호까지, 클라크(W. M. Clark(康雲林))가 1924년 3월호부터 1925년 3월호까지 편집장을 담당했다. 종간호인 1925년 6월호는 편집장을 별도로 표시하지 않았다.

근대 한국어와 이중어사전을 탐구한 우리의 일련의 작업이 이 잡지 속 기사들에 주목한 까닭은 연재물 중 하나가 서구인들의 언어정리사업에 관한 내용을 포함하고 있었던 까닭이다. 이 연재물은 『三千字典』(1924), 『英鮮字典』(1925)과 같은 영한사전의 발간과 함께, 3·1운동 이후 펼쳐진 한국의 새로운 공론장에 대응할 수 있는 영한·한영대역어휘목록을 만들어야만 했던 서구인들이 처했던 곤경을 잘 드러내주는 상징적인 사건이었다. 이 언어정리사업과 관련된 기사들을 정리해보면 다음과 같다.

	저자	제명	게재시기
1	W. M. Clark	The Need of Special Vocabularies in English-Korean	1921.3.
2	Geo. H. Winn	Second List of Words	1921.6.
3	Geo. H. Winn	Useful Words and Phrases	1921.12.
4	W. M. Clark	English-Korean Word Lists	1922.3.
5	G. Engel	English-Korean Vocabulary	1922.9-1923.6.
6	G. Engel	English-Korean Vocabulary	1923.9-12.

1-3에서는 〈한국어-영어〉순으로 54 항목, 4-6에서는 〈영어-한국어〉순 332 항목의 대역관계가 게재되어 있고 그 근거가 제시되어 있다. 최종적인 결과 물인 영한대역어휘목록 332 항목과 『三千字典』을 대비해보면, 일치되는 영어 표제어는 127 항목이며, 일치 영어 표제어에 대한 한국어 대역어=해제 역시 88 항목이 일치함을 발견하게 된다. 이를 언더우드, 존스의 영한사전과 함께 정리해보면 다음과 같은 결과가 도출된다.

	Jones 1914	Gale 1924	Underwood 1925
일치 영어표제어	170 항목	128 항목	247 항목
일치 조선어대역어 (일치 조선어대역어/ 일치영어표제어)	62 항목 (36%)	87 항목 (68%)	125 항목 (51%)

영어 표제어가 일치하는 경우에, 한국어 대역어 역시 일치하는 경우도 상당히 존재하지만, 그렇지 않은 경우들이 다수 존재함을 여기서 알 수 있다. 이 시기에도 여전히 영한 대역관계에 대한 충분한 안정성을 확보하지 못했음을 보여준다고 하겠다. 하지만 존스에 비해, 게일, 원한경의 한국어 대역어 일치율이 더 높아, 대역관계의 안정성이 점차 높아가고 있음만은 확인된다. 이 잡지의 일련의 연재물은 새로운 공론장과 담론의 폭발 속에서

영한·한영 대역 관계, 번역적 관계가 혼란 속에 정립되어 가는 과정 그 자체를 잘 보여준다 하겠다.

더불어 윌리엄 클라크의 글(1, 4)은 이어지는 두 저자의 글에 대한 길잡이 역할을 담당하며 이 연재물을 기획한 사정과 경위에 대하여 이야기 해준다. 엥겔(G. Engel, 王吉志)의 글(4)은 클라크가 제시한 구체적 사례와 목록에 대한 논평을 수행한 후 총 332 항목의 영한대역 어휘목록을 연재한 것이다. 번역편에서는 상기도표의 게재시기 순서대로 클라크와 엥겔의 글에 대한 번역문과 이 어휘정리사업의 전체 대역어휘목록을 수록한다.

▌참고문헌

이상현, 「근대 조선어·조선문학의 혼종적 기원」, 『사이間SAI』 8, 2010.
황호덕, 「번역가의 왼손, 이중어사전의 통국가적 생산과 유통」, 『상허학보』 28, 2010.
황호덕·이상현, 「번역과 정통성, 제국의 언어들과 근대 한국어」, 『아세아연구』 145, 2011.
The Korea bookman I-1~VI-2, The Christian Literature Society of Korea, 1920.2~1925.6. (연세 대학교 소장, 자료형태: 1 microfilm reel; 35mm.)

(1) W. M. 클라크,「영-한 특별 어휘록의 필요성」(1921. 3.)

- W. M. Clark, "The Need of Special Vocabularies in English-Korean", *The Korea Bookman* II-1, 1921.3.

W. M. 클라크, 전주

3월 22일, 반년마다 서울에서 열리는 조선야소교서회(朝鮮耶蘇教書會, Christian Literature Society) 이사회에서, 추가적인 한국어 어휘목록을 작성할 필요성이 대두되었으며 이런 필요성을 충족시키기 위한 계획안이 채택되었다. 계획의 요지는 다음과 같다.

(1) 한국에 주재 중인 선교사들 모두는 다음과 같은 요청을 받았다. 적절한 한국어 번역에 있어 어려움을 겪어온 영어 단어, 그 번역의 필요성이 절박한 영어 단어들의 목록을 작성해 제출할 것. (목록에서 기대되는 평균 단어 개수로는 50개에서 100개 가량이 제안되었다).

(2) 이 목록들은 조선야소교서회 집행위원회의 감수를 거칠 것이며, 잠정적인 번역을 함께 수록한 어휘목록이 발표될 것임.

(3) 비평과 어휘 추가 작업을 할 수 있을 만한 시간이 지난 뒤, 조선야소교서회 집행위원회에서는 적어도 영어를 잘 아는 한국인 세 명과 외국인 두 명으로 이루어진 위원회를 선출하여 잠정적인 목록의 검토, 교정, 수정을 행할 것임. 수정을 거친 어휘 목록은 출판될 것이며, 한국어를 처음 공부하는 이들, 번역 작업을 행하는 이들, 한국어를 올바르고 간결하며 아름답게 구사할 수 있는 능력을 향상시키려는 데에 관심이 있는 모든 이들에게 유용할, 권위 있는 추가적 용어목록의 시초가 되어줄 것임.

이 계획의 성공여부는 선교사 여러분의 협력에 크게 좌우될 것인 만큼, 더욱 상세한 설명과 제안의 말을 덧붙이는 것이 적절할 것 같다.

우리가 요청할 단어 중 일부는 분명 만족스러운 수준으로 번역될 것이기에, 쉽게 참고할 수 있도록 적절한 대응어를 기록에 남기는 것만으로 충분할 것이다. 일부는 만족스럽게 번역되어 있지 못할 것이다. 그런 경우에는 최상의 대응어를 찾기 위해 노력할 일이다. 그런 다음에야, 일반의 협조를 얻어 새로운 용어가 영어 대응어가 지닌 모든 의미를 나타내게 될 때까지 그 용어를 그러한 의미로 사용할 수 있을 것이다. 그러나 이 새로운 용어가 어떻든 일반적 가치를 지니기 위해서는 가능한 한 다수의 예리한 안목을 지닌 한국인 독자들이 적극적으로 협조해 주어야 할 것이며, 번역 작업을 포괄적으로 한국인들에게 맡겨야 할 필요가 있다. 그렇게 해서 이 어휘목록이 외국인들뿐만 아니라 한국인들에 의해서도 쓰일 수 있는 방식으로 출판되어야 할 것이다. 이런 식으로 해야만 새로운 단어들은 성공을 거둘 수 있다. 말할 나위도 없이, 한국인들이 새로운 용어들을 우리가 의도했던 방식대로 받아들이고 사용해 줄 때에만이 우리는 더욱 풍부하고 탄력적인 어휘목록을 작성하는 데 있어 발전을 기대할 수 있다.

여기까지의 예비 설명과 더불어, 몇몇 단어를 예로 제시하여 필자가 염두에 두고 있는 작업이 어떤 방식인지 보여주고자 한다.

(1) To 'inspire' another, as a pupil. '감상주오(感想)'가 제안되었으나, 조금 부족한 듯하다.

(2) 'Recitation'-필자가 찾을 수 있는 한도 내에서는, 서양식 교육 방법을 뜻하는 의미로는 이 단어의 개념 자체가 없다. 가장 가까운 단어는 아마 '일강(日講)'일 듯하지만, 불충분하다.

(3) 'Character' '품셩(品性)'이 제안되었다. 그러나 이 단어가 충분한지는 별개의 문제다.

(4) 'Personality' '인격(人格)'

(5) 'Subjective', 'objective', 'concrete', 'nature' '자연의 세계'(the world of nature)라는 표현에서처럼 물질적 의미의 nature.

(6) 'hemming', 'pleating', 'basting' 등의 단어를 알고 정확하게 사용하는 여성이 몇 분이나 있는가. 이런 단어들은 쉽게 이용할 수 있어야 한다.

(7) 'Stewardship'-필자가 듣기로는 이 단어를 번역하기 위해 '슈임쟈(受任者)'라는 신어가 만들어졌다고 한다.(받을 수(受); 맡을 임(任)) 신약 번역에서 'steward'의 번역어로 쓰인 청직이(廳直)는 현대적이고 서구적인 용법 때문에 불충분한 것으로 알려져 있다.

제안된 계획을 성공으로 이끌기 위해 우리 모두 할 수 있는 일을 다 하도록 하자. 이런 작업은 그 필요성이 긴급하다.

클라크 씨의 제안에 따라, 그리고 이 지면에 선보이는 첫 번째 어휘목록으로서, 우리는 북장로교회 언어위원회에서 준비한 유용한 단어와 어구의 새로운 목록을 기쁜 마음으로 소개한다. 이는 그분들이 제작하고 있는 일련의 목록들 중 첫 번째에 해당한다.*

　1. 가셩덕 (올흘) (일울) as much as possible
　　　Ex. 가셩덕으로 도아 주시오.

---

* [역자주] 이하 모든 한국어 예문에 대한 띄어쓰기는 역자의 것임.

Trans. Please help as much as possible.

2. 가급뎍 (올흘) (밋칠) as far as possible
    Ex. 가급뎍으로 힘쓸거시오.
    Trans. To use one's strength as far as possible.

3. 젹극뎍 (싸흘) (극진) to add without limit.
    쇼극뎍 (살아질) (극진) To diminish without limit.
    Ex. 은혜를 젹극뎍으로 부으신다.
    Trans. God pours out His grace without measure.

4. 구례뎍 (가출) (몸) concrete
    츄샹뎍 (밀을) (싱각) abstract
    Ex. 구례뎍으로 말ᄒ엿소.
    Trans. He spoke concretely.

5. 물질뎍 (만물) (밧탕) material.
    뎡신뎍 (미러을) (귀신) mental.
    신령뎍 (귀신) (신령) spiritual.
    Ex. 믈질뎍 문명은 뎡신뎍 문명만 못ᄒᆸ니다.
    Trans. Material Progress is not equal to mental progress.

6. 로골뎍 (드러날) (쌔) open, manifest
    비밀뎍 (숨길) (쎅쎅) hidden, secret.
    Ex. 셩신쯰셔 로골뎍 형샹으로 림ᄒ셧십니다.
    Trans. The Holy Spirit descended in manifest form.

7. 용단뎍 (날녤) (신흘) decisive.

Ex. 용단뎍 샤샹으로 힝하엿다.

Trans. He acted with decision.

13.** 활용하다 (살) (쏘슬) abundant, overflowing

Ex. 활용흔 밋음으로 쥬의 일 흡세다.

Trans. Let us do the Lord's work with abundant(overflowing) faith.

14. 필요하다 (반다시) (요긴) indispensable

Ex. 필요한 사롬이면 퇴직흘 수 업다.

Trans. If he is dispensable we can not dismiss him.

15. 흡인력 (맛실) (신을) (힘) attract, drawing power.

Ex. 압 지은 흡인력 잇소.

Trans. Blotting paper has absorbent (drawing) power.

16. 신셩뎍 (신거러을) (거륵) sincere, holy

Ex. 예수씌셔 신셩뎍 심령을 가졋섯소.

Trans. Jesus had a holy mind.

17. 의무 (을을) (힘쓸) obligation

책임 (신지실) (맛길) duty

Ex. 사롬이 맛당히 즈긔 칙임을 흘 의무가 잇십닌다.

Trans. Man is under obligation to do his duty.

** [역자쥬] 원문에 제시한 항목번호를 그대로 옮긴 것이다.

18. 님명ᄒ다 (맛길) (목숨) to appoint

   Ex. 젼도ᄉᆞ를 님명ᄒᆞ엿다.

   Trans. He appointed him to go preaching.

〈주의〉 형용사 어미 '-덕'으로 끝나는 단어 대부분은 '-하다'로 대체하여 동사로 쓰일 수 있다. 예를 들어 '용단덕'이 '용단ᄒ다'가 되면, 결단력 있게 행동한다는 의미가 된다.

(2) G. H. 윈, 「유용한 어휘와 표현들」(1921.2)

- Geo.H.Winn, "Useful Words and Phrases", *The Korea Bookman* II-4, 1921.12.

1. 계획 (계교) (그을) Plan; design (a means to an end)

   Ex. 셩셔 산미가 목뎍이 아니라 목뎍을 일울 계획이오.

   Trans. Selling the Scriptures is not the object but a means to fulfil the object.

2. 무료분급 (업슬) (료금) (눈흘) (줄) Free distribution.

   Ex. 엇제서 셩셔를 무료분급치 안코 팜닛가.

   Trans. Why do you sell the Scriptures and not distribute them free?

3. 렴가 (쳥렴) (갑) Low price

   제조 (지을) (지을) Manufacture

   Ex. 렴가로 제조흔 것.

   Trans. Things manufactured at a low price.

4. 구람지심 (살) (볼) (갈) (무음) To desire to buy and read.

   Ex. 구람지심이 나게 흐여야 흠닉다.

   Trans. It is necessary to arouse a desire to buy and read.

5. 수용흐다 (흐여곰) (쓸) To use; to employ.

   Ex. 우리는 믹일 자동챠를 수용흐오.

   Trans. We use autos everyday.(make use of)

6. 산미방법 (훗흘) (팔) (모) (법) Retail method

   Ex. 셔셔 산미의 유익은 산미방법에 달엿소.

   Trans. The value of Bible selling depends on how it is done.

7. 박약ᄒ다 (얇을) (약홀) To be very weak

   Ex. 그 이는 신앙심이 박약ᄒ오.

   Trans. He is very weak in faith.

8. 귀졀을 랑독ᄒ다 To read a paragraph aloud.

   (랑독ᄒ다 Used of reading minutes.)

   Ex. 이런 귀졀을 랑독ᄒ면 유익ᄒ오.

   Trans. It may be advantageous to read such a paragraph aloud.

9. 젼쾌 (온젼) (쾌홀) To be quite well. (recovered from an illness)

   Ex. 일기월 후에 당신을 다시 보니 병환이 젼쾌ᄒ엿소.

   Trans. I saw you again after one month and you had quite recovered.

10. 셩대ᄒ다 (셩홀) (큰) To be great and abundant.(used of a feast)

    Ex. 그 회는 셩대ᄒ엿셧소.

    Trans. That was a great meeting.

11. 독신쟈 (돗타을) (밋을) (놈) An earnest believer.

    Ex. 그 사름은 과연 독신쟈요.

    Trans. That man is truly an earnest believer.

12. 범위 (법) (에물) Sphere; circle.

Ex. 그 이는 싱각의 범위가 넘어 좁소.

Trans. The sphere of his thought is too narrow.

13. 박이지심 (넓을) (스랑) (갈) (ㅁ음) Feelings of great love

Ex. 박이지심으로 원슈싯지 스랑ᄒ여야 된다.

Trans. We should, by feeling of great love, love even our enemies.

14. 졀딕뎍 (싄흘) (딕흘) (뎍실) By no means; under no consideration.
(usually with negative sense.)

Ex. 죄는 졀딕뎍으로 짓지 마시오.

Trans. By no means fall into (commit) sin.

15. 리긔심 (리흘) (몸) (ㅁ음) Selfishness

Ex. 그 사름은 리긔심뿐이오.

Trans. That man is nothing but selfishness.

16. 이타심 (스랑) (다를) (ㅁ음) Unselfishness

Ex. 사름마다 이타심 가져야 ᄒ겟소.

Trans. Every person ought to be unselfish.

(3) W. M. 클라크, 「영-한 단어 목록」(1922. 3.)

- W. M. Clark, "English-Korean Word Lists", *The Korea Bookman* III-1, 1922.3.

W. M. 클라크

*Korea Bookman*에서는 우리가 가지고 있는 자료들을 보충하고 정보를 이용하고자 하는 모든 이가 손쉽게 접할 수 있도록 하기 위한 특별한 단어 목록과 어휘들이 필요하다는 점에 주의를 환기시킴으로써, 한국어를 배우는 모든 학생들에게 매우 귀중한 도움을 주고 있다. 이런 이유에서 지난 가을 장로교 연합 공의회(the Presbyterian Council)에 한 가지 계획이 제안되었다. 게일 사전과 동일한 형태의 영-한 단어 목록을 출간하고자 하는 계획이었다. 계획의 개요는 다음과 같다.

(1) 게일 사전 기금의 관리 주체인 장로교 연합 공의회 측에, 이 기금 중 2,500 엔 가량을 새로운 책 출간에 이용하게 해 달라고 요청하며, 발생하게 될 수익은 모두 기금 쪽으로 돌린다.

(2) 조선야소교서회 위원회로 하여금 책을 출판하게 한다.

(3) 조선야소교서회 위원회에게 편집장을 임명하게 하여, 책의 준비 과정에서 다음의 계획을 따르도록 한다. 즉, 한국에 주재하는 모든 선교사에게 다음의 내용으로 구성된 단어목록을 보내 달라고 요청하는 것이다.

(1) 선교사 측에서 배우게 되었으며 다른 곳에서는 쉽게 접할 수 없는 유용한 새로운 단어와 어구들. 이 단어와 어구들은 한글과 한자어로 표기되어야 하며 예문이 있어야 한다.

(2) 선교사가 적절한 단어를 찾을 수 없었으며, 번역되기를 바라는 영어 단어들.

편집장은 이렇게 수합된 단어들을 총합하고 추가할 수 있는 다른 단어들을 추가할 것이다. 그리하여 목록이 준비되면 이는 전문가들로 구성된 위원회에 제출되어 논의를 거치게 될 것이며, 그들의 허가를 받은 이후 출판될 것이다. 위원회 구성진으로는 다음과 같은 분들이 제안되었다. 게일 박사, 레이놀즈 박사, 윤치호 경, 신흥우(Hugh Synn) 씨, 양주삼 목사. 이 분들 중 게일 박사, 레놀즈 박사, 윤치호 경의 허가는 확실시되었으며, 다른 분들 역시 아무런 문제없이 동의할 거라 기대된다.

장로교 연합 공의회에 제시한 계획안의 요지는 대략 이 정도이다. 물론 이 계획을 연합 협의회(Federal Council)가 아닌 장로교 연합 공의회에 제출한 이유는 단 하나, 이런 규모의 작업에 있어 필요하게 될 자금을 구할 수 있다는 사실 때문이다. 장로교 연합 공의회가 취한 조처는, 공의회 차기 회의에 보고하라는 명과 함께 이 일 전체를 게일 사전 기금 담당 위원회의 관리 하에 두도록 하는 것이었다. 이런 연기 조치를 내린 까닭은 현재 원한경(H. H. Underwood) 씨가 준비 중인 사전이 본 작업이 다루고자 하는 영역과 겹칠 수 있고, 그렇다면 새로운 작업은 불필요하게 될 것이라는 생각에서였다. 지난 가을, 원한경 씨는 필자에게 자신의 사전이 1922년 봄에는 출판될 것이라는 확신을 피력한 바 있다.

상기의 정보를 제시하는 것은 작년 3월 조선야소교서회의 이사회에서 제안되고 채택된 계획안의 현 상황에 대해 모두가 알 수 있도록 하기 위함이다. 때때로 유용한 단어목록이 *Korea Bookman*에 실리는 일은 있었지만, 필자로서는 사회에 가장 이익이 되는 방향을 고려한다면 이제 이들 목록을 검토하고 확장시켜 하나의 목록으로 출판할 시기가 왔다고 여긴다.

유용한 한국어 어휘와 표현 목록
"A List of of Useful Korean Word and Phrases"

1. To take an interest in. (趣味) 츄미를 붓치다.

   As: - 그 사름이 (漢文工夫) 한문공부에 츄미를 붓친다.

   "That man takes an interest in the study of Chinese."

2. To influence (another). (影響) 영향을 끼치다.

   As: - 그 션싱이 학싱들의게 됴흔 영향을 끼친다.

   "That teacher execercises a fine influence over than pupils."

3. To encourage (another). (獎勵) 쟝려ᄒ다 or tlrglek.

   As: - 그 사름이 샤회를 위ᄒ야 쳥년의 졍신을 잘 쟝려식힌다.

   "That man stirs up the interest or the minds of young people in behalf of Society."

4. A successful man. (成功) 셩공흔 사름.

5. Social Service. (社會奉仕) 샤회봉ᄉ(Not altogether a satisfactory term.)

6. Capacity (as of a pupil). (才能) 재릉, (分量) 분량, (度量) 도량, (力量) 력량.

7. Motive. (動機) 동긔.

8. Idea. (理想) 리샹, (觀念) 관렴.

9. Idealism. (理想主義) 리상쥬의.

10. Understanding (理解) 리히.

11. Desire. (慾望) 욕망.

12. Will. (意志) 의지.

13. Personality. (人格) 인격.

14. Teaching by object lessons. (實地敎授) 실디교수.

15. Realistic. (實體的) 실톄덕.

16. Objective. (客格) 객격. (客觀的) 객관덕.

17. Subjective. (主格) 쥬격. (主觀的) 쥬관덕.

18. Materials (of which something is made). (材料) 지료.

19. Haphazard. (偶然) 엄벙덤벙, 우연.

20. Experience. (經歷) 경력, (經驗) 경험.

21. Theme, controlling thought, as of a book. (要領) 요령 or (綱領) 강령.

22. Gist, main point as in a climax. (要點) 요뎜.

23. To arrange beforehand. (豫定) 예뎡.

24. A share(of stock.) (株) 쥬.

25. Stock company. (株式會社) 쥬식회샤.

26. Amount of each share or capital from sale of stock. (株金) 쥬금.

27. Owner of Stock. (株主) 쥬쥬.

(4) *The Korea Bookman*의 한영대역 어휘목록(1921.3-1922.6.)

- *The Korea Bookman*의 한영대역 어휘목록(1921.3-12)

저자, 기사명, 발행년월	번호	한글 표제어	영문풀이	『韓英字典』(1911)의 등재양상
W.M.Clark, "The Need of Special Vocabularies in English-Korean", 1921.3.	1	가성덕	as much as possible	×
	2	가급덕	as far as possible	×
	3	격극덕 / 소극덕	to add without limit / to diminish without limit	×
	4	구테덕 / 츄샹덕	concrete / abstract	×
	5	물질덕 / 명신덕 / 신령덕	material / mental / spiritual	×
	6	로골덕 / 비밀덕	open, manifest / hidden, secret	×
	7	용단덕	decisive	×
	8	활용하다	abundant, overflowing	등재되었으나, 대응관계가 다름
	9	필요하다	indispensable	등재되었으나, 대응관계가 다름
	10	흡인력	attract, drawing power	×
	11	신셩덕	sincere, holy	×
	12	의무 / 책임	obligation, duty	○
	13	님명ㅎ다	to appoint	○
Geo.H.Winn, "Second List of Words", 1921.6	14	전황시긔	Money stringency	×
	15	유무샹통	Barter	○
	16	공산론	Communism	×
	17	투기미매ㅎ다	Speculation	×
	18	긔미	Rice speculation	×
	19	실디덕	Practical	×
	20	리론샹	Theoretical	×
	21	젹극덕	Positive	×
	22	쇼극덕	Negative	×
	23	봉쇄덕	Closed	×
	24	기발덕	Open	×
	25	샤회덕	Social	×
	26	경졔덕	Economic	×
	27	정치덕	Political	×
	28	종교덕	Religious	등재되었으나 대응관계가 다름

저자, 기사명, 발행년월	번호	한글 표제어	영문풀이	『韓英字典』(1911)의 등재양상
	29	표면덕	Superficial	등재되었으나 대응관계가 다름
	30	견고	Substantial, stable	×
	31	흥샹	Usual	등재되었으나 대응관계가 다름
	32	비샹	Unusual	×
	33	영향	influence	○
	34	비감	Pathos	×
	35	례술	Art(also used)	×
	36	원료	Material(물자 also used)	○
	37	도셔관	Library	○
	38	한란긔	Thermometer	×
Geo.H.Winn, "Useful Words and Phrases", 1921. 12.	39	계획	Plan; design (a means to an end)	○
	40	무료분급	Free distribution	×
	41	렴가 / 제조	Low price / Manufacture	○/×
	42	구람지심	To desire to buy and read	×
	43	수용ᄒ다	To use; to employ	×
	44	산미방법	Retail method	×
	45	박약ᄒ다	To be very weak	×
	46	귀절을랑독ᄒ다	To read a paragraph aloud	句節(○) 朗讀ᄒ다(×)
	47	전쾌	To be quite well (recovered from an illness)	×
	48	셩대ᄒ다	To be great and abundant(used of a feast)	×
	49	독신쟈	An earnest believer	○
	50	범위	Sphere; circle	○
	51	박익지심	Feelings of great love	×
	52	졀딕뎍	By no means; under no consideration(usually with a negative sense)	등재되었으나 대응관계가 다름
	53	리긔심	Selfishness	×
	54	익타심	Unselfishness	×

The Korea Bookman의 영한대역 어휘목록(1922.3-6)*

---

* [역자주] 원본에 있는 한글음은 생략하고 한자만을 제시하였다.

저자, 기사명, 발행년월	번호	영문 표제어	한글풀이
	1	To take an interest in	趣味를 붓치다
	2	To influence(another)	影響을 끼치다
	3	To encourage(another)	獎勵ᄒ다(or 식히다)
	4	A successful man	成功ᄒ 사름
	5	Social Service	社會奉仕
	6	Capacity	才能, 分量, 度量, 力量
	7	Motive	動機
	8	Idea	理想, 觀念
	9	Idealism	理想主義
	10	Understanding	理解
	11	Desire	慾望
	12	Will	意志
	13	Personality	人格
	14	Teaching by object lessons	實地敎授, 形容으로 가라치다
W.M.Clark, "English-Korean Word Lists", 1922.3.	15	Realistic	實體的
	16	Objective	客格, 客觀的
	17	Subjective	主格, 主觀的
	18	Materials(of which something is made)	材料
	19	Haphazard	偶然, 엄벙덤벙
	20	Experience	經歷, 經驗
	21	Theme, controlling thought, as of a book	要領, 綱領
	22	Gist, main point as in a climax	要點
	23	To arrange beforehand	豫定
	24	A share(of stock)	株
	25	Stock company	株式會社
	26	Amount of each share of capital from sale of stock	株金
	27	Owner of Stock	株主
	28	The Disarmament Topic	軍備縮小案
	29	A pround mind	驕心
W.M.Clark, "English-Korean Word Lists", 1922.6.	30	A strike	同盟罷業
	31	To be enough	洽足ᄒ다
	32	To quote	引用
	33	Applied Science	應用科學
	34	The Time of the	神政時代

저자, 기사명, 발행년월	번호	영문 표제어	한글풀이
		Theocracy	
	35	Optimist	樂世家, 樂觀者
	36	Pessimist	厭世家, 悲觀者
	37	Straight line	直線
	38	A literal translation	直譯
	39	Nature(as the world of nature)	自然界
	40	Supernatural	超自然界
	41	Evolution(the theory of)	進化論
	42	To correct(as the minutes of a meaning)	正誤ᄒ다, 矯正ᄒ다
	43	The Synoptic Gospels	共販福音
	44	Branch(of a Newspaper)	支局
	45	Branch(of a business)	支店
	46	Isolation Hospital	避病院
	47	To be Cruel	暴惡ᄒ다
	48	Address	講演
	49	Distribute	分給, 分配
	50	Announce	公布

(5) G. 엥겔, 「영-한 어휘」(1922. 9.)

- G. Engel, "English-Korean Vocabulary", *The Korea Bookman* Ⅲ-3, 1922.9.

신학 박사, G. 엥겔 목사

'영-한 어휘록' 작성에 필자가 가진 작은 몫(quotum)의 힘이나마 보태달라는 요청을 받아왔다. 그러나 이 작업에 앞서, *Korea Bookman*의 지난 호들에 게재되었던 몇 가지 제안 사항에 대해 소소한 논평을 덧붙이는 일이 보다 도움이 되지 않을까 생각한다. 다름 아니라, 제2권 제1호의 7쪽, 같은 책 제4호, 그리고 제3권 제1호의 4쪽에 관해서이다.*

"Recitation"은 실제 일일 시험을 뜻하는 의미라면 '日講 일강'이 될 수 있지만, 그 시간이 관건인 경우에는 일반적으로 '工課時間 공과시간'**이라 한다.

"Character"는 보통 '性質 성질', '性稟 셩픔'이라 한다. 한자어 '品性 픔셩'은 사실 사고파는 상품의 특성을 뜻한다. 그러나 소설에 등장하는 "characters"는 '人物 인물', "public character"는 '公人 공인', "bad character"는 '惡人 악인', "false character"(거짓 증명서라는 의미로)는 '僞品行證明書 위픔행증명셔 僞証 위증', "dangerous character"는 '危險흔 人物 위험흔 인물'이라 번역할

---

* [역자주] 엥겔이 논평한 부분은 이 번역편에서 번역한 것을 참조하면 된다. 여기서 2권 1호는 클라크의 글(「영한 특별 어휘록의 필요성」(1921.6.))에서의 예시문을 지칭한다. 같은 책(2권) 4호는 마찬가지로 Geo. H. Winn, "Useful Words and Phrases"(1921.12)을 지칭한다. 제3권 제1호는 「*The Korea Bookman*의 영한대역 어휘목록(1922.3~6)」에 수록된 W. M. Clark, "English-Korean Word Lists", 1922.3를 지칭한다.

** [역자주] 본문에서 '한자 한자음'으로 제시된 것은 원문 그대로의 표기 방식을 살린 것이다.

수 있다. 혹은 "He is quite a character"라는 표현을 쓰고 싶을 경우, '그 사람은 아조 奇異 긔이혼 사롬이다'라 옮길 수 있다. 결국 모든 것은 문맥이나 의미의 미묘한 차이에 달려 있다는 사실을 알 수 있다. 비단 "character"라는 단어만이 아니라, 다른 수많은 단어들 역시 카멜레온과도 같은 'Character 性質 셩질'***(이런 말장난이 허용된다면)을 지니고 있어, 새로운 문맥에 처하면 서로 다른 양상을 보이게 된다.

"Personality"는 '人格 인격'이라 표현할 수 있지만, 이는 "person"이라는 의미도 될 수 있다. "God is a person" 혹은 "God has personality"와 같은 문장은 '하ᄂᆞ님께서 人格的 存在 인격적 존재시니라'라 옮길 수 있으며, 이는 "God is a personal being"이라는 의미이다. 그러나 '하ᄂᆞ님께서 인격이 잇ᄂᆞ니라 하ᄂᆞ님께서 인격이시라' 라고 해서는 결코 안 된다(이것이 뜻하는 바가 무엇인지에 대해서는 설명할 필요조차 없을 것이다).

"the world of nature"를 번역하려 할 때, 우리는 이 표현이 우리에게 무엇을 뜻하며 한국인들은 어떤 단어로 이와 동일한 개념을 표현하는지 자문해 보아야 한다(그러나 영어 단어들을 글자 그대로 번역해서 맹목적으로 사용하지는 말아야 한다). 동일한 개념이 '天地萬物 텬지만물'이라 표현되는 것을 우리는 일상적으로 접한다. "Were the whole realm of nature mine..."은 '텬지만물'이라는 단어만을 이용해서도 표현할 수 있을 것이다. "realm"이라는 단어를 옮겨 내려고 애쓰는 것은 헛수고일 뿐이다. 우리의 마음에 시적으로 와 닿는 것은 한국인들에게는 매우 산문적인 것으로, 심지어는 우스꽝스런 주제 변화로 여겨질 수 있기 때문이다. 문맥이나 취향에 따라, 이 표현 대신 '宇宙 우쥬 universe', 혹은 '萬有 만유', '森羅萬象 삼나만샹'

*** [역자주] 원문의 표현("a chameleon-like **character** 性質(셩질)")을 그대로 살리기 위해 "character"를 제시했다.

등을 쓸 수도 있다.

북장로교회 언어위원회에서 제출한 어휘목록에 대해 몇 가지 의견을 남기는 일이 허용될 수 있을지 모르겠다. 일부 현대적인 학자 양반들에게는 오래되고 친숙한 표현인 '훌 수 잇ᄂ 대로'보다 '可成的 가셩뎍'이 "as much as possible"이라는 의미를 더 정확하게 표현할 수도 있겠다. 그러나 그 의미를 아는 것은 좋은 일이지만, 우리가 말하고 쓰는 데 있어서는 옛날 표현을 사용하는 편이 좋다.

3번, '積極的 젹극뎍'과 '消極的 소극뎍'은 각각 "positive"와 "negative"로 옮겼어야 한다. 현대 학생들은 물리학적 의미로든(양전기와 음전기(positive and negative electricity)에 대해 말할 때) 응용된 의미로든 모두, 이 단어들을 그러한 의미로 일상적으로 사용하기 때문이다.

5번, '文明 문명'이라는 단어는 "civilization", "progress"는 '前進 젼진' 혹은 '進步 진보'라 옮기는 편이 나을 듯하다. "civilization"은 일반적으로 '敎化 교화' 혹은 '開化 개화'라 번역된다며 반문할 분이 있을지도 모른다. 그렇기는 하지만, 그렇다고 '문명'이 "progress"가 될 수는 없다. "Civilized nations"는 역사서에서 보통 '文明諸國 문명제국'이라 옮긴다.

18번, '님명'의 철자는 '임명 任命'이 옳다.

뒤이어 제시할 내용은 알파벳 순서를 지켜 적겠다. 그래야 이 목록을 이용해 자신들의 목록을 보완하고자 하는 이들이 가장 쉽고 편리하게 이용할 수 있을 터이니 말이다. 간결함을 위해, 용례를 보여주는 예문은 중의성이 발생할 가능성이 있는 경우에만 제시할 것이다.

1. Absolute. 형용사. 絕對的 졀ᄃᆡ뎍. 이 단어는 *Korea Bookman*의 제2권 제4호

14번에 "by no means"라는 번역으로 수록된 바 있지만, 주어진 예시의 번역에서는 그것이 그런 의미가 될 수 없다는 점이 확연하게 드러난다. 그렇지 않으면 번역은 "By no means fall into no sin"이 되어야 한다. 만일 '짓지 마시오'가 "do not commit"(sin)으로 번역되었다면, 이 경우에는 ("by no means"가 아니라) "by any means"가 더 적당하리라는 점을 알아차릴 수 있었을 것이다. 그러나 '절대덕'이 "by any means"의 정확한 대응어인 것은 아니다.

2. Abstract, adj. 抽象的 츄샹뎍

3. Administer, v.t. 支配 지비ᄒ다

4. Admire, v.t. 欽慕 흠모ᄒ다

5. Admirable, adj. 欽慕 흠모홀만ᄒ

6. Agricultural products. 農産物 농산물

7. Aim, n. 目標 목표

8. Amalgamate, v.i. (to be assimilated) 融化 융화ᄒ다

9. Ambition, n. (in a good sense): 名譽心 명예심, (in a bad sense): 虛榮心 허영심

10. Ambush, to lie in, v.i. 埋伏 미복ᄒ다

11. Anonymous letter or placard, 匿名書 닉명셔

12. Arbitration, n. 調停 됴뎡

13. Archaeology, n. 考古學 고고학

14. Archaeologist, n. 考古學者 고고학쟈

15. Arrest, v.t. 逮捕 톄포ᄒ다 , to be arrested 逮捕 톄포되다

16. Auspices, under the auspices of, 主催下에 쥬최하에

17. Balance(equilibrium), n. 권형 權衡

18. Base(of operations), n. 根據地 근거디
    To fall back on the base: 根據地로 退去ᄒ다 근거디로 퇴거ᄒ다

19. Blockade, n. 封鎖 봉쇄

20. Blowpipe, n. 吹管 취관

21. Bull(decree, as a papal bull), n. 勅令書 측령셔, 勅令狀 측령쟝

22. Bureaucrat, n. 官僚 관료

23. Cable, n. (made of wire), 鐵索 쳘삭

24. Canal, n. 運河 운하

25. Catholic Church (in a general sense, as universal church): 普遍敎會 보편교회
    "orthodox church"를 의미하는 문맥에서는 "正統敎會 정통교회"를 쓸 것.
    "Roman Catholic"를 의미할 경우는 "로마敎會 로마교회" 혹은 "天主敎會 텬쥬
    교회"를 쓸 것.

(6) *The Korea Bookman*의 영한대역 어휘목록(1922.9–1923.12.) 및 이중어사전 수록 양상*

저자, 기사명, 발행년월	번호	영문 표제어	한글풀이	이중어사전 수목양상		
				Jones1914	Gale1924	Underwood1925
G,Engel,"English-Korean Vocabulary", 1922 Sept.	1	Absolute	絶對的	絶等, 絶代, (unlimited) 無限호	×	온전호다, 制限업다, 온전호, 제한업논, 專制호논
	2	Abstract	抽象的	摘要, 大略	**抽象的**, 理論的	…**抽象的**, 無形호
	3	Administer	支配호다	(govern) 다스리다(治), (perform) 執行호다, (execute a trust) 管理호다	×	(1) 行政호다, 다스리다, 主張호다, **支配호다**…
	4	Admire	欽慕호다	×	×	神奇히녁이다, 놀납계녁이다, 欽羨호다, 感歎호다
	5	Admirable	欽慕홀만호	×	×	神奇혼, 感歎홀만혼, 놀남운
	6	Agriculture products	農産物	×	×	×
	7	Aim	目標	다림(準儀), 意向	方針, 目的	…(3)目的
	8	Amalgamate	融化호다	×	×	×
	9	Ambition	名譽心, 虛榮心	功名心, 大望心, 期望 (had) 野心	**名譽心**, 功名心	大慾望, 野心, 功名心
	10	Ambush	埋伏호다	×	**埋伏**	(1) **埋伏**…埋伏호다
	11	Anonymous letter or placard	匿名書	×	Anonymous **匿名書**	×
	12	Arbitration	調停	仲裁, 裁斷	×	×
	13	Archaeology	考古學	古物學, 談古學, 好古學	古物學, **考古學**	**古物學**
	14	Archaeologist	考古學者	×	×	古物學者
	15	Arrest	逮捕호다/되다	×	**逮捕**, 捕縛	…**逮捕**호다
	16	Auspices, Under the auspices of	主催下에	×	×	×
	17	Balance (equilibrium)	權衡	(scale)져울(衡), (remainder) 늠겨저 餘在文, 餘數	殘金, **權衡**	(1) (Scales) 져울, 衡, (2) (remainder) 남녀지, 우수리, 零數, 差引, 세음꼿, 殘
	18	Base(of operations)	根據地	×	**根據地**	…**根據地**…
	19	Blockade	封鎖	(a port)封港, 鎭港	閉鎖, **封鎖**	**封鎖**, 閉鎖…
	20	Blowpipe	吹管	×	**吹管**	**吹管**

---

* [역자주] 원문의 어휘목록은 도표의 "번호", "영문 표제어", "한글풀이" 항목만 제시되어 있다. 동시기 발간한 게일의 『三千字典』(1924), 원한경의 『英鮮字典』(1925)의 대비표를 추가했다. 비교의 편의상 *Korea Bookman*에 수록된 것은 한글음을 생략했으며 한자로 모든 풀이항을 통일했으며 공통된 한국어 풀이가 보이는 부분을 강조표기(진한 글씨체)로 구분했다. 더불어 원한경 사전에는 영어표제어에 대한 보다 많은 풀이항이 등재되어 있지만, 개념이 등가되는 층위의 풀이항을 엄선해서 표시했음을 밝힌다. ● 표시는 인쇄 사정으로 판독하지 못한 부분이다.

저자, 기사명, 발행년월	번호	영문 표제어	한글풀이	이중어사전 수록양상		
				Jones1914	Gale1924	Underwood1925
	21	Bull(decree, as a papal bull)	勅令書, 勅令狀	×	×	×
	22	Bureaucrat	官僚	×	(Bureaucracy) **官僚**	(Bureaucracy) (1) 官僚政治, 官吏專橫 (2) 官僚派
	23	Cable(made of wire)	鐵索	×	**鐵索**, 海底戰線	…海底戰線…
	24	Canal	運河	×	×	**運河**…
	25	Catholic Church	普遍敎會, 로마敎會, 天主敎會	×	×	×
上同, 1922 Dec.	26	Common/ Common sense(mind, feeling)/Common-sense	恒茶飯/常情/常識	(frequent)平生, 凡常 (ordinary)平凡, 普通, 尋常 / **常識** / ×	普通, 尋常/ **常識** / ×	…普通의…尋常의…/ **常識** / ×
	27	Complain	哀訴ᄒᆞ다	怨望ᄒᆞ다(怨之), 稱怨ᄒᆞ다 (make formal occupation)告ᄒᆞ다, 告發ᄒᆞ다,呈狀ᄒᆞ다	×	(1) 怨望ᄒᆞ다, 청원ᄒᆞ다, 不平홈을 말ᄒᆞ다, (2) 歎息ᄒᆞ다 (3) 呼訴ᄒᆞ다, 말ᄒᆞ다, 닐으다, 呈狀ᄒᆞ다
	28	Concede	讓與ᄒᆞ다	×	讓少ᄒᆞ다	…讓少ᄒᆞ다…
	29	Concession	讓與	(act of) 許諾, (government privilege) 官許, 特許	租借地, 租界, 讓少	(1) …**讓與**, (2) 허락, 許可, 認可, 特許, 免許 (3) 居留地, 租借地, 租界
	30	Condition	常況	(clause) 條件, (state) 形便, 形勢, 處地, 地位, (something stipulated)약속	情況, 形勢, 狀態, 病狀, 病症, 條件	(1) 地位, 地境 (2) 品, 模樣, 狀態, 形勢, 情狀, 處地 (3) 地位, 身分 (4) 條件, 要件
	31	Concrete	具體的	(opposite of abstract) 有形, 實形, (solid) 固結	**具體的**, 有形物, 石灰	…有形의, **具體의**…
	32	Conflict (contradiction)	矛盾	(battle) 戰場, (inconsistency) 衝突, 激突, (struggle) 爭鬪	抵觸	(1) 衝突ᄒᆞ다, 抵觸ᄒᆞ다, 相反되다, 부딋다, (2) 닷토다, 싸호다… 싸흠, 닷홈, 란리, 부딋는것, 츙돌, 더츔
	33	Contribution	貢獻	寄附ᄒᆞ다, 捐補ᄒᆞ다, 補助ᄒᆞ다, 보틱다(補之), (to a newspaper)寄書ᄒᆞ다	義捐, 義捐金, 寄附, 寄附金	(1) **貢獻**, 貢賦, 義捐, 寄附, 補助 (2) 投書, 寄書 (3) 義捐金, 寄附物…
	34	Creationism	創造說(靈魂創造說)	×	×	×
	35	Critic	批評家	**批評家**, (connoisseur) 鑑定者	評論家, **批評家**	評論ᄒᆞ는자, **批評**ᄒᆞ는자, 鑑定者
	36	Criticism/ Higher Criticism Textual Criticism	批評 高等批評 本文批評	**批評**, 論駁 / × / ×	**批評**, 評論 / × / ×	(1) 評論, **批評**, 鑑定 (2) 批評法……
	37	Crystallisation	結晶	×	Crystal 水晶, 結晶物, 結晶體	Crystal 水晶, 結晶體…
	38	Curia	敎皇의 命, 內閣, 廳	×	×	×
	39	Dear, to become dearer	●貴ᄒᆞ다	×	×	…(2) 貴重홈, 사랑밧는
	40	Delight	愉快, 愉快ᄒᆞ다	즐겁다(樂), 깃겁다(喜)	**愉快**	…**愉快**홈

저자, 기사명, 발행년월	번호	영문 표제어	한글풀이	이중어사전 수록양상		
				Jones1914	Gale1924	Underwood1925
	41	Depression (atmospheric)	低氣壓	(morbid feeling) 落心, 憂慮心, (of the atmosphere) 低氣壓	**低氣壓**	···低氣壓
	42	Destiny	運命	(fortune) 定數, 因緣, 緣分, (fate)運數, **運命**, 八字	**運命**	運數, 八字, 命數, 命運
	43	Development	發展	(progress) 進步, 發達 (of resources)開發, (expansion)擴張	**發展**	(1) 啓發, 開發, 擴張, 發達, 發育, 進化, 顯出, 드러남…
	44	Disperse	分散ᄒ다	허여지다(解散0, 흣허지다(散0, 헤여지다(分散0	**分散ᄒ다**	흣흐다, 消散ᄒ다, 散布ᄒ다, 傳派ᄒ다 / 흣허지다. 써나다, 헤여지다, 解散ᄒ다
	45	Disregard	不顧ᄒ다	×	×	不顧ᄒ다…
	46	Dissolve	解弛ᄒ다	×	**解弛ᄒ다**	(1) 녹이다, 溶解ᄒ다 (2)解散ᄒ다, 閉會식ᄒ다 (3) 廢止ᄒ다, 取消ᄒ다 (4)업시ᄒ다…
	47	Economical	節約的, 節約的으로	儉素훈, 儉朴훈, 節用훈 (of economics) 經濟上	×	節用ᄒ는, 經濟ᄒ는, 악끼는, 儉素훈
	48	Economics	經濟學	**經濟學**, 理財學	**經濟學**	**經濟學**, 理財學
	49	Economize	節約ᄒ다	×	**節約ᄒ다**	經濟ᄒ다, 儉約ᄒ다, 節用ᄒ다, 節儉ᄒ다, 악기다
	50	Economy	經濟學	節儉, 儉素, (a practical system) 經濟	經濟	(1) 節用, 經濟, 理財 (2)經濟學…
	51	Element	節約ᄒ다 (인용자誤記) (1923 Sept.에서 要素로 정정됨)	原素	原素	(1) 原素…
	52	Emblem	要素, 信號 (인용자-Element의 풀이로 보임) (1923 Sept.에서 票號로 정정됨)	旗號, 標章	×	(1) 票, 보름, 旗號, 徽章
	53	Examine Examine oneself	檢査ᄒ다 反省ᄒ다	×	調査ᄒ다, 審問ᄒ다, 顧問ᄒ다, **檢査ᄒ다**	(1) 調査ᄒ다, 審査ᄒ다, **檢査ᄒ**다, 檢閱ᄒ다…
	54	Extent	蔓延ᄒ다, 波及ᄒ다	×	×	×
	55	Foot-note	脚註	×	**脚註**	脚註
	56	Fragment (of a book or MS)	斷片	×	破片	부스러이, 씨여진조각, 碎片
	57	Hereditary property	世習財産	×	×	×
	58	Hero	英雄, 勇士	호걸(豪傑) : **영웅(英雄)** : 인걸(人傑) : 인걸디령(人傑地靈) "a hero is an earth spirit."	偉人, 豪傑, **英傑**, 英雄, 人傑	豪傑, **英雄**, **勇士**, 人傑, 偉人
	59	Hibernating hole	針蜂	×	×	×
	60	Imaginary	想像的, 架空的, 假定的, 空想的	×	×	허무밍랑ᄒ(虛無孟浪), 헛싱각의, 상상의(想像, 공상의(空想)

저자, 기사명, 발행년월	번호	영문 표제어	한글풀이	이중어사전 수록양상		
				Jones1914	Gale1924	Underwood1925
	61	Incendiarism	放火	방화(放火)	放火	방화(放火), 충화(衝火), 불놋는것.
	62	Incendiary	放火者	충화인(衝火人) : 방화인(放火人) : (agitator)선동쟈(煽動者)	×	n. (1)충화호놈(衝火), 불노흔놈. (2)선동호 는쟈(煽動), 교준호는 쟈(敎唆). 도도는쟈.
	63	Interest(mental)	意味, 趣味	(lively sympathy or curiosity)주미(滋味) : 수상(思想) : (advantage)리익(利益) : 유익(有益) : (on money)변리(邊利) : 리즈(利子) : (concern)관계(關係) : (influence)유세력(有勢力)	趣味, 滋味, 邊利, 關係	(1)상관(相關), 관계(關係), 알은곳. (2)흥미(興味), 취미(趣味), 맛. (3)리익(利益), 비익(裨益). (4)리즈(利子), 리식(利息), 변리(邊利), 소유권(所有權).
	64	Interview	會見	딕면(對面) : 회견(會見)	會見, 面會	딕면(對面), 면회(面會), 회견(會見).
	65	Invade(a country)	侵入호다	×	侵入호다	침노호다, 침입호다(侵入), 치다, 디경을 범호다, 엄습호다(掩襲).
	66	Key position (strategic point)	要害處	×	×	×
上同, 1923 March	67	Labour	勞動	역스(役事) : 일(公役) : (heavy)증역(重役) : (manual)슈공(手工) : (as opposite of capatal)로역(勞役)	勞動	(1) 일, 로력 (勞力), 로동 (勞動), 근로 (勤勞), 고역 (苦役). (2) 익, 고심, 로심 (勞心), 로고 (勞苦).
	68	Leader	首領	(director)장(長) : 령슈(領首) : (guide)인도쟈(引導者) : (of a meeting)임스(任事) : 강스(講師)	×	(1) 선도자 (先導者), 지도쟈 (指導者), 대장 (大將). (2) 슈령 (首領), 령슈 (領袖) (3) 쥬챵쟈 (主唱者) (4) 지휘관 (指揮官) (5) 샤셜 (社說)(신문의). (6) 슈챵 (首唱)(음악의). (7) 쥬륜 (主輪)(긔졔의), (8) 도믹 (導脈)(광산의). (9) 선도마 (先導馬)(마챠의).
	69	Luck	幸福	운수(運數) : 신수(身數)	×	운수 (運數), 팔즈 (八字), 운명 (運命), 조화 (造化), 요힝 (僥倖).
	70	Luxury	奢侈	샤치(奢侈)	奢侈	(1) 샤치 (奢侈), 치레, 호샤 (豪奢), (2) (pl.) 샤치품 (奢侈品).
	71	Machine-gun	機關砲	긔관포(機關砲)	機關砲	×
	72	Major(military)	少佐	(army)쇼좌(少佐)	少佐, 大隊長	×
	73	Manage Manager	支配호다 支配人	(administer)관리호다(管理) : 처판호다(處辦) : (control)쥬관호다(主管) : (direct)지휘호다(指揮) : 지비호다(支配) (of a bank etc.)지빈인(支配人) : (of a society)간수(幹事) : (of property)관리인(管理人)	支配, 幹事	(1) 어거하다, 제어호다 (制御), (2) 조종호다 (操縱), 부리다. (3) 관리호다 (辦理), 관리호다 (管理), 처리호다 (處理), 지빈호다 (支配) (1) 지빈인 (支配人), 관리인 (管理人), 간수 (幹事), (2) 칙스 (策士).

저자, 기사명, 발행년월	번호	영문 표제어	한글풀이	이중어사전 수록양상		
				Jones1914	Gale1924	Underwood1925
	74	Manuscript(general) (codex)	原稿 寫本	글(書) : 문주(文字) ×	原告	손으로쓴 것, 샤본 (寫本), 슈고 (手稿), 초본 (抄本).
	75	Mendicant	托鉢僧	×	×	×
	76	Military Military art	軍事上(的) 武藝	군수상(軍事上) 무예(武藝)	軍事上 ×	군수의 (軍事), 군용의 (軍用), 군인의 (軍人), 군수상 (軍事上), 군 (軍) 무 (武) ×
	77	Misfortune	不幸, 悲運	(calamity)지앙(災殃) : (mischance)불힝(不幸)	不幸	환란 (患難), 불힝 (不幸), 비운 (悲運), 박명 (薄命).
	78	Mobilization Mobilize	動員 動員을 行 ㅎ다	× ×	× ×	×
	79	Modest	自謙ㅎ다	(not boastful)겸손(謙遜) (virtuous)정절(貞節)	自謙ㅎ다	(1) 삼가는, 례절잇는 (禮節), 겸손혼 (謙遜), 수양지심이잇는 (辭讓之心), (2) 절개잇는 (節介), 정절직히는 (貞節), (3) 샤치ㅎ지 안는 (奢侈), 질소로 (質素).
	80	Monastery	寺, 修道院	수원(寺院) : 슈도원(修道院)	寺院, 절	수원 (寺院), 슈도원 (修道院).
	81	Monk	僧, 修道士	(Buddhist)즁(僧徒) : (Christian)교승(敎僧)	×	슈도스 (修道師).
	82	Most-favoured nation clause	最惠國條欵	×	×	×
	83	Mystery	秘訣	오묘(奧妙) : (secrets of an art)비법(秘法) : 비결(秘訣)	玄妙, 秘訣	(1) 오묘흔일 (奧妙), 현묘흔일 (玄妙), 은밀흔일 (隱密), (2) 비전 (祕傳), 비결 (祕訣), 신비 (神秘), 긔밀 (機密)
	84	Mysticism	神秘論(說)	신비학(神秘學)	神秘論	신비쥬의 (神秘主義), 신비학 (神秘學), 선미 (禪味).
	85	Nirvana	涅槃	날반(涅槃)	×	렬반 (涅槃), 극락세계 (極樂世界).
	86	Nature	(see openning remarks, vol.3, 35) (天地萬物, 宇宙, 萬有, 森羅萬象)	(basic character) 본성(本性): [of animate beings] (of objects) 성질(性質): (forces of the material world) 조화造化: (the natural world) 우쥬(宇宙): 텬성	自然, 天然, 自然界	(1) 텬성 (天性), 본성 (本性), 성질 (性質), (2) 텬디만물 (天地萬物), 삼라만상 (森羅萬象), 만유 (萬有), 조화 (造化), 텬연 (天然), 주연 (自然), (3) 인성 (人性), 텬진 (天眞), 인정 (人情), (4) 톄력 (體力), 싱활작용 (生活作用), (5) 텬연샹틱 (天然狀態), 야만 (野蠻), 난척로 잇는 것, (6) 종류 (種類), 품 (品), 질 (質) [in comp.].
	87	Negative proof (evidence)	消極的 證言	×	×	×

저자, 기사명, 발행년월	번호	영문 표제어	한글풀이	이중어사전 수록양상		
				Jones1914	Gale1924	Underwood1925
	88	Neolithic age	新石器時代	×	×	×
	89	Nom de plume	詩號, 匿名	익명(匿名)	詩號, 別號	×
	90	Nominal Nominal definition Nominalist	名義的 唯名定義 名目論者	명목만(名目而已): 일홈만(名而已) × ×	名義的 × ×	(1) 일홈의, 성명의(姓名), (2) 명수의(名詞). (3) 유명무실흔(有名無實), 일홈샌인, 허명의(虛名), 명의상 (名義上). × ×
	91	Nominative(case)	主格	쥬격(主格)	쥬격主格	(case) 쥬격 (主格)(문법의).
	92	Novice	新入者	련단업는사룸(無鍊鍛之人)	新入者	신립쟈 (新入者). 일쌈기(승의 (僧 buddhist).
	93	Objective Objective case	目標 對格	(gram) 긱관덕(客觀的) 긱격(客格)	客觀的 對格	(1) 목덕격 (目的格), 빈격 (賓格)(문법의). (2) 목덕뎜 (目的點), 착안뎜 (着眼點)(군ㅅ의). 목덕격 (目的格), 디격 (對格)(문법의).
	94	Obliterated	泯滅ᄒ다	×	×	×
	95	Obstacle	相値	방해(妨害)	×	걸니는 것, 막는 것, 방해 (妨害), 쟝이 (障碍), 마 (魔).
	96	Obstruction	障碍	×	×	×
	97	Omen	兆朕	(augury) 긔미(機微); (foretoken) 증죠(證兆)	×	됴 (兆), 징됴 (徵兆).
	98	Ontological proof	實體論的論證	×	×	×
	99	Opposite, To be (different from)	懸殊ᄒ다	×	×	샹반된 (相反), 반디된 (反對), 디면흔 (對面), 향흔 (向).
	100	Opposition	障碍	×	反對黨, 障碍	(1) 결우는 것, 디뎍흐는 것 (對敵), 반디 (反對), 디항 (對抗), 방해 (妨害), 고쟝 (故障), 마 (魔). (2) 반디당 (反對黨), 직야당 (在野黨).
	101	Order	整頓, 秩序	(Society of religious) 승회파(僧會派); (decoration) 훈쟝(勳章)	動章, 秩序, 順序, 序次	(1) ᄎ례, 슌서 (順序), 식 (式), 례 (例), 풍속 (風俗), 법제 (法制), 규명 (規定). (2) 명 (命), 령 (令), 분부 (分附), 명령 (命令), 지휘 (指揮), 호령 (號令). (3) 층 (層), 등 (等), 계급 (階級). (4) 훈령 (訓令), 됴령 (條令), 쟝졍 (章程). (5) 환 (換), 위체 (爲替), 위체슈형 (爲替手形), 위체통지셔 (爲替通知書). (6) 훈위 (動位), 훈쟝 (勳章), 조합 (組合), 밍샤 (盟社). (8) 승위 (僧位),

저자, 기사명, 발행년월	번호	영문 표제어	한글풀이	이중어사전 수록양상		
				Jones1914	Gale1924	Underwood1925
						승직 (僧職), 즁의품위 (品位). (9) 과 (科), 목 (目)(박물학의).
	102	Orderly	秩序整然히	×	×	(1) 슌셔잇는 (順序,) **질셔졍연흔 (秩序整然**), (2) 슌죵흐는 (順從), 명령복죵흐는 (命令服從). (3) 젼령의 (傳令).
	103	Ordinary / Ordinary man	平凡 / 平凡人物	흥용(恒用); 례ᄉ(例事); (common) 보통(普通); 심샹(尋常) ×	普通 ×	통샹흔 (通常), 평샹흔 (平常), 보통의 (普通), 통례의 (通例), 범범흔 (凡凡), 례ᄉ로운 (例事) ×
	104	Overthrow	顚覆, 顚覆흐다	×	×	너머트리다, 걱구러트리다, **젼복ᄒ다 (顚覆)**, 과흐게흐다 (過), 멸흐다 (滅. -, n. 너머트리는 것, 젼복 (顚覆), 와히 (瓦解), 멸망 (滅亡).
	105	Palaeolithic, age	古石器時代	×	×	×
	106	Person(theol.) (grammatical) (first person)	自格, 人格 / 人稱 / 一人稱	사ᄅᆷ(人); 인싱(人生); (face and figure) 용모(容貌); (body) 톄모(體貌); **(gram) 인칭(人稱)**	×	(1) 사ᄅᆷ, 인물 (人物), 놈, 쟈 (者)(비칭의 (卑稱). (2) 몸, 신톄 (身體), 인품 (人品), 용모 (容貌). (3) 법인 (法人)(법률의). (4) **인칭 (人稱)(문법의)**. (5) 인격 (人格). (6) 일위 (一位)(삼위일톄의 (三位一體).
	107	Pillage	强奪흐다, 掠奪흐다	로략질ᄒ다(擄掠); **강탈ᄒ다(强奪)**	×	쎄앗다, **강탈ᄒ다**, 노략질ᄒ다 (鹵掠), 겁탈ᄒ다 (劫奪).
	108	Pilot	水路案內人	인슈쟈(引水者); 인로쟈 (引路者)	×	안너쟈 (案內者), 향도 (嚮導)(물길이나빅길의).
	109	Plagiarism	剽竊	**표절(剽竊)**; 쵸졀(抄竊)	剽竊	도적흔 (盜賊)(놈의글을), 표졀시문 (剽竊詩文)
	110	Positive	積極的	(definite) 확실(確實), 일명(一定); (opp. to negative) 인명덕(認定的)	積極的	(1) **젹극뎍 (積極的)**, 졍면에 (正面) 잇는, 졀딕뎍 (絶對的). (2) 규뎡흔 (規定)(laws) 셩문률 (成文律). (3) 명빅흔 (明白), 틀님업는, 무위의 (無違). (4) 단연흔 (斷然), 확호흔 (確乎), 확실흔 (確實). (5) 확실히아는, 확실히밋는, 단언흔 (斷言). (6) 슌연흔 (純然), 온젼흔. (7) 원급의 (原級)(문법의). (8) 졍량의 (正量)(수학의). (9) 양뎐긔 (陽電氣)(물리학의), (pole) 양극 (陽極).

저자, 기사명, 발행년월	번호	영문 표제어	한글풀이	이중어사전 수록양상		
				Jones1914	Gale1924	Underwood1925
	111	Precedent	前例	례(例); 선례(先例); **전례(前例)**; (hudicial) 판결례(判決例)	前例	(1) 젼의 (前), 션의 (先), (2) 명지됴건 (停止條件)(법률의)
	112	Pre-existence (theol.)(doctrine)	先在存 先在說	션직(先在); 예직(豫在); (former life) 젼세(前世)	×	× ×
	113	Prefect (in ancient Rome)	長官, 提督	(magistrate) 군슈(郡守)	×	디스 (知事), 부스 (府使), 디방장관 (地方長官).
	114	Prejudice	偏見	**편견(偏見)**; 예판(豫判); 편벽심(偏僻心)	偏見, 性癖	벽견 (僻見), 편벽된 의견 (偏僻意見), 스졍 (私情), **편견 (偏見)**
	115	Prisoner	捕擄	(convict) 죄슈(罪囚); 죄인(罪人); (in war) 표로(俘擄); 슈로(囚擄)	囚徒, **捕虜**, 俘擄	(1)죄슈(罪囚), 슈도(囚徒), (2)샤로잡힌 쟈, 부슈(俘囚), **포로(捕虜)**
	116	Procession(regular)	牽制運動, 行列	×	**行列**	힝렬(行列).
	117	Prominent(eminent, excellent) Person	一大傑物	×	×	
	118	(인용자 - Protest) Protestant	反抗ᄒ다, 抗議ᄒ다 反抗者, 抗議者	항의(抗議); (written) 항의서(抗議書); (of a draft) 거졀증셔(拒絕證書) 신교도(改新敎徒); 예수교인(耶蘇敎人); 신교교인(新敎敎人)	×	(1)단언ᄒ다(斷言), 쥬쟝ᄒ다(主張), (2)불복ᄒ다(不服), 이의ᄒ다(異議), 반디ᄒ다(反對), 항의ᄒ다抗議), (3)거졀ᄒ다(拒絕)(돈치르기를), 그리스도교인, 신교도(新敎徒).
	119	Purpose	趣向	(intention) 의향(意向); 뜻(意); (usually expressed by the verbal inflection 터 as 갈터이오 "I purpose to go"; (object) 목뎍(目的)	**趣向**, 意向	(1)심산(心算), 쥬의(主義), 명홈뜻. (2)뜻, 의향(意向), 지조(志操). (3)종지(宗旨), 취지(趣旨), 요령(要領). (4)효용(效用), 용(用)
	120	Puppet	傀儡	×	×	목우(木偶), 괴뢰(傀儡). (2)놈이식히ᄂᆞᆫ디로ᄒᆞᄂᆞᆫ쟈.
上同, 1923 June	121	Quench(one's thirst) (another's thirst) (a fire)	解渴ᄒ다 解渴을식히다 消火ᄒ다	×	×	멸ᄒ다(滅), 식다(불을, 씃타, 긋치게ᄒ다(옥말은것을), 차게ᄒ다, 식히다(더운것을). -, 쩌지다, 업셔지다.
	122	Raid	掩襲ᄒ다	×	×	(1)겁략ᄒ다, 유격ᄒ다. (2)쳐드러가다, 치다(노름판갓흔것을), 침입ᄒ다(侵入).
	123	Rain, latter(poetic)	暮雨	×	×	(1)비, 우(雨)[In comp.] (2)만히ᄂᆞ리ᄂᆞᆫ것, 쏘다지ᄂᆞᆫ것.
	124	Ratify	比準ᄒ다	×	×	×
	125	Ratio	比例	×	**比例**	비(比), 비률(比率)(수학의).

저자, 기사명, 발행년월	번호	영문 표제어	한글풀이	이중어사전 수록양상		
				Jones1914	Gale1924	Underwood1925
	126	Real	實際的	실흔(實): 춤된(眞實); (genuine) 진실(眞實): 정직(正眞)	×	(1)진실흔(眞實), 춤된, 실졔의(實際), 실졔덕(實在的), 헛되지안은. (2)부동의(不動), 부튼
	127	Reaction	反動	×	反動力	(1)반동력(反動力), (2)반동, 반응(反應), 교호작용(交互作用)(화학의). (3)역려(逆戾), 졍변(政變), 복고(復古)
	128	Recall	撤還ᄒ다, 召喚ᄒ다	×	×	(1)도라오라고ᄒ다, 쇼환ᄒ다(召還). (2)취쇼ᄒ다(取消), 철회ᄒ다(撤回). (3)긔억ᄒ다(記憶), 츄스ᄒ다(追思), 회상ᄒ다(回想).
	129	Receive	交接ᄒ다	×	×	(1)밧다, 슈입ᄒ다(收入), 거두다, 령슈ᄒ다(領收)(무루건을). (2)밧다, 닙다, 무릅쓰다(은혜나귀흠을). (3)맛다, 영졉ᄒ다(迎接), 환영ᄒ다(歡迎).
	130	Recompense	報應ᄒ다	샹주다(賞之): 갑다(償還): (for injury) 비샹주다(賠償)	×	(1)보은ᄒ다, 보덕ᄒ다, 갑다. (2)샹환ᄒ다, 갑다.
	131	Reform(to amend one's conduct)	改革ᄒ다 悔悛ᄒ다	기과ᄒ다(改過): 기심ᄒ다(改心)	改革, 革命	곳치다, 곳게ᄒ다, 기정ᄒ다(改正), 기혁ᄒ다(改革), 기량ᄒ다(改良), 혁신ᄒ다(革新).
	132	Reformation (historic movement)	宗敎改革	(religious) 죵교기혁(宗敎改革)	×	(1)기뎡(改定), 기혁(改革), 기량(改良), 혁신(革新), 쇄신(刷新). (2)죵교기혁(宗敎改革)
	133	Regulate	調節ᄒ다	(control) 다스리다(整理): 관리ᄒ다(管理): (put in order) 졍리ᄒ다(整理): 졍돈ᄒ다(整頓): (machinary) 죠졍ᄒ다(調整)	×	(1)법딕로되게ᄒ다, 바르게ᄒ다, 졍졔ᄒ게ᄒ다(整齊), 가감ᄒ다(加減). (2)다사리다, 가음알다, 취톄ᄒ다(取締), 졍리ᄒ다(整理). (3)바로잡다, 교뎡ᄒ다(較訂).
	134	Renaissance	文物復興, 文藝復興	지흥(再興)	×	문예부흥(文藝復興)(구라파즁고시딕의(歐羅巴中古時代).
	135	Reserves	豫備兵	×	×	×
	136	Respite	猶豫	×	×	(1)연긔(延期), 퇴한(退限), 유예(猶豫), 말미, 미루는것. (2)집힝즁지(執行中止), 집힝유예(執行猶豫).
	137	Retina	網膜	×	×	망막(網膜), 안구닉층(眼球內層).

저자, 기사명, 발행년월	번호	영문 표제어	한글풀이	이중어사전 수록양상		
				Jones1914	Gale1924	Underwood1925
	138	Romantic	傳奇的	×	×	(1)쇼셜의(小說), 패스의(稗史), **젼긔의 (傳記)**. (2)황당흔(荒唐), 거즛말의, 가공의 (架空).
	139	Scandalise	他人의게 拘碍되다	×	×	
	140	Scarce(rare)	稀少ㅎ다	×	×	(1)듬은, 놀은, 젹게잇는, **희쇼흔(稀少)**, 부족흔(不足). (2)검약흔(儉約).
	141	Scholasticism	煩瑣理學	×	×	
	142	Self-examination	反省	×	**反省**	즈셩(自省), **반셩(反省)**.
	143	Semi-official / Semi-official news	半官 / 半官通信	× / ×	× / ×	반관덕(半官的). / ×
	144	Senate(e.g. the Roman Senate)	元老院	샹의원의관(上議院議官); 원로원의관(元老院議官)	元老院	(1)**원로원(元老院)**, 샹의원(上議院), 귀족원(貴族院). (2)립법원(立法院), 의회(議會). (4)평의원회(評議員會)(영국의).
	145	Service(rendered)	貢獻	셤김(服事): (labor) 근로(勤勞): 복사(服事): (in behalf of others) 근무(勤務): 공급(供給): (official duty) 직무(職務): (religious duty) 본분(本分): 직분(職分):	使役, 勤勞	... (4)히노흔일, 공로(功勞), **공헌(貢獻)**....
	146	Silence	沈默	무언(無言): **침묵(沈默)**: (hush) 졍숙(靜肅): 진명(鎭定): 즘즘흠(默々): 고요(靜): 젹막(寂寞)	×	(1)고요흠, 괴괴흠, 젹젹흠(寂寂). (2)소리업슴, 말업슴, **침묵흠(沈默)**, 즘즘흠. (3)비밀(秘密), 은밀(隱密). (4)이집, 미몰흠(埋沒).
	147	Simple	單純흔	(un mingled) 단일흔(單一): **단슌흔(單純)** (in logic) 간단흔(簡短): 간략한(簡略): (casy) 용이흔(容易): (plain) 명빅흔(明白): (artless, unsophisticated) 실직흔(實直): 슌실흔(純實): (silly) 어리셕은(愚蠢): 무지각흔(無知覺)	×	(1)**단슌흔(單純)**, 슌일흔(純一), 단(單) [In comp.] (2)간단흔(簡單), 간이흔(簡易), 용이흔(容易), 명빅흔(明白). (3)질박흔(質朴), 슌박흔(純朴), 텬진란만흔(天眞爛漫), 우직흔(愚直). (4)질소흔(質素), 진솔의(眞率), 담박흔(淡泊). (5)졍신업는(精神), 미련흔(未鍊), 텬치ス흔(天痴).
	148	Skeleton	骨組	(human) 젼례골(全躰骨): 빅골(白骨): 히골(骸骨): (out line) 요령(要領): 대강(大綱)	骸骨	(1)젼례골(全体骨), 빅골(白骨), 히골(骸骨). (2)파리흔쟈. (3)요령(要領), 대략(大略), 개략(槪略). (4)수개, 기동(집이나비의).

저자, 기사명, 발행년월	번호	영문 표제어	한글풀이	이중어사전 수록양상		
				Jones1914	Gale1924	Underwood1925
	149	Sleigh, sledge	雪馬(설매)	×	×	설거(雪車), 교쟈(轎車), **썰민**, 발구.
	150	Snowdrift	눈보뤼	×	×	×
	151	Specially, particularly	特殊히	×	×	**특별히(特別)**, 별노(別), 특히(特), 각별히(各別).
	152	Split, Schism	隔離	×	分離	(1)갈나진틈, 렬목(裂目). (2)렬편(裂片). (3)분당(分黨), 분파(分派), 분리(分離).
	153	Spread	蔓延ᄒ다	(unfold) 펴다(as a mat) 쌀다(展之): (promulgate) 베풀다(公布): (propagate as a disease) 유형ᄒ다(流行): (like vegetation) **만연ᄒ다(蔓延)**	×	(1)펴지다, 넓어지다. (2)전파되다, 류전되다(遺傳). (3)퍼지다, **만연되다(蔓延)**, 류힝ᄒ다(流行), (4)번지다(먹이 墨)
	154	Staff	參謀	(walking stick) 집힝이(杖): 집힝막대(杖): (culdgel) 막닥이(竿): 몽동이(棒): (mil.) 막요(幕僚): **참모(參謀)**	部員	(1)집힝이, 쟝(杖), 간(竿), 대, 자루. (2)권표(權標), 부원(部員), 인원(人員). (5)참모관(參謀官), 막요(幕僚), 본부(本部)(련딕 나중딕의).
	155	Stage	舞臺	(raised platform) 딕(臺): (in a theater) 연극딕(演劇臺): (for dancing) **무대(舞臺)**: (profession of an actor) 연극업(演劇業): (resting place) 혈소(歇所): (degree of progress) 계제(階梯): (a coach) 려긱챠(旅客車)	**舞臺**	(1)딕(臺). (2)희딕(戲臺), 리원(梨園), **무대(舞臺)**.....
	156	Strategic point	要害處	×	**要害處**	요해쳐(要害處)
	157	Strike(of workers) (of students)	罷業 同盟休學	(hit) 치다(打): (beat) 싸리다(擊): 두다리다(攻擊): (coin) 쥬조ᄒ다(鑄造)	同盟罷業	(1)치는것, 타격(打擊), 싸리는것 (2)동밍파공(同盟罷工), 동밍파업(同盟罷業) (3)수가남, 쏘다(금(金) 짓흔것이)
	158	Suitable	適合ᄒ	×	×	**뎍합ᄒ(適合)**, 덕당ᄒ(適當), 맛ᄂ
	159	Supernatural	超自然的	신긔ᄒ(神奇): 리외(理外): 초ᄌ연(超自然): 불가ᄉ의(不可思議)	超自然界	ᄌ연흐리치밧긔(自然之理外), 리외의(理外), 초ᄌ연계의(超自然界의), 신이ᄒ(神異), 불가ᄉ의의(不可思議)
	160	Supralapsarianism	墮落以上論	×	×	×
	161	Suspension	停職	×	中止	(1)즁지ᄒ(中止), 뎡지ᄒ(停止), 지불뎡지ᄒ(支拂停止), 쳐형즁지ᄒ(處刑中止), **뎡직ᄒ(停職)**, 뎡학ᄒ(停學), 뎡권ᄒ(停權) (2)미여담, 달아둠 (3)미결됨(未決), 부명됨(否定)

저자, 기사명, 발행년월	번호	영문 표제어	한글풀이	이중어사전 수복양상		
				Jones1914	Gale1924	Underwood1925
	162	Symbol Symbolically	象徵 象徵的으로	표(表): 긔호(記號) ×	記號, 符號 ×	보람표(票), 표호(表號), 부호(符號), **상징(象徵)** ×
	163	Synoptic Gospels	共觀福音	×	×	×
	164	Tender	柔軟흔	(soft) 연흔(軟): (dlicate) 연약흔(軟弱): (sympathetic) 이련흔(哀憐): (lacking in years) 미거흔(未據): (frail) 유약흔(柔弱)	×	(1)연흔, 부드러운 (2)감각되기쉬운 ....
	165	Theory	理論	**리론(理論)**: 학리(學理): 츄리(推理): (conjecture) 억설(臆說): 억단(臆斷)	學說, **理論**	(1)**리론(理論)**, 학리(學理), 론(論), 설(說)
	166	Tide	潮流	죠슈(潮水)	×	(1)죠슈(潮水), 미셕이, 죠셕(潮汐) (2)풍조(風潮), 경향(傾向), 긔세(氣勢), 스틱(事態) (3)째, 계절(季節)
	167	Token (identification mark)	兵符	×	×	(1)표(票), 보람, 긔호(記號) (2)정표(情表), 긔념물(記念物)
	168	Trade	貿易	(occupation) 수업(事業): 성업(生業): (business) 샹업(商業): **무역(貿易)**: 매미(賣買): (retail) 흥정분매(分賣): (wholesale) 전매(全賣): 대매(大賣): 총매(總賣)	×	... (2)장수, 샹업(商業), 샹고(商賈), 매미(賣買), **무역(貿易)**, 교역(交易), 취인(取人) ....
	169	Traducianism	遺傳說	×	×	×
	170	Tragedy	悲劇	(dramatic composition) **비극(悲劇)**: (tragic event) 참스(慘事)	**悲劇**	(1)**비극(悲劇)** (2)참혹흔일(慘酷), 비참흔일(悲慘), 흉변(凶變)
	171	Trench	塹壕	×	×	(1)개천, 슈도(水道), 도랑 (2)**참호(塹壕)**
	172	Tribunal	法廷	직판소(裁判所)	×	(1)직판소(裁判所), 법스(法司), **법명(法庭)** (2)판스석(判事席), 법관의자리(法官席)
	173	Turtle-dove (the Chinese turtle-dove)	雉鳩 紅鳩	×	×	×
	174	Tympanum	鼓膜	×	×	**고막(鼓膜)**, 귀청, 고실(鼓室), 줌이(中耳) (히부하의)
	175	Ultimatum	最後通牒	**최후통텹(最後通牒)**: 최후담판(最後談判)	**最後通牒**	**최후통텹(最後通牒)**
	176	Unprecedented	未曾有흔	×	×	×
	177	Value	價値	가익(價額): 갑(價): **가치(價値)**	**價値**	(1)귀즁흠(貴重), 즁요흠(重要) (2)귀히넉임, 즁히넉임 (3)갑, 금, **가치(價値)**, 가격(價格) (4)...쯧이잇슴(가표 十를흔면가(加)흐라는쯧이잇슴과곳치)
	178	Vicissitude	轉變, 變遷	×	×	성쇠(盛衰), 흥패(興敗), 부침(浮沈), 변화(變化), **변천(變遷)**, 풍파(風波)

저자, 기사명, 발행년월	번호	영문 표제어	한글풀이	이중어사전 수록양상		
				Jones1914	Gale1924	Underwood1925
	179	Victim	犧牲	(lining sacrifice) 희싱(犧牲): 희싱물(犧牲物): (of misfortune) 피화자(被禍者): (of a disaster) 조난쟈(遭難者)	×	(1)희싱(犧牲), 희우(犧牛) (2)이직자(罹災者), 피해자(被害者), 조난쟈(遭難者)
	180	Visible	顯著흔	×	×	뵈이는, 유형흔(有形), 현져흔(顯著)
	181	Vision	幻想, 幻影, 幻像	(faculty of) 시관(視官): (visual power) 시력(視力): 안력(眼力): (dream) 몽스(夢事): (inspired revelation) 묵시(默示)	幻影, 幻像	(1)안력(眼力), 시력(視力), 관찰력(觀察力) (2)뵈인것, 눈에즈인것 (3)환상(幻像), 환영(幻影)
	182	Warning	警告	×	警戒, 警醒	(1)경계흠(警戒), 훈계흠(訓戒), 경보흠(警報), 정신츠리라흠(精神) (2)고지흠(告知), 예시흠(豫示), 미리일늠
	183	Withdraw(troops) (words)	撤回흐다 取消흐다	물너가다(退去): 퇴츅흐다(退縮): (mil.) 퇴군(退軍): 철병(撤兵)	×	퇴츅흐다(退縮), 물너가다, 물너나다 v.t. 도로춰흐여가다, 철회흐다(撤回), 철거흐다(撤去), 취쇼흐다(取消)
上同, 1923 Sept.	184	Absolution	免罪	샤죄(赦罪): 샤유(赦宥): (release)용서(容恕)	×	(1)죄를용셔흠, 샤면(赦免) (2)텬쥬교에서 슈용흐는샤죄례식(赦罪禮式)
	185	Adept	達人	×	達人	슉슈(熟手), 션슈(善手), 달인(達人)
	186	Alms	義捐	진휼금(賑恤金): 구제	×	진휼금(振恤金), 의연금(義捐金), 포시흐것(佈施)
	187	Anabaptist	再洗禮論者	직셰자(再洗者)	×	×
	188	Application	請願	×	請願書	(1)뎍용(適用), 응용(應用) (2)지원(志願), 청원(請願), 청구
	189	Atom	原子	미분즈(微分子): 원즈(原子)	原子	눈흘슈업시적은것, 극미분즈(極微分子), 원즈(原子)
	190	Autobiography	自傳	즈셔언힝독(自書言行錄): 즈젼(自傳)	×	즈긔의힝젹을즈긔가 져술흔것, 즈긔의젼긔(自己傳記)
	191	Bodyguard	儀仗兵	×	×	×
	192	Butter and Cheese	牛乳乾酪	×	×	×
	193	Certain	斷定흔	뎍실흔(的實): 확실흔(確實): 원텬강(袁天綱)	×	일뎡흔, 명녕흔, 확실흔
	194	Chapel (in a large Church) (as a separate building)	側堂 崇拜堂	례빅당(禮拜堂)	×	(1)젹은례빅당, 스스례빅당(私私禮拜堂), 학교례빅소(學校禮拜所) (2)례빅(禮拜)
	195	Circumstances	情形	×	情狀, 境遇, 事情, 情形	×
	196	Chief of General Staff	參謀總長	×	×	×

저자, 기사명, 발행년월	번호	영문 표제어	한글풀이	이중어사전 수록양상		
				Jones1914	Gale1924	Underwood1925
	197	Clever	巧妙혼	직조잇는(才藻) : 슬긔잇는(智慧的) : 공교혼(工巧) : 령리혼(怜悧) : 민첩혼(敏捷)	銳敏ᄒ다	민첩혼(敏捷), 공교혼, 능통혼(能通), 직죠잇는, 지능잇는(才能), 쾌혼(快)
	198	Climax	高極	×	高劇	극항(極亢), 명덤(頂點), 극도(極度), 최고도(最高度)
	199	Codify	類集ᄒ다	편찬ᄒ다(編纂)	×	편찬ᄒ다(編纂)
	200	Collection	類集	(money)슈전(收錢) : 의연금(義捐金)	募集, 捐補	모도는것, 취집(取集), 집합(集合), 징슈(徵收), 모돈것, 의연금(義捐金), 슈전(收錢)
	201	Comfort	安慰	위로ᄒ다(慰勞) : **안위ᄒ다(安慰)**	×	편리혼것, 위로될것, 안락(安樂)
	202	Compass	羅針盤	지남텰(指南鐵) : 라계반(羅計盤) : 륜도(輪圖)	**羅針盤**	(1)지남털(指南鐵), **라침반(羅針盤)** (2)한(限), 한명(限定), 한계(限界), 구역(區域), 범위(範圍)
	203	Compound	複利	(enclosure)집안(家內) : 명원ᄂ(庭院內) : (mixture)화합물(化合物) : 합성물(合成物) : (Thing made)조셩물(造成物)	×	×(1)혼합물(混合物), 화합물(和合物) (2)울타리안, 톄안, 구ᄂ(構內)*
	204	Coward	無膽力혼人(사름)	×	×	겁쟝이(㥘), 겁부(㥘夫)
	205	Conclusion	論理的歸結	결국(結局) : 죵말(終末) : 뭇츰내(究竟) : (inference)결론(結論)	結局, 終結	츄측(推測), 결명(決定), 단명(斷定), 결말(決末), 종결(終結), 락착락着, 귀결(歸結), 끗, 마즈막, 결론(結論), 단안(斷案)
	206	Courage	膽力	×	膽氣, 膽略, 勇氣	**담력(膽力)**, 용밍(猛勇), 용긔(勇氣)
	207	Confession(of sins) (also used for "creed")	告白 信條	주복(自服) : (acknowledge)고명(告明) : (of a sin)고죄(告罪) : 고히(告解) : (of a criminal)다짐(納考) : (of faith)신경(信經)	**告白**	주복(自服), 주빅(自白), 주인(自認), 고히(告解)(텬쥬교에서신부압헤고히ᄒ는것)
	208	Confessor (Father-Confessor)	聽告白者	(in Martyrology)가증쟈(假證者) : (priest)히죄신부(解罪神父)	×	가증쟈(假證者), 히죄신부(解罪神父)
	209	Confirmation (R.C. sacrament)	堅信	확명(確定) : (rite of)견신례(堅信禮)	×	×
	210	Contrition	痛悔	×	×	×
	211	Counter-attack	逆襲	×	×	×
	212	Conscription	徵兵制度	징병제(徵兵制)	**徵兵制度**	징병제(徵兵制)
	213	Confusion	混亂	(of mind)심란(心亂) : (of things)혼잡(混雜) : 착란(錯亂)	**混亂**, 混同	(1) 산란혼것(散亂), 부산혼것, 혼잡혼것(混雜) (2)미안혼것(未安), 무안혼것(無顏)
	214	Cukoo	布穀鳥(布穀새)	×	×	×
	215	Conservative	守舊的,保守的	고풍가(古風家) : (bigot)완고쟈(頑固者)	×	(1)완고의(頑固), 고풍을직희는(守古風), 슈구의(守舊) (2)변치안는(不變), 멸ᄒ지안는(不滅)

저자, 기사명, 발행년월	번호	영문 표제어	한글풀이	이중어사전 수록양상		
				Jones1914	Gale1924	Underwood1925
	216	Control	取締	처리ᄒᆞ다(處理) : 쥬관ᄒᆞ다(主管) : 관할ᄒᆞ다(管轄)	×	(1)지빅, 감독, 관리, 취톄, 통어(統御) (2)맛치ᄂᆞᆫ긔게, 됴졀긔(調整器) (3)어거홈, 구쇽홈
	217	Cuneiform	楔形	×	×	셜형의(楔形)
	218	Counterfeiting ot money	貨幣를 贋造홈	×	×	×
	219	Deficit	不足	×	×	부족젼(不足錢), **부족(不足)**
	220	Degradation	奪位	(deprival of honor, position)파직(罷職) : 폄츌(貶黜) : (degeneracy)치욕(恥辱) : 부패(腐敗)	×	(1)삭직(削職), 파직(罷職), 폄츌(貶黜) (2)ᄂᆞ져짐, 타락됨(墮落)
	221	Deliver	配達ᄒᆞ다	×	×	(1)노와쥬다, 구원ᄒᆞ다(救援), 내여놋타, 방숑ᄒᆞ다(放送) (2)젼ᄒᆞ다(傳), 넘겨쥬다, 빗달ᄒᆞ다(配達), 돌나쥬다 (3)낫타, 슌산ᄒᆞ다(順産) (4)던지다(投), 보내다(送) (5)말ᄒᆞ다, 진슐ᄒᆞ다(陳述)
	222	Deponent Verb	受動詞	×	×	×
	223	Deprivation	●職	×	剝奪	ᄲᅢ앗ᄂᆞᆫ것, ᄲᅢ앗김, 패홈(敗), 읍음, 박탈홈(剝奪), 챵탈홈(搶奪)
	224	Desire earnestly	渴望ᄒᆞ다	×	×	×
	225	Despatch	通牒	(message)셔한(書翰) : (official)공문(公文) : (circular)통문(通文) : **봉텹(通牒)** : 윤텹(輪牒)	派出, 派遣	(1)됴회(照會), 공문(公文) (2)급신(急信), 지급ᄒᆞᆫ편지(至急片紙) (3)ᄲᆞᆯ니ᄒᆞᄂᆞᆫ것, 속힝(速行)
	226	Difference	差異, 懸隔	(dissimilarity)차별(差別) : (quarrel)징론(爭論) : 협의(協議) : (arith.)차(差)	差別, **差異**, 區別	(1)다름, 분별(分別), 구별(區別), 분간(分間), **차이(差異)** (2)불합(不合), 불화(不和), 징론(爭論), 의론(異論) (3)이덤(異點) (4)차(差)(수학의)
	227	Discussion	談論	×	激論, 言論, 의론	변론(辯論), 의론(議論), 토론(討論)
	228	Disintegration	潰裂	×	×	×
	229	Disgraceful	駁擊ᄒᆞᆫ	×	×	×
	230	Disgrace	亡身	치욕(恥辱) : **망신(亡身)** : 실례(失禮)	×	욕, **망신(亡身)**, 실례(失禮), 불명예(不名譽), 실총(失寵), 실이(失愛)
	231	Dispensation	免除	특허(特許) : (exemption) **면졔(免除)**	×	(1)ᄂᆞᆫ화쥬ᄂᆞᆫ것, 분비ᄒᆞᄂᆞᆫ것(分配) (2)시힝(施行), 집힝(執行) (3)텬운(天運), 텬도(天道), 신약(神約) (4)유셔(宥恕), 졔면(除免), 특허(特許)

저자, 기사명, 발행년월	번호	영문 표제어	한글풀이	이중어사전 수록양상		
				Jones1914	Gale1924	Underwood1925
	232	Distribute	分配ᄒ다	(apportion)분파ᄒ다(分派): 분급ᄒ다(分給): (share)ᄂ화주다(分給)	頒布ᄒ다, 分排ᄒ다	(1)분급ᄒ다(分級), ᄂ호다(分), 분파하다(分派), 분비ᄒ다(分配) (2)구분ᄒ다(區分), 분류ᄒ다(分類), 난호와놋타 (3)펴다, 홍포ᄒ다(弘布)
	233	Dovetail	犬牙相入	×	×	(1)합준ᄒ다(合樽), 구미준을맛초다(鳩尾樽). (2) 빗합ᄒ다(配合), 교합ᄒ다(交合).
	234	Driver(of a car)	運轉手	×	×	(1)모ᄂ는쟈, 쏫는쟈 (2)어쟈(御者), 어거ᄒ는쟈, 차부(車夫), 긔관슈(機關手), 운젼슈(運轉手). (3)모리군. (4)부즈런히ᄒ는쟈, 몰아치ᄂ쟈. (5)동ᄌ(働者), 동ᄌ륜(働子輪).
	235	Echo	反響	×	反響	반향(反響), 메아리, 마조치ᄂ소리.
	236	Eclectic	折衷的	×	×	션발ᄒ다(選拔), 절충ᄒ다(折衷), 고르ᄂ.
	237	Efficacy / Efficacious	效力 / 有效한	× / ×	効驗 / ×	효력(效力), 실효(實效), 공능(功能), 리익(利益). / ×
	238	Electron	電子	×	×	×
	239	Emotion	情緒	감정(感情)	感激	감동(感動), 졍셔(情緒), 감정(感情).
	240	Encourage	奬勵ᄒ다	권쟝ᄒ다(勸奬): 쟝려ᄒ다(奬勵)	×	(1)쟝려ᄒ다(奬勵), 고무ᄒ다(鼓舞), 권면ᄒ다(勸勉), 격려ᄒ다(激勵). (2)도아쥬다, 긔운나게ᄒ다, 위로ᄒ다(慰勞).
	241	Epidemic	流行病	류힝병(流行病)	流行病, 傳染病	돌님, 전염병(傳染病), 류힝병(流行病).
	242	Exemption	免除, 除外例	×	×	
上同, 1923 Dec.	243	Explode	破裂ᄒ다	×	×	(1)폭발ᄒ다(爆發), 폭렬ᄒ다(爆裂), 쌍터지다. (2)격발ᄒ다(激發).
	244	Extraordinary (uncommon)	非凡	비샹ᄒ(非常): 비범ᄒ(非凡): (singular)격외ᄒ(格外): (unusual)불ᄉ의(不思議): (wonderful)츌즁ᄒ(出衆): 탁절ᄒ(卓絶): (special)특임ᄒ(特任): 특파ᄒ(特派)	非凡ᄒ다	(1)비샹ᄒ(非常), 격외의(格外), 특별ᄒ(特別). (2)특명뎍(特命的), 특파의(特派).
	245	Far-reaching plan	遠謀	×	×	×
	246	Favourite(a queen's f.) / (a King's f.)	嬖臣 / 寵臣	×	× / ×	×
	247	Feudal system	封建制度	봉건제도(封建制度)	×	봉건제도(封建制度)
	248	Fiasco	蹉跌	×	×	대실패(大失敗), 크게 실패ᄒ것.

저자, 기사명, 발행년월	번호	영문 표제어	한글풀이	이중어사전 수록양상		
				Jones1914	Gale1924	Underwood1925
	249	Foreign Relations (political)	對外關係	×	×	×
	250	Fortress	要塞	성곽(城郭) : 진(陣) : 포디(砲臺)	×	진(陣), 산성(山城), 포딕(砲臺), 성치(城砦).
	251	Frequent	頻繁ᄒ다	×	×	자조찻다, 여러번가다, 드나드다, 각금왕리ᄒ다.
	252	Friction	軋轢	×	×	(1)문지르ᄂ것, 부비ᄂ것, 마찰(摩擦). (2)역말(軋轢), 불화(不和).
	253	Fundamental	根本的	**근본뎍(根本的)** : 긔본덕 (基本的)	自體	**근본뎍(根本的)**, 긔본덕(基本的), 필요한 (必要).
	254	Granite	花崗巖, 花崗石	×	**花剛石**	화강셕(花岡石).
	255	Gulf(metaph)	懸隔	×	×	물굽이, 만(灣).
	256	Harden	凝固케ᄒ다		×	든든케ᄒ다, 굿게ᄒ다, 강ᄒ게ᄒ다(强), 무졍케ᄒ다(無情).
	257	Headquarters (of the army) (in general) (strategic point in an applied sense)	軍의 大本營 根據地	(of a department)본부(本部) : (of troops)본영(本營)	×	×
	258	Hieroglyphic	象形文字	**형샹문ᄌ(形像文字)**	×	×
	259	Hint	暗示ᄒ다, 暗示	×	×	풍시ᄒ다(諷示), 암시ᄒ다(暗示), 뎨셩ᄒ다(提醒).
	260	Horizon (metaphorically)	水平線, 地平線 眼界	하늘가(天涯) : 뎐애(天涯) : (on land)**디평션(地平線) : 슈평션(水平線)**	×	하늘즈음, 뎐익(天涯), **디평션(地平線), 수평션(水平線)**, 안계(眼界).
	261	Horseman	騎馬에 能ᄒ 者	×	×	×
	262	Hurried	渴汨ᄒ	×	×	×
	263	Hypnotism	催眠	슈면슐(睡眠術)	×	(1)최면슐(催眠術). (2)최면샹틱(催眠狀態).
	264	Ideal	理想	(standard of excellence)표준(表準) : (in imagination)상상(像想) : (phil.)**리상(理想)**	×	**리샹**, 모범(模範), 표준(標準).
	265	Idiom	特殊語	어법(語法) : (characteristic form)문법(文法) : (peculiar form)언별(言別) : (dialect)방언(方言) : 샤토리(辭土俚) : "The expressions 속담(俗談) and 육담(肉談) are sometimes used in the sense of idiom."	語風	말ᄒ눈투, 어투(語套), 말투, 어풍(語風), 닉이쓰ᄂ말, 방언(方言), 샤토리(辭土俚).
	266	Idiot	天痴, 白痴	우인(愚人)	×	슉믹(菽麥), 반편(半偏), 바사이, 어림쟝이, **뎐치(天痴)**, 바보.
	267	Identification	身分證	×	×	×

저자, 기사명, 발행년월	번호	영문 표제어	한글풀이	이중어사전 수록양상		
				Jones1914	Gale1924	Underwood1925
	268	Ideogram	表意的文字	×	×	×
	269	Inheritance	相續權	유업(遺業) : 유산(遺産) : (act of)계승(繼承)	遺産	(1)업(業), 유업(遺業), 세업(世業), 선업(先業), 가업(家業), 가산(家産), 유산(遺産), (2)계승(繼承), 상속(相續), 상전(相傳), 세습(世襲).
	270	Imagination	想像	의량(意量) : ㅅ샹(思想) : (faculty of)샹샹력(想像力) : ㅅ샹력(思想力)	**想像**, 想像心	(1)**샹샹(想像)**, 공샹(空想), (2)의량(意量), 샹샹력(想像力), 창작력(創作力).
	271	Immaculate Conception	無垢懷胎	무죄출싱(無罪出生)	×	×
	272	Indemnity	賠償	비샹금(賠償金) : 샹금(償金)	×	속(贖), 벌금(罰金), **비샹(賠償)**.
	273	Index	索引, 指針	목록(目錄)	×	추례로ᄒ목록(次例目錄), 목록(目錄), 명록(名錄), 됴목(條目).
	274	Individuality	單個特性	독ᄌ(獨在) : 특질(特質) : 특셩(特性)	×	×
	275	Indulgences	贖罪票, 免罪票	방죵(放縱) : 샤죄권(赦罪權)	×	
	276	Infralapsarianism	墮落以下說	×	×	×
	277	Institutes of the Cristian Religion	그리스도宗教의信原論典	×	×	×
	278	Intervention	調停	거즁됴명(居中調停)	**됴명(調停)**, 仲裁	**됴명(調停)**, 즁저(仲裁), 간셥(干涉).
	279	Lawful	合法的	**합법ᄒ(合法)**	×	덕법ᄒ(適法), 졍당ᄒ(正當), 공변된, 법률샹의(法律上).
	280	Lineage, unbroken	由緖	혈통(血統)	血統	겨레, 일가 (一家), 지파 (支派), 죵족 (宗族), 묘예 (苗裔), 혈통 (血統).
	281	Lord(as an appellation for the nobility, used for all grades except for dukes and princes of the blood)	卿	쥬(主) : (master)쥬인(主人) : (title)경(卿)	×	(1) 쥬인 (主人), (2) 샹졔 (上帝), 긔독 (基督), 쥬 (主), (3) 귀족 (貴族), (4) 경 (卿), 각하 (閣下)(영국의 (英國), (5) 령쥬 (領主), 디쥬 (地主).
	282	Lyric poetry	敍情詩	×	×	**셔졍시 (抒情詩)**.
	283	Maintain	維持ᄒ다	×	**維持ᄒ다**	(1) 지팅ᄒ다 (支持), 보존ᄒ다 (保存), **유지ᄒ다 (維支)**, (2) 직희다, 간슈ᄒ다 (看守), (3)련속ᄒ다 (連續), (4)기르다, 부양ᄒ다 (扶養), (5)고집ᄒ다 (固執), 쥬당ᄒ다 (主張).
	284	Military service examination / Civil service examination	武官登用試驗 / 文官登用試驗	× / ×	× / ×	×

저자, 기사명, 발행년월	번호	영문 표제어	한글풀이	이중어사전 수록양상		
				Jones1914	Gale1924	Underwood1925
	285	Nebular theory	星雲說	×	×	
	286	Negative electricity	陰電	×	×	음면긔 (陰電氣).
	287	Nomad	遊牧民	×	×	×
	288	Non-resistance	無抵抗主義	×	×	×
	289	Nun	女僧	×	×	**녀승 (女僧)**, 니 (尼), 비구니 (比丘尼).
	290	Notary	公證人	×	×	(1) 공증인 (公證人), 셔긔 (書記), 록스 (錄事).
	291	Obstruction	故障	×	×	×
	292	Organization	體制, 組織	**조직(組織)** : (society) 조직회(組織會)	×	(1) 조직하는 것 (組織), 구성 (構成), 편성 (編成), **톄졔 (體制)**, (2) 단례 (團體), 사회 (社會), 협회 (協會) (조직된).
	293	Penance (Roman Catholic usage) (Greek Catholic usage)	悔悛 痛悔	고업(苦業)	×	첨회 (懺悔), **회쥰 (悔悛)**, 고힝 (苦行).
	294	Peerless	無比ᄒᆞᆫ, 無類ᄒᆞᆫ, 無二ᄒᆞᆫ	×	×	싹이업ᄂᆞᆫ, 무덕의 (無敵), **무비의 (無比)**, 무이의 (無二), 졀세의 (絕世), 세샹에업ᄂᆞᆫ.
	295	Perseverance of the Saints	聖徒의 保持	×	×	×
	296	Plane, equatorial	赤道平面	×	×	×
	297	Planet	惑星	류성(流星); 힝성(行星)	行星	**흑성 (惑星)**, 유성 (遊星), 힝성 (行星)(텬문학의).
	298	Poetic	詩的	×	×	×
	299	Pornocracy	變姿政治	×	×	×
	300	Positive electricity	陽電	×	×	×
	301	Procrastinate	遷延ᄒᆞ다	×	×	×
	302	Prose	散文	**산문(散文)**	是非得失	상어(常語), **산문(散文)**, 힝문(行文).
	303	Prudence	用心	슬긔(智); 소심(小心); 근신(勤愼)	代印	(1)조심(操心), 근신 (謹愼), (2)지혜(知慧), 슬긔. (3)졀검홈(節儉), 검소홈(儉素).
	304	Recant Recantation	撤回ᄒᆞ다 撤回文	× ×	× ×	빅언ᄒᆞ다(背言), 말을 곳쳐ᄒᆞ다, 말을변하다, 취쇼ᄒᆞ다(取消). ×
	305	Recklessly (without regard for conseequences more in the sense of our "fearlessly")	不懼히, 忌懼업시	×	×	×
	306	Recognized school	指定學校, 認證學校	×	×	×
	307	Remonstrance Remonstrants	抗論 抗論者	간언(諫言): (friendly) 춤고(忠告): (protest) **항론 (抗論)**: (warning) 권고(勸告)	諫言 ×	간언(諫言), 충고(忠告), 항의(抗議), 반되(反對). ×

저자, 기사명, 발행년월	번호	영문 표제어	한글풀이	이중어사전 수록양상		
				Jones1914	Gale1924	Underwood1925
	308	Restrain	鎭壓ᄒ다	(prevent) 금지ᄒ다(禁止): (control) 속박ᄒ다(束縛): 구속ᄒ다(拘束)	×	제어ᄒ다(制御), 억제ᄒ다(抑制), 구속ᄒ다(拘束), 막다, 금ᄒ다(禁).
	309	Rotation	回轉	×	×	돌니는것, **회젼(回轉)**, 교디(交代), 체번(替番), 슌환(循環).
	310	Satellite(moon)	衛星	×	×	(1)**위셩(衛星)**, 비셩(陪星), 달(月)(텬문학의). (2)죵쟈(從者), 문긱(門客)
	311	Satire	諧謔의 書	See Sarcasm 비웃거림(鼻笑): (taunt) 죠롱(嘲弄)	諷刺	풍시(諷詩), 풍ᄌ(諷刺), 비우슴, 비웃는연극(演劇), 풍ᄌ(諷刺)
	312	Scattered	散亂ᄒ다	×	×	헤여진, 산지흔(散在).
	313	Schism	分離, 分裂	분교(分敎): **분리(分離)**: (faction) 분파(分派): 문파(門派)	**分離**	**분리(分離)**, 분렬(分裂), 분파(分派), 각립(各立).
	314	See through	觀破ᄒ다	×	×	(a)졍신ᄎ리다(情神), 주의ᄒ다, (b)씃신지 도와주다, 씃신지졍신ᄎ리다
	315	Solemn	鄭重흔, 莊重흔	엄숙흔(嚴肅): 쟝엄흔(莊嚴): 졍즁흔(鄭重)	×	(1)엄숙흔(嚴肅), 진즁흔(鎭重), 쟝엄흔(壯嚴). (2)신셩흔(神聖), 경건흔(敬虔). (3)졍식의(正式), 합례의(合例).
	316	Sooner or later	緩急	×	×	조만간(早晩間), 쉬, 언제는.
	317	State(condition)	狀態	(condition) 형편(形條): 형세(形勢): 모양(模樣): (circumstances) 스세(事勢): 스졍(事情): (political community) 국(國): 국가(國家): 나라(國): (civil government) 졍부(政府): 졍치(政治): (one of U.S.) 련방(聯邦): 방(邦): (pomp and dignity) 영요(榮耀): 위엄(威嚴)	形勢, 形便	(1)형세(形勢), 형편(形便), 졍형(情形), 경우(境遇), **상틱(狀態)**. (2)위(位), 신분(身分), ᄌ격(資格) ....
	318	Stationed	駐箚흔	×	×	×
	319	Statue	彫像	초상(肖像): **조상(彫像)**	×	**됴샹(彫像)**, 샹(像)
	320	Summon	糾合ᄒ다	부르다(召之): 쇼환ᄒ다(召喚(喚의 오기?)之): 호출ᄒ다(呼出): 츌명ᄒ다(出廷)	×	(1)부르다, 호츌ᄒ다(呼出), 쇼환ᄒ다(召喚). (2)쳥ᄒ다(請), 권ᄒ다(勸), 직쵹ᄒ다(항복ᄒ기를)
	321	Support(central)	中樞	밧치다(撐): 벗틔다(撐支): 벗치다(撐支): (sustain) 유지ᄒ다(維持): 찬셩ᄒ다(贊成): (provide for, as a family) 봉양ᄒ다(奉養)	扶助	(1)버팀목, 지쥬(支柱), 밧침 (2)밧침, 벗팀, 유지흠(維支) (3)격동흠(激動), 고동흠(鼓動), 먹여살임, 부양흠(扶養), 부지흠 (4)도와줌, 보와줌, 부조흠(扶助), 옹호흠(擁護) (5)예비디(豫

저자, 기사명, 발행년월	번호	영문 표제어	한글풀이	이중어사전 수록양상		
				Jones1914	Gale1924	Underwood1925
						備隊), 원병(援兵) (7) 의식(衣食), 부조료 (扶助料)
	322	Temporal Power (of the Pope)	俗權	×	×	×
	323	Tournament	鬪技	×	×	(1)싸홈ᄒ야보는것, 무예를비교ᄒ는것(武藝比較), 경기(競起), 시합(試合)
	324	Tribute	貢納	진공(進貢): 공물(貢物): 죠공(朝貢)	朝貢	(1)죠공(朝貢), 진공(進貢), 진상(進上), 공(貢), 공세(貢稅), 공물(貢物) (2)칭양ᄒᆷ(稱揚), 칭송ᄒᆷ(稱頌), 숑덕ᄒᆷ(頌德)
	325	Tripod, to stand together like a tripod (indicating the solidarity of three)	鼎立ᄒ다	×	×	×
	326	Unction, extreme (Roman Catholic) (Greek Catholic)	終油 聖傳	도유법(塗油法): 죵도례(終塗禮): 림죵도유식(臨終塗油式)	×	(1)기름바르는것(례식의) (2)사름을감동케ᄒ는말이나연셜
	327	Usurp Usurper	僭得ᄒ다 僭奪者	강탈ᄒ다(强奪): 침탈ᄒ다(侵奪) ×	× ×	찬탈ᄒ다(簒奪), 쥬취ᄒ다(偸取), 횡취ᄒ다(橫取) ×
	328	Vapour	蒸氣	×	×	김, 증긔(蒸氣), 습긔(濕氣) (2)연무(烟霧), 장긔(瘴氣)
	329	Weltanschauung	世界觀	×	×	×
	330	Wilful	放縱ᄒ	×	×	고집ᄒ는(固執), 목곳은, 고의로ᄒ는(故意)
	331	Worship (of God, *latria*) (of Saints, *dulia*) (of Mary, *hyperdulia*)	禮拜 崇拜 最高崇拜	경비(敬拜): 례비(禮拜): 숭비(崇拜)	×	례비(禮拜), 경비(敬拜), 숭비(崇拜)
	332	Yoke (in a figuartive sense)	羈絆	×	×	(1)멍에, 겨리, 쌍겨리 (2)속박(束縛), 계반(羈絆), 노역(奴役)

부록

영한이중어사전 5종의
공통표제어 및
대역 관계 변천표

【소개】

우리의 연구서와 번역편은 개항 개화기에서 식민지시기까지 발행된 총 5종의 영한사전을 대상으로 검토했다. 각 사전에 대한 약칭과 서지사항을 밝히면 다음과 같다.

① Underwood 1890: H. G. Underwood, 『韓英字典한영ᄌ젼(*A Concise Dictionary of the Korean Language*)』, Yokohama: Kelly & Walsh; London: Trübner & Co., 1890.

② Scott 1891: J. Scott, *English-Corean dictionary: being a vocabulary of Corean colloquial words in common use*, Corea: Church of England Mission Press, 1891.

③ Jones 1914: G. H. Jones, 『英韓字典(*An English-Korean Dictionary*)』, Tokyo, Japan: Kyo Bun Kwan, 1914.

④ Gale 1924: J. S. Gale, 『三千字典(*Present day English-Korean: Three Thousand Words*)』, 京城: 朝鮮耶蘇敎書會, 1924.

⑤ Underwood 1925: H. G. Underwood & H. H. Underwood, 『英鮮字典(*An English-Korean Dictionary*)』, 京城: 朝鮮耶蘇敎書會, 1925.

우리는 연구 과정에서 이들 다섯 권의 영한사전의 표제어 및 해제를 총량 입력하였고, 이를 연구의 기본 자료로 삼고 있다. (입력본은 추후 데이터베이스화하여 이어질 연구에서 공개·제공할 계획이다.) 그 결과 다음과 같은 도표와 부록2의 〈영한이중어사전 5종의 공통표제어 및 대역 관계 변천표〉를 얻었다.

5개의 사전을 출판 시기별로 정리하여, 전대 사전에 없던 영어표제어의 증가량과 공통 표제어를 제외한 전체 축적량을 정리해보면 다음과 같다.

	Underwood 1890 (총량 6,702)	Scott 1891 (총량 10,601)	Jones 1914 (총량 5,068)	Gale 1924 (총량 3,226)	Underwood 1925 (총량 13,820)
어휘 증가량: 이전 사전에 없던 영어표제어	6,702	+5,088	+1,948	+1,425	+4,585
영어 표제어의 총량	6,702	11,790	13,738	15,163	19,748

한영사전의 한국어 표제어 증가와 마찬가지로 영한사전의 새로운 영어 표제어 역시 증가했다. 하지만 그 양상은 한영사전류가 전대 사전의 한국어 표제어를 축적하면서 개정간행된 양상과 엄연히 변별된다. 각 영한사전이 공유하는 혹은 공유하지 않는 영어표제어의 총량과 변화 추이를 살펴보면 아래와 같다.

	Underwood 1890	Scott 1891	Jones 1914	Gale 1924	Underwood 1925
Underwood 1890 6,702(100%)		4,949(74%) (1,753)	2,429(57%) (4,273)	1,123(18%) (5,579)	6,152(92%) (550)
Scott 1891 10,601(100%)			3,102(29%) (7,499)	1,428(13%) (9,173)	7,355(69%) (3,246)
Jones 1914 5,068(100%)				1,303(26%) (3,765)	3,902(77%) (1,166)
Gale 1924 3,231(100%)					2,056(67%) (1,175)
Underwood 1925 13,820(100%)					

※ ( )의 %는 "일치표제어 수 / 전대 영한사전의 표제어 총량"으로 소수점 셋째자리에 서 반올림한 수치이다.

　여기서 게일의 사전(Gale 1924)이 일종의 신어 목록임을 감안할 때, 가장 큰 불일치의 지점은 언더우드, 스콧의 사전(Underwood 1890, Scott 1891)과 존스의 사전(Jones 1914)이다. 영어-한국어 대역 관계와 관련하여, 표제어로 등재시킨 영어 단어들 자체가 서로 상당히 달랐다는 것이다. 그 이유는 사전의 발행 목적과 긴밀히 관련된다. 언더우드와 스콧의 영한사전이 일상회화용 사전을 지향했다면 존스의 사전은 교육 현장에서 쓰일 학술개념어를 포괄하려고 했기 때문이다. 또한 영어 표제어 그 자체가 한국의 공론장 변화, 번역을 이끈 조건과 목적의 변화에 따라 유동하고 있었기 때문이다. 급격한 근대 한국 언어질서의 변모에 따라, 근대 외래한자어들이 상당수 존스의 사전에 등재되어 있다는 사실을 감안할 필요가 있다.

　상기 5종의 사전은 크게 세 시기로 나누어 그 계보를 이야기할 수 있다. 1890년대 언더우드, 스콧의 사전은 선교를 위한 일상회화용 영한사전에 근접한 것이었다. 1910년대 존스의 사전은 서구어 학술용어에 대한 아직 관습화되어 있지는 못했던 한국어대역어(근대외래 한자어)를 '실험'적으로 모색한 사전이었다. 1920년대 게일의 사전은 당시 한국에서 사회화, 관습화 되어 쓰이는 유용한 신어들의 모아 발간한 목록이며, 원한경의 사전(Underwood 1925)은 일상, 선교, 학술적 목적이 망라된 영한사전의 집대성이라고 볼 수 있다.

　이런 차이점에도 불구하고, 이들 5개 사전은 상당한 분량의 공통 표제어를 지니고 있다. 그러나 서로 다른 시기에 발간된 사전들인만큼 동일한 영어 표제어임에도 대역관계를 구성하는 한국어는 결코 동일하지 않다. 요컨대 5개 사전이 보여주는 동일 영어 표제어에 대한 한국어 해제의 변화 자체가 시시각각 변화하던 근대 한국어의 변모나 언어적 질서를 일목요연하게 살필 수 있는 단서가 된다는 것이다. 우리는 5개 사전에서 627개의 공통표제어를 추출하고, 그 변천 과정을 도표화하여 일목요연하게 영한 대역 관계의 변천 및 근대한국어의 변화를 살펴 볼 수 있도록 하였다.

다만 첨언할 점은 첫째, 스콧 사전의 경우는 품사에 따라, 한국어 풀이를 맞추지 않았다는 점이다. 존스 사전의 일부 한국어 대역어 역시 영어와 한국어의 품사가 일치하지 않는다. 둘째, 존스 사전 이후로 한글(한자)란 형식의 대역어 제시가 하나의 해제 규칙으로 나타났다는 점 역시 부기해 둘 필요가 있다. 즉, 언더우드와 스콧의 사전은 본래 한자가 제시되어 있지 않았다는 점을 해제에서 밝힌다. 이 점을 감안하여 〈영한이중어사전 5종의 공통표제어 및 대역 관계 변천표〉를 보아주기 바란다.

▌참고문헌

이병근, 「서양인 편찬의 개화기 한국어 대역사전과 근대화」, 『한국문화』, 2001
이상현, 「언더우드의 이중어사전 간행과 한국어의 재편과정」, 『동방학지』 151, 2010.
황호덕·이상현, 「번역과 정통성, 제국의 언어들과 근대 한국어」, 『아세아연구』 145, 2011.

〈영한이중어사전 5종의 공통표제어 및 대역 관계 변천표〉

연번	영어표제어	Underwood 1890	Scott 1891	Jones 1914	Gale 1924	Underwood 1925
1	ability	n. 직조, 직간, 직능, 능간	(mental)직죠, 지식, 지혜	n. 직죠(才藻) : 직능(才能) : 력량(力量)	직간才幹기능技能ᄌ격資格력량力量진흥振興	n. 직조, 직간, 지능(才能), 능간(能幹), 능력 (2)ᄌ산(資産) (3)텬품(天稟)
2	abstract	v.t. 쎄오, 제ᄒ오	내다, 빼다	n. (epitome) 적요(摘要) : (summary) 대략(大略)	츄샹뎍抽象的리론뎍理論的	v.t. (1)쎈다, 제ᄒ다(除) (2)츄샹ᄒ다(抽象) (3)쎈앗다: a. 츄샹뎍(抽象的), 무형흔(無形)
3	accent	n. 음, 방언	소리, 음셩, 목소리	n. (tone) 발음(發音) : (diacritical mark)발음표(發音標) : (pronunciation) 어됴(語調)	어됴語調발음표發音表	n. 양음(揚音), 양음부(揚音符), 음됴(音調)
4	accessory	n. 부동ᄒᄂ이, 허락ᄒᄂ이	동모, 돕다	n. 동모쟈(同謀者) : 종범인(從犯人)	종범從犯	n. 부동ᄒ쟈, 동모쟈(同謀者), 종범(從犯)
5	accident	n. 우연흔일, 뜻밧긔일, 의외일	실수, 낭패, 불힝, 변	n. (unforeseen occurrence)의외일(意外事) : (calamity) 지앙(災殃) : (disaster) ᄉ변(事變)	ᄉ고事故ᄉ변事變	n. 우연흔일, 뜻밧긔일, 의외일(意外)
6	action	n. (deed) 힝실, 힝위 (battle) 싸홈	일, 힝실 (battle) 전쟝	n. (movement, operation)동작(動作) : 힝위(行爲) : (a military engagement)접견(接見)	거동擧動동작動作접젼接戰	n. (1)동작(動作), 힝위(行爲) (2)작용(作用)
7	actor	n. (comedian) 광딕	(doer)ᄒ다	n. 광딕(倡) : 작위쟈(作爲者) : 빈우(俳優) : (comedian)직인(才人)	빅우俳優광딕	n. (1)광딕, 빅우(俳優) (2)ᄒᄂ쟈 (3)변호ᄉ(辯護士), 원고(原告)
8	addition	n. 더홈이, 더흔것	더ᄒ다, 보틱다	n. (increase)증가(增加) : (arith)가법(加法)	합산合算가법加法	n. (1)더홈 (2)더흔것, 부가(附加) (3)가법(加法)

연번	영어표제어	Underwood 1890	Scott 1891	Jones 1914	Gale 1924	Underwood 1925
9	admission	n. 드러가는것, 드러가는허락, 드러가기가, 올타는것, 그러타는것	(confession) 쵸스, 공쵸	n. (act of)허입(許入) : (state of)승인(承認) : (to church membership)입회(入會)	입쟝入場	n.(1)드러가는것, 드러가는허락, 입쟝ㅎ는것(入場)(2)올타는것, 그러타는것, 승인(承認)(3)입쟝료(入場料),관람료(觀覽料)
10	advantage	n. 리, 리익	효험, 유익, 공효	n. (profit)리익(利益) : 유익(有益) : (benefit)효험(效驗) : (spiritual)신익 (神益)	리익利益	n. (1)리(利), 리익(利益) (2)편의(便宜) (3)우승ㅎ긔회(優勝機會)
11	adversity	n. 환란, 직앙, 랑패, 간고	직앙, 앙화	n. (affliction)고난(苦難) : (calamity)앙화(殃禍) : 직앙(災殃) : (misfortune)불힝(不幸)	고난苦難	n. 환란(患難), 직앙(災殃), 랑픽(狼狽), 간고(艱苦), 고난(苦難)
12	advice	n. (counsel)훈수, 훈계, 권면 (information)소문, 쇼식, 긔별	권ㅎ다, 간ㅎ다, 경계ㅎ다	n. 교훈(敎訓) : 권고(勸告)	권고勸告충고忠告	n. (1) (counsel)훈계(訓戒), 권면(勸勉), 고문(顧問), 훈수(訓數) (2) (information)쇼문(所聞), 쇼식(消息), 긔별(奇別), 통지(通知)
13	affair	n. 수정, 샹관, 일, 것	일, 수정, 일굿	n. 수무(事務) : 수건(事件) : 일(事)	수건事件	n. 수건(事件), 일, 수무(事務)
14	affinity	n. 오곰사리, 쟉부쟉	일가, 친쳑, 친ㅎ다	n. (causal relation)관계(關係) : (mutual drawing and inclination)인연(因緣) : 연분(緣分) : (in Chemistry)친화력(親和力) : (in language)류수(類似)	인연因緣	n. (1)친족(親族), 인쳑(姻戚), 인연(因緣) (2)부합(符合) (3)화합력(化合力), 친화력(親和力)

연번	영어표제어	Underwood 1890	Scott 1891	Jones 1914	Gale 1924	Underwood 1925
15	agony	n. 극흔고로옴, 극고	고싱	n. 진력(盡力) : 징투(爭鬪)	고통苦痛	n. 극한괴로옴, 극고(極苦), 죽을근심
16	agriculture	n. 롱역, 롱스, 롱업	농스	n. 농업(農業) : 농스(農事) : 농역(農役)	농스農事농학農學	n. 농스(農事), 농업(農業), 경작(耕作)
17	aid	v.i. 도아주오, 거드오, 보우흐오, 붓드러주오, 돕소	돕다, 도아주다, 거들다	t. and iv. 돕다(助) : 도아주다(助給)	부조附助	v.t. 도아주다, 거두다, 보조흐다(補助), 붓드러쥬다, 돕자
18	Aim	n. 의스, 의향, 뜻, 가늠보는것	다림	t.v. 다림보다(照準儀)	방침方針목뎍目的	n. (1)의스(意思), 의향(意向), 뜻 (2)가늠보는 것, 다림보는 것 (3)목뎍(目的)
19	Air	긔운 (manner) 모양, 형상, 모습 v.t. 거풍흐오	(atmosphere) 긔운	n. 공긔(空氣)	모양模樣거동擧動공긔空氣	n. (1)긔운, 공긔(空氣) (2)모양(貌樣), 형상(形狀), 모습(貌習), 티도(態度) (3)노릭, 가곡(歌曲): v.t. 거풍흐다, 쇄간흐다(曬乾)
20	Allegory	n. 인증, 비유	비유, 인증	n. 비유(比喩)	우언寓言	n. (1)풍유(諷諭) (2)인증(認證) (3)우언(寓言) (4)비류(比類)
21	Alliance	to form an. 합세흐오, 강화흐오	약됴	n. (state of)합동(合同) : 합심합력(合心合力) : (treaty of agreement)동밍(同盟) : 협약(協約)	동밍同盟	v.t. (1)to form an. 동밍흐다(同盟), 련합흐다(聯合) (2)강화흐다(講和), 화친흐다(和親)
22	Altar	n. 계지내는단	제단	n. 제단(祭壇) : 신단(神壇)	제단祭壇	n. (1)계지닉는단, 제단(祭壇) (2)성찬딕(聖餐臺) (3)긔도소(祈禱所)
23	Ambassador	n. 공스, 샹스	스신, 공스	n. 스신(使臣) : 대스(大使) : (special envoy)특스(特使)	공스公事스신使臣대스大使	n. 스절(使節), 대스(大使)
24	Ammunition	n. 약텰	화약	n. 탄약(彈藥)	탄환彈丸	n. 약텰(藥鐵), 탄환과화약등물(彈丸火藥等物), 군슈(軍需)

연번	영어표제어	Underwood 1890	Scott 1891	Jones 1914	Gale 1924	Underwood 1925
25	Anarchy	n. 무법텬디	난리, 어즈럽다	n. 무정부쥬의(無政府主義) : (state of) 란졍(亂政)	무졍부쥬의 無政府主義 허무쥬의虛 無主義	n. 무법텬디(無法天地), 란셰(亂世), 무졍부(無政府)
26	Ancestor	n. 조샹, 시조	조샹	n. 조샹(祖上) : 션조(先祖) : 시조(始祖)	션조先祖조 샹祖上	n. 조샹(祖上), 션조(先祖), 조종(祖宗)
27	Anecdote	n. 젹은니야기	니아기, 고담	n. 긔담(奇談) : 고담(古談) : 니야기(閑話)	긔담奇談	n. 짜란이야기, 긔문(奇聞), 고담(古談), 긔담(奇談), 일스(逸事)
28	Anger	n. 분, 노, 분노, 셩	노, 분, 셩	n. 노흠(怒) : 분긔(忿氣)	노긔怒氣	n. 분(憤), 노(怒), 분노(憤怒), 셩님; v.t. 분후게후다(憤), 셩나게후다, 촉노후다(觸怒), 격노후다(激怒)
29	Animal	n. 즘승, 금슈	즘싱, 즘승	n. 즘싱(禽獸) : 즘승(禽獸)	동물動物	n. 즘승, 금슈(禽獸), 동물(動物)
30	Antiquity	n. 샹고	녯젹, 샹고	n. 샹고(上古) : 고디(古代) : 녯젹(昔)	샹고上古태 고太古원시 元始	n. (1)샹고(上古) (2)고물(古物), 고인(古人), 고풍(古風), 고졔(古制)
31	Appetite	n. 식셩, 비위, 졍욕	입맛, 구미	a. 구미(口味) : 입맛(口味)	식욕食慾구 미口味	n. (1)식욕, 구미(口味), 비위 (2)졍욕, 욕심(慾心), 육욕(肉慾)
32	Argument	n. 빙거, 징거	글뎨, 변박후다	n. 변론(辯論) : 리론(理論)	의론議論	n. 변론(辯論), 언론(言論), 빙거(憑據), 증거(證據)
33	Army	n. 대진, 군긔가진군 스셰	군스	n. 륙군(陸軍) : 군디(軍隊)	군디軍隊병 마兵馬륙군 陸軍	n. 대진(大陣), 군디(軍隊), 륙군(陸軍)
34	Art	직조, 슐, 업	직죠, 솜씨	n. 기술(技術)	기술技術미 슐美術	n. (1)직조(才操), 기예(技藝) (2)기술(技術), 미슐(美術) (3)미슐품(美術品)
35	Artillery	n. 대포들이	대완구, 대포	n. 포병(砲兵)	포병砲兵	n. (1)딩구, 포(砲), 대포(大砲) (2)포슐(砲術)

연번	영어표제어	Underwood 1890	Scott 1891	Jones 1914	Gale 1924	Underwood 1925
36	Artist	n. 화공	그림쟝이, 화공, 칙쇠쟝이	n. 기亽(技師) : 미술가(美術家) : (painter)화공(畵工)	예술가藝術家화가畵家 화공畵工화亽畵師	n. (1)미술가(美術家) (2)화공(畵工) (3)기예가(技藝家)
37	Astrology	n. 별을보고길흉을아는법	팔ᄌᆞ, ᄉᆔ, 관샹	n. 점성학(占星學)	졈성학占星學	n. 별을보고길흉을아는법, 뎜셩학(点星學)
38	Atheist	n. 하ᄂᆞ님업는 줄아는이	샹뎨모로다	n. 무신론쟈(無神論者) : 불신쟈(不信者)	무신론쟈無神論者	n. 무신론쟈(無神論者)
39	Atmosphere	n. 긔운, 공즁	긔운	n. 공긔(空氣) : 대긔(大氣)	공긔空氣	n. 긔운, 대긔(大氣) 긔공(氣空), 공즁(空中)
40	Attendance	n. 뫼시는것, 참예ᄒᆞ는것	(waiting) 기ᄃᆞ리다	n. 츌셕(出席) 참예홈(參與)	방텽傍聽츌셕出席	n. (1)뫼시는것, 츌셕ᄒᆞ는것(出席), 참예ᄒᆞ는것(叅詣) (2)주의ᄒᆞ는것, 젼심ᄒᆞ는것(專心)
41	Author	n. 조셩ᄒᆞ이, 조쟉ᄒᆞ이, 쥬인	(writer) 문쟝, 명필	n. 져슐가(著述家)	져슐가著述家	n. (1) 챵조쟈(創造者) (2)져슐쟈(著述者), 져작쟈(著作者), 쥬인(主人), 발긔인(發起人)
42	Authority	n. 권세, 세력	권세, 권도, 셰도, 빙거, 빙쟈	n. 권(權) : 권리(權利) : 권한(權限)	권병權柄	n. (1)권세, 세력, 권리(權利) (2)증인(證人) (3)젼문가(專門家), 대가(大家), 태두(泰斗), 당국쟈(當局者)
43	Autograph	n. 친필	친필	n. 친필(親筆)	ᄌᆞ필自筆친필親筆	n. 친필(親筆), ᄌᆞ필(自筆)
44	Autumn	n. 가을	가을	n. 가을(秋) : 츄(秋)	츄계秋季	n. 가을, 츄(秋) [In comp.]
45	Bachelor	n. 총각, 도령, 슈직	총각, 도령	n. 총각(總角) : 슈직(秀才) : (unmarried boy)도령(道令) : (academical)학亽(學士)	독신쟈獨身者(degree)학위學位	n. 총각(總角), 독신싱활쟈(獨身生活者), 슈직(秀才), 미취쟈(未娶者), 대학득업亽(大學得業士)

연번	영어표제어	Underwood 1890	Scott 1891	Jones 1914	Gale 1924	Underwood 1925
46	Baggage	n. 짐, 힝장	짐, 봇짐, 힝쟝	n. 짐(擔子) : 힝장(行裝) : 하물(荷物) : 힝리(行李) : (hand)보짐(褓擔)	쇼하물小荷物슈하물手荷物	n. 짐, 힝장(行裝), 쇼하물(小荷物), 힝리(行李)
47	Balance	v. 공평ㅎ게ㅎ오	(scale) 져울	n. (scale)져울(衡) : (remainder)놈저지여직문(餘在文) : 여수(餘數)	잔금殘金권형權衡	n. 공평ㅎ게ㅎ다(公平), 평균ㅎ다(平均), 비교ㅎ다(比較), 세음맛취다, 청산ㅎ다(淸算)
48	Banquet	n. 잔치	잔치	n. 잔치(宴) : 연회(宴會)	연석宴席	n. 잔치, 향응(響應), 연회(宴會)
49	Barber	n. 머리깍ᄂ이	머리깍다	n. 리발ᄉ(理髮師)	리발ᄉ理髮師	n. 머리깍ᄂ쟈, 리발ᄉ(理髮師)
50	Battle	n. 대전, 합전	싸홈, 싸호다	n. 젼징(戰爭) 싸홈(戰鬪) : 대젼(大戰) : 합젼(合戰)	전투戰鬪	n. 싸홈, 전투(戰鬪), 딕젼(對戰), 합전(合戰)
51	Beautiful	to be. 아름답소, 묘ㅎ오, 곱소	아름답다, 묘ㅎ다, 곱다, 얌젼ㅎ다, 어엿부다	a. 아름다온(美) : 묘ᄒ(妙) : (of objects)고은(艶) : (of persons) 어엿분 (艶麗) : (of character) 얌젼ᄒ(柔妍) : 화려ᄒ(華麗) : 긔려ᄒ(奇麗) : (of weather) 화챵ᄒ (和暢)	미려ᄒ다美麗	a. 아름다운, 묘흔, 고흔, 미려흔(美麗)
52	Benefactor	n. 은인	은인	n. 은인(恩人)	은인恩人	n. 은인(恩人), 시쥬(施主), 긔증쟈(寄贈者), 보호쟈(保護者)
53	Benefit	v.t. 리보게ㅎ오, 효험보게ㅎ오, 도아주오	리, 리익ㅎ다	n. (advantage)유익(有益) : 효험(效驗) : (profit)리(利) : 리익(利益)	리익利益	v.t. (1)리보게ㅎ다(利), 효험보게ㅎ다(效驗), 도아주다 (2)기량ㅎ다(改良), 증진ㅎ다(增進): n. 리익(利益), 은혜(恩惠), 특뎐(特典)

연번	영어표제어	Underwood 1890	Scott 1891	Jones 1914	Gale 1924	Underwood 1925
54	Benevolence	n. 어진무옴, 어진덕	은혜	n. 인익(仁愛) : 조비(慈悲) : 조익(自愛)	조션慈善	n. 어진무옴, 어진덕, 인익(仁愛), 인조(仁慈), 조비(慈悲)
55	Blood	n. 피, 혈 (in comp)	피, 류혈	n. 피(血)	혈익血液	a. 피의, 피짓흔, 피를먹음은
56	Body	n. 몸, 원톄, 회	몸	n. 몸(身) : 톄(體) : (substance)물톄 (物體)	육톄肉體	n. 몸, 신톄(身體), 육톄(肉體) (2)물톄, 실톄(實體) (3) 톄(体), 립톄(立体)
57	Brass		n. 쥬석	쥬석	n. 쥬석(豆錫): 놋쇠(鑐): 동(銅): 구리(銅) [Koreans use 동 and 구리 for both brass and copper]	황동黃銅	n. 쥬석(錫), 황동(黃銅), 놋쇠, 구리
58	Breadth	n. 광, 쌤	품, 너븨, 넓이, 광	n. 광(廣) : 너븨(廣) : 넓억지(廣) : 쌤(廣)	폭원幅員	n. 광, 쌤, 폭, 폭원(幅員)
59	Breath	n. 긔운, 숨 v. 쉬오, 숨쉬오, 호흡하오	숨, 입김	n. 숨(呼吸) : 호흡(呼吸)	호흡呼吸긔식氣息:(숨)	n. 긔운, 숨, 긔식(氣息), 호흡(呼吸)
60	Brute	n. 금슈, 즘승	즘승	n. 즘승(畜) : 즘싱(畜生)	츅싱畜生	n. (1)금슈(禽獸), 즘승 (2)잔인흔쟈(殘忍者), 무인졍흔쟈(無人情者)
61	Burial	n. 장ᄉ, 영장	장ᄉ, 영장	a. 장ᄉ상(葬事上) : 미장뎍(埋葬的) : 영장(水葬)	미장埋葬	n. 장ᄉ, 미장(埋葬), 장례(葬禮), 장식(葬式), 영장(永葬)
62	Business	n. 업, 노릇, 일, 버어리	일, ᄉ졍	n. ᄉ무(事務) : 영업(營業) : 싱이(生涯)	직무職務ᄉ무事務실업實業업무業務직분職分영업營業	n. 업(業), 노릇, 일, 버리, ᄉ무(事務), 직업(職業), 상업(商業), 싱이(生涯)
63	Cabinet	n. 쟝	쟝	n. (case)쟝(藏) : (ministerial)닉각(內閣)	묘당廟堂닉각內閣	n. (1)쟝(欌) (2)닉각(內閣), 묘당(廟堂), 닉각회의(內閣會議)

연번	영어표제어	Underwood 1890	Scott 1891	Jones 1914	Gale 1924	Underwood 1925
64	Call	v. (name)이라오 (summon)브로오, 엿즈오(hon)	부르다	tv.부르다(呼之) : (cry to heaven)호텬통곡(呼天痛哭) : (social)심방흐다(尋訪)	방문訪問	v. 브르다, 이르다, 엿잡다
65	Calling	n. 수업, 업, 싱, 싱도	업, 싱이, 싱업, 싱계, 산업, 직업, 직분	n. (employment)직업(職業) : 싱이(生涯)	업業	n. (1)수업(事業), 업(業), 싱도(生道) (2)브르는것, 쇼집흐는것(召集), 청흐는것(請)
66	Candidate	n. 싸는이 [직업], 과거싸는이	구수흐다	n.후보쟈(候補者) : (for the ministry)목수업 후보쟈(牧師業候補者)	후보쟈候補者	n. 몽(望)에오른사룸, 후보쟈(候補者), 지원쟈(志願者)
67	Care	n. (anxiety)걱정, 근심 (caution)조심 (charge)샹관, 계관, 알온곳 v. 샹관흐오, 조심흐오, 삼가오	걱정, 근심, 조심	n. (anxiety)걱정(憂慮) : 근심(憂) : (guardianship)관계(關係) : 샹관(相關) : (watchfulness)조심(小心)	념려念慮념두念頭쥬의主意	n. (1) (anxiety) 걱정, 근심, 노심, 념려(念慮) (2) (caution)조심(操心), 주의(注意), 용심(用心) (3) (charge) 샹관(相關), 관리(管理), 간슈(看守), 계관(係關), 알온곳: v. 샹관흐다, 조심흐다, 주의흐다, 삼가다
68	Catalogue	n. 물록, 물목	치부, 긔록, 물목	n. 목록(目錄)	목록目錄	n. 목록(目錄), 물목(物目), 총목(總目)
69	Cause	n. 가둙, 연고, 연유, 고, 수연, 쩍문 v. -계흐오, 흐계흐오	연고, 가둙, 곡절, 때문에	n. (ground)수유(事由) : 리유(理由) : (reason)연고(緣故) : 쌔문(理由) : (source of)근원(根源)	수고事故수단事端원인原因연고緣故	n. 싸닭, 원인(原因), 연고(然故), 고(故), 수연(事然), 쩍문, 리유(理由), 수건(事件), 수항(事項), 목덕(目的), 쥬의: v. -계흐다, 흐계흐다, 원인을보이다, 리유를말하다
70	Caution	n. 조심 v.t. 권흐오 닐으오 [위틱흔것]	조심	n. 용심(用心) : 조심(小心)	주의注意조심操心	n. (1)조심(操心), 삼가는것 (2)훈계(訓戒), 츙고(忠告), 경고(警告): v.t. 권흐다, 닐아다, 간흐다(諫), 츙고흐다

연번	영어표제어	Underwood 1890	Scott 1891	Jones 1914	Gale 1924	Underwood 1925
71	Cemetery	n. 북망산	무덤, 뫼, 산	n. 산소(山所) : 묘소(墓所) : 미장디(埋葬地)	묘디墓地묘소墓所미장디埋葬地	n. 묘디(墓地), 공동묘디(共同墓地), 미장디(埋葬地), 북망산(北邙山)
72	Censure	v.t. 칙망ㅎ오, 꾸짓소, 나물ㅎ오	칙망ㅎ다, 간ㅎ다	n. 견척(譴責) : (rebuke)칙망(責)	견척譴責	v.t. 칙망ㅎ다, 꾸짓다, 나물ㅎ다, 견척ㅎ다(譴責)
73	Census	n. 호적	호적	n. 호적(戶籍) : 국세됴사(國稅調査)	호적戶籍	n. 호적, 민세됴사(民勢照査), 국세됴사
74	Century	n. 빅년	빅년	n. 빅년(百年) : 일세긔(一世紀)	일세긔一世紀	n. 빅년(百年), 세긔(世紀), 일세긔
75	Ceremony	n. 례, 례의, 례모	례, 례모	n. (force)례식(禮式) : (in compounds)례(禮)	의식儀式	n. 례(禮), 례의(禮儀), 례모, 례법, 례식, 의식(儀式)
76	Chalk	n. 회돌	빅토	n. 빅묵(白墨)	빅묵白墨분필粉筆	n. 빅묵(白墨), 분필(粉筆), 회돌(灰石)
77	Chance	n. 우연, 요힝	우연	n. 요힝(僥倖) : (opportunity)긔회(機會)	긔회機會	n. 우연(偶然), 요힝(要幸), 운(運), 긔회(機會), 시긔(時機)
78	Change	v.t. 변ㅎ게ㅎ오, 변통ㅎ오, 밧고오, 곳치오, v.i. 변ㅎ오, 갈니오	밧고다, 곳치다, 변ㅎ다, 갈다, 갈니다	tv. (alter)곳치다 (變改) : (exchange)밧고다(改易) : 교환ㅎ다(交換)	변천變遷변경變更변동變動	v.t. 변ㅎ게ㅎ다, 변통ㅎ다, 밧고다, 곳치다, 교환ㅎ다(交換), 긔체ㅎ다(改替): v.i. 변ㅎ다, 갈니다, 곳치다: n. 변천(變遷), 변경(變更), 이동(移動)
79	Chant	n. 노래ㅎ오, 찬양ㅎ오 챵, 노래	렴불, 진언	n. 성가(聖歌)	영가咏歌	v. 노릭ㅎ다, 찬양ㅎ다(讚揚), 을프다, 념불ㅎ다(念佛)(즁이): n. 챵(唱), 노릭, 챵가(唱歌)
80	Character	n. 성픔	(repute) 일홈, 힝실	n. (disposition)성품(性稟) : 성질(性質) : (personal)본성(本性) :	성격性格인격人格인물人物인품人品긔질氣質	n. (1)성질(性質), 성품(性品) (2)명망(名望), 톄면(體面) (3)디위(地位), 신분(身分),

연번	영어표제어	Underwood 1890	Scott 1891	Jones 1914	Gale 1924	Underwood 1925
				(letter)문ᄌᆞ(文字) : (reputation)명문(名聞) : 명예(名譽)		ᄌᆞ격(資格) (4)글ᄌᆞ, 문ᄌᆞ(文字), ᄌᆞ호(字號), 긔호(記號) (5)인물(人物)
81	Charity	n. 진비, 정, ᄉᆞ랑, 이정, 인정, 익긍	(alms) 진휼	n. (alms)구제(救濟) : 시졔(施濟) : 신휼(賑恤) : (benevolence)인ᄌᆞ(仁慈) : ᄌᆞ이(慈愛)	ᄌᆞ션慈善	n. ᄉᆞ랑, ᄌᆞ비(慈悲), ᄌᆞ선(慈善), 정(情), 이정(愛情), 인정(仁情), 익긍(哀矜), 인이(仁愛), 관인(寬仁), 구제(求濟), 진휼(賑恤)
82	Chastity	n. 정졀	절개, 정졀, 슈졀	n. 졍졀(貞節) : 졀개(節槪) : 슌양(純陽)	졀됴節調	n. 졍졀(貞節), 졍조(貞操), 졀기(節介)
83	Chess	n. 바독	쟝긔	n. 쟝긔(將棋)	쟝긔將棋	n. 쟝긔
84	Chief	a. 뎨일, 십샹, 웃듬	뎨일, 괴슈, 웃듬	n. (lord)쥬군(主君) : (master)쥬인(主人) : 어룬(長) : (of a tribe) 츄쟝(酋長) : (of a band of robbers)괴슈(魁首) : (priest)졔ᄉᆞ쟝(祭司長) : 총쥬(總主)	츄쟝酋長쟝관長官	n. 뎨일의, 십샹의, 웃듬의(元), 머리의(頭), 쥬요의(主要): n. 쟝(長), 두령(頭領), 두취(頭取), 슈괴(首魁), 츄쟝(酋長), 쏙지, 머리
85	China	n. 청국, 대국, 즁국, 즁원	국화	n. 쳥국(淸國) : 즁국(中國) : 즁화(中華)	즁원中原즁국中國즁화中華	n. 즁국(中國), 즁원(中原), 지나(支那), 쳥국(淸國), 즁화(中華)
86	Circle	n. 동고라미	도리, 쥬희, 돌다, 에우다, 둥글다	n. 환션(環線) : 원형(圓形·) : 권션(圈線) : 동고람이(圈)	원형圓形	n. (1)동고라미, 고리, 원(圓) (2)범위(範圍), 닉부(內部), 디경(地境) (3)당(黨), 파(派), 죠(組)
87	City	n. 큰읍늬	셩	n. 셩(城) : 시(市) : 도셩(都城) : (municipality)시회(市會) : 도회(都會)	시즁市中도회都會	n. 도회(都會), 대쳐(大處), 셩(城), 시(市), 부(府)

연번	영어표제어	Underwood 1890	Scott 1891	Jones 1914	Gale 1924	Underwood 1925
88	Civilization	n. 교화	교화, 조화, 덕화	n. 교화(敎化) : 문명(文明) : 기화(開化)	기화開化문명文明	n. 교화(敎化), 기도(開導) (2)문명(文明), 기화(開化), 기명(開明)
89	Class	n. 증, 등, 등분, 종류	반녈, 류, 동, 품직, 츠레	n. 류(類) : 종류(種類) : (grade)등급(等級) : (in school)급(級) : 등(等) : 반(班) : 반렬(班列) : (in church)쇽(屬)	등급等級	n. (1)등(等), 등분(等分), 등급(等級) (2)계급(階級), 반(班), 종류(種類), 족(族)(박물학의)
90	Clever	to be. 민첩호오, 공교호오, 능통호오, 직조잇소, 직능잇소	지혜롭다, 총명ㅎ다, 공교ㅎ다, 신통ㅎ다, 령리ㅎ다, 슬긔롭다, 민첩ㅎ다	a. 직조잇는(才藻) : 슬긔잇는(智慧的) : 공교훈(工巧) : 령리훈(怜悧) : 민첩훈(敏捷)	예민ㅎ다銳敏	a. 민첩훈(敏捷), 공교훈, 능통훈(能通), 직죠는, 지능잇는(才能), 쾌훈(快)
91	Climate	n. 슈토, 풍토	슈토	n. 슈토(水土)	긔후氣候	v. 긔후(氣候), 슈토(水土), 풍토(風土)
92	Club	n. (weapon)몽동이, 몽치 (a society) 계	(stick)몽동이, 방망이	n. (social organization)구락부(俱樂部)	구락부俱樂部	n. (1)방밍이, 몽치 (2)계(契), 회(會) 구락부(俱樂部), 도가(都家), 회관(會館): v.t. (1)몽치로싸리다 (2)련합ㅎ다(合聯), 모도다
93	Coast	n. 바다가, 히변	바다가, 물가	n. 히변(海邊) : 바다가(海邊)	히안海岸	n. 바다가, 히변(海邊), 히안(海岸), 히빈(海濱): v.i. 히변이나강변으로(江邊)타고비질호야가다, 설미우에안져셔어름이나눈을타고밋그려져니려오다, 차를타고언덕우에셔 오리로계졀로느려오다
94	Code	n. 규구, 대뎐통편	법, 젼례	n. 법뎐(法典)	법뎐法典	n. 규구(規矩), 법뎐(法典), 디뎐통편(大典通編)

연번	영어표제어	Underwood 1890	Scott 1891	Jones 1914	Gale 1924	Underwood 1925
95	Colleague	n. 동무, 동관	동모, 동반, 동관	n. 동무(同務) : 동관(同官) : 동료(同僚) : 동직쟈(同職者)	동료同僚	n. 동무, 동료, 동관, 동업자(同業者), 동사(同社)
96	Collection	n. 모도는것, 모돈것	거두다, 모호다, 수습하다, 샷타	n. (money)슈젼(收錢) : 의연금(義捐金)	모집募集연보捐補	n. 모도는것, 취집(取集), 집합(集合), 징슈(徵收), 모든것, 의연금(義捐金), 슈젼(收錢)
97	College	n. 학당, 학교, 한림원	성균관, 태학관	n. 대학교(大學校)	대학교大學校전문학교專門學校	n. (1)고등학교(高等學校), 전문학교(專文學校), 대학교(大學校) (2)학싱단톄(學生團体) (3)대학교의교실(大學校敎室)
98	Combine	v. 합하오, 합셰하오	모히다, 합하다, 당짓다, 작당하다, 부동하다	vt. 합하다(合之) : 결합하다(結合)	합동合同련합聯合	v.t. 합하다, 혼합하다(混合), 결합하다(結合), 련합하다(聯合), 죠합하다(組合): v.i. 합히지다, 결합되다, 련합되다, 단결되다(團結), 합동되다(合同), 협력하다(協力)
99	Command	n. 명하오, 분부하오, -라고하오	분부, 명, 호령	tv. 명하다(命之) : 분부하다(分付) : 전령하다(傳令)	관리管理지비支配명령命令	v. 명하다(命), 령하다(令), 호령하다(號令), 분부하다(吩咐), 지휘하다(指揮), 감독하다(監督), --라하다
100	Comment	v. 주내오 n. 주	주내다, 풀다	n. (notes)주히(註解) : (criticism)비평(批評)	주석註釋주히註解	v. 주내다, 평론하다(評論): n. 주(註), 주히(註解), 평론(評論)
101	Commerce	n. 쟝수, 흥졍, 널게매미하는것	쟝수, 무역, 통샹	n. 상업(商業)	통상通商	n. 쟝수, 흥졍, 교통(交通), 교졔(交際), 통상(通商), 무역(貿易), 상업(商業)
102	Common	to be. (ordinary)	심샹하다, 범샹하다,	a. (frequent)평싱	보통普通심상尋常	a. 례수로운, 평상의(平常),

연번	영어표제어	Underwood 1890	Scott 1891	Jones 1914	Gale 1924	Underwood 1925
		례수롭소, 평샹되오 (inferior) 쳔ᄒ오, ᄂᆺ소 (public) 공변되오	례수롭다	(平生) : 범샹(凡常) : (ordinary)평범 (平凡) : 보통(普通) : 심샹(尋常)		보통의(普通), 통샹의(通常), 심샹의(尋常), 공동의(共同), 일반의(一般), ᄂᆺ진, 챵피ᄒ
103	Compass	n. (naut.) 지남텰 (range) 한, 한명	두루, 쥬희	n. 지남텰(指南鐵) 라계반(羅計盤) : 륜도(輪圖)	라침반羅針盤	n. (1)지남텰(指南鐵), 라침반(羅針盤) (2)한(限), 한명(限定), 한계(限界), 구역(區域), 범위(範圍)
104	Composition	n. 글쟝, 합흔것, 진것	(literary) 글, 문쟝	n. (literary)작문(作文) : (style)문톄(文體)	작문作文겨 술著述	n. (1)글쟝, 합흔것, 지은것, 작문(作文) (2)혼합물(混合物)
105	Conclusion	n. 헤아린것, 긋, 마즈막	끗, 뭇츰내, 마즈막	n. 결국(結局) : 죵말(終末) : 뭇츰내(究竟) : (inference)결론 (結論)	결국結局죵 결終結	n. 츄측(推測), 결뎡(決定), 단뎡(斷定), 결말(決末), 죵결(終結), 락착(落着), 귀결(歸結), 긋, 마즈막, 결론(結論), 단안(斷案)
106	Condition	n. 디위, 디경, 픔, 모양	(state) 형셰, 터, 모양	n. (clause)됴건(條件) : (state)형편(形便) : 형셰(形勢) : 쳐디(處地) : 디위(地位) : (something stipulated)약쇽 (約束)	졍황情況형 셰形勢샹틱 狀態실졍實 情병샹病狀 병증病症됴 건條件	n. (1)디위(地位, 디경(地境) (2)픔(品), 모양(貌樣), 샹틱(狀態), 형셰(形勢), 졍샹(情狀), 쳐디(處地) (3)디위(地位), 신분(身分) (4)됴건(條件), 요건(要件)
107	Conduct	v.t. 인도ᄒ오, 잇그오, 힝ᄒ오 n. 힝실, 힝위, 힝지, 거동, 힝동, 거지	힝실, 거동, 힝동거지	n. 힝위(行爲) : 힝실(行實) : 픔힝(品行)	픔힝品行	v.t. (1)인도ᄒ다(引導), 지도ᄒ다(指導), 안녁ᄒ다(案內), 잇그다 (2)힝ᄒ다(行), 관리ᄒ다(管理), 지휘ᄒ다(指揮), 취급ᄒ다(取扱): n. (1)힝실(行實), 힝위(行爲), 힝지(行止),

연번	영어표제어	Underwood 1890	Scott 1891	Jones 1914	Gale 1924	Underwood 1925
						거동(擧動), 힝동(行動), 거지(擧止), 픔힝(品行) (2)지도(指導), 안너(案內), 호숑(護送) (3)관리(管理), 지휘(指揮), 취급(取扱)
108	Conductor	n. 인도ᄒᄂᆞ이	인도ᄒᆞ다, 잇글다, ᄀ르치다	n. (train)챠장(車長) : (street car)장거슈(掌車手) : (lightning rod)피뢰침(避雷針)	챠장車掌장거슈掌車手	n. (1)인도쟈(引導者), 지도쟈(指導者), 안너쟈(案內者), 지휘쟈(指揮者), 관리쟈(管理者) (2)장거슈(掌車手), 챠장(車掌) (3)악장(樂長), 악ᄉ(樂師) (4)전도물(傳道物), 전도톄(傳導體)
109	Confidence	n. 밋음이, 신, 은근ᄒᆞᆫ것	밋다, 밋부다, 의탁ᄒᆞ다, 의지ᄒᆞ다, 곳이듯다	n. 신용(信用) : ᄌ신(自信) : (sense of security)안심(安心) : (courage)담력(膽力) : 용밍(勇猛)	신임信任	n. (1)신(信), 밋음, 신용(信用), 신임(信任), 신탁(信托) (2)밋붐, 힘닙음 (3)ᄌ시(自恃), 용긔(勇氣), 대담(大膽) (4)은근ᄒᆞᆫ것(慇懃), 비밀ᄒᆞᆫ통신(秘密通信), 비밀ᄒᆞᆫ말
110	Conflict	v. 어그러지오, 샹반ᄒᆞ오, 부딋소, 닷토오, 싸호오 n. 싸홈, 닷톰, 란리, 부딋ᄂᆞᆫ것	싸홈, 싸호다, 다토다, 겨루다	n. (battle)전장(戰場) : (inconsistency)츙돌(衝突) : (struggle)징투(爭鬪)	뎌쵹抵觸	v. (1)츙돌ᄒᆞ다(衝突), 뎌쵹ᄒᆞ다(抵觸), 샹반되다(相反), 부딋다 (2)닷토다, 싸호다: n. 싸홈, 닷톰, 란리, 부딋ᄂᆞᆫ것, 츙돌, 뎌쵹
111	Congratulate	v.t. 감축ᄒᆞ오, 곰압소, 감축ᄒᆞ다오	경하ᄒᆞ다, 흐례ᄒᆞ다, 치하ᄒᆞ다	iv. 치하ᄒᆞ다(致賀) 경하ᄒᆞ다(慶賀) 하례ᄒᆞ다(賀禮) 축하ᄒᆞ다(祝賀)	하례ᄒᆞ다賀禮축하ᄒᆞ다祝賀	v.t. 하례ᄒᆞ다(賀禮), 경축ᄒᆞ다(慶祝), 경하ᄒᆞ다(慶賀), 축슈ᄒᆞ다(祝壽)
112	Conscience	n. 량심	ᄆᆞ음, 분심	n. 량심(良心)	량심良心	n. 량심(良心), 본심(本心), 흥심(恒心), 도심(道心)

연번	영어표제어	Underwood 1890	Scott 1891	Jones 1914	Gale 1924	Underwood 1925
113	Consent	v. 허락ᄒ오 n. 허락	허락ᄒ다	n. 허낙(許諾) : 승낙(承諾)	승낙承諾	v. 허락ᄒ다(許諾), 동의ᄒ다(同意), 동심ᄒ다(同心): n. 허락, 승낙(承諾), 협찬(協贊), 동의
114	Constitution	n. 원력, 긔픔, 긔질, 규구, 규식, 전례	(body) 몸, 긔질	n. (political)정톄(政體) : (of a society)쟝졍(章程)	헌법憲法톄 질톄質톄격 體格	n. (1)원력(元力), 긔픔(氣稟), 긔질(氣質), 톄격(體格) (2)셜립(設立), 톄뎡(制定), 셜뎡(設定), 졍톄(政體) (3)헌법(憲法), 쟝졍(章程) (4)칙령(勅令), 률령(律令)
115	Consul	n. 령ᄉ, 령ᄉ관	령ᄉ관	n. 령ᄉ(領事)	령ᄉ領事	n. 령ᄉ(領事), 집졍관(執政官)(로마 시되의)
116	Contemporary	to be. 흔시졀이오	동갑, 흔때사람	n. 동시인(同時人)	동시에同時 동갑同甲	a. 흔시되의, 동시되의(同時代), 당셰외(當世): n. 흔째사람, 동시되인(同時代人), 동갑(同甲)
117	Continent	n. 큰도, 대쥬(大洲)	continents(of earth) 오부쥬	n. 대륙(大陸)	대륙大陸대 쥬大洲	a. 졍졀의(貞節), 슈졀의(守節): n. 대쥬(大洲), 대륙(大陸)
118	Contraband	to be. 금ᄒ오 (in comp) 금	금물, 잠상ᄒ다	n. 젼시금졔픔(戰時禁制品)	금졔픔禁制品	a. 금ᄒᄂ, 금지ᄒᄂ(禁止), 금(禁) [In comp.]: n. 금지품(禁止品)
119	Contract	v. 적어지오 (engage) 언약ᄒ오, 샹약ᄒ오 (disease) 드오	언약, 약됴, 약속, 샹약	n. 약됴(約條) : 샹약(相約) : 약속(約束) : 계약(契約)	계약契約됴 약條約약됴 約條	v.t. (1)적어지게ᄒ다, 옴으라지게ᄒ다, 좁아지게ᄒ다 (2)혼인뎡ᄒ다, 약혼ᄒ다 (3)–debt 빗지다 (3)(Disease)드다, 병드다(病) (5)셩략ᄒ다(省略), 략ᄌᄒ다(略字), 문됴림ᄒ다, 쥬려쓰다(문법의): v.i.

연번	영어표제어	Underwood 1890	Scott 1891	Jones 1914	Gale 1924	Underwood 1925
						(1)적어지다, 옴으라지다, 좁아지다 (2)계약ᄒ다(契約), 도급맛다(都給)
120	Conversation	n. 슈쟉, 졍담, 니야기	슈작, 말	n. 담화(談話) : 슈쟉(酬酌) : 회화(會話) : (private)ᄉ담(私談)	담화談話디 회對話	n. 슈쟉(酬酌), 니약이, 회화(會話), 담화(談話)
121	Coolie	n. 일군, 모군, 삭군, 막버어리군	모군, 역군, 삭군, 일군, 막버리군	n. 모군(募軍) : 역군(役軍) : 일군(役夫) : 인부(人夫) : (porter or menial)짐군(擔夫) : 삭군(雇軍)	인부人夫역 부役夫로동 쟈勞動者	n. 일군, 모군(募軍), 삭군, 막버리군, 인부(人夫), 담부(擔夫), 역군(役軍)
122	Council	n. 공회	공논, 공의, 경계	n. 의회(議會)	회의會議	n. 공회(公會), 회의(會議)
123	Counsel	v.t. 권ᄒ오 n. 권언, 권하는것	권ᄒ다, 간ᄒ다, 경계ᄒ다, 공논ᄒ다	n. (advice)츙고(忠告) : (a lawyer)변호ᄉ(辯護士)	훈계訓戒	v.t. (1)권ᄒ다(勸), 간ᄒ다(諫), 경계ᄒ다(警戒) : n. 권고(勸告), 간ᄒᄂᆞᆫ것, 츙고(忠告), 훈계(訓戒) (2)의론(議論), 평의(評議) (3)죠심홈, 삼감 (4)목뎍(目的), 계획(計劃) (5)변호ᄉ(辯護士), 법률고문(法律顧問)
124	Count	v.t. 세오, 혜오, 셈ᄒ오, 세아보오, 혬ᄒ오, 혜아보오	혜다, 혜아리다, 산두다	n. (noble)빅쟉(伯爵)	빅쟉伯爵	v.t. (1)세다, 혜다, 셈ᄒ다, 계산ᄒ다(計算) (2)싱각ᄒ다(生覺), 녀이다, 돌니다(그런줄노) : v.i. (1)세다, 혜아려보다, 부르다 (2)가치잇다(價値), 무게잇다 (3)—on 밋다, 의지ᄒ다(依支)
125	Counterfeit	v.t. 위조ᄒ오, 거즛ᄒ오, 톄ᄒ오	위조ᄒ다, 거즛ᄒ다, 꿈이다	n. (thing)위조물 (僞造物) :	안조홈贗造 品위조僞造	v.t. 위조ᄒ다(僞造), 거즛ᄒ다, 톄ᄒ다(體), 모쯔다 : v.i. ᄉ젼문드다(私錢) : a.

연번	영어표제어	Underwood 1890	Scott 1891	Jones 1914	Gale 1924	Underwood 1925
				(money)ᄉ젼(私錢)		위조ᄒᆞᆫ(僞造), 허ᄒᆞᆫ(虛), 거즛, 모ᄯᆞᆫ: n. 위조ᄒᆞᆫ것, 모써ᄆᆞᆫᄃᆞᆫ것, ᄉ젼(私錢), 화상(畵像), 모상(摹像)
126	Country	n. 국, 나라 (all out of the capital) 싀골	(nation) 나라, 국	n. 나라(國): 국(國): (rural district)싀골(鄕谷)	디방地方하향遐鄕나라	n. (1)나라, 국(國) [In comp.] (2)싀골, 촌(村) (3)디방(地方), 구역(區域) (4)빅셩(百姓), 인민(人民)
127	Courage	n. 담력	긔운, 의긔, 담력, 담긔, 예긔	n. 용심(用心): 담긔(膽氣): (chivalry)의긔(義氣): (valor)예긔(銳氣)	담긔膽氣담력膽略용긔勇氣	n. 담력(膽力), 용밍(猛勇), 용긔(勇氣)
128	Course	n. 길, 도로, 지향 (at dinner) 음식ᄎᆞ셔	길	n. (conduct)ᄒᆡᆼ위(行爲): (direction)방향(方向): (of study)과정(課程)	과정科程	n. (1)길, 도로(道路), 힝로(行路) (2)경마쟝(競馬塲), 경주쟝(競走塲), 마당 (3)방면(方面), 방향(方向), 방침(方針) (4)과(科), 과정(科程) (5)경과(經過), 진힝(進行) (6)힝위(行爲), 힝쟝(行狀)
129	Creditor	n. 젼쥬, 채쥬, 빗준이	쥬인, 칙쥬, 젼쥬, 물쥬	n. 채쥬(債主)	젼쥬錢主채쥬債主채권자債權者	n. 젼쥬(錢主), 채쥬(債主), 빗준사ᄅᆞᆷ, 채권자(債權者), 틱방(貸万(方의오자?)
130	Creed	n. 신경	도, 교, 도리	n. 쥬의(主義): 정강(政綱): (religious)신경(信經)	신경信經	n. (1)신경(信經), 신됴(信條), 교됴(敎條) (2)쥬의(主義), 강령(綱領)
131	Critic	n. 평론ᄒᆞᄂᆞ이	션ᄉᆡᆼ, 스승, 시관	n. 비편가(批評家): (connoisseur)감명자(鑑定者)	표준標準궤범軌範	n. 평론ᄒᆞᄂᆞᆫ쟈(評論), 비평ᄒᆞᄂᆞᆫ쟈(批評), 감명자(鑑定者)
132	Crystal	n. Rock 슈정	슈정	n. (transparent quartz)슈정(水晶)	슈정水晶결정물結晶物결정톄結晶體	n. 슈정(水晶), 결정톄(結晶體): a. 슈정의, 슈정ᄀᆞᆺᄒᆞᆫ

연번	영어표제어	Underwood 1890	Scott 1891	Jones 1914	Gale 1924	Underwood 1925
133	Cube	n. 고하와소모 가곳흔것	방정흐다, 네모반듯흐다	n. (arith.)립방적 (立方積)	립방톄立方 體립톄立體	n. (1)립방톄(立方體), 정륙면톄(正六面體) (2)세번주승(自乘)흔 것, 립방(수학의)
134	Currency	to be. 통용흐오 n. 지나는것, 물발 a. 지금잇는, 지금쓰는	돈	n. 통화(通貨) 화폐(貨幣)	통용화폐通 用貨幣	n. (1)돈, 화폐(貨幣), 통화(通貨), 통보(通寶) (2)통용(通用), 류통(流通), 유힝(流行), 류젼(流轉) (3)시가(時價), 시세(時勢)
135	Current	n. 돈	(of stream) 여흘, 흐르다	a. (circulating)류힝 (流行) : (in actual progress) 현금상(現金上)	급류急流	a. (1)통용흐는(通用), 지금쓰는, 류통흐는(流通 (2)지금잇는, 당시의(當時), 이, 이제: n. 흘으는것, 물발, 물길, 죠류(潮流), 뎐류(電流), 공긔의류동(空氣流動)
136	Curse	v.t. 악담흐오	욕흐다, 욕먹다	tv. 져주흐다(詛呪)	져주詛呪	v.t. (1)악담흐다(惡談), 져쥬흐다(咀呪) (2)곤난케흐다(困難), 괴롭게흐다: n. (1)악담(惡談), 져쥬(咀呪) (2)곤난, 괴롬 (3)직앙(災殃), 진난(災難)
137	Custom	n. 풍속, 법, 규모 (tax) 세	버릇, 풍속, 힝습, 세속	n. (habit)습관(習慣): (usage)풍속(風俗) : 풍긔(風氣)	풍습風習습 관習慣	n. (1)풍속(風俗), 습관(習慣), 전례(前例), 법(法), 식(式), 규모(規模) (2)당굴엇음, 흥졍료홈, 흥졍, 매미(賣買) (3)히관(海關)(關의 오기?)), 세관(稅關)
138	Damage	n. 해, 패 v.t. 상해오오	패흐다, 샹흐다, 손상흐다	n. 손해(損害) : 손상(損傷)	피해흐다被 害	n. (1)해(害), 패(敗), 손해, 손상(損傷) (2)pl. 손해빈상(損害賠償): v.t. 손상케흐다, 패흐게흐다, 헐다, 손해되게흐다: v.i. 해밧다, 샹흐다

연번	영어표제어	Underwood 1890	Scott 1891	Jones 1914	Gale 1924	Underwood 1925
139	Damp	to be. 축축ᄒᆞ오, 습ᄒᆞ오, 루습ᄒᆞ오	습긔	a. 습흔(濕) : 축축ᄒᆞᆫ(濕)	습긔濕氣	a. 축축혼, 습흔(濕), 루습흔: n. 습긔(濕氣), 슈긔(水氣)
140	Danger	n. 위험, 위틱	해롭다, 해ᄒᆞ다, 위틱ᄒᆞ다, 위험ᄒᆞ다	n. 위틱홈(危殆) : 위험홈(危險)	위험危險	n. 위험(危險), 위틱(危殆), 위난(危難)
141	Date	n. 대초, 일ᄌ, 년긔	날, 월, 때, 년호	n. (of a letter) 년월일(年月日) : (year period) 년호(年號) : (period)긔일(期日) : (limit of time)일한(日限)	월일月日	n. 파샤죠(波斯棗), 대츄, 대죠(大棗
142	Day	날, 일	날, 일	n. 날(日) : 일(日) : (daytime)낫(晝) : 일(晝)	일죠일셕一朝一夕종일終日련명天明	n. (1)낫(晝) (2)일광(日光) (3)날, 일(日) (4)시딕(時代) (5)싸홈, 승부(勝負)
143	Death	n. 죽ᄂᆞᆫ것, 졀명, ᄉᆞ망	죽다	n. 죽음(死) : 별셰(別世) : [polite form] (end)망종 (終) : (destruction)ᄉ망(死亡) : (of parents)당고(當故) : 도라가심(棄世) : (of a wife) 상빅(喪配) : 상쳐(喪妻) : (of a child) 참쳑(慘慼)	젹멸寂滅물고物故ᄉ망死亡	n. (1)죽ᄂᆞᆫ것, 물고(物故), 졀명(絶命), ᄉ망(死亡) (2)멸망(滅亡) (3)죽을죄, ᄉ형(死刑) (4)죽게된것, ᄉ상(死狀), 붕(崩), 흥(薨), 졸(卒), ᄉ(死) [In comp.].
144	Debate	v.t. 닷토오, 변박ᄒᆞ오, 샹의ᄒᆞ오, 론난ᄒᆞ오	의논ᄒᆞ다, 변박ᄒᆞ다	n. 토론(討論)	의론議論토론討論	v.t. 토론ᄒᆞ다(討論), 변박ᄒᆞ다(辨駁), 샹의ᄒᆞ다(商議), 론난ᄒᆞ다(論難)
145	Debt	n. 빗, 부채	빗	n. 빗(債) : 채금(債金)	부채負債채무債務	n. 빗, 부채(負債), 채무(債務), 감ᄒᆞ야홀것
146	Debtor	n. 빗진이, 부채흔이	빗지다	n. 빗진쟈(負債者) : 채무쟈(債務者)	채무쟈債務者	n. 빗진이, 부채흔이(負債), 채무쟈(債務者)

연번	영어표제어	Underwood 1890	Scott 1891	Jones 1914	Gale 1924	Underwood 1925
147	Decision	n. 쟉뎡, 결단	결단, 판단	n. 쟉뎡(作定) : (determination)결심(結心) : (judgment)판결(判決) : (of an assembly)결의(決議)	결단決斷결뎡決定	n. (1)쟉뎡(作定), 결단(決斷) (2)결심(決心) (3)판결(判決), 결의(決議) (4)결과(結果), 씃
148	Decline	v.t. (refuse) 수양ᄒ오, 슬소 v.i. (lessen) 주오, 지오	(slope) 빗탈, 빗두리	tv. (refuse)슬혀ᄒ다(厭之) : 수양ᄒ다(辭讓) : (reject)물니치다(却之)	수양ᄒ다辭讓수퇴ᄒ다辭退거졀ᄒ다拒絕	v.t. (1)수양ᄒ다(辭讓), 수퇴ᄒ다(辭退), 슬혀ᄒ다 (2)숙이다, 굴ᄒ다(屈) (3)변용ᄒ다(變用)(명 ᄉ나형용ᄉ ᄭ혼것을): v.t. (1)거졀ᄒ다, 사양ᄒ다 (2)숙으러지다, 굴ᄒ다 (3)줄다, 지다, 쇠ᄒ다 (4)ᄀ라나지다, 짜로가다: n. (1)쇠히감, 쇠약ᄒ야짐(衰弱) (2)쇠히가ᄂ째, 기우러져가ᄂ째
149	Decree	v.t. 분부ᄒ오, 명ᄒ오, 결단ᄒ오	젼교, 유지, 반포, 명령	n. 젼교(傳敎) : 명령(命令) : (imperial)칙령(勅令)	법령法令명령命令반포 布告	v. (1)분부ᄒ다(吩咐), 명ᄒ다, 젼교ᄒ다(傳敎) (2)결단ᄒ다(決斷), 판결ᄒ다(判決): n. (1)칙령(勅令), 명령(命令), 젼교, 분부 (2)판결, 선고(宣告)
150	Definition	n. 한명ᄒᄂ것, 쟉뎡흔뜻	풀다, 주내다	n. 명의(正義)	명의定義	n. (1)명의(定義), 셕의(釋義), 설명(說明) (2)명계(定界), 한명(限定)
151	Degree	n. 등분, 층, 직품, 품	품, 품직, 품수	n. (grade, stage)층(層) : 등(等) : (rank)품수(品數) : 품직(品職) : (proportionate of a circle)도(度) : (academical)학위(學位)	정도程度도수度數	n. (1)등(等), 층(層), 도(度), 직품(職品), 품(品) (2)학위(學位) (3)도(度)(삼각의) (4)ᄎ(次)(뒤수의) (5)급(級)(문법의)

연번	영어표제어	Underwood 1890	Scott 1891	Jones 1914	Gale 1924	Underwood 1925
152	Democracy	n. 민쥬지국, 빅셩나라	빅셩	n. (government by the people) 민쥬졍톄(民主政體)	평민졍치平民政治	n. (1)민졍쥬의(民政主義), 민쥬졍톄(民主政體) (2)민쥬지국(民主之國), 빅셩의나라, 민졍당(民政黨) (3)빅셩(百姓)
153	Depart	v.i. 나가오, 써나오, 죽소, 하직ᄒ오	떠나다, 떠나가다, 니별ᄒ다, 하직ᄒ다, 작별ᄒ다	iv. 써나가다(離去)	발힝ᄒ다發行출발ᄒ다出發	v.i. (1)써나다, 발힝ᄒ다(發行), 출발ᄒ다(出發) (2)달나지다, 변ᄒ다(變) (3)죽다
154	Department	n. 쳐소, 간, 반, 면	(office) 아문, 마을	n. (subdivision of government) 부 (部) : 국(局)	과科부部국局	n. (1)부분(部分) (2)부(部), 조(曹), 셩(省), 아문(衙門), 국(局), 과(科) (3)부(部), 구(區), 군(郡)
155	Deportment	n. 힝실, 거동, 힝동, 힝지	힝실, 용모	n. 품힝(品行)	동작動作	n. 힝실(行實), 거동(擧動), 힝동(行動), 힝지(行止), 품힝(品行), 틱도(態度)
156	Design	v.t. 본내오, 의향ᄒ오, 명ᄒ오, 의ᄉ, 의향, 뜻, 본	(plan) 뜻, 의ᄉ, 계교, 꾀	n. (pattern)모본(模本) : (scheme)계획(計劃) : (formulate)경영(經營)	의쟝意匠계획計劃의ᄉ意思	v.t. (1)본내다(本), 략도를그리다(畧圖) (2)계획ᄒ다(計劃), 셜계ᄒ다(設計), 예명ᄒ다(豫定): n. (1)의ᄉ(意思), 의향(意向), 뜻, 목뎍(目的) (2)계획(計劃), 셜계(設計), 방략(方畧) (3)본, 도형(圖形)
157	Desire	v.t. 원ᄒ오, 시부오, 십소 n. 원, ᄆ음, 뜻	욕심, 원욕	n. 원(願) : 소원(所願) : (hope)소망(所望) : 희망(希望)	욕망慾望	v.t. (1)원ᄒ다(願), -시푸다, -십다 (2)구ᄒ다(求), 달나다 n. (1)원(願), ᄆ음, 뜻, 욕망(慾望), 희망(希望) (2)쳥구(請求), 요구(要求) (3)졍욕(情慾)

연번	영어표제어	Underwood 1890	Scott 1891	Jones 1914	Gale 1924	Underwood 1925
158	Despair	v.i. 락심ᄒ오, 락담ᄒ오, 실망ᄒ오	락심ᄒ다, 실심ᄒ다, 실망ᄒ다	iv. 졀망ᄒ다(絶望) : 실망ᄒ다(失望)	락담落膽	v.i. 락심ᄒ다(落心), 실망ᄒ다(失望), 졀망ᄒ다(絶望), 단렴ᄒ다(斷念): n. 락심(落心), 졀망(絶望), 단념(斷念), 락담(落膽)
159	Destiny	n. 운수, 팔즈	운수, 인연, 연분	n. (fortune)명수(定數) : 인연(因緣) : 연분(緣分) : (fate)운수(運數) : 운명(運命) : 팔즈(八字)	운명運命	n. 운수(運數), 팔즈(八字), 명수(命數), 명운(命運)
160	Destroy	v.t. 업시ᄒ오, 멸ᄒ오, 만케ᄒ오	패ᄒ다, 헐다, 너머치다, 멸망ᄒ다, 샹ᄒ다, 히여지다, 허여지다, 뭇지르다, 즈치다	tv. 멸망ᄒ다(滅亡) : 망ᄒ다(亡) : 멸망식이다(滅亡)	파괴ᄒ다破壞	v.t. 멸ᄒ다(滅), 망케ᄒ다(亡), 유린ᄒ다(蹂躪), 회멸ᄒ다(毁滅)
161	Destruction	n. 패, 패망, 멸망	패ᄒ다, 헐다, 너머치다, 멸망ᄒ다, 샹ᄒ다, 히여지다, 허여지다, 뭇지르다, 즈치다	n. 멸망(滅亡)	파괴破壞	n. 패망(敗亡), 멸망(滅亡), 회멸(毁滅), 파괴(破壞), 박멸(拍滅), 구제(驅除)
162	Dialect	n. 방언	스토리, 방언	n. 방언(方言) : 스토리(辭土俚) : 어틔(語態) : 어훈(語訓)	방언方言	n. 방언(方言), 토화(土話)
163	Diameter	n. 가온듸곳은줄 [동고라미의]	복판금, 반먹, 반금	n. 직경(直徑)	직경直徑	n. 직경(直經)
164	Diamond	n. 금강석	금강석	n. 금강석(金剛石)	금강석金剛石	n. 금강석(金剛石)
165	Diary	n. 일긔	일긔	n. 일긔(日記)	일긔日記	n. 일긔칙(日記冊), 일록(日錄), 일지(日誌)

연번	영어표제어	Underwood 1890	Scott 1891	Jones 1914	Gale 1924	Underwood 1925
166	Dictionary	n. ᄌᆞ뎐, ᄌᆞ휘	ᄌᆞ뎐, ᄌᆞ휘	n. ᄌᆞ뎐(字典) : 옥편(玉篇) : [specifically the Chinese-Korean dictionary in use among the Koreans]	ᄉᆞ뎐辭典	n. ᄌᆞ뎐(字典), ᄌᆞ휘(字彙), 옥편(玉篇), ᄉᆞ뎐(辭典)
167	Diet	n. 먹을것, 음식	밥, 음식	n. 음식(飮食) : 식물(食物)	의회議會	n. (1)먹을것, 음식(飮食) (2)뎡식(定食) (3)국회(國會) 의뎡회(議政會), 의회(議會)
168	Difference	n. 다름, 분별, 분간	분별, 분간	n. (dissimilarity)차별(差別) : (quarrel)졍론(爭論) : 협의(協議) : (arith.)차(差)	차별差別차이差異구별區別	n. (1)다름, 분별(分別), 구별(區別), 분간(分間), 차이(差異) (2)불합(不合), 불화(不和), 졍론(爭論), 의론(異論) (3)이뎜(異點) (4)차(差)(수학의)
169	Dignity	n. 톄면, 톄모, ᄉᆞ톄	벼슬, 위엄, 위풍, 픔직	n. (bearing)위의(威儀) : 진즁(珍重) : 위광(威光) : (prestige)위엄(威嚴) : (official distinction)관위(官位)	픔격品格위의威儀위엄威嚴	n. (1)위엄(威嚴), 위풍(威風), 위의(威儀) (2)픔위(品位), 현직(顯職) (3)지긔고샹(志氣高尙)
170	Discernment	n. 알아보는것, 총명	지혜, 슬긔	n. 식견(識見) : 션견(先見) : (power of)판결력(辨決力) : (discriminative ability)총명(聰明)	통찰通察	n. (1)잘알아봄, 변별홈(辨別) (2)식별력(識別力), 구별력(區別力), 식별셩(識別性), 통찰(洞察), 지견(智見), 션견(先見)
171	Disciple	n. 뎨ᄌᆞ, 문뎨, 문인	뎨ᄌᆞ, 싱도, 학도	n. 뎨ᄌᆞ(弟子) : 문인(門人) : 문도(門徒) : (pupil)싱도(生徒)	뎨ᄌᆞ弟子문인門人	n. 뎨ᄌᆞ(弟子), 문뎨(門弟), 문인(門人), 문도(門徒), 셔싱(書生)

연번	영어표제어	Underwood 1890	Scott 1891	Jones 1914	Gale 1924	Underwood 1925
172	Discipline	n. 기른는것, 군법, 병법	련습ᄒ다, 닉이다, 조련ᄒ다	n. (system of church rules) 됴례(條例): 긔률(紀律): (correction)징치(懲治)	징벌懲罰징계懲戒	n. (1)조련(操練), 교훈(敎訓), 훈련(訓練) (2)군법(軍法), 긔률(紀律) (3)종률(宗律), 교계(敎戒) (4)단련(鍛鍊), 고힝(苦行) (5)벌(罰), 징계(懲戒), 징치(懲治): v.t. (1)교훈ᄒ다, 조련ᄒ다 (2)벌쥬다, 징계ᄒ다
173	Discount	v.t. 구문, 구견	에누리	n. 할인(割引): 졀두(截頭): (reduction in price)에누리(二價)	할인割引감가減價	v.t. (1)할인ᄒ다(割引), 싹다, 외누리ᄒ다 (2)고졔ᄒ다(扣際), 션변졔ᄒ다(先邊), 션리졔ᄒ다(先利), 할인슈형ᄒ다(割引手形) (3)짐쟉ᄒ야듯다, 다밋지안타 (4)미리쓰다, 닥아쓰다: n. 할인, 할인흠, 션리, 젼리(前利), 션변
174	Disorder	n. 차례업는것, 뒤석긴것 v.t. 뒤석소	어즈럽다, 요란ᄒ다, 착란ᄒ다, 번란ᄒ다	n. (confusion)혼잡(混雜): 번잡(煩雜): 부졍돈(不整頓): (public disturbance)요란(擾亂): 소동(騷動)	분란紛亂	n. (1)추례업는것, 뒤석긴것, 란잡흠(亂雜), 분운흠(紛紜), 문란흠(紊亂), 질셔업슴(秩序) (2)소란흠(騷亂), 불온흠(不穩) (3)불쾌흠(不快), 심란흠(心亂), 편치못흠(몸이): v.t. 뒤석다, 질셔를문란케ᄒ다(秩序紊亂), 분란케ᄒ다(紛亂), 란잡케ᄒ다(亂雜), 분운케ᄒ다(紛紜)
175	Disperse	v.t. 훗소 v.i. 훗허지오	훗다, 훗허지다, 허여지다, 헤치다, 헤여지다	iv. 허여지다(解散): 훗허지다(散): 헤여지다(分散)	분산ᄒ다分散	v.t. 훗흐다, 쇼산ᄒ다(消散), 히산ᄒ다(解散), 산포ᄒ다(散布), 젼파ᄒ다(傳派): v.i. 훗허지다, 써나다, 헤여지다, 히산ᄒ다(解散)

연번	영어표제어	Underwood 1890	Scott 1891	Jones 1914	Gale 1924	Underwood 1925
176	Disposition	n. 추례, 인심, 셩졍, 본셩	셩품, 셩미, 셩졍	n. 셩질(性質) : 셩미(性味) : (character)셩품(性稟) : (tendency)의향(意向)	비치排置	n. (1)안비(安排), 비치(配置) (2)쳐리(處理), 쳐분(處分), 졍리(整理) (3)셩졍(性情), 셩미(性味), 본셩(本性), 셩벽(性僻) (4)의향(意向), 경향(傾向), 심졍(心情)
177	Dissatisfaction	n. 원심, 욕심, 원망	원망, 원통	n. 원망(怨) : 불흡죡(不洽足) : 불만죡(不滿足)	불만죡不滿足	n. 불만죡(不滿足), 불흡죡(不洽足), 뜻에맛지아니홈, 불평(不平), 원심(怨心), 원망
178	Distance	n. 멀기	샹거, 멀기	n. 샹거(相距) : 멀기(距里) : 거리(距里) : (measured by li) 리수(里數)	원근遠近	n. (1)거리(距離), 멀기, 샹거(相距) (2)원방(遠方), 먼듸 (3)원경(遠景)(그림의) (4)사이, 동안, 시일(時日) (5)셕긴것, 소원홈(疎遠), 격의됨(隔意) (6)짜로잇슴, 갓가히돌지안음(하인이) (7)현격홈(懸隔)(대신(大臣)과하인(下人)스이ᄀᆞᆺ치)
179	Distribute	v.t. 분급ᄒ오, ᄂᆞ호오	분파ᄒ다, 헤쳐주다, 분급ᄒ다, ᄂᆞ화주다, 돌나주다, 틱오다, 틱와주다	tv. (apportion)분파ᄒ다(分派) : 분급ᄒ다(分給) : (share)ᄂᆞ화주다(分給)	반포ᄒ다頒布분비하다分排	v.t. (1)분급ᄒ다(分級), ᄂᆞ호다(分), 분파ᄒ다(分派), 분비ᄒ다(分配) (2)구분ᄒ다(區分), 분류ᄒ다(分類), ᄂᆞ호와놋타 (3)펴다, 홍포ᄒ다(弘布)
180	Divinity	n. 하ᄂᆞ님셩, 쥬셩	하ᄂᆞ님	n. (godhead)신셩(神性) : 텬품(天稟) : (theology)신학(神學)	신학神學	n. (1)하ᄂᆞ님셩품, 신셩(神性), 신격(神格), 신덕(神德), 신력(神力) (2)하ᄂᆞ님, 샹뎨(上帝), 신(神) (3)신긔흔것(神奇), 비범흔것(非凡) (4)신학(神學), 잡신(雜神), 귀신(鬼神)

연번	영어표제어	Underwood 1890	Scott 1891	Jones 1914	Gale 1924	Underwood 1925
181	Divorce	n. 나라에셔닉 외룰갈니게 ᄒᄂ는것	기쳐ᄒ다	n. 리혼(離婚) : (on part of husband)기쳐 (棄妻)	리혼離婚	n. (1)리혼(離婚) (2)리혼셔(離婚書) (3)닉호임, 분리(分離), 분렬(分裂) (1)리혼ᄒ다(離婚) (2)분리ᄒ다(分離), 분렬ᄒ다(分裂) (3)쎅아셔가다, 탈거ᄒ다(奪去)
182	Doctor	n. (med.) 의원, 의ᄉ v.t. 치료ᄒ오 (to alter) 변통ᄒ오, 쟉간ᄒ오, 롱간ᄒ오	의원	n. (academical)박 ᄉ(博士) : (physician)의ᄉ (醫師) : 의원(醫員)	박ᄉ博士	n. (1)위원(委員), 의ᄉ(醫師) (2)박ᄉ(博士), 학쟈(學者), 셕학(碩學): v.t. (1)치료ᄒ다(治療), 곳치다 (2)슈리ᄒ다(修理), 곳치다 (3)박ᄉ학위을주다(博士學位) (4)변통ᄒ다(變通), 쟉간ᄒ다(作奸), 롱간ᄒ다(弄奸)
183	Doctrine	n. 도, 도리, 교, ᄀ르친것	교, 도, 도리	n. 교리(敎理) : 도리(道理) : 쥬의(主義)	교리敎理교 의敎義	n. 도(道), 도리(道理) 교지(狡智) 교리(敎理), 쥬의(主義), 교훈(敎訓)
184	Document	n. 문적	문셔, 공문, 빙표	n. 문셔(文書) : 셔류(書類) : 문권(文券)	문셔文書	n. 셔류,(書類), 문적, 문셔(文書), 증권(證券), 증셔(証書).
185	Dogma	n. 도의규모, 도ᄀ르쳐준 것	법, 도리, 규모, 규식	n. 교리(敎理) : 확셜(確說)	교리敎理	n. (1)교의(敎義), 교리(敎理), 도리(道理). (2)확셜(確說), 명리(定理), 독단지견(獨斷之見), 뎡견(定見).
186	Doubt	n. 의심, 호의, 의혹, 의즁 v.t. 의심ᄒ오, 호의ᄒ오, 의혹ᄒ오, 의즁내오	의심, 의혹, 호의, 의려	n. 의심(疑心) : 의혹(疑惑) : 의념(疑念)	의혹疑惑의 심疑心의뎜 疑點	n. 의심, 호의(狐擬), 의혹(疑惑), 의증(疑症). v. 의심ᄒ다, 의혹ᄒ다, 의증내다, 밋지아니ᄒ다.

연번	영어표제어	Underwood 1890	Scott 1891	Jones 1914	Gale 1924	Underwood 1925
187	Duty	n. 본분, 직분 (tax) 세	맛당ᄒ다	n. (obligation)본분(本分) : 직분(職分) : 의무(義務) : (tariff)세솔(稅率) : 세금(稅金)	직무職務	n. (1)의무(義務), 본분(本分) (2)직분(職分), 임무(任務) (3)츙슌(忠順), 효슌(孝順), (4)공경(恭敬), 경의(敬意). (5)세(稅), 히관세(海關稅).
188	Earth	n. 쌍, 흙	따, 땅, 흙	n. 디구(地球) : 짜(球) : (ground)디(地) : (soft soil)흙(土) : (the world)셰샹(世上)	디구地球土 디土地	n. (1)디구(地球). (2)짜, 쌍, 디(地[incompl]. (3)흙. (4)만민(萬民), 만국(萬國), 셰샹(世上). (5)더러운것, ㄴ진것. (6)굴(屈), 혈(穴)(여호ㅈ흔것의).
189	Earthquake	n. 디동, 디진	디동ᄒ다	n. 디동(地動)	디진地震디 동地動	n. 디동(地動), 디지(地震).
190	Echo	n. 메아리, 마조치는소리	미아리	n. 반향(反響) : 회향(回響) : 전셩(傳聲) : 공곡젼셩(空谷傳聲)["echoes from an empty valley"]	반향反響	n. 반향(反響), 메아리, 마조치는소리.
191	Economy	n. 절용ᄒ는것, 앗기는것, 규모	절죠ᄒ다, 절용ᄒ다, 검소ᄒ다, 존절ᄒ다	n. 절검(節儉) : 검소(儉素) : (a practical system)경제(經濟)	경제經濟	n. (1)절용(節用), 경제(經濟), 리재(理財) (2)경제학(經濟學) (3)졔도(制度), 조직(組織).
192	Edit	v.t. 져슐ᄒ오	판각ᄒ다	tv. (a newspaper)편즙ᄒ다(編輯) : 편찬ᄒ다(編纂)	편즙ᄒ다編輯	v.t. (1)져슐ᄒ다(著述). (2)편즙ᄒ다(編輯). (3)교뎡ᄒ다(校訂).
193	Edition	n. 져슐흔것, 흔번판각흔것	판각ᄒ다	n. 출판(出版)	출판出版	n. 출판(出版), 간힝(刊行), 발힝(發行), 발간(發刊).
194	Education	n. 교훈, 교양	ᄀᆞ르치다, 훈학ᄒ다	n. 교육(敎育)	교육敎育	n. 가르침, 교훈(敎訓), 교양(敎養), 교육(敎育).

연번	영어표제어	Underwood 1890	Scott 1891	Jones 1914	Gale 1924	Underwood 1925
195	Effect	v.t. 셩취ᄒ오, 필역ᄒ오, 일우오	증험, 효험	n. 결과(結果) : (efficiency)실효(實效) : 효험(效驗)	효과效果	v.t. 일우다, 결과짓다(結果), 싱기게ᄒ다.
196	Elder	n. (tree) 오가피나모	어룬, 늙다	n. (Ch. Hist.) 쟝로(長老)	쟝로長老부로父老	n. (1)졉골목(接骨木), 오가피나모(五加皮).
197	Electricity	n. 뎐긔	뎐긔	n. 뎐긔(電氣)	뎐긔電氣	n. (1)뎐긔(電氣). (2)뎐긔학(電氣學).
198	Element	n. 근본, 원긔	바탕, 가음, 지목, 직료	n. 원소(原素)	원소原素	n. (1)원소(原素), 원질(原質), 셩분(性分), 원ᄌ(原子). (2)근원(根源), 리치. (3)물지졍역(物之正域), 본(本). (4)강령(綱領) 얼추. (5)원인(原因). (6)pl. 대략(大略) 초학(初學). (7)일세(一勢), 풍셰(風勢). (8)pl. 셩찬에쓰ᄂᆞᆫ술과쩍.
199	Emblem	n. 표, 보롬	표, 보람	n. 긔호(記號) : 표쟝(標章)	부호符號긔호記號	n. (1)표(票), 보름, 긔호(記號), 휘쟝(徽章). (2)ᄯᅳᆺ을붓쳐그린것, 의미잇ᄂᆞᆫ그림(意味).
200	Emotion	n. 감동ᄒᄂᆞᆫ것, 심회	감동ᄒ다, 감격ᄒ다	n. 감졍(感情)	감격感激	n. 감동(感動), 졍셔(情緒), 감졍(感情).
201	Emperor	n. 황뎨, 황샹, 텬ᄌ	황뎨	n. 황뎨(皇帝) : 황샹(皇上) : 대황뎨(大皇帝)	뎨왕帝王	n. 뎨(帝), 황뎨(皇帝)(각국(各國)의), 텬황(天皇)(일본(日本)의), 황샹(皇上), 텬ᄌ(天子)(즁국(中國)의).
202	Empire	n. 황후	텬하, 나라, 국	n. 뎨국(帝國) : (territory controlled)령디(領地)	뎨국帝國	n. (1)뎨국(帝國), 황국(皇國). (2)뎨권(帝權), 쥬권(主權), 령토(領土). (3)계(界).
203	Empress	n. 권세, 황뎨, 나라	황후	n. (in her own right)녀뎨(女帝) : (by marriage)황후(皇后)	녀황女皇녀왕女王	n. 황후(皇后), 녀황(女皇).

연번	영어표제어	Underwood 1890	Scott 1891	Jones 1914	Gale 1924	Underwood 1925
204	Enmity	n. 원심, 뮈워ᄒᆞᄂᆞᆫ것	원슈, 혐의, 틈	n. 원슈(讎) : 원혼(怨恨) : 혐의(嫌疑)	원혼怨恨	n. 원심(怨心), 덕의(適意), 원혼(怨恨).
205	Envoy	n. ᄉᆞ신	ᄉᆞ신, 공ᄉᆞ	n. 대ᄉᆞ(大使)	대ᄉᆞ大使공ᄉᆞ公使	n. ᄉᆞ신(使臣), 공ᄉᆞ(公使).
206	Epidemic	n. 돌님, 전염	염병, 시환, 운긔	n. 류힝병(流行病)	유힝병流行病전염병傳染病	n. 돌님, 전염병(傳染病), 류힝병(流行病).
207	Epitaph	n. 비문	비문	n. 비문(碑文)	비문碑文	n. 비문(碑文), 비명(碑銘).
208	Equator	n. ᄯᅡᆼ가온듸ᄯᅴ	적도	n. 적도(赤道)	적도赤道	n. 적도(赤道).
209	Equinox	n. 쥬야평균, 춘분, 츄분	입춘	n. 쥬야평균(晝夜平均)	춘분春分츄분秋分	n. 쥬야평균(晝夜平均).
210	Essence	n. 진익, 졍긔, 바탕	바탕, 가음	n. 원졍(元精) : (of a material object)본질(本質) : (of perfume)향긔(香氣)	졍긔精氣	n. 본질(本質), 원졍(元精), 정요(精要), 골즈(骨子). (2)졍(精). (3)향(香), 향긔(香氣).
211	Estate	n. 산업	산업, 셰간 즙물	n. (property)소유디(所有地) : (of a deceased person)유산(遺産) : (personal)신샹(身上) : 산업(産業)	저산財産	n. (1)산업(産業), 가산(家産), 저산(財産). (2)소유디(所有地), 향뎨(鄕第), 시골집. (3)디위(地位), 신분(身分). (4)상틱(狀態), 졍황(情況).
212	Esteem	n. 존즁 v.t. 넉이오, 줄노아오, 존즁이넉이오, 즁히넉이오	물망	tv. 즁히넉이다(尊重)	감복感服	n. 존즁히넉임(尊重), 경즁히넉임(敬重). v.t. (1)짐작ᄒᆞ다, 예산ᄒᆞ다(預算). (2)존즁이넉이다(尊重), 경즁이넉이다(敬重), 귀히넉이다(貴).
213	Estimate	v.t. 료량ᄒᆞ오, 마련ᄒᆞ오 (갑슬); 금치오	혬	tv. (calculate)혜아리다(計算) : 혜다(數之) : (beforehand)예	예산預算	v.t. 예산ᄒᆞ다(預算), 료량ᄒᆞ다(料量), 짐작ᄒᆞ다, 금치다, 평가ᄒᆞ다(評價). n. 예산홈, 료량홈,

연번	영어표제어	Underwood 1890	Scott 1891	Jones 1914	Gale 1924	Underwood 1925
				측후다(豫測) : (cost of) 예산후다(豫算) : (money value of)평가후다(評價)		짐작홈, 어림홈, 글을침, 평가홈(評價).
214	Eternal	to be, 영원후오, 무궁후오	무궁후다, 끗업다, 무한후다, 한업다	a. 영원흔(永遠) : 무시무죵(無始無終)	영세永世	a. (1)영싱후는(永生), 영원흔(永遠), 무궁흔(無窮), 무시무죵흔(無始無終), 영셰의(永世). (2)스니지안는, 늘그러흔, 늘.
215	Eternity	n. 무궁무진	무궁후다, 끗업다, 무한후다, 한업다	n. 영원(永遠) 무궁(無窮)	영겁永劫	n. 영구(永久), 영원(永遠), 무궁(無窮), 무시무죵(無始無終), 영세(永世), 만디(萬代), 영겁(永劫).
216	Etiquette	n. 례, 례모 례의	례, 례모	n. 례법(禮法) 례의(禮儀)	례식禮式	n. 례식(禮式), 례의(禮儀), 의식(儀式), 교제법(交際法).
217	Evidence	n. 명빅게후는 것, 증거	쵸스, 봉쵸, 다짐	n. 증거(證據) : (clue)셩적(成蹟) : 흔적(痕蹟) : (spoken)증언(證言) : (written) 증서(證書)	실적實蹟	n. 증거(證據), 형적(形跡), 흔적(痕跡), 증언(證言).
218	Evil	to be, 악후오, 흉악후오, 그르오	악후다, 흉후다, 흉악후다	n. 죄악(罪惡) : 악(惡) : (harm) 직앙(災殃) : 앙화(殃禍)	불션不善	a. 악흔(惡), 죄악흔(罪惡), 불길흔(不吉), 불힝흔(不幸), 불션흔(不善).
219	Examination	n. 과거, 샹고후는것	과거	n. 시험(試驗) : (careful investigation)심문(審問) : 조사(調査)	신문訊問검ᄉ檢事	n. (1)취됴(取調), 심사(審査), 검열(檢閱), 됴사(調査), 검뎡(檢定), 검찰(檢察), 진찰(診察). (2)시험(試驗), 고시(考試). (3)신문(訊問), 심문(審問).

연번	영어표제어	Underwood 1890	Scott 1891	Jones 1914	Gale 1924	Underwood 1925
220	Example	n. 본, 표	모본, 본밧다, 보람, 모본ᄒ다	n. (suitable for imitation)표쥰(標準) : (pattern)모본(模本) : (precedent)전감(前鑑) : 전례(前例) : (sample)견본(見本) : 견양(見樣) : (to be avoided) 경계(警誡)	실례實例	n. (1)모범(模範), 의범(儀範), 은감(殷鑑). (2)양ᄌ(樣子), 견본(見本), 본(本), 표(票). (3)례(例), 례증(例証). (4)예뎨(例題), 문뎨(問題)(수학의). (5)전례(前例), 실례(實例).
221	Exchange	v.t. 밧구오, 샹환ᄒ오, 환ᄒ오 환	밧고다	n. (traffic)교환(交換) : (of money) 위체(爲替) : 환전(換錢)	교환交換	v.t 밧구다, 샹환ᄒ다(相換), 교환ᄒ다(交換). n. 교환(交換), 교육(交易), 샹환(相換).
222	Excitement	n. 격동ᄒ것	열내다, 요란ᄒ다, 소동ᄒ다, 소요ᄒ다, 슈선슈선ᄒ다, 슈션거리다	n. 격동(激動) : 션동(煽動) : 고무(鼓舞)	흥분興奮소 동騷動	n. (1)격동(激動), 소동(騷動), 진동(振動), 감촉(感觸). (2)분개(憤慨), 격양(激昂). (3)격동ᄒ는것(激動), 감촉ᄒ는것(感觸).
223	Excursion	n. 천렵, 션유, 소풍	구경ᄒ다, 츌입ᄒ다	n. 유산(遊散이 : 쇼챵(消暢) : 유람(遊覽)	유람遊覽	n. (1)원족(遠足), 유람(遊覽), 쇼챵(消暢). (2)바른길을 비커노코빗두로감, 일츌(逸出), 편왕(偏往).
224	Excuse	v.t. 발명식이오, 샤죄ᄒ오, 용셔롤구ᄒ오 n. 핑계	핑계	tv. 용셔ᄒ다(容恕) : (exempt)면제ᄒ다(免除)	빙거憑據	v.t. (1)용셔ᄒ다(容恕), 발명ᄒ다(發明). (2)면졔ᄒ다(免除). n. (1)용셔(容恕), (2)구실(口實), 핑계, 빙거(憑據).
225	Exercise	v. 련습ᄒ오, 조련ᄒ오, 힝긔ᄒ오, 쓰오	닉이다, 련습ᄒ다, 단련ᄒ다, 조련ᄒ다	n. (put into use)ᄉ용(使用) : (of the body) 운동(運動) : 톄조(體操) : (a lesson)공과(工課)	련습練習	v.t. (1)실힝ᄒ다(實行), 운용ᄒ다(運用). (2)련습ᄒ다(鍊習), 조련ᄒ다(操練), 톄조ᄒ다(體操). (3)힝긔ᄒ다(行氣), 운동ᄒ다(運動). (4)힘쓰다, 면력ᄒ다(勉力).

연번	영어표제어	Underwood 1890	Scott 1891	Jones 1914	Gale 1924	Underwood 1925
226	Exhibition	n. 구경, 나타내는것, 뵈는것	베플다, 퍼다, 뵈다, 드러내다	n. 전람(展覽) : (of skill)연기(演技) : (public display of productions) 박람회(博覽會) : (of works of art)전람회(展覽會)	박람회博覽會	n. (1)구경(求景), 전람(展覽), 진렬(陳列), (2)전람품(展覽品), (3)전람회(展覽會), 박람회(博覽會).
227	Existence	n. 잇는것	잇다	n. 존직(存在) : (livelihood)싱활(生活)	성립成立	n. (1)잇는것, 성존(生存), 현저(現在), 존저(存在). (2)성활(生活), 싱명(生命). (3)물톄(物體), 성물(生物).
228	Expedient	to be. 리ᄒᆞ오, 맛당ᄒᆞ오	(means) 계교, 수	a. 합당훈(合當) : 합의훈(合意) : 슌편훈(順便)	방편方便	a. (1)리훈(利), 맛당훈, 편리훈(便利). (2)신속훈(迅速). n. 방법(方法), 방척(方策), 계척(計策), 방편(方便).
229	Experiment	v.t. 시험ᄒᆞ오, 경험ᄒᆞ오 n. 시험, 경험	시험ᄒᆞ다	n. 실험(實驗)	실험實驗	v.t. 시험ᄒᆞ다(試驗), 실험ᄒᆞ다(實驗), 경험ᄒᆞ다(經驗), 열력ᄒᆞ다(閱歷). n. 시험(試驗), 경험(經驗), 閱歷).
230	Expert	to be. 닉식ᄒᆞ오, 슈교잇소, 손지조잇소	닉다, 신통ᄒᆞ다, 령리ᄒᆞ다, 공교ᄒᆞ다	a. (specially skilled)정교훈(精巧) : 공교훈(工巧) : (practiced)로련훈(老鍊) : 로성훈(老成)	션슈善手기술가技術家	v.i. 닉슉ᄒᆞ다, 슈교잇다(手巧), 손조조잇다. n. 전문가(專門家), 기ᄉ(技師), 감명인(鑑定人).
231	Extort	v.t. 쎗앗소, 토식ᄒᆞ오	쎄앗다, 토식ᄒᆞ다, 억지로달나다	tv. 강탈ᄒᆞ다(强奪) 토식ᄒᆞ다(討索) 륵탈ᄒᆞ다(勒奪)	강탈ᄒᆞ다强奪	v.t. 쎄앗다, 강탈ᄒᆞ다(强奪), 토식ᄒᆞ다(討索), 륵식ᄒᆞ다(勒索), 륵탈ᄒᆞ다(勒奪).
232	Extraordinary	to be. 비샹ᄒᆞ오, 이샹ᄒᆞ오, 야릇ᄒᆞ오, 신통ᄒᆞ오	야롯ᄒᆞ다, 이샹ᄒᆞ다, 신출귀몰ᄒᆞ다	a. 비샹훈(非常) : 비범훈(非凡) : (singular)격외훈(格外) : (unusual)불ᄉ의	비범ᄒᆞ다非凡	a. (1)비샹훈(非常), 격외의(格外), 특별훈(特別). (2)특명뎍(特命的), 특파의(特派).

연번	영어표제어	Underwood 1890	Scott 1891	Jones 1914	Gale 1924	Underwood 1925
				(不思議) : (wonderful)츌즁흔(出衆) : 탁졀흔(卓絶) : (special)특임흔(特任) : 특파흔(特派)		
233	Extravagant	to be. 과용ᄒᆞ오, 랑비ᄒᆞ오	낭비ᄒᆞ다, 남비ᄒᆞ다, 샤치ᄒᆞ다, 호샹ᄒᆞ다	a. 랑비흔(浪費) : 샤치흔(奢侈) : 호샤흔(豪奢)	불경졔不經濟	a. (1)과도흔(過渡), 태심흔(太甚), 방스흔(放肆), (2)랑비ᄒᆞ는(浪費), 샤치ᄒᆞ는(奢侈), 방탕흔(放蕩), (3)광망흔(狂妄).
234	Extreme	to be. 극진ᄒᆞ오, 지극ᄒᆞ오, 심ᄒᆞ오, 과ᄒᆞ오	극진, 지극	a. 극단덕(極端的) : 극도젹(極度的)	극단極端극도極度	a. 극흔(極), 극단의(極端), 극도의(極度), 죵말의(終末), 결국뎍(結局的), 심흔(甚), 과흔(過).
235	Eye	n. 눈, 안목	눈	n. 눈(目) : 눈깔(目) : (abusive and low)목ᄌᆞ(目子)	안목眼目눈	n. 눈, 누깔, 목ᄌᆞ(目子), 안(眼), 목(目)(in compl].
236	Fable	n. 헛니야기, 비유ᄒᆞ는니야기, 둔ᄉᆞ	헛말, 니야기, 비유	n. (story based on animals) 금슈비유(禽獸比喩) : (ancient fable)고담(古談) : (fiction)쇼셜(小說)	물어物語	n. (1)비유ᄒᆞ는이야기, 물어(物語), (2)쇼셜(小說), 고담(古談). (3)황당흔말(荒唐言), (4)허탄(虛誕), 허망(虛妄).
237	Fact	n. ᄉᆞ졍, 흔것, 츰된일	실ᄉᆞ, 실샹	n. (event)ᄉᆞ졍(事情) : (real truth)실졍(實情) : (particulars)ᄉᆞ실(事實) : ᄉᆞ항(事項)	기능技能교ᄉᆞ회敎師會	n. 일, ᄉᆞ졍(事情), ᄉᆞ실(事實).
238	Factory	n. 뎜, 물건ᄆᆞ두는집	뎜	n. 졔조소(製造所)	ᄉᆞ실事實실ᄉᆞ實事	n. (1)뎜(店), 물건ᄆᆞ두는집, 졔조소(製造所), 공쟝(工場), (2)딕리뎜(代理店),

연번	영어표제어	Underwood 1890	Scott 1891	Jones 1914	Gale 1924	Underwood 1925
239	Faculty	n. 지조, 능간, 직간	지조, 능ㅎ다	n. (mental)심직(心才) : 지능(才能) : (of school) 교ㅅ부(敎師部)	공장工匠	n. (1)저조(才操), 능간(能幹), 저간(才幹), 저능(才能), 힘. (2)특저(特才). (3)평의원회(平議員會), 학ㅅ회(學士會), 교ㅅ회(敎師會).
240	Faithful	to be. 진실ㅎ오, 밋브오	신실ㅎ다, 진실ㅎ다, 고지식ㅎ다, 츙성ㅎ다, 츙직ㅎ다, 정절직희다	a. 신실흔(信實的) : 밋음족흔(可信的) : 밋음잇는(有信的) : (loyal)츙의잇는(忠義的) : 츙성잇는(忠誠的)	츙셩된忠誠	a. 신잇는(信), 의잇는(義), 츙실흔(忠實), 신실흔(信實), 진실흔(眞實), 밋븐.
241	Fall	v.i. 써러지오	(down, across, over) 너머지다, 것구러지다, 업더지다, 엎드러지다, 쓰러지다	iv. (drop)써러지다(落之) : (over)너머지다(倒之) : (into)싸지다(落陷) : (backwards)갓바지다(沛之) : 업더러지다(顚伏) : (turn turtle) 것구러지다(傾撞) : (collapse) 문허지다(壞之)	함락陷落	n. (1)락상(落傷). (2)함락(陷落). (3)폭포슈(瀑布水), 폭포(瀑布). (4)가을, 추(秋). (5)오는것, 느림(비ㄴ눈이).
242	Fame	n. 성명, 명성	공, 공노, 공명, 물망	n. 명예(名譽) : 명망(名望) : 성화(聲華)	평판評判성가聲價	n. (1)성명(聲名), 명성(名聲), 고명(高名)). (2)세평(世評), 풍문(風聞), 평판(評判).
243	Family	n. 집안식구, 소솔, 권솔, 권쇽	가쇽, 집, 가샤, 식구, 겨레, 쳐즈	n. 집안식구(眷口) : 가쇽(家屬) : 가뎡(家庭) : 권쇽(眷屬) : (wife and children)쳐즈(妻子) : (relations)친쳑(親戚)	가족家族	n. (1)집안식구, 소솔(所率), 권쇽(眷屬), 가족(家族). (2)계통(繼統), 가계(家繼). (3)일가(一家), 일족(一族), 흔집, 동족(同族).

연번	영어표제어	Underwood 1890	Scott 1891	Jones 1914	Gale 1924	Underwood 1925
244	Fancy	v. 빙거업시싱각ㅎ오, 헤아리오, 됴화ㅎ오 a. 깃버홀 (price) 부가	스랑ㅎ다, 뜻, ㅁ음	n. (imagination)샹샹력(想像力) : (fantasy)긔교(奇巧) : (whimsical notion)공샹(空想)	공샹空想	v. (1)빙거(憑據), 업시싱각ㅎ다, 헤아리다, 샹샹ㅎ다(像想). (2)즐겨ㅎ다, 됴화ㅎ다. a. (1)샹샹의(像想), 공샹의(空想). (2)그려ㅎ게된(奇麗), 꿈인, 빗잇는. n. (1)샹샹(像想), 스샹력(思想力). (2)공샹(空想), 환샹(幻想), 헛성각. (3)의스(意思), 의향(意向), 의장(意匠), 국량(局量). (4)됴화ㅎ는것, 즐기는것 즈미(滋味).
245	Farmer	n. 롱부	농부, 농군	n. 농부(農夫) : 농가(農家) : 농군(農軍) : (in plural)농민(農民)	농부農夫	n. (1)농스주쟝자(農事主張者). (2)농부(農夫), 농가(農家), 농군(農軍), 농민(農民), 쇼작인(小作人).
246	Fashion	n. 모양, 모습, 제도, 풍속 v.t. 본내오, 제쟉ㅎ오	모양, 풍속, 시쇽, 시톄	n. (prevailing mode)류힝(流行) : 신식(新式) : 시톄(時體) : (shape)모양(模樣)	풍죠風潮류힝流行	n. 모양(模樣), 모습(貌習), 제도(制度), 풍속(風俗), 시톄(時體), 신식(新式), 풍죠(時潮), 류힝(流行), 식(式). v.t. (1)짓다, 본내다, 제작ㅎ다(製作). (2)합ㅎ게ㅎ다(合), 맛게ㅎ다.
247	Fate	n. 팔즈, 운수, 신수	운수, 신수, 팔즈, 인연	n. (predetermined necessity)운수(運數) : 텬명(天命) : 텬명명수(天定命數) : (one's fortune)운명(運命) : 신수(身數) : (instrument of destiny)팔즈(八字)	운명殞命	n. (1)팔즈(八字), 운수(運數), 신수(身數), 운(運). (2)불힝(不幸), 비운(悲運), 죽는것.

연번	영어표제어	Underwood 1890	Scott 1891	Jones 1914	Gale 1924	Underwood 1925
248	Fault	n. 허물, 과실, 흠, 툿, 죄, 버르쟝이	허물, 죄, 툿, 탈	n. 허물(過) : 툿(過失) : (blemish)흠덤(欠點) : (in law)과실(過失)	과실果實	n. 허물, 과실(過失), 흠, 탓, 하즈(瑕疵), 결덤(缺點), 단쳐(短處).
249	Feeble	to be. 연약ᄒᆞ오, 약하오, 긔단ᄒᆞ오	약ᄒᆞ다, 허약ᄒᆞ다	a. (weak)약흔(弱) : (decrepit)쇠약흔(衰弱) : (lacking force)유약흔(柔弱) : (pointless)허약흔(虛弱)	박약ᄒᆞ다薄弱	a. 약흔(弱), 연약흔(軟弱), 긔단흔(氣短), 쇠약흔(衰弱), 허약흔(虛弱).
250	Fidelity	n. 츙신	츙직, 츙심, 졍졀, 츙셩	n. (allegiance)츙셩(忠誠) : (veracity)진실(眞實) : (of a wife)졍졀(貞節)	의긔義氣	n. 츙실(忠實), 츙직(忠直), 츙신(忠信), 졍졀(貞節), 졍조(貞操), 의긔(義氣).
251	Flesh	n. 고기, 살	살, 고기	n. 살(膚) : (animal food)고기(肉) : (opp. of spirit)육톄(肉體) : 육신(肉身) : (corpulency)살긔(肉氣)	육톄肉體	n. (1)고기, 살, 육(肉)(in compl. (2)늘즘싱과갈즘싱의 고기(물즘싱외의). (3)육톄(肉體), 육신(肉身), (4)인류(人類), 인간(人間), (5)살, 과육(果肉)(과실의). (6)일가(一家), 동죵(同種), 동족(同族), 친쇽(親屬).
252	Flute	n. 져	뎌	n. 뎌(笛) : (of jade)옥뎌(玉笛)	져笛	n. (1)젹(笛), 피리. (2)기동에골미리흔것, 환구(丸溝).(기동의). v.t. and v.i. (1)져불다. (2)기동에골미리ᄒᆞ다.
253	Food	n. 음식, 량식, 먹을것	밥, 음식, 량식	n. 음식(飮食) : 량식(糧食) : 식물(食物)	식물食物	v. (1)음식(飮食), 량식(糧食), 먹을것, 식물(食物). (2)영양물(營養物), 즈료(資料).
254	Foundation	n. 다음, 디졍, 쥬초	터	n. 긔지(基址) : 긔초(基礎) : (of a building)쥬초(礎) :	근뎌根底	n. (1)디경(地境), 쥬초(柱礎), 긔초(基礎), 긔본(基本),

연번	영어표제어	Underwood 1890	Scott 1891	Jones 1914	Gale 1924	Underwood 1925
				(endowment)긔본금(基本金)		근본(根本), 근거(根據). (2)창립(創立), 발긔(發期), 긔긔(開基).
255	Free	v.t. 내여놋소, 쇽량ᄒᆞ오, 쇽ᄒᆞ오	임의로ᄒᆞ다, 임의롭다	a. 조유ᄒᆞ(自由): (liberated)방셕ᄒᆞ(放釋)	조유조저自由自在	n. 내여놋타, 쇽량ᄒᆞ다(贖良), 쇽ᄒᆞ다(贖), 조유ᄒᆞ게ᄒᆞ다(自由), 방ᄒᆞ다(放), 히방ᄒᆞ다(解放), 면ᄒᆞ다(免), 버셔나게ᄒᆞ다.
256	Freedom	n. 조쥬쟝	놋타, 쇽량ᄒᆞ다, 버셔놋타	n. 조유(自由): 조쥬(自主)	조유自由	n. (1)조쥬쟝(自主張), 조유(自由), 구쇽업는것(拘束). (2)특권(特權), 특허(特許), 면제(免除).
257	Friend	n. 친구, 붕우, 벗	벗, 친고	n. 친구(親舊): 벗(友): 붕우(朋友)	지긔知己붕우朋友친구親舊	n. (1)친구(親舊), 붕우(朋友), 벗. (2)당(黨), 당여(黨與). (2)찬조ᄒᆞ는쟈(賛助者), 찬셩ᄒᆞ는쟈(讚成者).
258	Frontier	n. 디경, 극변, 변디, 변방	접경, 변방	n. 접경(接境): 변경(邊境): 경계(境界)	국경國境변방邊防변경邊境	n. 디경(地境), 국경(國境), 극변(極邊), 변디(邊地), 변방을(邊方).
259	Furious	to be. 대노ᄒᆞ오, 대단이급ᄒᆞ오	밍렬ᄒᆞ다, 모질다	n. 밍렬ᄒᆞ(猛烈): 사오나온(狠): 흉포ᄒᆞ(凶暴)	격노ᄒᆞ다激怒	a. 대노ᄒᆞ(大怒), 밍렬ᄒᆞ(猛烈), 광포ᄒᆞ(狂暴).
260	Gem	n. 미우귀ᄒᆞ구슬	구슬, 보패	n. 보석(寶石): 보옥(寶玉)	보석寶石	n. 보석(寶石), 옥(玉), 귀즁ᄒᆞ것(貴重).
261	General	to be. 공변되오, 례ᄉᆞ롭소	(commander)대쟝, 쟝슈	a. (common to all)일반공즁샹(一般公衆上): 동류샹(同類上): 동죵샹(同種上): (prevalent)광활ᄒᆞ(廣闊): 공동소뎍(公同所的): (indefinite)구별업는(無區別): (common)보통샹(普通上)	공동共同	a. (1)일반의(一般), 빅반의(百般), 총테의(總體), 총(總)[in compl. (2)대례의(大體), 대개의(大槪), 통(通)[in compl. (3)보통의(普通), 통례의(通例), 공공뎍(公共的).

연번	영어표제어	Underwood 1890	Scott 1891	Jones 1914	Gale 1924	Underwood 1925
262	Geography	n. 디리학	디리	n. 디리학(地理學)	디리학地理學	n. 디리학(地理學), 디지(地誌)
263	Gift	n. 션물, 례물	례물, 봉물, 샹급	n. 션물(膳物) : 례물(禮物)	은스恩賜	n. (1)션물(膳物), 례물(禮物), 슈여(授與), 징여(贈與), 은샤(恩賜). (2)텬품(天稟), 슈여ᄒ다(授與).
264	Gossip	n. 풍문, 한담	슈작ᄒ다, 소문, 니약이	n. 잡담(雜談) : 번셜(煩說)	공담空談	n. (1)한담(閑談). (2)한담ᄒᄂ쟈(閑談者).
265	Government	n. 나라, 정부	나라, 정부	n. (in the abstract)정치(政治) : (in the concrete)정부(政府)	정부政府	n. (1)정부(政府). (2)정치(政治), 정ᄉ(政事), (3)다ᄉ림, 통할(通割), 관리(管理), 절제(節制), (4)통지권(統治權), 정권(政權).
266	Governor	n. 감ᄉ	감ᄉ	n. 관찰ᄉ(觀察使) : 감ᄉ(監使)	지ᄉ知事	n. 관리쟈(管理者), 통할쟈(統轄者), 쥬쟝ᄒᄂ쟈(主張者), 절제ᄒᄂ쟈(節制者), 쥬저(主宰), 감ᄉ(監史), 관찰ᄉ(觀察使), 지ᄉ(知事), 태슈(太守).
267	Grace	n. 은혜, 덕틱, 덕분	은혜	n. 은혜(恩惠) : 셩총(聖寵) : 은총(恩寵)	은택恩澤	n. (1)은혜(恩惠), 덕틱(德澤), 은틱(恩澤), 은총(恩寵). (2)죄를샤ᄒᄂ것(罪赦), 특샤(特赦), (3)미려(美麗), 슈미(秀美), 이교(愛嬌), 아릿다움.
268	Grammar	n. 문법	문법	n. 문법(文法)	문법론文法論문뎐文典	n. 문법(文法), 문뎐(文典).
269	Granite	n. 엇던돈돈흔돌	돌	n. 화강셕(花崗石)	화강셕花剛石	n. 화강셕(花岡石).
270	Grave	n. 무덤, 뫼	(tomb) 무덤, 뫼	a. (serious)소즁흔(所重) :	분묘墳墓	n. 무덤, 뫼, 분묘(墳墓), 산소. v.t. 삭이다,

연번	영어표제어	Underwood 1890	Scott 1891	Jones 1914	Gale 1924	Underwood 1925
				진즁흔(珍重) : (solemn)엄흔(嚴) : 엄슉흔(嚴肅) : 단졍흔(端正)		됴각ᄒ다(彫刻).
271	Grave(1)	to be. 즁ᄒ오, 진즁ᄒ오	(stern) 엄ᄒ다, 엄슉ᄒ다, 진즁ᄒ다, 단졍ᄒ다	n. (tomb)무덤(墳) : 뫼(墓) : 산소(山所)	엄슉ᄒ다嚴肅	a. (1)엄슉흔(嚴肅), 장엄흔(莊嚴). (2)즁대흔(重大), 즁요흔(重要).
272	Grow	v.i. 자ᄅ오, 커지오 (to become) 되오, 가오, 지오	자ᄅ다, 자라가다, 커가다, 느르다, 느다, 느러가다	iv. 자라다(長養) : 자라나다(發生) : 싱쟝ᄒ다(生長) : (develop)발달ᄒ다(發達) : 쟝대ᄒ다(長大) : (advance)흥왕ᄒ다(興旺)	발싱ᄒ다發生	v.i. (1)자라다, 싱쟝ᄒ다(生長), 싱ᄒ다(生), 산출ᄒ다(産出), 발달ᄒ다(發達). (2)변ᄒ다(變), 변천ᄒ다(變遷). (to become)되다, 되어가다, ᄒ야지다.
273	Guest	n. 손님, 손	손, 손님	n. 손님(客) : 빈긱(賓客) : 릭빈(來賓)	릭빈來賓귀 빈貴賓	n. 손님, 손, 긱(客), 려긱(旅客), 빈긱(賓客).
274	Guide	v.t. 잇그오, 인도ᄒ오 n. 잇그ᄂ이, 인도ᄒᄂ이	인도ᄒ다, 다리다, 거ᄂ리다, ᄀᄅ치다	ta. 인도ᄒ다(引導) : 안ᄂ ᄒ다(案内)	션도쟈先導者지도쟈指導者	v.t. (1)인도ᄒ다(引渡), 안ᄂ ᄒ다(案内), 향도ᄒ다(嚮導). (2)지휘ᄒ다(指揮), 관리ᄒ다(管理). (3)ᄀᄅ치다, 교도ᄒ다(教導). n. (1)인도쟈(引導者), 안ᄂ 쟈(案内者), 향도(嚮導), (2)지휘쟈(指揮者), 관리쟈(管理者), (3)교ᄾ(教師). (4)안ᄂ 긔(案内記).
275	Habit	n. 풍쇽, 버룻, 습관 (clothes) 옷, 의복	(dress) 옷	n. (personal)습관(習慣) : 힝습(行習) : 버룻(慣習) [low] : (custom)풍쇽(風俗) :	습관習慣	n. (1)버룻, 습관(習慣), 습셩(習性), 긔습(氣習), 샹습(常習), 습쇽(習俗). (2)(clothes)옷, 의복(衣服), 복쟝(服裝).

연번	영어표제어	Underwood 1890	Scott 1891	Jones 1914	Gale 1924	Underwood 1925
276	Halo	n. 무리, 영광 (sun) 히무리 (moon) 둘무리	히물이, 둘물이	n. 물이(暈) : 훈(暈) : (around the sun) 히물이(日暈) : (around the moon)둘물이(月暈)	광명光明	n. (1)훈(暈), 무리. (2)영광(榮光). (3)후광(後光), 원광(遠光), (sun)히무리. (4)(moon)둘무리.
277	Happiness	n. 락, 복	복	n. 힝복(幸福) : 쾌락(快樂)	힝복幸福	n. 락(樂), 복(福). 힝복(幸福).
278	Harmony	n. 화목, 곡됴	화목ᄒ다	n. 됴음(調音) : (science of) 됴음학(調音學) : (between persons)화합(和合) : (of literary works)합셔(合書)	조화造化	n. (1)화목(和睦), 화합(和合), 화츔(和衷). (2)곡됴(曲調), 화음(和音), 히됴(諧調).
279	Hearing	n. 듯ᄂ것, 귀	듯다	n. 텽각(聽覺) : 텽관(聽官)	텽문聽聞	n. (1)듯ᄂ것, 듯ᄂ힘. (2)텽관(聽官), 텽감(聽感). (3)텽숑(聽訟), 심문(審問), 텽문(聽聞).
280	Heart	n. 념통, ᄆ음, 심	ᄆ음, 심	n. (anat.)념통(心) : 심장(心臟) : (seat of the affections and passions)ᄆ음(心)	즁심中心	n. (1)념통, ᄆ음, 심장(心臟), 심경(心經). (2)용긔(勇氣), 긔력(氣力).
281	Heaven	n. 하늘, 텬, 텬당	하늘	n. (sky)하늘(天) : (paradise)락원(樂園)	샹계上界텬 당天堂하늘	n. (1)하늘, 텬(天). (2)텬당(天堂), 텬국(天國), 극락(極樂), 샹계(上界).
282	Heresy	n. 이단	샤도	n. 이단(異端) : 이교(異敎) : 샤교(邪敎) : (heretical teaching)오히지교(誤解之敎) : 이단지교(異端之敎)	이단異端샤 교邪敎외도 外道	n. 이단(異端), 좌도(左道), 이교(異敎), 샤교(邪敎).
283	Hero	n. 호걸, 영웅	호걸, 영웅	n. 호걸(豪傑) : 영웅(英雄) : 인걸(人傑) : 인걸디령(人傑地靈) "a hero is an earth spirit."	위인偉人호 걸豪傑영걸 英傑영웅英 雄인걸人傑	n. 호걸(豪傑), 영웅(英雄), 용ᄉ(勇士), 인걸(人傑), 위인(偉人).

연번	영어표제어	Underwood 1890	Scott 1891	Jones 1914	Gale 1924	Underwood 1925
284	History	n. 스긔, 스젹	스긔, 스젹	n. 스긔(史記) : 력스(歷史) : 스젹(事蹟)	스긔史記력 스歷史	n. 스긔(史記), 력스(歷史), 스학(史學), 스젹(事蹟).
285	Hope	v.i. ᄇᆞ라오 n. ᄇᆞ람	ᄇᆞ람	tv. ᄇᆞ라다(望之) : 희망ᄒᆞ다(希望)	희망希望	v. ᄇᆞ라다, 긔망ᄒᆞ다(企望), 희망ᄒᆞ다(希望). n. ᄇᆞ람, 긔망(企望), 희망(希望), 소망(所望).
286	Hotel	n. 쥬막, 려긱, 탄막, 술막	쥬막, 샤관, 샤쳐	n. 려관(旅館) : (native inn) 샤관(舍舘·) : 쥬막(酒幕)	려관旅館	n. 주막, 술막, 려관(旅館), 긱샤(客舍).
287	House	n. 집, 틱, 거쥬	집, 방, 틱, 다락	n. 집(家) : 틱(宅) : 스쳐(私處)	ᄌᆞ틱自宅	n. 집, 틱(宅), 쥬틱(住宅), ᄌᆞ틱(自宅), 가(家), 옥(屋), 원(院), 실(室), 샤(舍)(in compl.
288	Hurricane	n. 대풍	태풍, 왜풍	n. 폭풍(暴風) 왜풍(颶風)	폭풍우暴風雨	n. 대풍(大風), 포풍(暴風), 질풍(疾風), 포풍우(暴風雨).
289	Idea	n. 싱각, 뜻	뜻, 소견, 의견, 의ᄉᆞ	n. (concept)ᄉᆞ샹 (思想) : (opinion)의견 (意見) : (phil.)관념(觀念)	리샹理想관 념觀念	n. 싱각(生覺), 뜻, 의ᄉᆞ(意思), 관념(觀念), 리샹(理想).
290	Idiom	n. 말ᄒᆞ는투, 언투, 말투	문법, 문리	n. 어법(語法) : (characteristic form)문법(文法) : (peculiar form)언별(言別) : (dialect)방언(方言) : 샤토리(辭土俚) : "The expressions 속담(俗談) and 육담(肉談) are sometimes used in the sense of idiom."	어풍語風	n. 말ᄒᆞ는투, 어투(語套), 말투, 어풍(語風), 닉이쓰는말, 방언(方言), 샤토리(辭土俚).
291	Image	n. 모본ᄒᆞ것, 우샹, 형샹	모양, 미륵, 그림, 허슈아비	n. 형샹(形象) : 물형(物形) : 조샹(造像) :	우샹偶像	n. (1)모본ᄒᆞ것(模本), 우샹(偶像), 형샹(形象).

연번	영어표제어	Underwood 1890	Scott 1891	Jones 1914	Gale 1924	Underwood 1925
				우상(偶像)		(2)영상(影像)(광학의). (3)심상(心像)(심리학의). (4)샹유(像喩)(슈ᄉ학의). v.t. 형샹을믄드다, 싱샤ᄒ다(生寫).
292	Immortal	to be. 불ᄉᄒᄋ오	죽지안타	a. 불ᄉ(不死) 불멸(不滅) : 불후(不朽)	불멸ᄒ다不滅	a. 죽지안ᄂ, 썩지안ᄂ, 영구ᄒ(永久), 무궁ᄒ(無窮), 불멸의(不滅).
293	Imperfect	to be. 완젼치안소, 흠잇소, 이ᄌ러지오	흠되다, 온젼치안타	a. 불완젼ᄒ(不完全) : 부죡ᄒ(不足) : 불충분ᄒ(不充分)	불완젼ᄒ다 不完全	a. 완젼치안은(不完全), 부죡ᄒ(不足), 불충분ᄒ(不充分), 흠잇ᄂ, 이즈러진.
294	Import	v.t. 타국에셔가져오오 n. 타국에셔가져온것, 의ᄉ, 뜻, 샹관, 관계	드러오다	tv. 슈입ᄒ다(收入)	의미意味	v.t. (1)슈입ᄒ다(輸入). (2)함축ᄒ다(含蓄)(뜻을), 뜻ᄒ다, (3)즁요히알다(重要). n. (1)슈입, 슈입품(輸入品), 슈입익(輸入額). (2)의미(意味), 지취(旨趣). (3)즁요ᄒ것, 관계잇ᄂ것.
295	Impossible	to be. 능치못ᄒᄋ오, -못ᄒᄋ오, -수업소	못ᄒ다, 홀수업다	a. 홀슈업ᄂ(不能) : 무능ᄒ(無能)	불가능ᄒ다 不可能	a. 능치못ᄒ(能), 불가능의(不可能), 홀수업ᄂ, 무능의(無能).
296	Impression	n. 박힌것, 박힌무옴	뜻, 인박다	n. (mark)긔호(記號) : (of a seal) 인판(印版) : 인긔(印記) : (on the mind) 감득(感得) : 의ᄉ(意思)	감동感動	n. (1)박힌것, 인친것(印), 썩은것. ᄌ욱, ᄌ취. 인쇄(印刷). 인판(印版), 박히ᄂ것. (2)명감(銘感), 긔억(記憶), 감복(感服), 감동(感動). (3)인샹(印象).
297	Incantation	n. 요슐	진언, 부작	n. 복슐(卜術) : 졈괘(占卦) : (magical formula)진언(眞言) : 주문(呪文	주문呪文	n. 진언(眞言), 쥬문(呪文), 념불(念佛).

연번	영어표제어	Underwood 1890	Scott 1891	Jones 1914	Gale 1924	Underwood 1925
298	Include	v.t. 포함ᄒ오, 담소	합ᄒ다, 련ᄒ다, 아오르다	t.v. 포함ᄒ다(包含) : 함유ᄒ다(含有) : (in calculation) 산입ᄒ다(算入)	함츅ᄒ다含 蓄포함ᄒ다 包含	v.t. 포함ᄒ다(包含), 넛타, 합ᄒ다(合), 산입ᄒ다(算入).
299	Income	n. 소입, 소봉	소입, 녹, 월봉, 월름	n. 소득(所得) : 슈입(收入) : 세입(歲入)	소득所得	n. 슈입(輸入), 소득(所得), 싱기는것.
300	Increase	v.t. 자라오, 커지오, 만하지오	더ᄒ다, 자르다, 보틱다, 느르다	n. 증가(增加) : (in population) 번식(繁殖)	번식ᄒ다繁 殖	v. 자라다, 커지다, 만ᄒ지다, 증진ᄒ다(增進), 번식되다(繁殖), 크게ᄒ다, 증대ᄒ다(增大), 더ᄒ다, 증가ᄒ다(增加). n. 번식홈, 증가홈, 증진홈.
301	Independence	n. ᄌ쥬쟝	ᄌ쥬쟝ᄒ다, 혼ᄌ하다, 임의로ᄒ다, 오ᄅ지ᄒ다	n. 독립(獨立) : ᄌ립(自立) : ᄌ쥬(自主)	독힝獨行독 립獨立	n. 자쥬(自主), ᄌ립(自立), 독립(獨立).
302	Indirect	to be. 바ᄅ지안소, 곳지안소, 바로가지아 니ᄒ오, 도오	에두르다	a. 간접ᄒ(間接)	간졉間接	a. (1)바르지안은, 곳지안은. (2)바로가아니ᄒᄂ, 도ᄂ, 직졉지아니ᄒ(直接), 간졉ᄒ(間接).
303	Individual	n. 워, 손, ᄒ나	놈	n. 일기인(一個人) : (single)단독(單 獨) : 기인(個人)	기인箇人	n. (1)ᄒ나, 단(單), 단독(單獨), 일기인(一個人), 각각의(各各). (2)기인뎍(個人的), 고유의(固有).
304	Industry	n. 부ᄌ런	부ᄌ런ᄒ다	n. 공업(工業) : 실업(實業)	공업工業산 업産業식산 殖産	n. (1)부ᄌ런, 근면(勤勉), 면강(勉强). (2)공업(工業), 산업(産業), 실업(實業).
305	Infantry	n. 보병들이	군ᄉ, 병딕	n. 보병(步兵)	보병步兵	n. 보병(步兵), 보졸(步卒), 보군(步軍).

연번	영어표제어	Underwood 1890	Scott 1891	Jones 1914	Gale 1924	Underwood 1925
306	Influence	v.t. 인유ᄒᆞ오 n. 권세, 힘, 인유ᄒᆞᄂᆞᆫ것, 풍화	감화ᄒᆞ다, 감동ᄒᆞ다, 감격ᄒᆞ다	n. 권세(權勢) : 유력(有力) : (personal)세력 (勢力) : 감화(感化) : (effective cause) 영향(影響)	영향影響긔 세긔勢氣	v.t.감동ᄒᆞ게ᄒᆞ다(感動),감화ᄒᆞ게ᄒᆞ다(感化),화ᄒᆞ게ᄒᆞ다(化),동ᄒᆞ게ᄒᆞ다(動),감격ᄒᆞ다(感激),좌우ᄒᆞ다(左右).n.권세(權勢),세력(勢力),힘,바람,덕(德),긔운,효력(効力),영향(影響)
307	Inheritance	n. 업, 유업, 세업, 선업	세전지물, 조업, 산업	n. 유업(遺業) 유산(遺産) : (act of) 계승(繼承)	유산遺産	n. (1)업(業), 유업(遺業), 세업(世業), 선업(先業), 가업(家業), 가산(家産), 유산(遺産). (2)계승(繼承), 상속(相續), 상전(相傳), 세습(世襲).
308	Instruct	v.t. ᄀᆞᄅ치오, 훈회ᄒᆞ오, 교훈ᄒᆞ오	ᄀᆞᄅ치다, 신칙ᄒᆞ다	tv. ᄀᆞᄅ치다(敎) : 지시ᄒᆞ다(指示) : (educate)교육ᄒᆞ다(敎育) : 교훈ᄒᆞ다(敎訓) : (order)명령ᄒᆞ다 (命令) : 훈령ᄒᆞ다(訓令) : 지령ᄒᆞ다(指令)	전슈ᄒᆞ다傳授	v.t (1)ᄀᆞᄅ치다, 교훈ᄒᆞ다(敎訓), 교슈ᄒᆞ다(敎授), 전슈ᄒᆞ다(傳授). (2)지령ᄒᆞ다(指令), 훈령ᄒᆞ다(訓令).
309	Instruction	n. ᄀᆞᄅ치ᄂᆞᆫ것	교, 학, 도리, 교훈	n. 교훈(敎訓) : 교슈(敎授)	교도敎導훈 시訓示	n. (1)ᄀᆞᄅ치ᄂᆞᆫ것, 교훈(敎訓), 교슈(敎授), 교련(敎鍊). (2)지령(指令), 훈령(訓令), 설유(說諭), 전교(傳敎).
310	Insult	v.t. 욕ᄒᆞ오, 룡욕ᄒᆞ오 n. 욕, 룡욕	욕, 욕ᄒᆞ다, 욕먹다, 욕보다	tv. 욕ᄒᆞ다(辱) 후욕ᄒᆞ다(詬辱) 경멸ᄒᆞ다(輕蔑)	릉욕凌辱	v.t. 욕ᄒᆞ다(辱), 룡욕ᄒᆞ다(凌辱). n. 욕(辱), 룡욕(凌辱), 업수히녁이ᄂᆞᆫ것.
311	Insurrection	n. 민요, 민란, 역적	난리	n. 폭동(暴動) : 반란(反亂)	반란反亂폭 동暴動	n. 민요(民擾), 민란(民亂), 반란(反亂), 포동(暴動), 포거(暴擧).

연번	영어표제어	Underwood 1890	Scott 1891	Jones 1914	Gale 1924	Underwood 1925
312	Integrity	n. 진심, 직심	(entire)온전 ㅎ다	n. (honesty)쳥념(淸廉) : 졍직(正直) : (soundness)완젼홈(完全) : (virtue)쳥빅(淸白)	츙직忠直졍직正直	n. 진심(眞心), 직심(直心), 졍직(正直), 츙직(忠直), 슌후(淳厚), 완젼(完全).
313	Intellect	n. 졍신	지각, ㅁ음	n. (mind)ㅁ음(心) : (faculty of perception)지력(智力) : (thinking process as distinguished from will and sense)령지(靈知)	지능智能지력智力인지人智	n. 졍신(精神), 지혜(智慧), 지능(智能), 총명(聰明).
314	Intelligence	n. 의견	(new)괴별	n. 총명(聰明) : 령지(靈知) : 예지(叡知) : (news)통신(通信) : 쇼식(消息)	총명聰明	n. (1)의견(意見), 지혜(智慧), 져조(才操), 총명(聰明). (2)통신(通信), 보고(報告), 졍보(情報).
315	Intention	n. 의ᄉ, 의향, 뜻	뜻, 의ᄉ, 의향	n. 목뎍(目的) : 의ᄉ(意思) : 계획(計劃) : 의향(意向)	의향意向목뎍目的	n. 의ᄉ(意思), 의향(意向), 의견(意見), 뜻, 목뎍(目的), 취지(趣旨).
316	Intercourse	n. 교졉	왕리ᄒ다, 사괴다, 왓다갓다, 교졉ᄒ다	n. 교졔(交際) 교통(交通)	교졔交際교통交通	n. 교졉(交接), 교합(交合), 교셥(交涉), 교통(交通)
317	Interest	v.t. 즘심케ᄒ오 n. 샹관, 계관, 알은곳, 리, 변리, 길미	(money)길미, 변리	n. (lively sympathy or curiosity)ᄌ미(滋味) : ᄉ샹(思想) : (advantage)리익(利益) : 유익(有益) : (on money)변리(邊利) : 리ᄌ(利子) : (concern)관계(關係) : (influence)유세력(有勢力)	츄미趣味ᄌ미滋味변리邊利관계關係	v.t. 즘심케ᄒ다(潜心), 감동케ᄒ다(感動). n. (1)샹관(相關), 관계(關係), 알은곳. (2)흥미(興味), 취미(趣味), 맛. (3)리익(利益), 비익(裨益). (4)리ᄌ(利子), 리식(利息), 변리(邊利), 소유권(所有權).

연번	영어표제어	Underwood 1890	Scott 1891	Jones 1914	Gale 1924	Underwood 1925
318	Interview	n. 맛나는것	의론ᄒᆞ다, 서로보다	n. 면회(面會) : 회견(會見)	회견會見면 회面會	n. 디면(對面), 면회(面會), 회견(會見). v.t. 방문ᄒᆞ다(訪問), 회견ᄒᆞ다(會見).
319	Invention	n. 처음졔쟉ᄒ 는것		n. 신발명(新發明)	신발명新發明	n. 처음졔쟉ᄒᆞᄂᆞᆫ것, 창작(創作), 발명(發明), 발명ᄒᆞᆫ물건(發明物件).
320	Investigate	v.t. 사실ᄒᆞ오, 엄히사실ᄒᆞ 오	숣히다, 힉실ᄒᆞ다, 사실ᄒᆞ다, 사힉ᄒᆞ다, 문죄ᄒᆞ다	tv. 심사ᄒᆞ다(審査) : 사핵ᄒᆞ다(査覈) : (an object) 검사ᄒᆞ다(檢查) : (scientific subjects)연구ᄒᆞ 다(研究)	연구ᄒᆞ다硏 究궁리ᄒᆞ다 窮理	v.t. 사실ᄒᆞ다(査實), 엄히사실ᄒᆞᄂᆞᆫ것, 됴사ᄒᆞᄂᆞᆫ것(調査), 연구ᄒᆞ다(硏究).
321	Joint	n. 골절합ᄒᆞ딕, 골절	마듸	a. 공유ᄒᆞ(共有) : 공동ᄒᆞ(公同)	관절關節	n. (1)골절(骨節), 관절(關節), 마딕, 절(節). (2)졉목(楼目), 합목(合目). a. 결합ᄒᆞ(結合), 조합ᄒᆞ(組合), 공동의(共同), 공유의(共有), 련딕의(連帶). v.t. 합ᄒᆞ다(合), 련합ᄒᆞ다(聯合), 졉합ᄒᆞ다(接合). v.i. 련합되다(聯合), 결합되다(結合), 쯕맛다.
322	Joke	v.i. 희롱ᄒᆞ오, 긔롱ᄒᆞ오, 롱담ᄒᆞ오 n. 희롱, 긔롱, 롱담	롱담, 희롱ᄒᆞ다	n. 희롱(戲弄) : 희언(戲言) : 롱담(弄談)	활히滑┅	v.i. 히롱ᄒᆞ다(戲弄), 긔롱ᄒᆞ다(譏弄), 롱담ᄒᆞ다(弄談). n. 희롱(戲弄), 긔롱(譏弄), 롱담(弄談), 회히(詼諧).
323	Journal	n. 일긔	일긔	n. (account book)구분장(區 分帳) : 초치부(初致簿) : (diary)일긔(日 記) : (newspaper)신 문(新聞)	일긔日記	n. (1)일긔(日記). (2)각인쟝척(刻印粧冊), 구분장(區分帳), 수역장(仕譯帳). (3)잡지(雜誌), 신문지(新聞紙), 일보(日報).

연번	영어표제어	Underwood 1890	Scott 1891	Jones 1914	Gale 1924	Underwood 1925
324	Journey	v.i. 둔니오, 멀니가오 n. 둔니는것, 멀니가는것	길	n. 려힝(旅行) : 힝로(行路)	려힝旅行	v.i. 단니다, 려힝ᄒ다 (旅行). -, n. 려힝 (旅行), 힝졍 (行程), 힝로 (行路).
325	Joy	n. 락, 즐거움, 깃븜	반갑다, 즐겁다, 즐기다, 깃부다, 깃겁다, 흔연ᄒ다	n. 깃븜(喜) : 희락(喜樂) 즐거움(樂)	희락喜樂	n. (1) 락 (樂), 즐거움. 깃븜. (2) 즐거운일, 깃분일. (3) 환락 (歡樂), 흥 (興). -, v. 즐거워ᄒ다, 깃부게ᄒ다
326	Judge	v.t. 판단ᄒ오, 결단ᄒ오 판단ᄒ는이, 포쟝, 형조판셔	관원, 원님	tv. (law)판결ᄒ다 (判決) : (think about)헤아리다 (料量)	판ᄉ判事	v.t. 판단ᄒ다 (判斷), 결단ᄒ다 (決斷), 재판ᄒ다 (裁判), 심판ᄒ다 (審判), 감졍ᄒ다 (勘定). -, n. 법관 (法官), 판ᄉ (判事), 심판 (審判), 감졍인 (鑑定人).
327	Knave	n. 랑킥, 무신ᄒ놈	놈	n. 놈(漢) : 악도(惡徒) : 궤휼쟈(詭譎者)	학식學識박식博識문견聞見	n. 랑킥 (浪客), 못된놈, 악한 (惡漢), 간인 (奸人).
328	Knowledge	n. 문견, 지식, 학문	지혜, 지식, 지각, 슬긔	n. (cognizance)문견(聞見) : 지력(知力) : 숙달(熟達) : (learning)학식(學識) : 지식(智識) : (theoretical)학문(學問)	간인奸人	n. 문견 (聞見), 지식 (知識), 인지 (人智). 학문 (學問), 학식 (學識), 빈흔 것.
329	Lady	n. 부인	녀인, 부인, 아낙네	n. 부인(夫人) : (.person of title) 귀부인(貴夫人) : 졍부인(貞夫人)	부인夫人	n.(1)부인(夫人),쥬부 (主婦).(2)귀부인(貴婦人),슉녀(淑女),Courtladies'닉인(內人),녀관 (女官),궁녀(宮女).
330	Landlord	n. 쌍쥬인, 쥬인, 임쟈	쥬인	n. (of ground) 디쥬(地主): (of a house) 가쥬(家主) : (of an inn) 려관쥬인(旅館主人) or 쥬인(主人)	디쥬地主가쥬家主호쥬戶主	n. (1) 디쥬 (地主), 땅임쟈. (2) 쥬인 (主人), 뎡쥬 (亭主)(하숙 (下宿) ᄌ흔딕).

연번	영어표제어	Underwood 1890	Scott 1891	Jones 1914	Gale 1924	Underwood 1925
331	Landscape	n. 경쳐	산슈, 풍경, 구경	n. 경치(景致) : (view)경개(景槪)	산슈山水풍경風景	n. (1) 경치 (景致), 경식 (景色), 풍경 (風景). (2) 산슈도 (山水圖).
332	Lantern	n. 등, 쵸롱	등롱, 초롱	n. 등(燈) : 쵸롱(燭籠) : (made of silk) 등롱(燈籠) : 사롱등(紗籠燈)	뎨등提燈	n. 등 (燈), 뎨등 (提燈), 쵸롱 (燭籠), 등롱 (燈籠), 길등.
333	Lark	n. 죵달새	죵드리, 죵돌싀	n. 죵드리(百靈雀) : 죵돌싀(鷊鳥)	죵달새雲雀	n. 죵달새, 령작 (靈鵲), 운작 (雲雀)
334	Lately	adv. 요스이, 이스이	이스이, 근리	ad. 근리(近來) : 이스이(近頃)	근경近頃	adv. 요스이, 이스이, 근경에 (近頃), 근일에 (近日)
335	Law	n. 규모, 법	법, 법례	n. 법(法) : 법률(法律) : (legal science) 법측(法則) : 법학(法學)	법학法學법도法度법측法則	n. (1) 규모 (規模), 법 (法), 법측 (法則), 명률 (定律), 법률 (法律), 법도 (法度). (2) 법학 (法學), 법률학 (法律學).
336	Lawless	to be. 법업소, 무도ᄒ오	패역ᄒ다	a. 무법혼(無法) : 불법혼(不法)	불법不法	a. 법업ᄂ (無法), 무도ᄒ (無道), 불법의 (不法).
337	Lawyer	n. 법경계아ᄂ이	쟝두	n. 변호ᄉ(辯護士)	변호ᄉ辯護士ᄃ언인代言人	n. (1) 법률가 (法律家). (2) 변호ᄉ (辯護士), ᄃ언인 (代言人), 률ᄉ (律士).
338	League	n. 합세혼것, 계, 십리즈음	밍세, 언약	n. (alliance)동밍(同盟) : (association)협회(協會)	동밍同盟	n. (릭)(영국리명 (英國理程)의 일홈이니 삼영리단위 (三英理單位) 로ᄒᄂ것이니일본 (日本)의 일리팔뎡가량 (一理八丁可量)).
339	Learning	n. 문견, 지식	학, 글	n. 학식(學識) : 학문(學問)	학문學問박식博識문물文物	n. 문견 (聞見), 지식 (智識), 학문 (學問), 학식 (學識), 문학 (文學)

연번	영어표제어	Underwood 1890	Scott 1891	Jones 1914	Gale 1924	Underwood 1925
340	Lecture	n. 길게권면ᄒᆞᄂ 말	강론ᄒᆞ다	n. 연셜(演說) : 강셜(講說) : 강론(講論)	강의講義강연講演	v.i.(1)강의ᄒᆞ다(講義), 강연ᄒᆞ다(講演),강셕ᄒᆞ다(講釋),연셜ᄒᆞ다(演說),셜교ᄒᆞ다(說敎).(2)훈계ᄒᆞ다(訓戒),셜유ᄒᆞ다(說諭),견칙ᄒᆞ다(譴責).-,n.강의(講義),연셜(演說),강연(講演),셜교(說敎),훈계(訓戒),셜유(說諭),견칙(譴責).ᄭᅮ짓ᄂᆞᆫ것.
341	Leisure	n. 틈, 결을, 한극	겨를, 틈	n. 겨를(暇) : 틈(隙) : 한가(閑暇)	한가閑暇한극開隙여가餘暇	n. 틈, 겨를, 한극(閒隙), 여가 (餘暇).
342	Length	n. 기럭이, 기럭지, 쟝	길이, 쟝	n. 쟝(長) : 길이(長)	쟝단長短	n.기리,기럭지,쟝(長), 죵(從,)쟝단(長短).
343	Lesson	v.t. 감ᄒᆞ오, 덜으오 n. ᄒᆞᆫ번공부ᄒᆞᆯ 것, 일과	일과	n. 공과(工課)	교과敎課학과學課	n. (1)일과 (日課), 공과 (工課), 과뎡(課程), 교과 (敎課), 학과 (學課). (2)ᄀᆞᄅ침, 교훈(敎訓), 훈계 (訓誡), 견칙 (譴責), ᄭᅮ짓ᄂᆞᆫ 것. (3) 례비ᄒᆞᆯ째 닑는 성셔 (禮拜時誦聖經).
344	Letter	n. 편지, 셔찰, 셔신, 셔간, 긔별, 글ᄌᆞ	편지, 셔간, 글	n. (of the alphabet)글ᄌᆞ(字) : ᄌᆞ모(字母) : 글시(字) : (communication) 편지(片紙) : 셔신(書信) : 셔찰(書札) : 음신(音信)	셔간書簡셔쟝書狀편지片紙	n. (1)편지 (片紙), 셔찰 (書札), 셔신 (書信), 셔쟝 (書狀), 찰한 (札翰), 셔한 (書翰). (2)글ᄌᆞ, ᄌᆞ모 (字母), 문ᄌᆞ (文字) (3)쥬ᄌᆞ (鑄字), 활ᄌᆞ (活字). (4)ᄌᆞ의 (字義), 글ᄌᆞᄯᅳᆺ. (5)(pl.) 문학 (文學), 학문 (學問).
345	Level	v.t. 평케ᄒᆞ오, 평평케ᄒᆞ오, 평탄케ᄒᆞ오 n. 평디 (tool) 디평	평탄ᄒᆞ다, 평평ᄒᆞ다, 반듯ᄒᆞ다	a. 평평흔(平平) : 평탄흔(平坦) : 반듯흔(準平)	평탄ᄒᆞ다平坦	v.t. (1)평케ᄒᆞ다 (平), 평평케ᄒᆞ다 (平平), 평탄케ᄒᆞ다 (平坦), 동등되게ᄒᆞ다 (同等), 평균케ᄒᆞ다 (平均). (2)반듯ᄒᆞ게ᄒᆞ기위ᄒᆞ야업드러지게ᄒᆞ다. (3)견향되다 (見向), 향ᄒᆞ다 (向), ᄀᆞᄅ치다.

연번	영어표제어	Underwood 1890	Scott 1891	Jones 1914	Gale 1924	Underwood 1925
						-, a. 평흔 (平), 간지런흔, 평탄흔 (平坦), 반듯흔, 공평흔 (公平), 동등의 (同等), 계급 (階級), 정도 (程道), 다림줄, 죠쥰션 (照準線), 수쥰긔 (水準器) (긔계의 (機械)).
346	Lie	v. (repose) 눕소, 두러눕소 (falsify) 거즛말ㅎ오 n. (a falsehood) 거즛말, 황셜	거즛말	iv. 거즛말ㅎ다(誑言) : 랑셜ㅎ다(浪說) : 허언ㅎ다(虛言)	허언虛言	n. 눕다, 두러눕다, 업딕다, 자다, 싸이다(눈이), 닷타(비가), 잇다, 거ㅎ다(居), 노히다, 긍지ㅎ다(亘在).
347	Life	n. 명, 싱명, 목숨	목숨, 명, 싱명	n. (physical)싱명 (生命) : 목숨(命) : 싱목숨(生命) : (duration of)싱젼(生前) : 평싱(平生) : (manner of)힝위(行爲) : (the daily round)인ㅅ(人事) : 싱이방(生涯方)	싱활生活인 싱人生	n. (1) 명 (命), 싱명 (生命), 목숨, 싱활 (生活), 싱존 (生存). (2) 인싱 (人生), 인ㅅ (人事), 부셰 (浮世), 츳셰 (此世), 금싱 (今生). 이싱, 츳싱 (此生). (3) 정신덕생활 (精神的生活). (4) 영세 (永世). (5) 싱긔 (生氣), 활긔 (活氣), 혼 (魂). (6) 인명 (人命), 신명 (身命). (7) 일싱 (一生), 평싱 (平生), 슈명 (壽命), 싱계 (生計). (8) 산 것, 싱물 (生物), 활물 (活物), (9) 사름, 인간 (人間). (10) 젼 (傳), 언힝록 (言行錄). (11) 품힝 (品行), 덕힝 (德行).
348	Light	v.t. (fire) 픠우오, 틔우오, 지르오 (a light) 혀오, 켜오	빗, 볏	n. 빗(光)	광션光線	v.t. 픠우다, 틔우다, 혀다, 켜다, 다틔우다, 뎜화ㅎ다 (點火), 빗취다. -v.i. (1)픠워지다, 타다, 불붓다. (2)붉아지다. -n. (1) 빗, 광 (光), 양 (陽), 광션 (光線). (2)

연번	영어표제어	Underwood 1890	Scott 1891	Jones 1914	Gale 1924	Underwood 1925
						광톄 (光体), 빗을발ᄒᆞ는 것(ᄒᆡ나별ᄀᆞᆺᄒᆞᆫ 것). (3) 등 (燈) 쵹 (燭), 붉은 것. (4) 봉화불 (烽火), 장명등 (長明燈), (5) 낫, 양 (陽), 일출 (日出), 려명 (黎明). (6) 창 (窓), 붉은 것을 취ᄒᆞ는 것. (7) 명빅ᄒᆞᆫ 것 (明白), 광명ᄒᆞᆫ 것 (光明) (8) 지식 (知識), 식견 (識見), 문명 (文明), 교화 (敎化). (9) 복 (福), 환락 (歡樂), 깃붐, 광영 (光榮). (10) 져명ᄒᆞᆫ 사름 (著名人).
349	Lime	n. 회	회	n. 희(石灰)	석회石灰	n. (1) 셕회 (石灰).
350	Limit	v.t. 한ᄒᆞ오, 명한ᄒᆞ오 n. 한, 한명, 디경	한, 끗	n. (boundary)디경 (地境) : (extreme)졉경 (接境) : (extreme)긋(端) : (in time)극(極) : (in time) 긔한(期限)	제한制限한 도限度한뎡 限定구역區域	v.t. 한ᄒᆞ다 (限), 제한ᄒᆞ다 (制限). -, n. (1) 한 (限), 한도 (限度), 제한 (制限), 긔한 (期限). (2) 경계 (境界), 범위 (範圍), 구역 (區域). (3) 자치 (指値)(상업의 (商業)).
351	Liquid	to be. 묽소 n. 묽은것	믈	n. 믈(水) : 류동물(流動物)	익톄液體	a. 묽은, 류동ᄒᆞ는 (流動), 익톄의 (液体). -, n. 묽은 것, 익톄 (液体).
352	Literature	n. 글, 셔	글, 문, 문ᄌᆞ	n. 문학(文學)	문화文化학 문學問	n. 글, 학문 (學問), 시문 (詩文), 학 (學), 문화 (文化), 져술 (著述), 져셔 (著書).
353	Loan	n. 빌니는것, 빌닌것 v. 빌너오	빚	n. 채금(債金)	딕금貸金	n. 빗주는 것, 빗준 것, 딕부 (貸附), 딕챠 (貸借), 방채 (放債), 딕금 (貸金), 공채 (公債). -, v. 빗주다, 쑤이다, 빌니다.
354	Locust	n. 메독이	메독이	n. 메쭉이(蝗虫)	황츙蝗蟲	n. 메쑥이, 황츙 (蝗蟲), 황 (蝗).

연번	영어표제어	Underwood 1890	Scott 1891	Jones 1914	Gale 1924	Underwood 1925
355	Lose	v. 일소, 일허브리오	일타, 브리다	tv. 일타(失) : 일허브리다(遺失)	분실ᄒ다紛失	v. (1) 일타, 일허브리다, 분실ᄒ다 (紛失), 유실ᄒ다 (遺失), 업셔지다. (2) 손ᄒ다 (損), 손해보다 (損害). (3) 지다, 패ᄒ다 (敗), 망ᄒ다 亡. – a battle. (4) 잇다, 망각ᄒ다 (忘却). (5) 브리다, 빅앗기다.
356	Low	to be. ᄂᆽ소, 쳔ᄒ오 (in price) 싸오, 혈ᄒ오	ᄂᆽ다, 쳔ᄒ다, 아래	a. (not high)ᄂᆽ즌(卑) : 얏흔(淺) : (mean)샹스러온 (卑賤) : (vulgar)하쳔흔 (下賤) : (base)비렬흔(卑劣)	하쳔ᄒ다下賤	a. (1) ᄂᆽ즌, 놉지안은. (2) 하의 (下), 쳔흔 (賤), 하쳔의 (下賤), 하급의 (下級), 열등의 (劣等), 비루흔 (卑陋). (3) 싼, 혈흔 (歇), 렴흔 (廉). (4) 약흔 (弱)(영긔가). (5) 근딕의 (近代). (6) 써러져가ᄂᆞᆫ, 업셔져가ᄂᆞᆫ, 다ᄒᆞ야지ᄂᆞᆫ, 진ᄒᆞᄂᆞᆫ (盡). -, adv. ᄂᆽ게, 쳔ᄒ게 (賤), 하방으로 (下方), 약ᄒ게 (弱).
357	Lust	n. 욕심, 음욕, 싀욕	싀욕, 음욕	n. (desire)졍욕(情慾) : (covetousness)욕심(慾心) : (excessive desire)탐심(貪心) : (carnal desire)음욕(淫慾), 싀욕(色慾)	싀셩色情싀 욕色慾	n. (1) 욕심 (慾心), 욕망 (慾望). (2) 음욕 (淫慾), 싀욕 (色慾), 싀졍 (色情). -, v.i. 욕심내다 (慾心), 탐내다 (貪), 침을흘니다. -, a. 호싀ᄒᆞᄂᆞᆫ (好色), 음란흔 (淫亂).
358	Lustre	n. 빗	빗, 싀	n. 광치(光彩)	광치光彩	n. (1) 빗, 광치 (光彩). (2) 영광 (榮光), 혁혁흔 것 (赫赫).
359	Machine	n. 긔계, 연장, 졔구	긔계, 틀	n. 긔계(機械)	긔계機械	n.긔계(機械),긔관(機關).
360	Magazine	n. 창, 고집, 화약고	고간, 창고	n. (for military stores)무고(武庫) : 뎐장부(塡裝部) : (of a gun) 탄창(彈倉) : (on board a ship)	잡지雜誌	n. (1) 창고 (倉庫), 무고 (武庫), 화약고 (火藥庫). (2) 탄창 (彈倉)(련발총의 (連發銃)). (3) 잡지 (雜誌), 총보 (叢報).

연번	영어표제어	Underwood 1890	Scott 1891	Jones 1914	Gale 1924	Underwood 1925
				화약창(火藥倉) : (powder)화약고 (火藥庫) : (pamphlet)잡지 (雜誌)		
361	Magic	n. 요술	요술, 샤슐	n. 요술(妖術)	마법魔法요 술妖術	n. 요술 (妖術), 환슐 (幻術). -, a. 요술의 (妖術).
362	Magnet	n. 지남석, 지남털	지남털, 지남석	n. (instrument)ㅈ텰 (磁鐵) : (natural)ㅈ셕(磁 石)	ㅈ텰磁鐵지 남텰指南鐵	n.지남셕(指南石),지 남텰(指南鉄),ㅈ셕(磁 石),ㅈ텰(磁鉄).
363	Maid	n. 처녀, 새악씨	새악씨, 규슈, 쳐녀	n. (girl)처녀(處女) : (virgin)동졍녀 (童貞女) : (serving)녀하인 (女下人)	양嬢	n. (1) 쳐녀 (處女), 새악씨, 쇼녀 (少女). (2) 계집하인, 시녀 (侍女), 시비 (侍婢).
364	Mail	v.t. 셔신관에붓 치오 n. 우편(郵便)	(letter)편지	n. (post)우편(郵便) : 우체(郵遞)	우편郵便우 편물郵便物	n. 우편 (郵便), 외국우편 (外國郵便). -, v.t. 우편으로 보내다, 우톄로부치다.
365	Majority	n. 만흔수, 반지나는수	태반	n. (in an assembly)과반 수(過半數)	과반수過半 數(manhood) 뎡년丁年셩 년成年	n. (1) 만흔수, 과반수 (過半數), 태반 (太半). (2) 뎡년 (丁年), 셩년 (成年)(manhood).
366	Malice	n. 혐의, 심슐	뮈워ᄒ다	n. 원흔(怨恨) : (evil intention) 해인심(害人心) : 악의(惡意)	악의惡意	n. 악념 (惡念), 악의 (惡意), 해타심 (害他心), 원흔 (怨恨), 뮈워홈.
367	Manage	v. 힝ᄒ오, 맛ᄒ오, 다스리오	다스리다, 쥬장ᄒ다, 쥬관ᄒ다	tv. (administer)관리 ᄒ다(管理) : 쳐판ᄒ다(處辦) : (control)쥬관ᄒ 다(主管) : (direct)지휘ᄒ다 (指揮) : 지빈ᄒ다(支配)	지빈ᄒ다支 配	v. (1) 어거ᄒ다, 제어ᄒ다 (制御), (2) 조종ᄒ다 (操縱), 부리다. (3) 관리ᄒ다 (辦理), 관리ᄒ다 (管理), 처리ᄒ다 (處理), 지빈ᄒ다 (支配)
368	Mankind	n. 인류, 셰샹, 만민	만민	n. 인류(人類)	인류人類	n. (1) 인류 (人類), 만민 (萬民). (2) 남성 (男性).

연번	영어표제어	Underwood 1890	Scott 1891	Jones 1914	Gale 1924	Underwood 1925
369	Manner	n. 모양, 모습, 닉치, 풍속, 동정, 쏘라군이	모양, 괴식, 용모	n. (deportment)힝의(行儀) : (method)방법(方法)	방법方法틱도態度	n.(1)모양(模樣),풍도(風道),틱도(態度),긔식(氣色),풍치(風采),거동(擧動).(2)방법(方法),힝의(行儀).(3)벽(僻),류(流),풍(風)(inthe-ofmacaulay).(4)풍속(風俗),습속(習俗),버릇.
370	Mansion	n. 큰집, 대가, 틱	집, 틱	n. 부(府) : 궁(宮)	뎨틱第宅	n.큰집,대가(大家),관(舘),뎌(邸),뎨틱(第宅),부(府),궁(宮).
371	Manuscript	n. 손으로쓴것, 친필	초잡다, 초ᄒ다	n. 글(書) : 문ᄌ(文字)	원고原告	n. 손으로쓴 것, 샤본(寫本), 슈고 (手稿), 초본 (抄本). -, a. 손으로쓴, 초낸, 초잡은.
372	Marble	n. 차돌	화반석	n. 화문석(花紋石)	대리석大理石	n. 대리셕 (大理石), 차돌, 화반셕 (花斑石).
373	Mark	n. 표, 보름 v.t. 표두오, 보름두오	보람, 표, 흔적, 표적	n. 인쟝(印章) : (dot)뎜(點) : (in examination)뎜수(點數) : (standard)표준(標準) : (trace)흔적(痕跡) : (visible sign)표덕(標的)	부호符號	n. (1) 표 (票), 보람, 인 (印), 긔호 (記號), 부호 (符號), 줄, 분계션 (分界線), 목표 (目標), 특징 (特徵). (2) 흔적 (痕跡), ᄌ취. (3) 뎜 (点), 뎜수 (點數), 숫수. (4) 관혁 (串革), 표뎍 (標的), 목뎍 (目的), 표준 (標準). (5) 눈(저울의). (6) 현달 (顯達), 영달 (榮達). (7) 주의 (注意), 류의 (留意). -, v.t. (1) 표ᄒ다 (票), 인쩍다 (印), 부호를 붓치다 (符號). (2) ᄌ취를남기다, 흔적을두다 (痕跡). (3) 뎜수를 긔록ᄒ다 (點數記錄), 숫수를주다. (4) 류심ᄒ다 (留心), 주의ᄒ다 (注意). (5) 지뎡ᄒ다 (指定), 타뎜ᄒ다 (打點), 발탁ᄒ다 (拔擢), 분계ᄒ다 (分界).

연번	영어표제어	Underwood 1890	Scott 1891	Jones 1914	Gale 1924	Underwood 1925
374	Market	n. 쟝	쟝, 도방쳐, 져즈, 뎐, 시뎡	n. (place of trade)쟝터 : (opportunity to sell)쟝(場市)	시쟝市場	n.(1)쟝(場),시쟝(市場).(2)시황(市況),샹황(商況),시가(市價),(3)팔곳,판로(販路),-,v.팔다,매미ᄒ다(賣買),쟝보다(場).
375	Martyr	n. 치명ᄒ사ᄅᆞᆷ	몸을ᄇᆞ리다	n. 치명쟈(致命者)	슌교쟈殉敎者	n. 슌교쟈(殉敎者)(종교를위ᄒ야죽ᄂᆞ쟈), 렬ᄉ(列士), 의ᄉ (義士).
376	Mass	n. 덩어리, 덩이	뭉텅이, 덩이, 뭉치	n. (R.C.)미ᄉ(彌撒 : (physics)졍분(精分)	공양供養	n. (1) 덩어리, 덩이, 뭉텅이, 뭉치. (2) 무리, 집단 (集團). (3) 만흔 것, 다슈 (多數). (4) 대톄 (大體), 대부분 (大部分). -, v. 덩어리지다, 모히다, 집합ᄒ다 (集合).
377	Master	v.t. 이긔오, 항복밧소 n. 쥬인, 임쟈	쥬인, 어룬, 임쟈, 샹뎐	n. 쥬인(主人) : (of a merchant vessel)션쟝(船長) : (man of skill)유명인(有名人) : (of school)교ᄉ(敎師)	호쥬戶主쥬인主人교ᄉ敎	v.t. 맛치다, 통ᄒ다 (通), 달ᄒ다 (達). -, n. (1) 쥬인 (主人), 임쟈 (任者). (2) 어룬, 샹뎐 (上典), 쟝 (長), 두 (頭), 관 (官) [in comp.]. (3) 달인 (達人), 명인 (名人), 대가 (大家). (4) 학ᄉ (學士), 션싱 (先生), 교ᄉ (敎師).
378	Material	a. 긴흔, 긴관잇ᄂᆞᆫ	요긴ᄒ다, 긴ᄒ다	n. (consisting of matter)물질(物質) : 유톄(有體) : (of consequence)긴요(緊要) : 즁대(重大) : (of facts) 즁요(重要)	물질뎍物質的	a. (1) 물질의 (物質), 물질뎍 (物質的), 형이하의 (型而下), 유톄의 (有體), 유형의 (有形). (2) 신톄의 (身體), 유톄의 (有體). (3) 실톄상 (實體上). (4) 즁요흔 (重要), 긴흔 (緊), 즁대흔 (重大). -, n. 가음, 직료 (材料), 쟈료 (資料).
379	Measure	v.t. 헤아리오, 재여보오, 되어보오,	쟈(foot), 치(inch), 말(peck), 되(pint)	n. (degree)명한(定限) : (dimensions)대	명한定限대쇼大小	v.t. (1) 혜아리다, 측명ᄒ다 (測定), 측량ᄒ다 (測量), 계산ᄒ다 (計算). (2)

연번	영어표제어	Underwood 1890	Scott 1891	Jones 1914	Gale 1924	Underwood 1925
		자, 되, 견양		쇼광협(大小廣狹) : (poetry)운률(韻律) : (means to the end) 슈단(手段) : 방법(方法)		재히다, 재여보다, 되어보다, 견양ᄒ다 (見樣). (3) 씨름ᄒ야보다, 비ᄒ야보다 (比). (4) 흘너보다, 써보다(사름을). (5) 흘려보다(아래우에를). (6) 준ᄒ다 (準.) 균합ᄒ다 (均合).
380	Medicine	n. 약	약	n. 약(藥) : (practice of) 의슐(醫術) : (science of) 의학(醫學)	의슐醫術	n. 약 (藥), 약지 (藥材).
381	Meeting	n. 맛나는것, 모힌것	모히다	n. (act of) 모힘(集會) : (assembly)회(會) : (interview)면회 (面會)	집회集會	n. (1) 집회 (集會), 회합 (會合), 회 (會), 교회 (敎會). (2) 결투흠 (決鬪).
382	Memory	n. 정신, 긔함, 진일층	ᄆᆞ음, 정신, 싱각ᄒ여보다	n. 긔억력(記憶力)	긔억성記憶性긔억심記憶心총명聰明	n. (1) 긔억 (記憶), 긔억력 (記憶力), 정신 (精神). (2) 긔념 (記念).
383	Mental	adj. ᄆᆞ음의, 싱각의	ᄆᆞ음, 령리ᄒ다	a. (as distinct from bodily) 정신샹(精神上) : (intellectual)령지샹(靈知上)	정신덕精神的	a.ᄆᆞ음의,심의덕(心意的),정신덕(精神的).
384	Mercantile	adj. 장ᄉᆞ의, 샹고의	쟝ᄉᆞᄒ다, 흥졍ᄒ다, 믜매ᄒ다	a. (pertaining to business)샹업샹 (商業上) : (buying and selling)매미샹 (賣買上)	샹업샹商業上	a. 쟝ᄉᆞ의, 샹고의 (商賈), 샹업의 (商業), 영리덕 (營利的).
385	Mercury	n. 슈은	슈은	n. (plant)슈셩 (水星) : (quick silver)슈은(水銀)	슈은水銀	n. (1) 슈은 (水銀). (2) 슈셩 (水星). n. 샹업의신 (商業之神) (넷덕희랍방언의 (古代希臘方言)).
386	Merit	v.t. 공로로밧암 즉ᄒ오 공, 공명, 공로, 공덕	공, 공덕, 공노, 공일우다	n. 공로(功勞)	공젹功績	v.t. 공로로밧음직ᄒ다 (功勞), 당연히 (當然), 밧음직ᄒ다, 샹돌만ᄒ다 (賞). -, n. (1) 공 (功), 덕 (德,) 공로 (功勞), 공젹

연번	영어표제어	Underwood 1890	Scott 1891	Jones 1914	Gale 19..	Underwood 1925
						공로훈 (功勳), (價値), 가치 (2) 보틍 (功效). (報償). 보샹
387	Message	n. 보낸말, 젼갈, 긔별	긔별, 편지, 시부림,	n. (verbal)구젼음신(口傳音信) : (written)셔신(書信)	음신音信긔별奇別	n. 젼갈 (傳), 신부림, 긔별 (奇), 쇼식 (消息), 음신 (音信), 통신 (通信), 편지 (片紙), 교셔 (敎書)(대통령의 (大統領)).
388	Meteor	n. 류셩, 흐르는별	부살, 낙셩	n. 류셩(流星) : 운셩(隕星)	류셩流星	n. 류셩 (流星), 흐르는별, 운셩 (隕星).
389	Method	n. 법, 방법	수, 법, 방법, 규식	n. 방법(方法) : 법식(法式)	방법方法법식法式	n. 법 (法), 방법 (方法), 법식 (法式), 순셔 (順序).
390	Middle	a. 가온듸, 즁간, 흔가온듸	가온대, 즁간	n. (of space) 가온듸(中) : 스이(中間) : (of time or space) 즁간(中間) : 즁(中)	즁앙中央즁심덤中心點즁간中間	a. 가온듸, 즁간의 (中間), 흔가온듸, 즁앙의 (中央). -, n. 가온듸, 요부 (腰部).
391	Midsummer	n. 하지째	하지	n. 하지(夏至)	즁하仲夏	n. 하지 (夏至), 즁하 (中夏).
392	Military	a. 군수의, 군, 호반, 무변	무관, 호반, 무변, 군수	n. 군수샹(軍事上)	군수샹軍事上	a. 군수의 (軍事), 군용의 (軍用), 군인의 (軍人), 군수샹 (軍事上), 군 (軍) 무 (武)[in comp.]. -, n. 병듸 (兵隊), 군인샤회 (軍人社會).
393	Million	a. 됴, 빅만	빅만	n. 빅만(百萬)	빅만百萬	a. 빅만 (百萬).
394	Minority	n. 적은편, 적은수	(age)쇼시젹	n. (of age) 미셩년(未成年) : (of persons) 쇼수(小數) : (persons on –) 쇼수쟈(小數者)	미셩년未成年쇼수小數	n. (1) 미셩년 (未成年), 츙령 (沖齡). (2) 적은수, 쇼수 (小數).
395	Miser	n. 슈젼로, 린쇠흔이, 돈만아는이	린쇠ᄒᆞ다	n. 린쇠쟈(吝嗇者) : 슈젼노(守錢奴)	슈젼노守錢奴	n. 린쇠혼쟈 (吝嗇), 돈만아는쟈, 슈젼노 (守錢奴).

연번	영어	Underwood 1890	Scott 1891	Jones 1914	Gale 1924	Underwood 1925
396	Fortune	n. 지앙, 환란	불힝흐다, 앙화, 변, 지앙	n. (calamity)지앙(災殃) : (mischance)불힝(不幸)	불힝不幸	n.환란(患難),불힝(不幸),비운(悲運),박명(薄命).
397	Missionary	n. 전교스, 교스신	교스	n. 션교스(宣敎師)	션교스宣敎師	n. 션교스 (宣敎師), 전도스 (傳道師). -,, a. 션교흐는 (宣敎), 전도흐는 (傳道).
398	Mob	n. 란민세	민요, 요란흐다	n. 포민(暴民): 란민(亂民)	란민亂民	n. 란민 (亂民), 포도 (暴徒), 오합지즁 (烏合之衆), 하류 (下流), 하민 (下民). -, v. 졔를지어써들다, 란포힝동을흐다 (亂暴行動).
399	Model	n. 본, 본보기	규모, 모본, 법	n. (example)모본(模本) : (imitation on a small scale)모법(模範) : (standard)표쥰(標準)	모범模範표쥰標準	n. (1) 본 (本), 본보기, 모형 (模型), 뎐형 (典型), 간판 (看板), 모범 (模範), 괴범 (軌範), 귀감 (龜鑑). -, a. 모범덕 (模範的). -, v. 모조흐다 (模造), 보내다, 방흐다 (倣), 법흐다 (法).
400	Moderation	n. 존졀홈	검박흐다, 졀용흐다, 검소흐다, 존졀흐다	n. (act of)졀검(節儉) : (equanimity)졀제(節制) : (in action)인내(忍耐)	즁용中庸졀검節儉	n. (1)졀졀, 졀제 (節制), (2) 화평 (和平), 즁용 (中庸), 과도 (過度)치아니홈, 알마짐.
401	Monastery	n. Buddhist -, 졀	졀, 암즈	n. 스원(寺院) : 슈도원(修道院)	스원寺院졀	n. 스원 (寺院), 슈도원 (修道院).
402	Money	n. 돈	돈, 직물	n. 돈(錢) : 금젼(金錢) : (currency)화폐(貨幣) : 통화(通貨)	금젼金錢화폐貨幣통화通貨	n. 돈 (錢), 화폐 (貨幣), 직산 (財産), 금력 (金力).
403	Morality	n. 덕, 션덕	덕	n. (doctrines)도(道) : 덕의(德義) : (ethics)슈신(修身) : (rectitude of life)덕힝(德行)	도덕道德덕힝德行도의道義	n.(1)덕힝(德行),도덕(道德),륜리(倫理),덕의(德義),품힝(品行)(긔인의個人). (2)도덕(道德),덕의(德義)(샤회의社會). (3)덕셩(德性),샤졍(邪正),시비(是非)(문학의文學). (4)규훈(規訓)

연번	영어표제어	Underwood 1890	Scott 1891	Jones 1914	Gale 1924	Underwood 1925
404	Mortgage	v.t. 뎌당ㅎ오, 뎌당잡히오	뎌당, 뎌당잡히다, 뎌당잡다	n. 뎐당(典當) : (deed)뎌당증서(抵當證書)	뎌당물抵當物뎌당권抵當權	v.t. (1) 뎌당ㅎ다(抵當), 뎌당잡히다(典當). (2) 셔약ㅎ다(誓約), 헌신ㅎ다(獻身). -,n. (1) 뎌당잡힘(典當), 뎐질홈 (典質). (2) 뎌당 (典當), 뎌당권 (典當權).
405	Motion	n. 움즉임, 동홈	힝동, 동졍, 움즉이다	n. (action)운동(運動) : (of machinery)운전(運轉) : (proposal)동의(動議)	발동發動동의動議	n.(1)움작임,동홈(動), 운동(運動),힝동(行動), 이동(移動).(2)동의(動議),발의(發議).(3) 신청(申請),청원(請願). (4)동긔(動機),ᄌ극(刺戟).-,v.(1)손이나머리의동작으로뜻을보이다,동의ㅎ다(動議), 데의ㅎ다(提議).
406	Mourning	n. 셜워ㅎ는것	상제, 거상, 복, 소복	n. (period of)즁복(重服) : 긔복(期服) : (for parents)부모상(父母喪)	긔즁긔中	n.셜워ㅎ는것,이쳑ㅎ는것(哀感).거상입는것.
407	Multiplication	n. 영산ㅎ는것, 것승ㅎ는것	슈판, 산법	n. (arith.)승법(乘法)	승법乘法	n. (1) 증식 (增殖), 증가 (增加). (2) 승법(乘法), 승 (乘).
408	Murder	v.t. 살인ㅎ오	죽이다, 살인ㅎ다	n. 살인(殺人) : 살해(殺害)	모살범謀殺犯	v.t. 살인ㅎ다 (殺人), 모살ㅎ다 (謀殺), 살해ㅎ다 (殺害). -, n. 살인 (殺人), 모살 (謀殺).
409	Music	n. 풍류, 노래	풍류, 풍악	n. 음악(音樂): (notes)곡됴(曲調) : 음률(音律) : (score)악보(樂譜)	음악音樂	n. 풍류 (風流), 음악 (音樂).
410	Mystery	n. 오묘	의혹ㅎ다, 슈샹스럽다	n. 오묘(奧妙) : (secrets of an art)비법(秘法) : 비결(秘訣)	현묘玄妙비결秘訣	n. (1) 오묘ㅎ일(奧妙), 현묘ㅎ일(玄妙), 은밀ㅎ일(隱密). (2) 비젼(祕傳), 비결 (祕訣), 신비 (神秘), 긔밀 (機密).

연번	영어표제어	Underwood 1890	Scott 1891	Jones 1914	Gale 1924	Underwood 1925
411	Name	n. 일홈, 셩명 v.t. 부르오, 이라ᄒ오, 닐ᄏ소, 칭명ᄒ오	셩명, 일홈, 명식	n. 일홈(名): (family) 셩(姓): (given) 명(名): (honorific) 존명(尊名): 셩화(聲華): (literary) 별호(別號): (call) ᄌ(字): (legal) 관명(冠名): (familiar) ᄋ명(兒名): (posthumous) 시호(諡號): (trade) 샹호(商號)	셩명姓名명칭名稱	n. (1) 일홈, 셩명 (姓名), 명칭 (名稱), 칭호 (稱號). (2) 유명ᄒ사름 (有名之人), 고명ᄒ사름 (高名之人). (3) 일문 (一門), 일가 (一家), 일족 (一族). (4) 명예 (名譽), 평판 (評判). (5) 허명 (虛名). (6) 명의 (名義), 명목 (名目). -, v.t. 부르다, 일찻다, 칭호ᄒ다 (稱號).
412	Nation	n. 나라, 국	나라, 국	n. 국(國): (people) 국민(國民)	국민國民	n. (1) 나라, 국 (國), 국가 (國家). (2) 국민 (國民), 빅셩 (百姓), 민족 (民族).
413	Native	a. 본국의 n. 본토지인, 본국지인	(piace)고향, 본듸, 본향	n. 본국인(本國人): (uncivilized) 토인(土人)	토인土人	a. (1) 본토의 (本土), 토산의 (土産), ᄂ국의 (內國), 주국의 (自國), 뎨나라의, 뎨곳의, 고향의 (故鄕). (2) 싱릭의 (生來), 션텬뎍 (先天的), 텬싱의 (天生), 텬부의 (天賦). (3) 토인의 (土人). (4) 텬연의 (天然). -, n. (1) 토인 (土人), 본국인 (本國人). (2) 토산의동식물 (土産之動植物).
414	Nature	n. 셩품, 셩미, 본셩, 텬셩	(creation)만물	n. (basic character) 본셩(本性): [of animate beings] (of objects) 셩질(性質): (forces of the material world) 조화(造化): (the natural world) 우쥬(宇宙): 텬셩난단(天性	주연自然텬연天然주연계自然界	n. (1) 텬셩 (天性), 본셩 (本性), 셩질 (性質). (2) 텬디만물 (天地萬物), 삼라만상 (森羅萬象), 만유 (萬有), 조화 (造化), 텬연 (天然), 주연 (自然). (3) 인셩 (人性), 텬진 (天眞), 인졍 (人情). (4) 톄력 (體力), 싱활작용 (生活作用). (5)

연번	영어표제어	Underwood 1890	Scott 1891	Jones 1914	Gale 1924	Underwood 1925
				難段) "It is difficult to change nature."		텬연샹티 (天然狀態), 야만 (野蠻), 난치로잇ᄂ 것. (6) 종류 (種類), 픔 (品), 질 (質) [in comp.].
415	Navy	n. 히군	병션	n. 히군(海軍)	히군海軍	n.히군(海軍),함ᄃᆡ(艦隊).
416	Necessity	n. 부득이지ᄉ, 부득이ᄒᆞᆫ것	면치못ᄒᆞ다, 불가불, 긴ᄒᆞ다	n. 필요(必要)	필요ᄉ건必要事件	n. (1) 필요흔 (必要), 요긴흔 (要緊). (2) 면 (免)ᄒᆞᆯ수업ᄂ 것, 필요흔 것 (必要), 명슈 (命壽), 명운 (命運). (3) 궁곤 (窮困), 궁핍 (窮乏).
417	Nerve	n. 힘줄	힘줄, 힘	n. 신경(神經): (pluck)대담(大膽)	신경神經	n. (1) 신경 (神經). (2) 정력 (精力), 긔력 (氣力), 활긔 (活氣).
418	Noble	to be. 졈잔소, 착ᄒᆞ오	놉다, 귀ᄒᆞ다	n. ᄉ부(士夫): 갑족(甲族) (known as the) 삼한갑족(三韓甲族) descendents from the nobles of the ancient principalities of 마한(馬韓) 진한(辰韓) and 변한(弁韓): the present dynastic title of 대한(大韓) is a revival of the ancient names of three 한 or princialities.	화족華族	n. 귀인 (貴人), 귀족 (貴族), 량반 (兩班). -, a. (1) 귀흔 (貴), 존귀흔 (尊貴), 귀족의 (貴族). (2) 고상흔 (高尙). 의긔잇ᄂ (義氣).
419	Nominal	to be. 유명무실ᄒᆞ오	실업다, 헛일홈	a. 명목만(名目而已): 일홈만(名而已)	명의뎍名義的	a. (1) 일홈의, 성명의 (姓名). (2) 명ᄉ의 (名詞). (3) 유명무실흔 (有名無實), 일홈뿐인, 허명의 (虛名), 명의샹 (名義上).
420	Number	n. 수, 수목	수, 혬	n. 수(數): (numeral) 수ᄌ(數字)	도수都數도합都合	n. (1) 수 (數), 수ᄌ (數字). (2) 호수 (號數), 번호 (番號), 번디 (番地), 통호

연번	영어표제어	Underwood 1890	Scott 1891	Jones 1914	Gale 1924	Underwood 1925
						(統戶), (3) 약간 (若干), 두어, 수 (數)[in comp.], (4) 다수 (多數), 허다 (許多), (5) 수 (數)(문법의). -, v.t. 혜다, 산ᄒ다 (算).
421	Nurse	n. 유모, 졋어멈 v. 졋먹이오	유모	(wet) 유모(乳母): (for the sick) 간호원(看護員)	간호부看護婦	n. (1) 유모 (乳母), 보모 (保母), (2) 간호부 (看護婦), 병관ᄒᄂ사ᄅ. -, v. (1) 졋먹이다, 간호ᄒ다 (看護), 기르다.
422	Oath	n. 밍세, 언약	밍세	n. 밍셔(盟誓): 밍약(盟約)	셔약誓約밍셔盟誓	n. (1) 밍셰, 언약, 셔약 (誓約), 션셔 (宣誓), (2) 져주ᄒ다 (詛呪)(신을 (神).
423	Obsolete	a. 녯젹, 지금안쓰ᄂ	폐ᄒ다, 쓸듸업다	a. 구식(舊式) (of a word) 불용(不用)	폐물廢物구식舊式	a. 지금안쓰ᄂ, 폐ᄒ (廢), 진부한 (陳腐). -, n. 폐물 (廢物), 폐어 (廢語), 안쓰ᄂ말.
424	Obstinate	to be. 고집ᄒ오	고집ᄒ다	n. 고집(固執): 셩벽(性癖): (unyielding) 불복(不服)	완미ᄒ다頑迷	a. 고집ᄒᄂ (固執), 완고흔 (完固).
425	Occupation	n. 직업, 수업, 가업	업, 직업, 싱업, 싱이	n. (act of) 차지흠(點有): (by force of arms) 덤령(點領): (callings) 직업(職業): 싱이(生涯): 수업(事業): (trade) 상업(商業)	직업職業직무職務	n. 직업 (職業), 업 (業), 업무 (業務), 종수 (從事), 뎜유 (占有), 덤령 (占領).
426	Official	n. 벼슬ᄒᄂ이, 수환ᄒᄂ이	관원, 원님	(authoritative) 공무상(公務上) (pertaining to one's office) 직무상(職務上)	수무원事務員	a.관의(官),공의(公)직무상의(職務上),n.수무원(事務員),관리(官吏).
427	Opinion	n. 싱각, 소견, 뜻	뜻, 무음, 의스, 의견, 소견	n. 의향(意向): 의견(意見); 의량(意量)	의견意見의향意向	n. (1) 싱각 (生覺), 소견 (所見), 쥬견 (主見), 뜻, 의견 (意見), 말. (2) 평론 (評論), 포폄 (褒貶), 판단 (判斷), 여론 (輿論). (3) 감명 (鑑定)(전문가 (專門家)의).

연번	영어표제어	Underwood 1890	Scott 1891	Jones 1914		1925
428	Opponent	n. 딕덕ᄒᄂ눈이, 원슈, 결우눈이	덕슈, 딕덕	n. (foc) 덕수(敵手); 딕덕(對敵); (in a discussion) 반딕쟈(反對者); (opposer) 항거쟈(抗拒者)	덕슈敵手	n. 덕슈 ..., 반항ᄒᄂ ...
429	Opportunity	n. 편, 인편, 겨를, 틈	긔회, 때, 틈	n. 긔회(機會); 틈(暇隙); (a chance for sending) 인편(人便)	시긔時期긔 회機會	n. 편 (便), 틈, 겨를, 긔회 (機會), 시긔 (時機), 형세 (形勢).
430	Oppose	v.t. 딕덕ᄒᄋ오, 싸호오, 결우오	결우다, 어긔다, 거스리다, 꺼리다, 딕덕ᄒᄂ다	tv. (by force) 그스리다(抗拒); 딕덕ᄒᄂ다(對敵); (in argument) 항의ᄒᄂ다(抗議); (obstruct) 방해ᄒᄂ다(妨害); (resist) 항거ᄒᄂ다(抗拒); 빅쳑ᄒᄂ다(排斥)	반항ᄒᄂ다反抗	v.t. 딕항ᄒᄂ다 (對抗), 반딕ᄒᄂ다 (反對), 딕치ᄒᄂ다 (對峙), 딕덕ᄒᄂ다 (對敵), 항론ᄒᄂ다 (抗論), 거스리다, 막다, 방해ᄒᄂ다 (妨害).
431	Orator	n. 호변ᄀᆡᆨ	호변ᄀᆞᆨ	n. 연셜가(演說家); 강셜가(講說家); 웅변가(雄辯家); 변ᄉᆞ(辯士)	연셜가演說家	n. 웅변가 (雄辯家), 변ᄉᆞ (辯士).
432	Order	n. (method) ᄎᆞ례 (mandate) 명, 령, 분부, 명령 (rank) 층, 등 v.t. 다스리오, 분부ᄒᄋ오, 명ᄒᄋ오, 라고ᄒᄋ오, 래오	(commend) 분부, 명, 심부림	n. (Society of religious) 승회파(僧會派); (decoration) 훈장(勳章)	훈장勳章질 셔秩序슌셔 順序셔ᄎᆞ序 次	n. (1) ᄎᆞ례, 슌셔 (順序), 식 (式), 례 (例), 풍속 (風俗), 법제 (法制), 규명 (規定). (2) 명 (命), 령 (令), 분부 (分附), 명령 (命令), 지휘 (指揮), 호령 (號令). (3) 층 (層), 등 (等), 계급 (階級). (4) 훈령 (訓令), 묘령 (條令), 쟝정 (章程). (5) 환 (換), 위체 (爲替), 위체슈형 (爲替手形), 위체통지셔 (爲替通知書). (6) 훈위 (勳位), 훈쟝 (勳章). (7) 조합 (組合), 밍샤 (盟社). (8) 승위

		Underwood 1890	Scott 1891	Jones 1914	Gale 1924	Underwood 1925
						(僧位), 승직 (僧職), 즁의품위 (品位). (9) 과 (科), 목 (目)(박물학의). -, v.t. (1) 분부ᄒᆞ다 (吩咐), 명ᄒᆞ다 (命), 명령ᄒᆞ다 (命令), 지도ᄒᆞ다 (指導). (2) 다ᄉᆞ리다, 처리ᄒᆞ다 (處理), 쳐판ᄒᆞ다 (處判). (3) 졍졔ᄒᆞ게ᄒᆞ다 (整齊), 졍돈ᄒᆞ다 (整頓). (4) 주문ᄒᆞ다 (注文).
433	Ordinary	to be, 례ᄉᆞ롭소, 평샹되오	예ᄉᆞ롭다, 심샹ᄒᆞ다, 범샹ᄒᆞ다, 범련ᄒᆞ다	a. ᄒᆡᆼ용(恒用); 례ᄉᆞ(例事); (common) 보통(普通); 심샹(尋常)	보통普通평범平凡	a. 통샹의 (通常), 평샹ᄒᆞᆫ (平常), 보통의 (普通), 통례의 (通例), 범범ᄒᆞᆫ (凡凡), 례ᄉᆞ로운 (例事). -, n. (1) 모혀먹ᄂᆞᆫ 것, 공동식ᄉᆞ (共同食事)(려관의), 명식 (定食), 료리뎜 (料理店), 음식뎜 (飮食店). (2) 샹무관 (商務官).
434	Origin	n. 비로솜, 시쟉	근본, 원릭, 본닉, ᄲᅮᆯ희	n. 근본(根本); (as of a custom) 유릭(由來); 긔원(起源); 소셩(素性); (cause) 원인(原因); (commoncement) 비로소(始); 최초(最初); (source) 근원(根元)	근본根本근원根源	n. (1) 비로삼, 시작 (始作), 본원 (本原), 근원 (根源), 츌처 (出處). (2) 츌신 (出身). (3) 긔덤 (起點)(수학의).
435	Orphan	n. 영감하	외롭다, 고아	n. 고ᄋᆞ(孤兒)	고ᄋᆞ孤兒	n.고ᄋᆞ(孤兒).-.a. 양친 업ᄂᆞᆫ(兩親),외로운.
436	Outrage	v.t. 혹독ᄒᆞ게ᄒᆞ오, 흉ᄒᆞ게딕졉ᄒᆞ오	범ᄒᆞ다, 겁탈ᄒᆞ다	n. 흉ᄒᆡᆼ(兇行)	강간强奸	v.t. (1) 박해ᄒᆞ다 (迫害), 포ᄒᆡᆼᄒᆞ다 (暴行). (2) 강간ᄒᆞ다 (强姦). -, n. (1) 포학ᄒᆞᆫ 것 (暴虐), 능욕 (凌辱), 박해 (迫害). (2) 강간 (强姦).

연번	영어표제어	Underwood 1890	Scott 1891	Jones 1914	G...	...1 1925
437	Pain	n. 압흠 v. 압흐오, 압흐게흐오	압흐다, 알타	n. (bodily) 압흔것(痛); 고통(苦痛); (mental) 심통(心痛); (solicitude) 념려(念慮); (opp. of pleasure) 신고(辛苦); (labor) 로고(勞苦)	병고病故질 고疾故	n. (病苦, 동통 (疼痛); (苦痛). -, v.t. 압흐게흐다, 슯흐게흐다, 곤난케흐다 (困難).
438	Palace	n. 대궐, 궁궐	대궐, 궐닉	n. (of the Emperor) 궐(闕) 대궐(大闕); (of a Prince or Princess of the Blood) 궁(宮); (in occupation) 어전(御前)	궁宮별궁別 宮리궁離宮	n. 대궐 (大闕), 궁궐 (宮闕), 궁뎐 (宮殿) 금즁 (禁中).
439	Palsy	n. 불인증, 젼신불슈, 반신불슈	풍병, 젼신불슈, 반신불슈	n. (of the whole body) 젼신불슈(全身 不遂); (of one side) 반신불슈(半身 不遂): (common) 풍증(風症); 풍병(風病)	즁풍中風	n. 마비증 (痲痺症), 젼신불슈 (全身不隨), 즁풍 (中風), 반신불슈 (半身不隨)(of one side). -, v.t. 마비되게흐다 (痲痺) 무능흐게흐다 (無能) 무력흐게흐다 (無力).
440	Paradise	n. 텬당	하늘	n. 락원(樂園); 극락세계(Bud.) (極樂世界)	극락세계極 樂世界	n. 텬당 (天堂), 텬죠락원 (天助樂園) 극락세계 (極樂世界).
441	Partner	n. 동스, 동무	동모, 벗	n. 동모쟈(同謀者); 동스인(同事人); in a company 샤원(社員)	합즈회샤合 資會社	n. (1) 동스 (同事), 샤원 (社員), 조합원 (組合員). (2) 짝, 비우쟈 (配偶者). (3) 일싱의고락 (一生苦樂)을ㅈ치ㅎ는 친구.
442	Past	a. 지나간, 임의잇던, 젼에잇던, 넷	지나다	n. 과거(過去): (ancient times) 녜젼(己前); 넷적(昔); 왕석(往昔); (remote) 상고(上古); 태고(太古)	과거過去	a. (1) 지나간, 과거의 (過去), 긔왕의 (旣往). (2) 과거 (過去)(문법의).

		Underwood 1890	Scott 1891	Jones 1914	Gale 1924	Underwood 1925
443	Peace	n. 편혼것	평안ᄒ다, 편안ᄒ다, 화목ᄒ다, 화친ᄒ다	n. (state of tranquility) 평안홈(平安); 태평(太平); (opp. of war) 평화(平和); (of war) 화친(和親); 강화(講和); (reconciliatian) 화목(和睦); (publicorder) 치안(治安)	평화平和	n.(1)평화(平和),구화(媾和),화친(和親),화목(和睦).(2)화평(和平),평안(平安),안온(安穩),태평(太平).(3)치안(治安),안녕(安寧).
444	Peculiar	to be. 긔이ᄒ오, 신긔ᄒ오	이샹ᄒ다, 긔이ᄒ다	a. (characteristic) 특성(特性); 특종(特種); (special kind) 특별(特別); (strange) 이샹(異常); 긔특(奇特)	고유ᄒ다固有	a. 긔이혼 (奇異), 특별혼 (特別), 별난 (別). -, n. (1) 특성 (特性), 특권 (特權) (2) 독립교회 (獨立敎會).
445	Peninsula	n. 련륙흔셤	련륙흔셤	n. 반도(半島)	참회懺悔	n. 반도 (半島), 련륙흔 셤 (連陸島).
446	Penitence	n. 뉘웃ᄂ무음, 원통흔무움	늬웃다	n. 고익(古翼); (repentence) 회기(悔改); (remorse) 후회(後悔)	반도半島	n. 뉘웃침, 회죄 (悔罪), 통회 (痛悔), 참회 (懺悔).
447	Pension	n. 복호, 샹면, 나라준샹급	녹	n. 은ᄉ금(恩賜金)	년금年金	n. (1) 양로금 (養老金), 은급 (恩給), 년금 (年金). (2) 긔숙소 (寄宿所).
448	People	n. 빅셩, 만민	빅셩, 민	n. 빅셩(百姓); lit. "the hundred family names" 민(民); (the nation) 국민(國民); 인민(人民)	빅셩百姓	n. (1) 셰샹사룸, 세간 (世間). (2) 빅셩 (百姓), 만민 (萬民), 국민 (國民), 서민 (庶民), 인민 (人民). (3) 집안사름, 가족 (家族), 일문 (一門). (4) 민족 (民族). -, v.t. 살다, 살게하다, 치우다(빅셩을).
449	Perfection	n. 온젼흔것, 흠업ᄂ것	온젼ᄒ다, 일우다, 성공ᄒ다	n. 온젼홈(穩全); (holiness)	원만圓滿완젼完全	n. (1) 완젼흔 것 (完全), 흠업ᄂ 것, 원만흔 것 (圓滿). (2)

연번	영어표제어	Underwood 1890	Scott 1891	Jones 1914	Gale 1925
				거룩홈(聖)	것(과... (極度) ...은 완전무결흔... (完全無缺), 흠업는사람.
450	Perjury	n. 거즛밍셰ᄒᆞᄂᆞᆫ것, 헛밍셰, 거즛말ᄒᆞᄂᆞᆫ것	빅약ᄒᆞ다, 헛밍셰ᄒᆞ다	n. 위증죄(僞證罪)	위증僞證망증妄證	n. 거즛증거, 망증 (妄証), 위증 (僞証), 위셔 (僞誓), 헛밍셰, 위증률 (僞証律), 위셔죄 (僞誓罪).
451	Permission	n. 허락	허락ᄒᆞ다	n. 허낙(許諾): 인허(認許): 허가(許可)	허가許可	n. 허락 (許諾), 허가 (許可), 면허 (免許).
452	Perpendicular	to be. 꼿꼿ᄒᆞ오	곳다, 바로다	a. 직슈(直垂)	슈직ᄒᆞ다垂直	a. (1) 꼿꼿흔, 곳은, 바른, 슈직의 (垂直) 연직의 (鉛直). (2) 직립흔 (直立), 꼿꼿이션, 절벽의 (絶壁).
453	Pestilence	n. 운긔, 염병, 독질	염병, 시환, 운긔	n. 온역(瘟疫) 염병(染病) 유힝병(流行病): 운긔(運氣)	온역瘟疫	n. 온역 (瘟疫), 염병 (染病), 운긔 (運氣), 시환, 류힝병 (流行病), 흑ᄉᆞ병 (黑死病).
454	Petition	n. 등소, 등쟝 (to king) 샹언 v. 등소ᄒᆞ오, 등쟝ᄒᆞ오, 샹언ᄒᆞ오	소지, 등장, 경장, 보장	n. (written) 청원셔(請願書): (oral) 구두청원(口頭請願): (of a plaintiff) 소장(訴狀)	진정셔陳情書	n. 청원셔 (請願書), 신청셔 (申請書), 진정셔 (陳情書), 탄원셔 (歎願書), 등장 (登狀), 샹언 (上言), 샹소 (上疏), 알윔, 품흠 (稟)(님군게), 긔원 (祈願)(하ᄂᆞ님게). -, v. 청원하다 (請願), 등장들다 (登狀), 신청하다 (申請), 빌다, 원하다 (願), 알외다, 품하다 (님군게).
455	Phantom	n. 헛것, 독갑이, 귀신	요괴	n. 요괴(妖怪): 독갑이(鬼物)	요괴妖恠	n. (1) 헛것, 독갑이, 요긔 (妖氣), 유령 (幽靈).
456	Philosopher	n. 군ᄌᆞ, 셩인, 셩현, 학ᄉᆞ, 박ᄉᆞ, 격물ᄒᆞᄂᆞ이	박물군ᄌᆞ	n. 철학쟈(哲學者): (sage) 셩현(聖賢)	철학쟈哲學者	n. 철학쟈 (哲學者), 철인 (哲人), 셩현 (聖賢)(sage), 박물군ᄌᆞ (博物君子).

		Underwood 1890	Scott 1891	Jones 1914	Gale 1924	Underwood 1925
	...ophy	n. 학, 학문, 리	격물궁리	n. 철학(哲學)	철학哲學	n. 철학 (哲學), 철리 (哲理), 원리 (原理), 리론 (理論), 학 (學).
	Picture	n. 그림, 환, 샤진 v.t. 그리오, 그림그리오	그림, 화상	n. 그림(畵); 도화(圖畵)	회회繪畵	n.그림,환,도화(圖畵), 화상(畵像).-,v.t.그리 다,그림그리다.
459	Pistol	n. 됴총	손총	n. 단총(短銃); 권총(拳銃); (revolver, six shots) 륙혈포(六穴砲)	단총短銃	n. 단총 (短銃), 권총 (拳銃), 륙혈포 (六穴砲).
460	Plague	n. 운긔, 염병 v.t. 귀찬케ㅎ오, 고롭게ㅎ오	염병	n. 염병(染病); 온역(瘟疫); (bubonic) 흑ㅅ병(黑死病); (cattle) 우역(牛疫)	흑ㅅ병黑死病	n. (1) 운긔, 염병 (染病), 흑ㅅ병 (黑死病). (2) 직앙 (災殃), 환난 (患難), 직난 (災難). (3) 익개 (厄介), 번노 (煩惱). -,v. 직앙ㄴ리다 (災殃), 괴롭게ㅎ다, 조르다, 보치다.
461	Plain	n. 벌판, 덜, 야디	(in manners) 질박ㅎ다, 검박ㅎ다	n. (moor) 들(野); 광야(廣野); (level ground) 평원(平原); 평디(平地); 벌판(曠野)	평원平原	n. 벌판, 벌, 들, 광야 (曠野), 평원 (平原), 평디 (平地). -, a. (1) 평평흔 (平平), 평탄흔 (平坦), 반듯흔. (2) 평이흔 (平易), 쉬운. (3) 명빅흔 (明白), 드러내노흔. (4) 평샹의 (平常), 담박흔 (澹泊), 검소흔 (儉素), 슈슈흔, 솔질흔 (率直), 우직흔 (愚直), 질박흔 (質朴).
462	Plan	n. 쇠, 계칙, 계교 v. 쇠ㅎ오, 계교ㅎ오	계교, 꾀, 모칙	n. (diagram) 평면도(平面圖): (scheme) 계획(計劃); 계략(計略); (in bad sense) 흉계(譎計); (drawing for a building) 건축도(建築圖); (method) 방법(方法)	모계謀計모 략謀略슐수 術數	n. (1) 평면도 (平面圖), 도면 (圖面), 도형 (圖形), 설계 (設計)(긔계의). (2) 수, 계칙 (計策), 계교 (計較), 방법 (方法), 방식 (方式). (3) 쇠, 모계 (謀計), 모략 (謀略), 계획 (計劃), 예뎡 (豫定), 슐수 (術數)(싸홈홀). -, v.t. (1) 평면도를그리다, 도형내다, 설계ㅎ다. (2) 쇠ㅎ다, 계획ㅎ다, 획칙ㅎ다 (劃策), 도모ㅎ다 (圖謀).

연번	영어표제어	Underwood 1890	Scott 1891	Jones 1914	Gale	Underwood 1925
463	Planet	n. 별, 성슈	별, 금셩(Venus), 목셩(Jupiter)	n. 류셩(流星); 힝셩(行星)	힝셩行星	(行星), 유성
464	Play	v. 노외놀 쟉란ᄒᆞ오, 노릇ᄒᆞ오	(amuse)노름 노리	tv. 노다(遊); (act throughtlessly) 쟉란ᄒᆞ다(玩要)	연극演劇유 희遊戲	v.(1)놀... 戲),희롱ᄒ... 란ᄒᆞ다(作亂)... ᄒᆞ다,노름ᄒᆞ다,노... 다(賭博),잡기ᄒᆞ다,ᄂᆞ... 다(쟝긔(將棋)나바둑 突ᄌᆞᆽᄒᆞᆫ것을),ᄒᆞ다(골 패(骨牌)나화투(花鬪) ᄌᆞᆽᄒᆞᆫ것을),차다,치다 (공ᄌᆞᆽᄒᆞᆫ것을).(3)ᄐᆞ다, 풍류ᄒᆞ다(風流),탄쥬 ᄒᆞ다(彈奏)(거문고(琴) ᄌᆞᆽᄒᆞᆫ것을),불다,취타 ᄒᆞ다(吹打)(피리ᄌᆞᆽᄒᆞᆫ 것을),연쥬ᄒᆞ다(演奏), 직조부리다.(4)돌다, 운젼ᄒᆞ다(運轉).동ᄒ ᆞ다(働).(5)쓰다,부리다, 놀니다(손ᄌᆞᆽᄒᆞᆫ것을).-,n .(1)노ᄂᆞᆫ것,유희(遊戲), 쟉란,희롱(戲弄).(2)내 기,승부(勝負)를결우 ᄂᆞᆫ것,도박(賭博),잡기 (雜技).(3)힝동(行動), 힝위(行爲).(4)희극(戲 劇),연극(演劇),직조부 리ᄂᆞᆫ것(才操),취주(吹 奏),탄쥬(彈奏),쥬악 (奏樂).(5)운동(運動), 활동(活動).(6)틈,여가 (餘暇),여유(餘裕).
465	Pleasure	n. 즐거움, 깃븜, 락, 즈미	즈미, 흥나다, 즐겁다	u. 즐거온(樂); 쾌락(快樂); 즈미(滋味); 흥취(興趣)	연락宴樂	n. 즐거움, 깃븜, 유쾌 (愉快), 쾌락 (快樂), 연락 (宴樂), 흥 (興) 락 (樂), 즈미 (滋味), 만족홈 (滿足), 뎍의홈 (適宜).
466	Plural	n. ᄒᆞ나보다더	들, 여러	n. 복수(複數)	복수複數	n. 둘이샹 (二以上), 복수 (複數)(문법의 (文法). -, a. 둘이샹의, 복수의.
467	Poet	n. 제술군	시긱	n. 시인(詩人); 시긱(詩客)	시인詩人시 긱詩客	n. 시인 (詩人), 시가 (詩家), 시긱 (詩客).

		Underwood 1890	Scott 1891	Jones 1914	Gale 1924	Underwood 1925
	...eness	n. 례, 례모	례모, 인스, 례법, 슈인스, 례통	n. 례모(禮貌); 례의(禮儀)	례모禮貌	n. 례모잇슴 (禮貌), 문아홈 (文雅), 은근홈 (慇懃).
469	Population	n. 호구수	호구, 인구	n. 인구(人口); 호구(戶口); 인수(人數)	인구人口	n. (1) 인구 (人口), 호구 (戶口). (2) 식민 (植民).
470	Porcelain	n. 사긔	사긔	n. 사긔(砂器)	즈긔磁器	n. 사긔 (沙器), 즈긔 (磁器).
471	Portrait	n. 화샹	화샹	n. 쵸샹화(肖像畵) 화샹(畵像)	화샹畵像	n. 화샹 (畵像), 쵸샹 (肖像), 화본 (畵本).
472	Position	n. 터, 곳, 자리, 픔, 등분	터, 자리, 디위	n. (place) 곳(處); 자리(座); (situation) 위치(位置); (circumstances) 디위(地位); (rank) 신분(身分); (employment) 과(窠) 일자리(雇業)	디위地位처 디處地	n. (1) 위치 (位置), 잇는곳. (2) 진디 (陣地). (3) 디위 (地位, 직임 (職任). 직분 (職分). (4) 분한 (分限), 경우 (境遇), 쳐디 (處地). (5) 샹틱 (狀態), 즈세 (姿勢), 틱도 (態度), 향빅 (向背). (6) 립론 (立論), 츌론 (出論). -, v.t. 두다, 위치를 명ㅎ다 (位置).
473	Possession	n. 잇는것, (임쟈), 가지는것, 임쟈잇는것	잇다	n. (act of) 소유(所有) 뎜유(占有); (territory) 령디(領地) 쇽국(屬國)	졈령占領	n. (1) 잇는 것, 가진 것, 소유 (所有), 소유물 (所有物), 뎜령 (占領), 뎜유 (占有), 령디 (領地), 쇽국 (屬國), 령토 (領土), 판도 (版圖). (2) 들씨운 것(귀신ᄌᆞᄒᆞ 것이).
474	Poverty	n. 간고, 긔한	가난ㅎ다, 구챠ㅎ다	n. 빈궁(貧窮); 빈한(貧寒); 구챠(苟且)	곤궁困窮빈 쳔貧賤	n. (1) 간난, 간고 (苦難), 곤궁 (困窮), 빈궁 (貧窮), 빈쳔 (貧賤). (2) 결핍홈 (缺乏), 궁핍홈 (窮乏).
475	Powder	n. 가로 v.t. 쟉말ㅎ오, 말ㅎ오, 가오, 부스리오	(medicine) 가로약, 산약	n. 가루(粉); (gun) 화약(火藥); (medicinal) 산약(散藥)	산약散藥	n. 가로, 분말 (粉末), 산약 (散藥). -, v.t. (1)쟉말ㅎ다 (作末), 말ㅎ다 (末), 갈다, 분쇄ㅎ다 (粉碎), 바수다. (2) 분보르다(얼골에).

연번	영어표제어	Underwood 1890	Scott 1891	Jones 1914	Gale 1924	Underwood 1925
476	Power	n. 권, 권셰, 셰, 셰력, 능, 힘, 심	힘, 셰도, 권도, 권셰	n. 력(力); 능력(能力); 권력(權力); 권위(權威); (influence) 셰력(勢力); 권셰(權勢); (of a country) 국권(國權); 국셰(國勢); 부강(富强); (right) 권리(權利)	위권威權권능權能	n. (1) 힘, 력 (力), 강력 (强力), 위력 (威力), 효력 (效力), 권력 (權力). (2) 권셰 (權勢), 셰력 (勢力), 권셰 (權勢), 권 (權), 셰 (勢). (3) 직권 (職權), 권능 (權能), 권한 (權限). (4) 직조 (才操), 능력 (能力), 지능 (才能). (5) 승 乘, 막 (冪)(수학의). (6) 비 (倍)(현미경 (顯微鏡) 又 혼것의). (7) 위력잇는 것, 셰력잇는사름, 권력잡은사름. (8) 허다혼 것 (許多), 만흔 것, 다수 (多數).
477	Preface	n. 셔, 셔문	셔	n. 셔문(序文); 셔(序)	셔문序文	n. 셔 (序), 셔문 (序文), 셔언 (緒言). - , v.t. 셔문을쓰다.
478	Prejudice	n. 즈셰찬은거 슬결단ᄒᆞᄂᆞ 것	ᄉᆞ졍, 편벽	n. 편견(偏見); 예판(豫判); 편벽심(偏僻心)	편견偏見셩 벽性癖	n. 벽견 (僻見), 편벽된의견 (偏僻意見), ᄉᆞ졍 (私情), 편견 (偏見) -, v.t. 편벽된의견을가지다, ᄉᆞ졍을쓰다.
479	Preparation	n. 예비, 준비	예비ᄒᆞ다, 갓초다, 판비ᄒᆞ다, 쥰비ᄒᆞ다, 구쳐ᄒᆞ다	n. 예비(豫備); 쥰비(準備)	쥰비準備	n. (1) 예비 (豫備), 쥰비 (準備), 판비 (辦備), 구쳐 (求處). (2) 됴졔 (調製), 졔조 (製造), 짓는 것, 만드는 것.
480	Preserve	v.t. 두오, 간슈ᄒᆞ오 (with salt) 져리오 (with sugar) 사탕으로져 리오	직희다, 보존ᄒᆞ다, 간슈ᄒᆞ다	tv. (save) 보존ᄒᆞ다(保存); 보젼ᄒᆞ다(保全); (keep) 직히다(守); (maintain) 보슈ᄒᆞ다(保守); 간슈ᄒᆞ다(看守)	보존ᄒᆞ다保 存	v.t. (1) 보존ᄒᆞ다 (保存), 간슈ᄒᆞ다 (看守), 보장ᄒᆞ다 (保藏), 져장ᄒᆞ다 (貯藏), 보호ᄒᆞ다 (保護), 보관ᄒᆞ다 (保管), 후셰에젼ᄒᆞ다 (傳於後世)(일홈을). (2) (with salt or sugar) 져리다. -, n. (1) 사탕에져린 것, 사탕지 (砂糖漬), 당과

연번	영어표제어	Underwood 1890	Scott 1891	Jones 1914	Gale 1924	Underwood 1925
						(糖菓), (2) 보장ᄒᆞᄂᆞᆫ곳 (保藏), 금슈를기ᄅᆞᄂᆞᆫ곳 (禽獸), 물고기를기ᄅᆞᄂᆞᆫ곳, 어당 (魚塘).
481	President	n. 대통령, 계장, 회장	판서	n. (of an assemly) 의쟝(議長); (of a corporation) 샤쟝(社長); (of a society) 회쟝(會長); 춍지(總裁); (of a college) 교쟝(校長)	대통령大統領	n. (1) 대통령 (大統領), 대총통 (大總統), 회쟝 (會長), 의쟝 (議長), 샤쟝 (社長), 교쟝 (校長), 학쟝 (學長), 춍쟝 (總長). (2) 춍지 (總裁), 두취 (頭取), 쟝 (長).
482	Prince	n. 태ᄌᆞ, 셰ᄌᆞ, 공ᄌᆞ	왕ᄌᆞ, 태ᄌᆞ, 셰ᄌᆞ	n. (general term) 군(君); (of the Blood) 친왕(親王); 황ᄌᆞ(皇子); (husband of a princess who takes the rank of prince) 부마(駙馬) 위(尉); (title conferred by emperor in former times) 군(君); 공(公) and 공쟉(公爵)	공쟉公爵	n. (1)인군(人君), 뎨왕(帝王), 왕후(王侯)(문학의 文學). (2)태ᄌᆞ(太子), 셰ᄌᆞ(世子), 친왕(親王), 황ᄌᆞ(皇子), 왕ᄌᆞ(王子), 대군(大君), 군(君), 궁(宮), 부마(附馬), 위(尉) (3) 공쟉(公爵), 제후(諸侯)
483	Principal	a. 뎨일, 뎨일놉흔, 뎨일긴흔, 요긴흔	읏듬, 괴슈	a. (first) 첫지(第一); 뎨일(第一); (important) 즁요(重要)	교쟝校長지 빙쟈支配者	a. (1)읏듬되ᄂᆞᆫ, ᄀᆞ장즁요흔(最重要), 뎨일놉흔(最高), 뎨일긴요흔(第一緊要), 쥬요흔(主要), 즁흔(重). n. (1)교쟝(校長), 학쟝(學長), 쟝(長) (2)본인(本人) (3)괴슈(魁首), 쥬범(主犯), 정범(正犯) (4)밋쳔, 본젼(本錢), 원금(元金).
484	Prison	n. 옥	옥	n. 옥(獄); 감옥소(監獄所); (detention) 구류소(拘留所)	감옥監獄	n. 옥(獄), 감옥(監獄), 형무소(刑務所).

연번	영어표제어	Underwood 1890	Scott 1891	Jones 1914	Gale 1924	Underwood 1925
485	Prisoner	n. 죄인, 죄슈, 사로잡은이	죄인	n. (convict) 죄슈(罪囚); 죄인(罪人); (in war) 표로(俘擄); 슈로(囚擄)	슈도囚徒포로捕虜부로俘擄	n. (1)죄슈(罪囚), 슈도(囚徒). (2)샤로잡힌쟈, 부슈(俘囚), 포로(捕虜).
486	Privilege	n. 본식, 본ㅅ	저몸위ㅎ다, 특별	n. 특권(特權)	특권特權	n. (1)특권(特權), 특뎐(特典). (2)전매(專賣), 독뎜(獨占), 독쟝(獨場). -, v.t. 특권을주다, 특히면제ㅎ야쥬다(免除)
487	Profit	n. 리, 리익	리, 유익, 리익, 리젼	n. 리(利); 리익(利益)	슌익純益	n. 리(利), 리익(利益), 비익(裨益) -, v. 유익ㅎ다(有益), 리롭다(利).
488	Progress	v.t. 압흐로가오, 더가오, 나아가오	낫다, 자릭가다, 느러가다	n. 진보(進步); (in skill) 견진(前進); (in civilization) 기진(開進); (advance or decline) 성쇠(盛衰)	진힝進行진보進步향상向上발달發達	v.t. (1)나아가다, 견진ㅎ다(前進), 진힝ㅎ다(進行). (2)진보ㅎ다(進步), 쳔션ㅎ다(遷善), 향상ㅎ다(向上). -, n. (1)나아감, 견진홈(前進). (2)진보됨(進步), 향상됨(向上), 경과(經過)(병의), 진도(進度)(과학科學의), 성쇠(盛衰), 쇼쟝(消長)(국운의 國運).
489	Prohibition	n. 금ㅎ는것, 금란ㅎ는것, 금단ㅎ는것, 경계ㅎ는것	금ㅎ다	n. 금제(禁制); 금지(禁止)	엄금嚴禁	n. 금ㅎ는것(禁), 금지ㅎ다(禁止), 금단(禁斷)
490	Proof	n. 빙거, 증거	증험, 증거, 빙거	n. 증거(證據)	실증實證화증確證교정쇄校正刷	n. (1)빙거홈(憑據), 증거홈(証據), 증명홈(証明), 립증홈(立証). (2)시험홈(試驗). (3)인고(印稿), 교정쇄(校正刷), 본(本), 쥰(準). -, a. (1)만젼의(萬全). (2)견듸는, 막는, 닉(耐), 방(防),

연번	영어표제어	Underwood 1890	Scott 1891	Jones 1914	Gale 1924	Underwood 1925
491	Property	n. 세간, 직물	가쟝집물, 가산, 세간	n. (peculiar quality) 특질(特質): (things owned) 직산(財産); 가산(家産)	저산財産	n. (1)소유(所有), 소유권(所有權). (2)소유물(所有物), 직산(財産), 산업(産業), 가산(家産), 가쟝집물(家藏什物), 세간. (3)성질(性質), 특성(特性)
492	Proportion	n. 목, 쏙, 죠각, 모양, 형상	쟝광, 비교ᄒ다	n. (ratio) 분비(分配); 비례(比例)	비례比例비례식比例式	n. (1)비례(比例), (2)활합(割合), 솔분(率分), 비솔(比率), (3)권형(權衡), 균합(鈞合), 비쥰(比準). (4)메압헤도라가ᄂᆞᆫ것, 메목, 분깃(리익 利益 이나 츌염 出斂 ᄀᆞᆺᄒᆞᆫ것의).
493	Proprietor	n. 쥬인, 임쟈	임쟈, 쥬인	n. 쥬인(主人); 소유쟈(所有者); 임쟈(任者); (of land) 답쥬(畓主)	메의ᄒᆞ다提議동의ᄒᆞ다動議	n. 쥬인(主人), 소유쥬(所有主), 임즈, (of land)디쥬(地主), (of a hotel)뎡쥬(亭主), 쥬인, (of a school)교쥬(校主).
494	Prospect	n. 경쳐, 경치, 면, 압흐로보ᄂᆞᆫ 것, 브라ᄂᆞᆫ것	구경, 산슈, 풍경, 경쳐	n. (landscape) 경개(景槪); 경치(景致); 경광(景光); (view) 안계(眼界); (expectation) 소망(所望); 희망(希望)	운학韻學	n. (1)구경, 안계(眼界), 경치(景致), 풍경(風景), 죠망(眺望), 향(向)(집의). (2)희망(希望), 긔망(期望). (3)전도(前道), 형세(形勢), 쟝ᄅᆡ(將來). -, v. 탐검ᄒᆞ다(探檢), 시굴ᄒᆞ다(試掘)(광산을).
495	Prosperity	n. 잘되ᄂᆞᆫ것, 작실ᄒᆞᆫ것, 복	셩ᄒᆞ다, 무셩ᄒᆞ다, 풍셩ᄒᆞ다, 흥ᄒᆞ다	n. 풍셩(豊盛); 번챵(繁昌); 무셩(茂盛); 흥왕(興旺); (fortune) 힝복(幸福)	경치景致경개景槪희망希望	n. 흥왕(興旺), 번챵(繁昌), 융셩(隆盛), 형통(亨通), 셩공(成功).

연번	영어표제어	Underwood 1890	Scott 1891	Jones 1914	Gale 1924	Underwood 1925
496	Prostitute	n. 간나의, 기싱	논단이, 더벙머리	n. 매음녀(賣淫女); 창기(娼妓); 갈보(--); 화랑이(花郞伊)	번창ᄒ다繁昌	n. (1)논단이, 더벙머리, 창기(娼妓), 매음녀(賣淫女). (2)돈에팔여ᄎᄂᆫ일을 힝ᄒᄂᆫ쟈, 매덕쟈(賣德者) 추흔(醜漢). -, v.t. (1)매음ᄒ다(賣淫), 몸을팔다. (2)졀조를일타(節操), 돈에팔여ᄎᄂᆫ일을힝 ᄒ다.
497	Protest	v.t. 극진이말ᄒ오, 막아말ᄒᄋᆞ	변박ᄒ다	n. 항의(抗議); (written) 항의셔(抗議書); (of a draft) 거졀증셔(拒絶 證書)	보호론쟈保護論者	v. (1)단언ᄒ다(斷言), 쥬쟝ᄒ다(主張). (2)불복ᄒ다(不服), 이의ᄒ다(異議), 반디ᄒ다(反對), 항의ᄒ다(抗議). (3)거졀ᄒ다(拒絶)(돈 치르기를).
498	Proverb	n. 쇽담, 쇽말	쇽담	n. 줌언(箴言); 쇽담(俗談).	원싱동물原生動物	n. (1)리언(俚諺), 쇽담(俗談), 미어(謎語). (2)격언(格言), 줌언(箴言).
499	Public	to be. 공변되오, 무인부지ᄒ오, 랑쟈ᄒᄋᆞ	빅셩	a. (not private) 공변(公便); (pertaining to the state) 국가뎍(國家的); (state-owned) 관유(官有); (concerning the public) 공ᄉ의(公事上); 공즁샹(公衆上)	묘령妙齡성년成年	a. 공의(公), 공립의(公立), 공기의(公開), 공공뎍(公共的), 공즁뎍(公衆的), 나타난, 드러난.
500	Publish	v.t. 묻ᄃ오, [칙], 지계ᄒᄋᆞ	반포ᄒ다, 젼파ᄒ다	tv. (make known) 공포ᄒ다(公布); 반포ᄒ다(頒布); 젼파ᄒ다(傳播); (a book) 출판ᄒ다(出版); (print) 인쇄ᄒ다(印刷); 발힝ᄒ다(發行)	발간發刊	v.t. (1)공포ᄒ다(公布), 발포ᄒ다(頒布), 젼파ᄒ다(傳播) (2)발힝ᄒ다(發行), 발간ᄒ다(發刊), 출판ᄒ다(出版).

연번	영어표제어	Underwood 1890	Scott 1891	Jones 1914	Gale 1924	Underwood 1925
501	Punishment	n. 형벌, 벌	벌, 형벌	n. 벌(罰); 형벌(刑罰); (by law) 징치(懲治)	구졀句節구덤句點	n. 벌(罰), 형벌(刑罰), 징벌(懲罰), 최벌(責罰), 쳐벌(處罰), 티형(笞刑)
502	Pupil	n. 학도, 문도	데즈, 싱도, 학도	n. 학도(學徒); 학싱(學生); 싱도(생도)	엄벌嚴罰엄형嚴刑티형笞刑	n. (1)학도(學徒), 싱도(生徒), 문도(門徒), 데즈(弟子). (2)유년자(幼年者)(법률의). (3)눈동즈(瞳子), 동공(瞳孔).
503	Pure	to be. 졍ᄒ오, 졍결ᄒ오, 슌젼ᄒ오	묽다, 끼끗ᄒ다, 졍ᄒ다, 청빅ᄒ다, 청렴ᄒ다	a. (clean) 청결ᄒ(淸潔); 졍ᄒ(淨); 청빅ᄒ(淸白); 씨슷ᄒ(淨潔); (clear) 맑은(淸); (morally) 셩결ᄒ(聖潔); 청렴ᄒ(淸廉); (free from adulteration) 슌량ᄒ(純良)	데즈弟子	a. (1)묽은, 졍ᄒ(淨), 씨슷ᄒ, 청졍ᄒ(淸淨), 졍결ᄒ(淸潔). (2)슌졍ᄒ(純正), 슌량ᄒ(純良), 슌슈ᄒ(純粹), 슌연ᄒ(純然), 젼(全), 슌(純) [In comp.] (3)청렴ᄒ(淸廉), 결빅ᄒ(潔白)(ᄆᆞ음이).
504	Purity	n. 졍결ᄒ것, 졍ᄒ것, 슌젼ᄒ것, 졍졀	청렴	n. 청졍교(淸淨敎)	졍결淨潔	n. (1)청결ᄒ것(淸潔), 졍ᄒ(淨). (2)슌슈ᄒ것(純粹), 슌졍ᄒ것(純正). (3)청렴ᄒ것(淸廉), 렴결ᄒ것(廉潔).
505	Quadruped	n. ᄉᆞ죡잇ᄂᆞᆫ즘승	즘승	n. ᄉᆞ죡수(四足獸); ᄉᆞ죡동물(四足動物)	ᄉᆞ죡동물四足動物	a. ᄉᆞ죡잇ᄂᆞᆫ(四足) -, n. 네발가진. -, n. 네발가진즘싱, ᄉᆞ죡슈(四足獸).
506	Qualification	n. 합당ᄒ형셰, 지능, 능간	감당ᄒ다, 합당ᄒ다	n. 즈격(資格): (mental) 지능(才能): (modification) 제한(制限)	즈격資格	n. (1)지능(才能), 능간(能幹), 즈격(資格), 권능(權能), 긔량(器量), 됴건(條件). (2)제한(制限), 한명(限定). (3)가감(加減), 침작(斟酌), 옴나위.
507	Quality	n. 바탕, 형셰, 쳐디	등분, 품, 식	n. (capacity) 즈격(資格): class 품(品);	품질品質	n. (1)바탕, 셩질(性質), 품질(品質),

연번	영어표제어	Underwood 1890	Scott 1891	Jones 1914	Gale 1924	Underwood 1925
				(goodness or badness) 션불션(善不善): (nature) 성질(性質): 품질(品質)		션악(善惡), 품(品) [In comp.]. (2)형세(形勢), 쳐디(處地), 디위(地位), 신분(身分). (3)소쟝(所長), 능(能)(사룸의). (4)ᄌ격(資格). (5)효능(效能)(약의). (6)음ᄉᆡᆨ(音色), 음질(音質)(리학의).
508	Quantity	n. 수, 헤아리ᄂᆞᆫ수, 만흔것	얼마, 만큼	n. (bulk) 량(量); 분량(分量); (number) 수량(數量); (sum) 익(額)	분량分量	n. (1)수(數), 분량(分量), 익수(額數), 명량(定量), 명익(定額). (2)(pl.)다량(多量).
509	Question	n. 뭇ᄂᆞᆫ말	뭇다, 무러보다	n. (doudtful point) 의문(疑問): (interrogation) 질문(質問); (matter under discussion) 문뎨(問題); (torture) 심문(審問)	의문疑問	n. (1)뭇ᄂᆞᆫ말, 뭇ᄂᆞᆫ것, 질문(質問), 의문(疑問). (2)신문(訊問), 고문(栲問). (3)문뎨(問題), 론의(論議). (4)징뎜(爭點), ᄉᆞ건(事件).
510	Quiet	to be. 용ᄒᆞ오, 죠용ᄒᆞ오, 종용ᄒᆞ오, 고요ᄒᆞ오	고요ᄒᆞ다, 죰죰ᄒᆞ다, 평안ᄒᆞ다	a. 고요흔(靜): 종용흔(從容): (colea) 한가흔(間暇); (not showy) 질쇼흔(質素); (of person) 온유흔(溫柔); 평온흔(平穩); (of sea) 안정흔(靜): (of weather) 온화흔(溫和)	진정鎭靜	n,(1)고요흔,죰죰흔,안온흔(安穩),종용흔(從容),한젹흔(閑寂),평안흔(平安),평온흔(平穩),무ᄉᆞ흔(無事).(2)온화흔(溫和)(셩질이).(3)속으로ᄒᆞᄂᆞᆫ,비밀흔(秘密).(4)질소흔(質素)(옷이).-,n.(1)안온흔것(安穩),가만이잇ᄂᆞᆫ것,종용흔것(從容),고요흔것,평안흔것,무ᄉᆞ흔것.(2)ᄂᆡ증(內證),비밀(秘密).-,v.t.고요ᄒᆞ게ᄒᆞ다,평안ᄒᆞ게ᄒᆞ다(平安).-,v.i.(down)고요ᄒᆞ야지다.
511	Quote	v.t. 인증ᄒᆞ오, 말을인증ᄒᆞ오	인증ᄒᆞ다	tv. 인용ᄒᆞ다(引用): 인증ᄒᆞ다(引證)	인용ᄒᆞ다引用	v. (1)인증ᄒᆞ다(引證), 인용ᄒᆞ다(引用), 다른말을갓다쓰다. (2)시가표를붓치다(時價表)(상업의).

연번	영어표제어	Underwood 1890	Scott 1891	Jones 1914	Gale 1924	Underwood 1925
512	Race	v.i. 겨룸ᄒᆞ오, 내기ᄒᆞ오 n. (class) 종류, 일류 (contest) 겨룸, 내기	사름	n. (humanity) 인류(人類): 인종(人種)	쟝거리경주 長距離競走	n. (1)인죵(人種), 민족(民族). (2)일족(一族), 일문(一門), 일가(一家). (3)류(類), 종(種), 족(族) [In comp.]
513	Rank	n. 품, 등분, 직품, 초례, 층, 벼슬	품직, 벼슬, 디위, 등분	n. 품직(品職): 관직(官職): 계급(階級): 등급(等級)	등급等級품 직品職	a. (1)흉악ᄒᆞ(凶惡), 괴악ᄒᆞ(怪惡). (2)지독ᄒᆞ(至毒), 내암새나는, 츄ᄒᆞ(醜). (3)셩ᄒᆞ(盛), 번무ᄒᆞ(繁茂).
514	Reason	n. 지각, 의미, 정신 (cause) 연유, 연고, 수연, 수졍, 가ᄃᆞᆰ, 소이연	도리, 연고, 가ᄃᆞᆰ, 곡절	n. (ground) 리유(理由): 곡절(曲折): 싸ᄃᆞᆰ(所以然): 연고(故): 셕문(事由): 연유(緣由): (faculty) 리회력(理會力): 츄리셩(推理性): 분별심(分別心)	ᄉᆞ고事故리 유理由ᄉᆞ리 事理도리道 理졍리情理 됴리條理	n. (1)리유(理由), 원인(原因), 도리(道理), 싯ᄃᆞᆰ, 연고(緣故), 소이연(所以然), 유릭(由來). (2)리샹력(理想力), 츄샹력(推想力), 리셩(理性). (3)리치(理), 됴리(條理), 공도(公道). -, v.t. 론난ᄒᆞ다, 리유를말ᄒᆞ다. -, v.i. 츄리ᄒᆞ다(推理), 론구ᄒᆞ다(論究), 담론ᄒᆞ다(談論).
515	Rebel	n. 역적 v.i. 역적ᄒᆞ오	역적	n. 역적(逆賊): 모반인(謀反人)	반ᄒᆞ다反	n. 반도(叛徒), 란민(亂民), 역적(逆賊). -, v.i. 역적질ᄒᆞ다(逆賊), 모반ᄒᆞ다(謀反), 명령을좃지안타(命令).
516	Rebellion	n. 역적ᄒᆞᄂᆞᆫ것, 역적질	난리, 민요, 군요	n. 반역(反逆): 모반(謀反): 반란(反亂): (mutiny) 군요(軍擾): (internal) 닉란(內亂)	반란反亂반 역反逆	n. 역적질(逆賊), 모반(謀反), 반역(叛逆), 반란(叛亂), 폭동(暴動), 불괴(不軌).
517	Receipt	n. 밧엇다ᄒᆞᄂᆞᆫ표	밧은표, 표	n. 령슈증(領受): (opp. of disursement) 슈입젼(收入錢)	령슈증領收證	n. (1)밧은표, 령슈증(領收證). (2)(pl.)슈입(收入), 입금(入金). (3)방문(方文), 쳐방셔(處方書). -, v.t. 령슈ᄒᆞ다, 밧엇슴을긔록ᄒᆞ다.

연번	영어표제어	Underwood 1890	Scott 1891	Jones 1914	Gale 1924	Underwood 1925
518	Recent	a. 이마젹흔, 근리흔, 새로흔	새롭다	a. 근리(近來): 요시(近間): 근즈(近者)	근딕近代	a. 이마젹의, 근리의(近來), 근경의(近頃), 근딕의(近代).
519	Record	v.t. 긔록ᄒ오, 젹소	긔록, 치부	tv. 긔록ᄒ다(記錄): 긔지ᄒ다(記載)	스젹事蹟	v.t. (1)긔록ᄒ다(記錄), 등긔ᄒ다(登記), 젹다, 써두다, 싯다. (2)식이다. (3)표시ᄒ다(表示). -, n. (1)긔록(記錄). (2)증거(證據), 증명(証明). (3)표시(表示). (4)이력(履歷), 경력(經歷), 등긔(登記), 등록(登錄). (5)스젹(事蹟).
520	Reduce	v.t. 더오, 젹게ᄒ오, 감ᄒ오, 항복밧소	감ᄒ다, 덜다	tv. 감ᄒ다(減): (a period) 단축ᄒ다(短縮): (bring to a lower state) 나리다(下之): (in rank) 폄ᄒ다(貶之): (in size) 짜르게ᄒ다(短之): (in extent) 줄게ᄒ다(縮之)	감쇼ᄒ다減少	v.t. (1)더다, 젹게ᄒ다, 감ᄒ다(減), 복구ᄒ다(復舊). (2)ᄂ리다, 폄ᄒ다(貶). (3)항복밧다(降服), 샌트리다, 평뎡ᄒ다(平定). (4)살ᄂ리게ᄒ다, 여위게ᄒ다. (5)약ᄒ다(約)(수학의). (6)류별ᄒ다(類別).
521	Reflection	n. 료량, 마련, 도량, 싱각, 도로빗최는 것	마련ᄒ다, 싱각ᄒ다	n. (image) 그림즈(影子): (light) 반죠(返照): (cogitation) 회상(回想) 회고(回顧): 스안(思案): (censure) 비평(批評)	반샤反射	n. (1)도로빗최는것, 반샤(反射), 반죠(反照). (2)료량(料量), 마련, 도량(度量), 싱각(生覺), 반셩(反省), 회상(回想), 묵상(黙想). (3)반향(反響), 반영(反映). (4)험잡음, 허물흠, 의뜻음.
522	Reform	v.t. 긔과쳔션케ᄒ오	곳치다, 긔과ᄒ다, 감동ᄒ다, 감화ᄒ다	iv. 긔과ᄒ다(改過): 긔심ᄒ다(改心)	긔혁改革혁명革命	v.t. 곳치다, 곳게ᄒ다, 긔졍ᄒ다(改正), 긔혁ᄒ다(改革), 긔량ᄒ다(改良), 혁신ᄒ다(革新). -, v.i.

연번	영어표제어	Underwood 1890	Scott 1891	Jones 1914	Gale 1924	Underwood 1925
						곳쳐지다, 무음을곳치다. -, n. 기량(改良), 기혁(改革), 기뎡(改定), 혁신(革新), 교졍(校正).
523	Regiment	n. 진	진, 영	n. 련딕(聯隊)	련딕聯隊	n. 진(陣), 딕(隊), 영(營), 련딕(聯隊).
524	Relation	n. 일가, 족쇽, 사돈	일가, 친척, 겨레	n. (narrative) 강화(講話): 니야기(間話): (kinsfolk) 친척(親戚): 일가(一家)	관계關係	n. (1)관계홈(關係), 관련홈(關聯), 인연(因緣). (2)강셜(講說), 셜화(說話), 말. (3)일가(一家), 족속(族屬), 사돈, 친척(親戚), 친쇽(親屬), 붓치. (4)비률(比率), 비수(比數).
525	Release	v.t. 놋소, 내여놋소	놋타, 풀다, 빅방하다	tv. (let go) 놋타(放之): (set free) 방셕ᄒ다(放釋): 방명ᄒ다(放免)	방환放還	v.t. (1)놋타, 풀다, 내여놋타, 방환ᄒ다(放還), 방면ᄒ다(放免), 히방ᄒ다(解放), 히제ᄒ다(解除), 면제ᄒ다(免除). (2)기권ᄒ다(棄權)(법률의). -, n. 놋ᄂ것, 내여놋ᄂ것, 방면(放免), 히방(解放), 히제(解除), 면제(免除), 방환(放還), 빅방(白放).
526	Religion	n. 도, 교, 셩교	교	n. 종교(宗敎): (of a sect) 교파(敎派): 종파(宗派)	종교宗敎	n. 도(道), 교(敎), 셩교(聖敎), 종교(宗敎), 교문(敎門), 교파(敎派).
527	Remove	v.t. 옴기오, 업시ᄒ오 v.i. 이샤ᄒ오	옴기다, 이사ᄒ다	tv. 이스ᄒ다(移徙): 반이ᄒ다(搬移): (take away) 옴기다(離): (from office) 히임ᄒ다(解任):	이스移徙반 이搬移	v.t. 옴기다, 이젼ᄒ다(移轉). (2)업시ᄒ다, 제ᄒ다(除). (3)히임식히다(解任), 면출ᄒ다(免黜) -, v.i. 이스ᄒ다(移舍),

연번	영어표제어	Underwood 1890	Scott 1891	Jones 1914	Gale 1924	Underwood 1925
				(to another office) 전임ᄒᆞ다(轉任)		반이ᄒᆞ다(搬移), 이젼ᄒᆞ다(移轉), 써나다. -, n. 옴기ᄂᆞᆫ것, 이젼(移轉), 이동(移動), 이ᄉᆞ(移舍), 반이(搬移).
528	Repair	v.t. 곳치오, 기비ᄒᆞ오, 즁슈ᄒᆞ오, 즁창ᄒᆞ오	곳치다, 슈리ᄒᆞ다	tv. 곳치다(改) 슈리ᄒᆞ다(修理)	슈션ᄒᆞ다修繕	v.t. (1)곳치다, 기비ᄒᆞ다(改備), 슈션ᄒᆞ다(修繕), 즁슈ᄒᆞ다(重修), 즁창ᄒᆞ다(重創), 슈리ᄒᆞ다(修理), 깁다(옷ᄀᆞᆺ흔것을), 벼리다(칼ᄀᆞᆺ흔것을). (2)갑다, 비샹ᄒᆞ다(賠償). -, n. 곳치ᄂᆞᆫ것, 슈션ᄒᆞᄂᆞᆫ것, 슈리ᄒᆞᄂᆞᆫ것. (2)갑ᄂᆞᆫ것, 비샹
529	Repentance	n. 뉘웃쳐곳치ᄂᆞᆫ것	뉘웃다, 뉘웃치다	n. 회기ᄒᆞᆷ(悔改)	후회後悔	n. 뉘웃치ᄂᆞᆫ것, 후회(後悔), 회기(悔改), 회흔(悔恨).
530	Reply	v.t. 딕답ᄒᆞ오 (to a letter) 회답ᄒᆞ오, 회보ᄒᆞ오, 답장ᄒᆞ오 n. 딕답, 회답, 답장, 회보	딕답ᄒᆞ다, 회답ᄒᆞ다	iv. 대답ᄒᆞ다(對答): 회답ᄒᆞ다(回答): (to an attack) 응젼ᄒᆞ다(應戰)	답변答辯	v. 딕답ᄒᆞ다(對答), 회답ᄒᆞ다(回答), 회보ᄒᆞ다(回報), 답장ᄒᆞ다(答狀), 갑다, 딕ᄉᆞ다. -, n. 딕답(對答), 회답(回答), 답장(答狀), 회보(回報), 답변(答辯), 답변셔(答辯書).
531	Report	v.t. 보ᄒᆞ오, 고ᄒᆞ오, 회보ᄒᆞ오	(official)보장, 장계, 샹소	tv. 보고ᄒᆞ다(報告): 보ᄒᆞ다(報): 보단ᄒᆞ다(報單): 픔ᄒᆞ다(稟): (to the Emperor) 복명ᄒᆞ다(復命)	풍셜風說	v.t. 보ᄒᆞ다(報), 고ᄒᆞ다(告), 닐느다, 엿줍다, 알외다, 픔ᄒᆞ다(稟), 계츌ᄒᆞ다(屆出), 회보ᄒᆞ다(回報), 알게ᄒᆞ다, 통신ᄒᆞ다(通信), 탐보ᄒᆞ다(探報). -, n. (1)보ᄒᆞᄂᆞᆫ것(報), 고ᄒᆞᄂᆞᆫ것(告), 회보(回報), 보고(報告),

연번	영어표제어	Underwood 1890	Scott 1891	Jones 1914	Gale 1924	Underwood 1925
						통신(通信), 복명(復命), 쟝계(狀啓), 샹소(上疏). (2)풍평(諷評), 풍셜(風說), 풍문(風聞), 소문(所聞), 평판(評判). (3)셩명(聲名), 셩문(聲聞). (4)판결록(判決錄), 긔록(記錄). (5)음(音), 향(響), 폭셩(爆聲), 총셩(銃聲).
532	Resemble	v.t. 비슷ᄒ오, 비굿ᄒ오, 거위굿소	비슥ᄒ다, 굿다	tv. 달무다(肖似): 비슷ᄒ다(彷彿): (of things) 류ᄉᄒ다(類似)	방불ᄒ다彷彿	v.t. 비슷ᄒ다, 거의굿다, 방불ᄒ다(彷彿), 닮다, 흡슷ᄒ다(恰似).
533	Reserve	v.t. 류념ᄒ오	뎌츅ᄒ다	tv. 뎌츅ᄒ다(貯蓄)	침묵沈黙뎌 츅儲蓄젹립 積立	v.t. 두다, 맛ᄒ두다, 밧아두다, 보류ᄒ다(保留), 보존ᄒ다(保存), 져장ᄒ다(貯藏). -, n. (1)맛하두ᄂᆞᆫ것, 밧아두ᄂᆞᆫ것, 보존(保存), 져장(貯藏), 져축(貯蓄), 젹립(積立), 예비(豫備). (2)침묵ᄒ것(沈黙), ᄆᆞᄋᆞᆷ에둔것, 원려(遠慮). (3)ᄂᆡ졍(內情), 속. (4)예비ᄃᆡ(隊), 후비군(後備軍)(군ᄉ 의). (5)예비금(預備金), 준비금(準備金)(샹업 의).
534	Reservoir	n. 방츅	방츅	n. 져슈지(貯水池): (for vil) 져장소(貯藏所)	져슈지儲水 池	n. (1)방츅(坊築), 져슈지(貯水池), 져슈됴(槽). (2)저장소(貯藏所), 류치소(留置所).

연번	영어표제어	Underwood 1890	Scott 1891	Jones 1914	Gale 1924	Underwood 1925
535	Resolution	n. 굿셴것, 견고흔것	담력	n. 결심(決心); 과단(果斷); 각오(覺悟): (motion in a meeting) 결의안(決議案)	처결處決	n. (1)분히(分解), 용히(溶解), 푸는것. (2)결심(決心), 결의(決意), 과단(果斷), 쳐결(處決).
536	Resource	n. 용도보틱는 것, 국용보틱는 것	홀수	n. 슈단(手段): 방법(方法): (of a country) 직원(財源): 부원(富源): 주력(資力)	지략智略	n. (1)방법(方法), 슈단(手段), 지략(智略), 홀수. (2)주산(資産), 진력(財力), 직원(財源), 부원(富源).
537	Rest	n. 쉬는것, 겨를 v.i. 쉬오	쉬다, 눕다, 머추다	iv. 쉬다(休): 휴식ᄒ다(休息): 휴계ᄒ다(休憩)	휴양休養	v.t. (1)쉬게ᄒ다, 휴식ᄒ다(休息), 휴게ᄒ다(休憩), 휴양ᄒ다(休養). (2)두다, 노타. -, v.i. (1)쉬다, 휴식하다(休息), 휴게ᄒ다, 휴양ᄒ다, 가마니잇다. (2)고요ᄒ게되다, 락착되다(落着). (3)눕다, 기되다, 의지ᄒ다(依支). (4)안다, 노히다, 안치되다(安置). (5)세우다, 놋타. (6)죽다, 영면ᄒ다(永眠). (7)졸다, 슈면ᄒ다(睡眠). (8)의뢰ᄒ다(依賴), 신뢰ᄒ다(信賴). (9)신앙ᄒ다(信仰), 맛기다, 좃다, 안심ᄒ다(安心)(하ᄂ 님의명령을). (10)긋치다, 휴업ᄒ다(休業). (11)눕다, 잔류ᄒ다(殘留).
538	Result	v.t. 삼기오, 나오, 되오 n. 삼긴것	관계, 효험	n. 결과(結果): 결국(結局): 성적(成績)	결국結局성 적成績	v.i. 삼가다, 나다, 되다. -, n. 결과(結果), 성적(成績), 효험(效驗).

연번	영어표제어	Underwood 1890	Scott 1891	Jones 1914	Gale 1924	Underwood 1925
539	Resurrection	n. 부활, 회싱, 직싱	회싱	n. 부활(復活): 부싱(再生)	부활復活	n. (1)부활(復活), 회싱(回生), 직싱(再生), 소싱(蘇生), 씨여나는 것. (2)다시이러나는것, 회복(回復). (3)미릭(未來), 린셰(來世), 후셰.
540	Return	v.i.도라오오, 도라가오, 회정호오, 도라보내오, 갑소, 보환호오	도라가다, 도로가다, 회정호다	tv. 도로가다(回歸): 회정호다(回程): (to one's country): 환국호다(還國)	환부還附반환反還	v.t. (1)도로돌녀내다, 반환호다(反還). (2)갑다. (3)되답호다(對答), 답장호다(答狀). (4)보고호다(報告). (5)샹납호다(上納)(구실곳혼것을). (6)싱호계호다(生), 나계호다. (7)션출호다(選出), 쏩다, 선거호다(選擧)(국회의원을 國會議員). -, v.i. (1)도라가다, 회정호다(回程). (2)되답호다(對答), 답장호다(答狀). (3)돌녀내다, 귀(歸), 회(回), 복(復) [In comp.] -, n. (1)도라감, 도로돌녀보냄, 반환홈(反還). (2)갑흠, 샹환홈(償還). (3)회답(回答), 답장(答狀). (4)보고(報告), 보고셔(報告書), 통계표(統計表). (5)싱홈(生), 리로움(利). (6)회부(回付)(법률의).
541	Revenge	v.t. 원슈갑소, 보슈호오, 보독호오	원슈, 혐의, 앙분, 앙심	tv. 보슈호다(報讐)	복슈復讐설치雪恥	v.t. 원슈갑다(怨讐), 보슈호다(報讎), 보복호다(報復), 설치호다(雪恥). -, n. 원슈갑홈, 복슈(復讎), 보복(報復), 설치(雪恥).

연번	영어표제어	Underwood 1890	Scott 1891	Jones 1914	Gale 1924	Underwood 1925
542	Review	v.t. 슬퍼보오, 쥰호오, 다시보오, 간품호오	슒히다	tv. (the post) 회고ᄒᆞ다(回顧): (examine) 금사ᄒᆞ다(檢査): (a book) 금열ᄒᆞ다(檢閱): (troops) 관병ᄒᆞ다(觀兵)	복습復習	v. (1)도라보다, 녯것을도라보다, 회고ᄒᆞ다(回顧). (2)관병ᄒᆞ다(觀兵), 열병ᄒᆞ다(閱兵). (3)교정ᄒᆞ다(校正), 평론ᄒᆞ다(評論), 쥰ᄒᆞ다(準), 다시보다, 복습ᄒᆞ다(復習). (4)간품ᄒᆞ다(看品), 검열ᄒᆞ다(檢閱), 검슈ᄒᆞ다(檢査). -, n. (1)검열(檢閱), 검슈(檢査), 평론(評論), 교정(校正). (2)관병식(觀兵式). (3)다시보는것, 복습(復習). (4)(Monthly)월보(月報).
543	Revival	n. 픠여나는것	끼다, 다시살다, 회복ᄒᆞ다	n. 부흥(復興): 직흥(再興): (of trade) 회복(回復) 진흥(振興)	부흥復興	n. 픠여나는것, 다시살아나는것, 회싱(回生), 부활(復活), 부흥(復興), 진흥(振興).
544	Revolution	n. 도라든니는 것, 환국ᄒᆞ는것		n. 회전(回轉): (astr.) 쥬젼(周轉): (political) 혁명(革命): (by force) 변혁(變革): 격변(激變): 돌변(突變)	운힝運行공 젼公轉	n. (1)도라단니는것, 도는것, 회전(回轉), 회귀(回歸). (2)운힝(運行), ᄌᆞ젼(自轉), 공젼(公轉)(텬문의). (3)혁명(革命), 기혁(改革). (4)변혁(變革), 젼환(轉換)(샹업의).
545	Ridicule	v.t. 비양호오, 비쇼호오, 흉보오	빗웃다, 죠롱ᄒᆞ다	tv. 죠롱ᄒᆞ다(嘲弄) 비웃다(嘲笑): 희롱ᄒᆞ다(戱弄)	죠롱嘲弄죠 쇼嘲笑	v.t. 비양ᄒᆞ다(誹謗), 비쇼ᄒᆞ다(誹笑), 비웃다, 흉보다, 죠롱ᄒᆞ다(嘲弄). -, n. 비쇼, 흉, 죠롱.
546	Right	to be, 올소, 가호오, 갸륵호오, 그르지안소	(correct)올 타	a. 올흔(公平): (correct) 바른(正當); (just) 공정흔(公正): 정직흔(正直)	도리道理권 리權利	a. (1)올흔, 가흔(可), 정당흔(正當), 당연흔(當然). (2)갸륵흔, 그르지안이흔. (3)바른, 올흔,

연번	영어표제어	Underwood 1890	Scott 1891	Jones 1914	Gale 1924	Underwood 1925
				(opp. of left) 우편(右便): (suitable) 덕당흔(適當)		우편의(右便). (4)거쥭의, 것희. (5)직츄(直推)(긔하학의). -, n. (1)올흔것, 정의(正義), 도리(道理), 공도(公道), 공의(公義). (2)권리(權利), 권(權), 젼권(專權). (3)올흔편, 우편(右便). (4)거쥭, 것.
547	Riot	n. 란리, 민란	난류, 요란ᄒ다, 즛거리다	n. 민요(民擾): 쇼동(騷動): 폭동(暴動)	폭동暴動	n. 소동(騷動), 포동(暴動), 란리(亂離), 민란(民亂). -, v.i. (1)소동ᄒ다(騷動). (2)몹시놀다, 허랑방탕ᄒ다(虛浪放蕩). (3)반ᄒ다(反), 밋치다.
548	Road	n. 길, 거리, 가로, 도로	길	n. 길(道路): 로(路): 도(道): (dangerous) 험로(險路): (highway) 대로(大路): (level) 평로(平路): (path) 쇼로(小路): (short cut) 협로(陜路)	도로道路	n. (1)길, 도로(道路). (2)털도(鐵道), 털로(鐵路).
549	Room	n. 방, 마루방	방	n. 방(房): (apartment) 쳐소(處所)	여디餘地	n. (1)방(房), 마루방. (2)자리. (3)쟝소(場所), 공디(空地). (4)여디(餘地), 긔회(機會). (5)디위(地位), 딕신, 딕(代).
550	Ruin	n. 결단내ᄂᆞᆫ것, 결단낸것, 결단난것 v.t. 망케ᄒ오, 결단내오	패ᄒ다, 헐다, 허려지다, 문허지다, 퇴락ᄒ다	n. 멸망(滅亡): 회멸(毁滅): (ancient remains) 영락(零落): 고젹(故跡): (of a house) 퇴락(頹落)	타락墮落	n. (pl)구젹(舊跡), 고젹(古跡), 헌터. (2)결단(決斷), 랑패(狼狽), 와히(瓦解), 몰락(沒落), 타락(墮落). -, v.

연번	영어표제어	Underwood 1890	Scott 1891	Jones 1914	Gale 1924	Underwood 1925
						망케ᄒ다(亡), 결단내다, 패ᄒ다(敗), 멸ᄒ다(滅), 헐다, 문으지르다, 황폐되다(荒廢), 와히되다.
551	Rupture	n. 싄허지ᄂ것, 졀교ᄒᄂ것	(hernia)산증	n. (in negotiations) 파담(破談): (of relations) 파렬(破裂); (of internation friendship) 졀교(絶交)	파렬破裂	v. (1)씩트리다, 터지게ᄒ다, 열파ᄒ다(裂破). (2)탈장되다(脫腸), 결치터지다.
552	Sacrifice	n. 졔, 졔ᄉ v.i. 졔ᄉ지내오 v.t. 드리오, 되신죽이오, 위ᄒ여일소	졔지내다, 졔ᄒ다, 졔ᄉᄒ다	tv. 졔ᄉ드리다(獻祭): (to ancestors) 졔ᄉ지내다(祭祀): (to the demons) 굿ᄒ다(賽神): 고ᄉ지내다(苦詞): (offer) 봉납ᄒ다(奉納): (one's life) 희싱드리다(獻奉犧牲): 헌신ᄒ다(獻身): (self denial) 극긔ᄒ다(克己)	희싱犧牲	n. (1)졔(祭), 졔ᄉ(祭祀). (2)졔물(祭物), 희싱(犧牲). (3)헌신ᄒᄂ것(獻身), (4)싸게파ᄂ것, 밋져파ᄂ것. -, v. (1)밧치다, 봉랍ᄒ다(奉納), 졔ᄉ드리다. (2)헌신ᄒ다(獻身), 희싱이되다(犧牲), 샤신ᄒ다(捨身), 치명ᄒ다(致命).
553	Sad	to be. 비창하오, 창연ᄒ오, 근심ᄒ오, 셥소, 셜워ᄒ오, 슬프오	셟다, 슬프다, 셥셥ᄒ다, 서어ᄒ다, 답답ᄒ다, 민망ᄒ다, 락심ᄒ다	a. 슬픈(悲): 셔른(哀悼): 근심ᄒ(憂愁): 민망ᄒ(悶然)	챵연ᄒ다悵然	a. 비챵흔(悲愴), 챵연흔(悵然), 근심ᄒᄂ, 슬픈, 셜워ᄒᄂ, 쵸연흔(悄然), 비챵흔(悲慘), 셥셥흔, 답답흔.
554	Salary	n. 푸ᄂ것, 방미ᄒᄂ것, 매미ᄒᄂ것	녹, 료, 월음, 월급	n. 월봉(月俸): 월급(月給): 월은(月銀)	봉급俸給	n. 월급(月給), 봉급(俸給), 급료(給料), 록(祿), 료(料), 봉(俸), 급(給) [In compl.
555	Sale	n. 공젼, 삭, 월급	팔다	n. 매미(賣買): 판매(販賣): (auction) 경미(競賣)	발매發賣판매販賣	n. 파ᄂ것(賣), 팔님, 방매(放賣), 매각(賣却), 미매(賣却), 발매(發賣), 판매(販賣).

연번	영어표제어	Underwood 1890	Scott 1891	Jones 1914	Gale 1924	Underwood 1925
556	Salute	v.t. 인스ᄒ오	인스ᄒ다, 슈인스하다, 결ᄒ다, 업듸다, 문안ᄒ다, 유모드리다	tv. 경례ᄒ다(敬禮) (greet) 빅례ᄒ다(拜禮)	경례敬禮	v. (1)경례ᄒ다(敬禮), 인스ᄒ다(人事), 문안ᄒ다(問安), 축하ᄒ다(祝賀). (2) (of gun)례포(禮砲).
557	Savage	n. 야인	둑살스럽다	a. (untamed wild animals) 밍슈(猛獸): (ferocious) 사오나온(猛) 독살스러온(毒 烈): (uncivilized) 야만의(野蠻): 미기ᄒ(未開)	미기ᄒ다未 開	a. (1)야만의(野蠻), 미기ᄒ(未開), 포학ᄒ(暴虐), 잔인ᄒ(殘忍), 무셔운, 야ᄒ(野). -, n. (1)야만(野蠻), 오랑키. (2)포학ᄒ사름(暴虐).
558	Science	n. 학, 학문	학, 격물궁리, 진조	n. 과학(科學): 학술(學術): (knowledge) 학문(學問): 지식(知識): (in compounds) 학(學)	리과理科학 술學術	n. (1)과학(科學), 학술(學術), 학(學). (2)학문(學問), 지식(智識).
559	Screen	n. 병풍 v.t. ᄀ리우오	병풍	n. (folding) 병풍(屛風): (doors) 쟝ᄌ(障子): (sieve) 체(篩): (for earth) 흑체(黑篩)	병풍屛風	n. (1)병풍(屛風), 발(簾), 쟝(帳). (2)방호ᄒᄂ것(防護), 보호물(保護物). (3)굵은체, 츄스(粗師). -, v.t. (1)가리우다, 치다. (2)방호ᄒ다, 숨기다.
560	Seamstress	n. 침모	바느질앗치	n. 침모(針母)	침모針母	n. 침모(針母), 바느질앗치.
561	Season	n. 시졀, 졀후	때, 시졀	n. 졀긔졀후(節期): (period) 시졀(時節)	시후時候	n. 시졀(時節), 졀후(節侯), 쌔, 시(時) 졀(節), 계(季), 긔(期) [In comp.]
562	Secret	a. 비밀ᄒ, 은근ᄒ n. 비밀ᄒ것, 은근ᄒ것	비밀ᄒ다, 은밀ᄒ다, 은근ᄒ다, 종용ᄒ다	a. (hidden) 은근ᄒ(慇懃): 비밀ᄒ(秘密): 은닉ᄒ(隱匿): (occult) 오묘ᄒ(奧妙): 심장ᄒ(深藏): (secluded retired)	비밀秘密비 밀뎍秘密的	a. (1)비밀ᄒ(秘密), 은밀ᄒ(隱密), 종용ᄒ(從容), 몰너ᄒᄂ. (2)김ᄒ, 오묘ᄒ(奧妙), 현묘ᄒ(玄妙). -, n. (1)비밀ᄒ것(秘密), 밀ᄉ(密事), 긔밀(機密),

연번	영어표제어	Underwood 1890	Scott 1891	Jones 1914	Gale 1924	Underwood 1925
				종용흥(從容)		닉졍(內情), 닉막(內幕), 속. (2)비젼(秘傳), 비결(秘訣). (3)음부(陰部).
563	Secretary	n. 셔긔, 딕셔군, 셔긔관	비장, 막하, 칙방	n. 셔긔(書記): 셔긔관(書記官)	셔긔書記셔역書役	n. (1)셔긔(書記), 셔스(書士), 딕셔군(代書), 츳인(次人), 칙방(冊房). (2)셔긔관(書記官), 비셔관(秘書官), 비장(裨將), 막하(幕下), 간스(幹事), (3)쟝관(長官), 대신(大臣), 경(卿). (4)샤즈딕(寫字臺)
564	Sell	v.t. 푸오, 방민흐오, 매민흐오	풀다	tv. 팔다(賣): 방매흐다(放賣): 매민흐다(賣買): 발매흐다(發賣): 판매흐다(販賣)	발매흐다發賣	v.t. (1)팔다, 방매흐다(放賣), 발매흐다(發賣), 팔아먹다. (2)속이다, 긔만흐다(欺瞞) -, v.i. 팔다, 팔니다.
565	Send	v.t. 보내오, 젼흐오	보내다	tv. 보내다(送): 젼흐다(傳)	발송흐다發送	v.t. (1)보내다, 젼흐다(傳), 파견흐다(派遣), 발송흐다(發送). (2)쏘다, 던지다, 눗타. (3)싱기게흐다. 나게흐다.
566	Sense	n. 뜻, 정신, 지각, 의량	뜻, 의스	n. (faculty of sensation) 관능(官能): 감각(感覺): (rational feeling) 지각(知覺): 정신(精神) 각오(覺悟): (consensus of opinion) 의견(意見): (meaning) 뜻(意): 취지(趣旨)	관능官能	n. (1)각성(覺性), 감관(感官), (2)지각(知覺), 감각(感覺), 관능(官能), 본성(本性). (3)정신(精神), 의견(意見). (4)뜻, 의미(意味), 의의(意義).
567	Sentence	n. 마디, 귀절	마데	n. (gram.) 작문(作文) 구절(句節):	션고宣告구절句節	n. (1)말, 마디, 귀절(句節). (2)션고(宣告),

연번	영어표제어	Underwood 1890	Scott 1891	Jones 1914	Gale 1924	Underwood 1925
				(in law) 션고(宣告): 처형(處刑): (judgement) 판결(判決)		판결(判決), 언도(言渡). (3)의견(意見), 쥬의(主義). (4)격언(格言), 금언(金言). (5)셩구(成句), 문(文(문법의). -, v.t. 선고ᄒ다(宣告), 판결내다(判決), 언도ᄒ다(言渡).
568	Serious	to be. 즁ᄒ오, 진즁ᄒ오, 즁대ᄒ오	유긴ᄒ다, 엄ᄒ다, 엄슉ᄒ다	a. (grave in manner) 엄슉ᄒ(嚴肅): 엄ᄒ(嚴): (in earnest) 존즁ᄒ(尊重): 진즁ᄒ(珍重): (attended with danger) 대단ᄒ(大端): 즁ᄒ(重): (important) 즁대ᄒ(重大): 긴요ᄒ(緊要): (religious) 경건ᄒ(敬虔): 각근ᄒ(恪勤)	즁대ᄒ다重大	a. 즁대ᄒ(重大), 용이치안은(容易), 엄슉ᄒ(嚴肅), 진즁ᄒ(鎭重), 장즁ᄒ(莊重).
569	Sermon	n. 강론ᄒᄂ말	말	n. 강셜(講說): 강도(講道): 셜교(說敎): 젼도(傳道)	셜교說敎강 도講道	n. (1)강론(講論), 셜법(說法), 셜교(說敎), 강도(講道). (2)권언(勸言), 훈언(訓言).
570	Serpent	n. 빅암	빅암	n. 빅암(蛇): 구렁이(蟒): 긴즘싱(蛇): 능구리(蛇): 능구렁이(蛇): (poisonous) 독샤(毒蛇)	구렁이大蟒 빅암蛇	n. (1)빅암, 구렁이, 대망(大蟒). (2)악인(惡人), 간물(奸物). (3)텬샤셩(天蛇星)(텬 문학의).
571	Service	n. 셤기ᄂ것, 쓸디	셤기다, 뫼시다	n. 셤김(服事): (labor) 근로(勤勞): 북ᄉ(服事): (in behalf of others) 근무(勤務): 공급(供給):	샤역使役근 로勤勞	n. (1)일보ᄂ것, 수무(事務), 직무(職務), 업무(業務), 직분(職分), 본분(本分). (2)근무(勤務),

연번	영어표제어	Underwood 1890	Scott 1891	Jones 1914	Gale 1924	Underwood 1925
				(official duty) 직무(職務): (religious duty) 본분(本分): 직분(職分): (form of worship) 례빅식(禮拜式): (rendered to the state) 공로(功勞)		봉공(奉公). (3)~노릇홈, 부림, 일홈, 무(務), 역(役) [In comp.] (4)히노흔일, 공로(功勞), 공헌(貢獻). (5)제의(祭儀), 제례(祭禮), 법회(法會), 긔도회(祈禱會), 식(式), 레(禮), 의(儀) [In comp.] (6)흔벌, 일부(一富)(반상ᄀᆺ흔 것의 盤床). (7)송달홈(送達)(령장 ᄀᆺ흔것을 슈狀). (8)투구(投球), 공던질ᄎ례(뎡구의 庭球).
572	Severe	to be. 엄ᄒᆞ오	엄ᄒᆞ다, 엄슉ᄒᆞ다, 즁ᄒᆞ다	a. (austere) 엄슉흔(嚴肅): (rigorous) 엄흔(嚴): (extreme) 극흔(極): (umsparing) 엄혹흔: (distressing) 즁흔(重)	엄혹ᄒᆞ다嚴酷	a. (1)엄흔(嚴), 어려운, 즁흔(重), 심흔(甚), 혹독흔(酷毒)(ᄆᆞ음이), 과흔(過), 대단흔(大端), 극흔(極)(치위가). (2)슌슌흔(純純), 슌연흔(純然).
573	Sewer	n. 슈도	개천, 도랑	n. 개쳔(溝): 도랑(渠): 슈도(水道): (covered drain) 은구(隱溝): In Korea the bed of a stream id used in the towns as a sewer, hence the word "stream" has come to have the meaning of "sewer"	은구隱溝	n. 개쳔, 도랑, 슈도(水道), 은구(隱溝), 하슈도(下水道).
574	Shame	n. 렴치 (dishonor) 망신 v.t.	렴치	n. (sense of degradation) 붓거러움(愧羞):	욕辱슈치羞恥	n. (1)붓그러움, 수치(羞恥), 참괴(慙愧),

연번	영어표제어	Underwood 1890	Scott 1891	Jones 1914	Gale 1924	Underwood 1925
		붓그럽게ᄒ오, 무안케ᄒ오		(modesty) 렴치(廉恥): (disgrace) 슈욕(羞辱): 슈참(羞慚): 망신(亡身): 슈통(羞痛): 망측(罔測)		렴치(廉恥), 욕(辱), 수욕(羞辱), 모욕(侮辱), 망신(亡身). (2)음부(陰部). (3)릉욕ᄒ다(凌辱), 모욕ᄒ다(侮辱).
575	Shape	n. 제작, 모양, 형상, 면, 본 v.t. 제작ᄒ오, 본내오	모양, 형상	n. 모양(皃樣): 형상(形像): (cast or mould) 제작(製作): (pattern or model) 모범(模範)	형상形狀	n. (1)형용(形容), 형상(形狀), 모양(模樣), 외모(外貌), 톄격(体格). (2)본(本), 모형(模型), 제작(製作), 모범(模範). (3)실디(實地), 실톄(實体). (4)형편(形便), 쳐디(處地). -, v.t. (1)조셩ᄒ다(造成), ᄆᆞᆫ드다, 빗다, 짓다, 모형내다(模型). (2)방향(方向)을명ᄒ다, 샹샹ᄒ다(想像), ᄭᅮᆷ이다. (4)비합ᄒ다(配合), 부합ᄒ다(符合).
576	Share	v.i. 분ᄒ오, ᄂᆞ호오, 분급ᄒ오, 간셥ᄒ오 n. 목, 깃	깃, 목	n. (portion) 분(分): 분비(分排): 분급(分級): (in a company) 쥬식(株式): 고본(股本)	분깃分衿	v. (1)ᄂᆞ호와쥬다, 분급ᄒ다(分給), 분비ᄒ다(分配), 빈당ᄒ다(配當), 분깃ᄒ다. (2)흔목드다, ᄒᆞᆫ깃들다, 공향ᄒ다(共享), 동향ᄒ다(同享), 감고를ᄀᆞ치ᄒ다(甘苦), 동고ᄒ다(同苦). -, n. 목, 분깃, 고본(股本), 쥬(株), 쥬식(株式). (2)분비(分配), 빈당(配當). (3)공유권(共有權). (4)ᄌᆞ긔ᄒᆞᆯ직분(自己職分), ᄌᆞ긔ᄒᆞᆯ의무(自己義務), 계ᄒᆞᆯ일.

연번	영어표제어	Underwood 1890	Scott 1891	Jones 1914	Gale 1924	Underwood 1925
577	Sharp	to be. 쏘죡ᄒᆞ오, 쳠ᄒᆞ오, 리ᄒᆞ오	칼날잘들다	a. (keen edge) 리ᄒᆞᆫ(利): 날카론(銳): (acute point) 쏘죡ᄒᆞᆫ(尖): (acute angle) 쳠각외(尖角): (keenwitted) 예민ᄒᆞᆫ(銳敏): 영리ᄒᆞᆫ(怜悧): (artful) 공교ᄒᆞᆫ(巧): (vigilant) 신쇽ᄒᆞᆫ(迅速): (acrimonious) 밉고쓰린(辣辛): 밍렬ᄒᆞᆫ(猛烈)	민쳡ᄒᆞ다敏捷예민ᄒᆞ다銳敏	a. (1)날카라온, 리ᄒᆞᆫ(利), 예리ᄒᆞᆫ(銳利), 쏘죡ᄒᆞᆫ, 쳠예ᄒᆞᆫ(尖銳). (2)붉은, 예민ᄒᆞᆫ(銳敏)(귀가). (3)엄렬ᄒᆞᆫ(嚴烈), 살을베히ᄂᆞᆫ것ᄀᆞᆺᄒᆞᆫ. (4)민쳡ᄒᆞᆫ(敏捷), 령리ᄒᆞᆫ(怜悧), 과히쪽쪽ᄒᆞᆫ. (5)습랄ᄒᆞᆫ(澀辣). -, n. (1)샤긔ᄒᆞᄂᆞᆫ쟈(詐欺者). (2)쳠셩(尖聲), 예음(銳音)(음악의).
578	Shock	v.t. 놀나게ᄒᆞ오	놀내다	n. (collision) 츙돌(衝突): 경동(驚動): 진동(震動): (of the mind) 감격(感激)	츙돌衝突	v.t. (1)몹시ᄒᆞᆫ들다, 진동되게ᄒᆞ다(震動). (2)놀내다. -, n. (1)츙돌ᄒᆞᆯ(衝突), 츙돌(衝突), 츙격(衝擊). (2)감동(感動), 감촉(感觸). (3)베무덕이, 화퇴(禾堆).
579	Silver	n. 은, 은돈	은	n. 은(銀)	은화銀貨	n. (1)은(銀). (2)은돈, 은젼(銀錢), 은화(銀貨). (3)은빗, 빅ᄉᆡᆨ(白色). (4)은물(銀物), 은긔명(銀器皿). -, a. (1)은의, 은으로몬든. (2)은ᄀᆞᆺ흔, 은빗잇ᄂᆞᆫ, 흰. (3)뎨이의(第二), 둘직의. -, v.t. (1)도은ᄒᆞ다(鍍銀), 은물씨우다, 은으로닙히다. (2)희여지게ᄒᆞ다, 은쇡이되게ᄒᆞ다. (3)은ᄀᆞᆺ흔것으로쏨이다.
580	Situation	n. 자리, 곳, 딕, 터	터, 터슈 (office, etc) 직업, 소임	n. (location) 위치(位置): 긔디(基地): 자리(座): (state)	ᄉᆞ톄事體경우境遇위치位置	n. (1)위치(位置), 쟝소(場所), 긔디(基地), 자리. (2)형셰(形勢),

연번	영어표제어	Underwood 1890	Scott 1891	Jones 1914	Gale 1924	Underwood 1925
				디위(地位): 경황(景況): (salaried place) 직분(職分): 직업(職業): 소임(所任): (circumstances) 경우(境遇): 모양(兒樣): 수셰(事勢): (political) 형세(形勢): 시국(時局)		정황(情況), 정형(情形), 톄슈, 수톄(事體), 경우(境遇), 디경(地境). (3)디위(地位), 직픔(職品), 소임(所任).
581	Size	n. 크기	크기, 만큼, 만치	n. (bulk) 크기(大): 대쇼(大小): (in breadth) 쟝단(長短): (in length) 광협(廣狹): (in height) 고하(高下): (in depth) 심천(深淺)	대쇼大小	n. (1)크기, 대소(大小), 부픽, 톄뎍(體積). (2)촌법(寸法), 명량(定量), 명익(定額).
582	Skeleton	n. 쌔흔보, 근본대로맛초아잇는쌔 흔보, 히골	히골, 빅골	n. (human) 전톄골(全躰骨): 빅골(白骨): 히골(骸骨): (out line) 요령(要領): 대강(大綱)	히골骸骨	n. (1)전톄골(全体骨), 빅골(白骨), 히골(骸骨). (2)파리흔쟈. (3)요령(要領), 대략(大略), 개략(概略). (4)수개, 기동(집이나빈의).
583	Sketch	n. 쵸, 그림쵸	그림, 대강	n. (preliminary drawing) 략도(略圖): 빅묘(白描): (of an artist) 그림초(畵草)	략도略圖	n. (1)견취도(見取圖), 략도(略圖), 초고(草稿), 초안(草案). (2)대의, 대략, 개의(槪意). (2)쇼셜(小說), 만필(漫筆). (4)간이곡(簡易曲)(연 극의).
584	Skill	n. 슈지, 직조, 지능	직조, 솜씨	n. (handicraft) 슈지(手才): 슈예(手藝): 솜씨(手巧): (dexterity) 슈단(手段): (ability)	기량伎倆슈단手段	n. 슈단(手段), 숙슈단(熟手段), 련숙(鍊熟), 상슈(上手), 슈지(手才), 솜씨, 직조(才操), 직능(才能), 기량(技倆).

연번	영어표제어	Underwood 1890	Scott 1891	Jones 1914	Gale 1924	Underwood 1925
				진죠(才藻): 지능(才能): (practical efficiency) 슉연(熟練): 슉달(熟達): 연마(鍊磨): (artistic) 정교(精巧): (forte) 기교(技巧)		
585	Skin	n. 가족, 피, v.t. 거피ᄒ오	가족, 피	n. 섭질(皮): 피(皮): (of an animal) 가족(皮): (of a tree) 섭덕이(皮)	피부皮膚	n. 가족, 피(皮), 섭질, 섭덕이, 피부(皮膚). -, v.t. (1)거피ᄒ다(去皮), 섭질벗기다. (2)속이다. 사괴ᄒ다(詐欺), 긔이다(欺).
586	Sky	n. 하늘, 텬	하늘, 공즁, 즁텬	n. 하늘(天): 궁챵(穹蒼): 공즁(空中)	텬공天空즁 텬中天공즁 空中	n. 하늘, 텬(天), 텬공(天空), 즁텬(中天), 공즁(空中).
587	Slander	n. 무함 v.t. 무함ᄒ오	무함ᄒ다, 훼방ᄒ다, 참소ᄒ다	n. 참소(讒訴): 무함(誣陷): 모함(謀陷): 비방(誹謗): 무고(誣告): 튜문(醜聞):	비방誹謗	n. 무함(誣陷), 참언(讒言), 비방(誹謗). -, v.t. 무함ᄒ다, 참소ᄒ다(讒訴), 비방ᄒ다.
588	Slaughter	n. 도륙 v.t. 도륙ᄒ오 (animals) 죽이오, 잡소	죽이다	tv. (massacre) 학살ᄒ다(虐殺): 살육ᄒ다(殺戮): 도륙ᄒ다(屠戮): (kill for market) 잡다(屠之): 죽이다(殺之): 쥐살ᄒ다(宰殺)	학살虐殺	n. 도륙(屠戮), 살육(殺戮), 도살(屠殺), 학살(虐殺), 박살(撲殺). -, v.t. (1)도륙ᄒ다, 살육ᄒ다, 참살ᄒ다(慘殺), (2)(animals)쥐살ᄒ다(宰殺), 잡다.
589	Slave	n. 종, 노비	종	n. 종(奴僕): 비복(婢僕): 노례(奴隷): 노ᄌ(奴子): (female) 비ᄌ(婢子): 녀종(女婢): (man condemned to	노례奴隷	n. 종, 노예(奴隷), 노복(奴僕).

연번	영어표제어	Underwood 1890	Scott 1891	Jones 1914	Gale 1924	Underwood 1925
				slavery for crime) 관례(官隸): (woman thus condemned) 관비(官婢): 관노(官奴)		
590	Solid	to be. 든든ᄒ오, 돈돈ᄒ오 (not hollow) 속차오, (compact) 속비오	든든ᄒ다, 단단ᄒ다	a. 든든ᄒ(堅固): 튼튼ᄒ(堅牢): 돈돈ᄒ(堅實): 쏜쏜ᄒ(强固): 견고ᄒ(堅固)	고톄固體	a. (1)고톄의(固體), 단단ᄒ. (2)튼튼ᄒ, 견고ᄒ(堅固). (3)속빈, 알찬. (4)뷔인듸업ᄂ, 쫙찬. (5)견실ᄒ(堅實), 무움이단단ᄒ. (6)실샹스러운, 실톄로운(實体). (7)일치된(一致), 단합된(團合). (8)톄의(体), 립톄의(立体)(수학의).
591	Sovereign	n. 님금, 남군, 황, 왕	나라님, 남군, 샹감	n. 군주(君主): 쥬권쟈(主權者)	원슈元帥군 쥬君主	n. (1)님군, 님금, 군쥬(君主), 쥬권쟈(主權者), 황(皇), 왕(王). (2)영국의돈일홈(英國錢之名稱). -, a. (1)주권가진(主權), 지존ᄒ(至尊), 최고ᄒ(最高), 독립ᄒ(獨立), 즈쥬ᄒᄂ(自主). (2)뎨일가ᄂ(第一), 최샹의(最上).
592	Space	n. ᄉ이, 동안	ᄉ이, 공디	n. 공간(空間): (astron) 공제(空際): (between two objects) 간격(間隔): (of time) 시간(時間):	간격間隔	n. (1)공간(空間), 공쳐(空處), 공즁(空中). (2)쟝소(場所), 여디(餘地). (3)ᄉ이, 간격(間隔), 간극(間隙), 거리(距離), 샹거(相距). (4)시간(時間), 동안, 잠시(暫時), 잠깐(暫間), 편시(片時). (5)연편(鉛片), 공목(인쇄의). -, v.t. 간격을고르게ᄒ다.

연번	영어표제어	Underwood 1890	Scott 1891	Jones 1914	Gale 1924	Underwood 1925
593	Special	to be. 특별ᄒᆞ오	특별이, 별, 별노, 각별이	a. 특별흔(特別): 각별한(各別): 비상흔(非常)	특유ᄒᆞ다特有림시臨時	a. (1)특별흔(特別), 특종의(特種), 격별흔(格別), 특슈흔(特殊). (2)젼문뎍(專門的). (3)특셩뎍(特性的). (4)림시의(臨時), 특(特) [In comp.]. -, n. 호외(號外)(신문의).
594	Specimen	n. 본보기	모양, 모본	n. 참고픔(參攷品): 표본(表本): (sample) 견본(見本): 보름(表擄)	표본標本시료試料	n. 본보기, 양ᄌᆞ(樣子), 모본(模本), 견본(見本), 표본(標本), 참고픔(參考品), 시료(試料).
595	Speech	n. 말, 말슴	말	n. 말슴(言): 방언(方言): (formal address) 연셜(演說): 강셜(講說): (power of) 셜화젹(력의 오기?)(說話力)	언론言論(freedom of)언론ᄌᆞ유言論自由	n. (1)말, 담화(談話), 말슴, 언론(言論). (2)연셜(演說), 강연(講演). (3)어됴(語調), 어투(語套), 방언(方言), 언(諺).
596	Speed	n. 샏름, 속흠	ᄲᅳᆯ다, 속ᄒᆞ다	n. 샏름(速): 속력(速力): (degree of) 속도(速度)	속력速力지속遲速	n. (1)샏름, 속흠(速). (2)속력(速力), 속도(速度), 지속(遲速). (3)성공홈(成功), 번창홈(繁昌). -, v.i. (1)샏니힝ᄒᆞ다, 도아쥬다. (2)속히힝ᄒᆞ케다, 급히몰다.
597	Spell	v.t. 글ᄌᆞ붓치오, 글자올케붓치오	(charm)진언, 부작	tv. 철ᄌᆞᄒᆞ다(綴字): 련ᄌᆞᄒᆞ다(連字): The use of the English word "spell" 쓰멜 is common among students. The word 밧침ᄒᆞ다, which originally meant simply the writing of the final conconant	철ᄌᆞᄒᆞ다綴字	v.t. (1)철ᄌᆞᄒᆞ다(綴字), 밧침ᄒᆞ다(언문의), (스펠ᄒᆞ다). (2)돌녀ᄒᆞ다, 교딕ᄒᆞ다(交代), 체번ᄒᆞ다(替番).

연번	영어표제어	Underwood 1890	Scott 1891	Jones 1914	Gale 1924	Underwood 1925
				to a syllable, is now being used in some schools in the sense of "spell."		
598	Spine	n. 등골, 잔등이쌔	(of back) 사등이, 등골뼈	n. 등골(脊骨): 척골(脊髓骨): 사등골(脊髓): (thorn) 가싀(荊棘)	척골脊骨	n. (1)잔등이쌔, 사등이, 척골(脊骨). (2)가시, 침(針). (3)극상돌긔(棘狀突起).
599	Spirit	n. 령혼, 모음, 심, 본성, 싱명 (liquor) 쇼쥬	(soul)혼, 혼령, 신녕	n. 령혼(靈魂): 혼(魂): 싱졍(生靈): (incorporeal part of man, according to Confucianism) 혼빅(魂魄): (intelligent being not connected with the body) 신령(神靈): 신(神): (heavenly being) 텬신(天神): (evil) 악귀(惡鬼): (elf) 요귀(妖鬼): 괴물(怪物): 요물(妖物): (masterfulness) 긔셰(氣勢): 호긔(豪氣): 용긔(勇氣): (energy) 원긔(元氣): (inward intent) 진의(眞意): 신슈(神髓): 졍신(精神): (alchohol) 졍쥬(精酒): 쥬졍(酒精)	의긔義氣	n. (1)심령(心靈), 령혼(靈魂). (2)신(神), 령(靈). (3)유령(幽靈), 아귀(餓鬼). (4)졍신(精神), 긔상(氣狀). (5)(pl.)싱긔(生氣), 활긔(活氣), 열심(熱心), 긔력(氣力), 용긔(勇氣), 의긔(義氣). (6)쥬동쟈(主動者), 유력쟈(有力者). (7)긔식(氣色), 긔분(氣分). (8)풍졍(風情), 흥치(興致). (9)뜻, 진의(眞意). (10)술, 쥬졍(酒精), 화쥬(火酒). (11)졍(精), 졍졔(精劑)(약의).
600	Splendid	to be. 훌륭ᄒ오, 졀묘ᄒ오, 긔묘ᄒ오	빗나다, 찬란ᄒ다	a. (lustrous) 광최잇는(有光彩的): 광틱흔(光澤的): (magnificent)	화려ᄒ다華麗	a. 훌융흔, 찬란흔(燦爛), 화려흔(華麗), 영광스러운(榮光), 빗나는.

연번	영어표제어	Underwood 1890	Scott 1891	Jones 1914	Gale 1924	Underwood 1925
				찬란ᄒ(燦爛): 쟝려(壯麗): 화미ᄒ(華美): (illustrious) 문명(文明): 명망잇ᄂ(有名望的): 물망잇ᄂ(有物望的)		
601	Spoil	v.i. 샹ᄒ오, 썩소 v.t. 샹ᄒ게ᄒ다, 샹해우오 (despoil) 로략ᄒ오, 잔멸ᄒ오	샹ᄒ다	n. (plunder) 강탈물(强奪物): 략탈물(掠奪物): 젼리품(戰利品)	젼리품戰利品	v.t. (1)샹ᄒ게ᄒ다(傷), 못되게ᄒ다. (2)잘못기ᄅ다(ᄋ히를), 샹해ᄒ다(傷害) (3)강탈ᄒ다, 로략ᄒ다(鹵掠). -, v.i. 샹ᄒ다, 썩다. -, n. 로략ᄒ물건, 젼리품(戰利品).
602	Spring	n. (fountain) 십 (season of year) 봄 (an elastis appliance) 티엽, 룡슈텰	(season)봄	n. (elastic contrivance) 룡슈텰(龍鬚鐵): 탄력물(彈力物): (in a watch) 티엽(胎葉): (elastic quality) 탄력(彈力): 발동력(發動力): (jump) 쒬(躍): 죠(跳): 약(躍): (season) 봄(春): 츈졀(春節): (fountain of water) 새암(泉): 슈원(水源)	츈계春季룡슈텰龍鬚鐵	v.t. (1)쒸다, 쒸여올느다, 쒸여나가다. (2)쒸여건너다. (3)터쓰리다, 폭발케ᄒ다(爆發), 튀여나가게ᄒ다, 탄츌ᄒ다(彈出). (4)방아쇠를잡아당긔다, 튀기다. (5)닐구다, 놀내다(즘싱을). (6)소문나게ᄒ다(所聞). (7)휘다, 굽게ᄒ다, 휘여넛타. -, v.i. (1)쒸다, 튀다. (2)탄츌되다(彈出), 튀겨지다. (3)나다, 닐어나다. (4)굽다, 휘다. (5)돗다, 솟다, 싹나오다, 올나오다(풀싹ᄀ치).
603	Spy	n. 렴찰군 v.t. 렴찰ᄒ오, 엿보오, 탐지ᄒ오	렴탐군, 탐지군	n. 렴탐군(廉探軍): 탐지군(探之軍): (mil) 간텹(間諜): 간쟈(間者): 군ᄉ탐졍(軍事探偵)	간텹間諜	n. 렴탐군, 졍탐(偵探), 간텹(間諜). -, v.t. (1)렴탐ᄒ다, 졍탐ᄒ다(偵探), 엿보다, 탐지ᄒ다(探知). (2)ᄎᄎ보다, 살펴보다.

연번	영어표제어	Underwood 1890	Scott 1891	Jones 1914	Gale 1924	Underwood 1925
604	Square	n. 네모반듯흔 것	네모, 모나다, 모지다	a. 스모진(四角): 졍방(正方): 스각뎍(四角的)	졍방형方正形	n. (1)네모반듯흔것, 스각(四角), 졍방형(正方形). (2)네거리, 가구(街區). (3)곡쳑(曲尺). (4)평방(平方), 즈승(自乘)(수학의). (5)방진(方陣), 공평(公平), 공졍(公正). -, a. (1)네모반듯흔, 네모진, 졍방형의(正方形), 각의(四角), 평방의(平方). (2)직각의(直角). (3)졍직흔(正直), 공평흔(公平). (4)맛친, 솟낸(셰음을). (5)엇졀수업논, 뎍졀흔(適切). (6)넉넉흔, 만죡흔(滿足). -, v.t. (1)네모반듯흐게흐다. (2)브로잡다, 맛츄다. (3)솟내다, 마감흐다, 감뎡흐다(堪定). (4)맛게흐다, 합흐게흐다. (5)즈승흐다(自乘). (6)뢰물쓰다(賂物)
605	Staff	n. 집힝이, 지펑이	지팡이, 막대	n. (walking stick) 집힝이(節): 집힝막대(杖): (culdgel) 막닥이(竿): 몽동이(棒): (mil.) 막요(幕僚): 참모(參謀)	부원部員	n. (1)집힝이, 쟝(杖), 간(竿), 대, 자루. (2)권표(權標), 부원(部員), 인원(人員). (5)참모관(參謀官), 막요(幕僚), 본부(本部)(련듸나줌 듸의).
606	Stage	n. (floor) 층, 비계, 놉흔루 (space passed) 춤(站)	다락	n. (raised platform) 듸(臺): (in a theater) 연극듸(演劇臺): (for dancing) 무듸(舞臺): (profession of an	인지印紙	n. (1)듸(臺). (2)희듸(戲臺), 리원(梨園), 무듸(舞臺). (3)연극업(演劇業), 희업(戲業). (4)터, 곳, 쟝(場). (5)그(期), 째.

연번	영어표제어	Underwood 1890	Scott 1891	Jones 1914	Gale 1924	Underwood 1925
				actor) 연극업(演劇業): (resting place) 헐소(歇所): (degree of progress) 계제(階梯): (a coach) 려긱차(旅客車)		(6)역(驛), 참(站). (7)역마차(驛馬車), 긱마챠(客馬車). -, v.t. 쏨이다(연극을).
607	Stamp	n. (as of foot) 구릭는것 (seal) 도셔, 인 (mark) 표 (a cutter) 판 (postage) 인지 v.t. 구릭오, 인치오, 도셔치오, 판박소 v.i. 발구릭오	(seal)인, 도셔	n. 인(印): 각인(刻印): (postage) 우표(郵票)	무딕 舞臺	v.t. (1)힘써붋다, 즁답ᄒ다(重踏), 발을구릭다. (2)붋바셔부스지릭다. (3)판박다, 각인ᄒ다(刻印), 인치다(印). (4)ᄆᆞ음에삭이여두다. (5)우표붓치다(郵票) (6)쥬전ᄒ다(鑄錢), 돈깃다, -, v.t. (1)발노붋다, 발을구릭다. -, n. (1)발구릭는것. (2)인(印), 도장(圖章). (3)우표(郵票), 결슈(切手), 인지(印紙). (4)판(板), 모형(模型). (5)성질(性質), 품격(品格). (6)돈, 화폐(貨幣).
608	State	n. 형셰, 정샹, 나라, 디위, 모양	(nation)나라, 국	n. (condition) 형편(形條): 형셰(形勢): 모양(模樣): (circumstances) 스셰(事勢): 스정(事情): (political community) 국(國): 국가(國家): 나라(國): (civil government) 정부(政府): 정치(政治): (one of U.S.) 련방(聯邦):	형세形勢형 편形便	n. (1)형세(形勢), 형편(形便), 정형(情形), 경우(境遇), 상틱(狀態) (2)위(位), 신분(身分), 즈격(資格) (3)화려ᄒ것(華麗), 장관(壯觀) (4)나라, 국가(國家) (5)국(國), 쥬(州), 방(邦) (6)국무(國務), 정권(政權) a. (1)나라의, 국가의(國家) (2)쥬의(州), 방의(邦) (3)화려ᄒ(華麗),

연번	영어표제어	Underwood 1890	Scott 1891	Jones 1914	Gale 1924	Underwood 1925
				방(邦): (pomp and dignity) 영요(榮耀): 위엄(威嚴)		장관의(壯觀)
609	Statement	n. 말ᄒᆞᄂᆞᆫ것, 닐ᄋᆞᄂᆞᆫ것, 닐은것, 말치부	말, 샹소, 소지	n. See State	신고申告	n. (1)진술(陳述), 셔술(敍述), 신고(申告), 긔저(記載), 긔ᄉᆞ(記事) (2)ᄉᆞ업성적보고셔(事業成績報告書), 일람표(一覽表)
610	Station	n. (place) 춤, 머므ᄂᆞ디 (rank) 픔, 층	(rank)직픔, 직분	n. place 곳(所): in compounds 셔(署): or 쟝(場): (social position) 디위(地位): 분한(分限): 신분(身分)	쥬지소駐在所	n. (1)명거장(停車場), 뎡류소(停留所) (2)쥬지소(駐在所), 분셔(分署), 곳, 소(所), 셔(署), 부(部)In campl (3)둔영(屯營), 위슈디(衛戍地) (4)디위(地位), 신분(身分) (5)직분(職分), 직무(職務), 맛흔자리 (6)쟝소(場所), 위치(位置) (7)측뎜(測點)(측량의) (8)진슈부(鎭守府), 경비구역(警備區域) v.t. 두다, 안치ᄒᆞ다(安置), 슈직ᄒᆞ다(授職), 비치ᄒᆞ다(配置), 비비ᄒᆞ다(配備), 웅거ᄒᆞ다(據
611	Steam	n. 김	김	n. 김(蒸氣): 증긔(蒸氣): 증발긔(蒸發)	슈증긔水蒸氣	n. 김, 증긔(蒸汽)
612	Steel	n. (metal) 강텰, 방텰 (sharpener) 마도텰(磨刀鐵)	강텰	n. 강텰(鋼鐵): (used with flint) 부시(火鐵)	강텰鋼鐵	n. (1)강텰(剛鐵), 쌍쇠 (2)검(劍), 도(刀) (3)부시, 화텰(火鐵) (4)마도텰(磨刀鐵)(슛돌ᄌ흔) (5)댱강(張鋼)(녀ᄌ의 의복밋헤두르ᄂᆞ) a. 강텰의, 강텰노ᄆᆞᆫ든, 강텰ᄌᆞᆮ흔
613	Stop	v.t. (close) 막소,	긋치다, 머추다,	iv. (arrest progress)	명거ᄒᆞ다停車	v.t. (1)막다, 메이다, 면싴하다(塡塞)

연번	영어표제어	Underwood 1890	Scott 1891	Jones 1914	Gale 1924	Underwood 1925
		(delay) 지체케ᄒ오, 긋치오, 뎡지ᄒ오, 그만두오 v.i. 앗소, 머므오	그만두다	뎡지ᄒ다(停止): 긋치다(止息): 쉬다(休息): 그만두다(罷)		(2)긋치다, 멈추다, 뎡류ᄒ다(停留), 뎡거ᄒ다(停車) (3)억졔ᄒ다(抑制), 금지ᄒ다(禁止) (4)잡다, 졔ᄒ다(除), 어이다(공젼ᄌᆺᄒ것을(工錢) (5)뎜찍다(點) v.i. (1)긋치다, 뎡지ᄒ다(停止), 그만두다 (2)파ᄒ다(罷), 쉬다 (3)머물다, 묵다, 두류ᄒ다(逗留) n. (1)뎡지흠(停止), 긋침, 쉬임, 뎡류흠(停留), 뎡거흠(停車) (2)뎡거쟝, 뎡류쟝 (3)막음, 억졔흠(抑制), 거리낌 (4)뎜(點), 구뎜(句點) (5)풍금의음견졀(風琴之音栓節)
614	Storm	n. 대풍, 풍우대쟉	대풍, 풍파	n. 폭풍(暴風): 대풍(大風): (with rain) 폭풍우(暴風雨) 풍우대작(風雨大作): (tempest) 렬풍(烈風): (mil.) 습격(襲擊): 공격(攻擊)	풍우風雨	n. (1)대풍(大風), 풍우대작(風雨大作), 포우설(暴雨雪) (2)소동(騷動), 포동(暴動), 격동(激動) (3)비오는듯흠(탄ᄌ나 화살이) v.t. 습격ᄒ다(襲擊), 강습ᄒ다(强襲) v.i. (1)포풍우가이러나다, 광풍대작ᄒ다(狂風大作) (2)성내다, 포노ᄒ다(暴怒), 야단치다, 악스다
615	Strike	v.t. 싸리오, 두드리오, 치오, 부딋치오, 박소, 쯧소, ᄂ리오	치다, 두드리다, 따리다	tv. (hit) 치다(打): (beat) 싸리다(擊): 두다리다(攻擊) (coin) 쥬조ᄒ다(鑄造)	동밍파업同盟罷業	v.t. (1)치다, 싸리다, 두다리다, 갈기다, 부딋치다 (2)더하다, 싸우다 (3)습격ᄒ다(襲擊), 드리치다 (4)찍다, 박다, 쥬조ᄒ다(鑄造)(돈을) (5)샏리박다, 착근ᄒ다(着根)(나무

연번	영어표제어	Underwood 1890	Scott 1891	Jones 1914	Gale 1924	Underwood 1925
						ᄀᆺ치) (6)씨르다(칼노) (7)싱각을니르키다, 싱각나게ᄒ다, ᄆᆞ음이통ᄒ게ᄒ다, 감동케ᄒ다(感動), 씨릇다(ᄆᆞ음을) (8)ᄂᆞ리다(긔 (旗)나 돗(帆)을) (9)것다, 뜻다(쟝막을) (10)치다,(셕양이나부쇠를) (11)버히다, 챵ᄒ다 (斬) (12)발견ᄒ다(發見), 차ᄌᆞ내다, 우연히씨닷다 (13) 쑥나오다, 별안간에나오다 (14)어로만지다, ᄡᅳ다듬다(슈염을) (15)어이다, 효쥬ᄒ다, 말살ᄒ다(抹殺), ᄡᅢ여ᄇ리다 (16)그런톄ᄒ다, 쑤미다 (17)쉬다, ᄀᆺ치다, 동밍파업ᄒ다(同盟罷業) (18)맛치다, 청산ᄒ다(淸算)(셰음을) v.i. (1)치다, 짜리다, 맛다 (2)싸호다, 치다 (3)걸다, 걸니다, 좌초되다(坐礁) (4)쑬타, 쇠다, 관통되다(貫通) (5)급히시작ᄒ다 (6)동밍파공되다(同盟罷工) (7)ᄲᅡ리붓다(나무가) n. (1)치ᄂᆞᆫ것, 타격(打擊), 짜리ᄂᆞᆫ것 (2)동밍파공(同盟罷工), 동밍파업(同盟罷業) (3)수가남, 쏘다(금(金)ᄀᆺᄒ것이)
616	Struggle	v.t. 익쓰오, 힘쓰오,	싸호다, 다토다	iv. 진력ᄒ다(盡力): 이ᄒ다(勞苦):	분투奮鬪	n. (1)익쓰다, 힘쓰다 (2)닷토다, 싸호다, 경징ᄒ다(競爭)

연번	영어표제어	Underwood 1890	Scott 1891	Jones 1914	Gale 1924	Underwood 1925
		닷토오, 싸호오		(labor earnestly) 로력ㅎ다(努力): 신고ㅎ다(辛苦)		
617	Student	n. 학도, 싱도, 학동	학도, 데ᄌ, 싱도	n. 학싱(學生): 싱도(生徒): 학도(學徒): 연구쟈(研究者): (one sent abroad) 유학싱(留學生)	학싱學生	n. (1)학도(學徒), 싱도(生徒), 학싱(學生) (2)연구쟈(研究者)
618	Study	v.t. 공부ㅎ오, 빈호오	글방	tv. 공부ㅎ다(工夫): 근학ㅎ다(勤學): 견심ㅎ다(專心): (by memorizing) 빈호다(學): (devote oneself to the mastery of) 학습ㅎ다(學習): (examine into) 연구ㅎ다(研究)	학과學課슈업修業셔저書齊	v. (1)공부ㅎ다(工夫), 빈호다, 닉히다, 학습ㅎ다(學習) (2)연구ㅎ다(研究), 싱각하다, 됴사ㅎ야보다(調査) (3)주의ㅎ야보다(注意) n. (1)공부홈(工夫), 학습홈(學習), 슈업함(修業) (2)연구ㅎ다(研究), 정ᄉ함(精思) (3)(pl.)학업(學業), 학과(學科) (4)셔직(書齊), 글방, 공부방(工夫房) (5)분본(粉本)(미슐의)
619	Stupid	to be. 미련ㅎ오, 투미ㅎ오, 둔ㅎ오, 둘ㅎ오, 흐리오	미련ㅎ다, 둔ㅎ다	a. 둔ㅎ(鈍): 우준흔(愚鈍): 질박흔(質朴)	우둔ㅎ다愚鈍질둔ㅎ다質鈍	a. 미련흔, 투미흔, 둔흔(鈍), 돌흔, 흐린, 우준한(愚鈍), 몰지각흔(沒知覺), 못싱긴
620	Subject	n. 미인이, 다ᄉ린이 (of a discussion etc) 뎨목 adj. 미인, 쇽흔	글뎨, 뎨목	n. (person owning allegiance to a Monarch) 인민(人民): 신민(臣民): (theme) 문뎨(問題): 론뎨(論題): (in grammar, of a sentence) 쥬격(主格): 쥬어(主語)	연뎨演題신민臣民	n. (1)빅셩, 셔민(庶民), 신민(臣民), 쇼민(小民), 쇽국지민(屬國之民) (2)료(料), 건(件), 깃, 가음 (3)히부용신태(解部用身体), 최면슐건(催眠術件) (4)문뎨(問題), ᄉ건(事件) (5)쥬격(主格), 뎨목(題目)(문법의) (6)싯돔, 원인(原因)

연번	영어표제어	Underwood 1890	Scott 1891	Jones 1914	Gale 1924	Underwood 1925
						(7)ᄆᆞ음, 쥬관(主觀) a. (1)복죵ᄒᆞ(服從), 부쇽군(部屬), 미인 (2)면(免), 키려운, 되기쉬운, 당ᄒᆞ(當), 수뎨뎍(受制的) (3)달니, 잇ᄂᆞ v.t. (1)당ᄒᆞ게ᄒᆞ다, 밧게ᄒᆞ다, 치르게ᄒᆞ다 (2)보이게ᄒᆞ다, 뎨츌케ᄒᆞ다(提出), 졍졍히쥰ᄒᆞ다(呈淸核准) (3)졍복ᄒᆞ다(征服), 항복밧다(降服)
621	Submit	v.i. 항복ᄒᆞ오, 시힝ᄒᆞ오, 좃소, 슌명ᄒᆞ오	항복ᄒᆞ다	iv. 항복ᄒᆞ다(征服): 복죵ᄒᆞ다(服從)	복죵ᄒᆞ다服從	v.t. (1)항복ᄒᆞ다(降服), 슌죵ᄒᆞ다(順從) (2)뎨츌ᄒᆞ다(提出), 살위다 v.i. 복죵ᄒᆞ다(服從), 슌복ᄒᆞ다(順服), 투항ᄒᆞ다(投降)
622	Substitute	v.t. 밧고오, 뒤신ᄒᆞ오	뒤신, 체번ᄒᆞ다	n. 뒤신(代身): 뒤인(代人): (a thing) 뒤물(代物): 뒤용물(代用物)	뒤인代人	v.t 밧고다, 갈다, 뒤신ᄒᆞ다(代), 체번ᄒᆞ다(替番) n. 뒤신, 뒤(代), 뒤리쟈(代理者), 교뒤병(交代兵)
623	Success	n. 소원셩취, 되게ᄒᆞᄂᆞᆫ것, 잘ᄒᆞᄂᆞᆫ것, 다ᄒᆞᄂᆞᆫ것	일우다, 잘되다, 셩수하다	n. 셩공(成功): 셩취(成就): 호결과(好結果)	셩공成功	n. 소원셩취(所願成就), 셩공(成功), 셩취(成就), 호결과(好結果),
624	Suicide	v.t. ᄌᆞ결ᄒᆞ오, ᄌᆞ쳐ᄒᆞ오	ᄌᆞ결ᄒᆞ다, ᄌᆞ쳐ᄒᆞ다	n. ᄌᆞ살(自殺): ᄌᆞ해(自害): ᄌᆞ결(自決)	ᄌᆞ살自殺	n. 자결(自決), ᄌᆞ쳐(自處), ᄌᆞ살(自殺)
625	Summer	n. 녀름, 하졀	녀름	n. 녀름(夏): 하졀(夏節)	하계下界	n. (1)녀름, 하졀(夏節) (2)쇼년시뒤(少年時代), 젊을째 v.i. 녀름을지내다, 피셔ᄒᆞ다(避暑) a. 녀름의, 하계의(夏季), 하(夏)II n compl
626	Superior	to be. 더됴소, 더놉소, 더낫소	우회, 낫다	a. (surpassing) 고샹ᄒᆞᆫ(高尙): (in quality) 샹품(上品):	쟈쟈長者션빈先輩우세優勢	n. 쥬관ᄒᆞᄂᆞᆫ쟈(主管者), 보살피ᄂᆞ쟈, 관리ᄒᆞᄂᆞᆫ쟈(管理者), 감독쟈(監督者),

연번	영어표제어	Underwood 1890	Scott 1891	Jones 1914	Gale 1924	Underwood 1925
				(in number) 우셰(優勢): (in dignity and rank) 샹위(上位): 고위(高位)		지비쟈(支配者), 지휘쟈(指揮者), 쥬간(主幹), 춍무(總務)
627	Supernatural	to be. 쵸셩ᄒ오, 본셩에쮜여나오	신긔ᄒ다	a. 신긔ᄒ(神奇): 리외(理外): 초ᄌ연(超自然): 불가ᄉ의(不可思議)	쵸ᄌ연계超自然界	a. ᄌ연ᄒ리치밧긔(自然之理外), 리외의(理外), 초ᄌ연계의(超自然界), 신이ᄒ(神異), 불가ᄉ의의(不可思議)

·황호덕(黃鎬德)

성균관대 국어국문학과 부교수. 성균관대 국어국문학과 및 동대학원 박사
과정을 졸업하고, 일본 도쿄대학 총합문화연구과 박사과정을 수료했다. 캘리
포니아 주립대학교(Irvine) 동아시아어문학과에서 수학·강의했고, 일본 조사
이 국제대학 인문학부 전임강사를 역임했다. 고석규비평문학상·한국비교문
학상을 수상했으며, 인문학의 정치성을 재탈환하기 위한 연속 기획 'What's up
총서'를 기획 편집하고 있다. 지은 책으로는『벌레와 제국』,『프랑켄 마르크스』,
『근대 네이션과 그 표상들』이 있으며,『전쟁하는 신민, 식민지의 국민문화』를
공편하였다. 역서로는『근대어의 탄생과 한문－한문맥과 근대일본』(공역)
이 있다.

·이상현(李祥賢)

부산대학교 점필재연구소 HK연구교수. 성균관대학교 국어국문학과 및 동
대학원 박사과정을 졸업하고, 서울 대학교 국어국문학과에서 박사후과정(Post-Doc)
을 거쳤다. 한국 고소설을 비롯한 고전문학 전반에 있어서의 번역의 문제,
외국인들의 한국학 연구, 한문 전통과 근대성의 관계, 한국문학사론 등에 관심
을 갖고 공부 하고 있다. 주요논문으로는「제국들의 조선학 정전의 통국가적
구성과 유통」(2008),「언더우드의 이중어사전 간행과 한국어의 재편과정」(2010),
「〈춘향전〉 소설어의 재편과정과 번역」(2011),「『조선문학사』(1922) 출현의 안
과 밖」(2011) 등이 있다.

동아시아개념어총서 2

개념과 역사, 근대 한국의 이중어사전 2 번역편
- 외국인들의 사전 편찬 사업으로 본 한국어의 근대 -

초판1쇄 발행 2012년 06월 15일
초판2쇄 발행 2020년 11월 30일

역   자 황호덕·이상현
발 행 인 윤석현
발 행 처 박문사
등록번호 제2009-11호
책임편집 정지혜

우편주소 01370 서울시 도봉구 우이천로 353
대표전화 (02) 992-3253(대)
전   송 (02) 991-1285
전자우편 bakmunsa@hanmail.net

ⓒ 황호덕·이상현 2020

ISBN 978-89-94024-79-0 93710   정가 27,000원